D1722707

Bernd W. Klöckner I Werner Dütting

Rechentraining für Finanzdienstleister – Band 2

Bernd W. Klöckner | Werner Dütting

Rechentraining für Finanzdienstleister

Altersvorsorge – Sparpläne –
Finanzierungen

Band 2

GABLER

Bibliografische Information der Deutschen Nationalbibliothek
Die Deutsche Nationalbibliothek verzeichnet diese Publikation in der
Deutschen Nationalbibliografie; detaillierte bibliografische Daten sind im Internet
über <http://dnb.d-nb.de> abrufbar.

1. Auflage 2008

Alle Rechte vorbehalten
© Gabler | GWV Fachverlage GmbH, Wiesbaden 2008

Lektorat: Guido Notthoff

Gabler ist Teil der Fachverlagsgruppe Springer Science+Business Media.
www.gabler.de

Umschlaggestaltung: Nina Faber de.sign, Wiesbaden
Foto: Manfred Riege, Nassau; Petra Sindelar, Koblenz
Satz: FROMM MediaDesign, Selters/Ts.
Druck und buchbinderische Verarbeitung: Krips b.v., Meppel
Gedruckt auf säurefreiem und chlorfrei gebleichtem Papier
Printed in the Netherlands

ISBN 978-3-8349-1000-4

Achtung

In diesem Buch geht es ausschließlich um praxisorientierte, angewandte Finanzmathematik, um spannende Geldstrategien und verblüffende Rechenbeispiele für den richtigen Umgang mit Geld. Kosten und Gebühren werden nur in einzelnen Fragestellungen und nur beispielhaft berücksichtigt und berechnet.

Individuelle steuerliche Aspekte werden soweit möglich berücksichtigt, jedoch kann der individuelle Steuersatz von dem in den dargestellten Fällen abweichen. Eine individuelle Beurteilung der steuerlichen Auswirkungen der genannten Beispiele ist nicht Gegenstand dieses Buches und nur mit komplexer Software nach Erfassung der individuellen steuerlichen Gesamtsituation möglich. Im Zweifel sollte ohnehin ein Steuerberater die steuerlichen Auswirkungen eines Geldgeschäfts prüfen.

Die Inhalte dieses Buches wurden sorgfältig berechnet und geprüft. Autor, mitwirkende Autoren und Herausgeber übernehmen dennoch keine Gewähr und haften nicht für mögliche Verluste, die sich aufgrund der Umsetzung der in diesem Buch beschriebenen Gedanken und Ideen ergeben.

 Warnung!

Bitte legen Sie dieses Buch direkt wieder weg, wenn Sie kein Interesse daran haben, für finanzielle Kompetenz zu arbeiten. Dieses Buch ist ein Arbeitsbuch! Verstehen Sie!

A R B E I T S – Buch

Das bedeutet: Sie müssen mit diesem Buch arbeiten. Es ist nicht damit getan, Bücher zur Finanzmathematik nur zu lesen, dann zu rufen oder zu denken: „Finanzielle Kompetenz, komme nun zu mir!" und abzuwarten, was geschieht. Wir verraten Ihnen, was dann geschieht: Nichts! Das ist alles. Wenn Sie also einer dieser passiven „Ich will nichts tun, ich will nichts verändern, aber ich will kompetent werden"-Typen sind, ist dieses Buch schlichtweg die falsche und in diesem Fall viel zu teure Lektüre für Sie. Besuchen Sie stattdessen lieber irgendwelche Geldseminare, in denen Ihnen irgendein vermeintlicher, nicht selten selbsternannter Finanzguru für 500 Euro Eintrittsgebühr zeigt, wie Sie kompetent werden. Dann jedoch kommt der Alltag und Sie können nichts anwenden. Daher nochmals: Dieses Buch ist ein A R B E I T S-Buch. Es ist geschrieben für Leute, die ernsthaft finanzmathematische Kompetenz trainieren wollen. Immer und immer wieder. „Ohh", sagen aber einige, „das Buch und der spezielle Taschenrechner für rund 150 Euro, das ist aber teuer!" Lassen Sie mich wie folgt antworten: Wer meint, sich derart Kompetenz auf dem Weg zu Reichtum und finanzieller Freiheit anzueignen, sei teuer, sollte es mal mit Inkompetenz versuchen! Im Ernst! Versuchen Sie mal, mit finanzieller Inkompetenz zum Ansprechpartner Nummer 1 für Ihre Kunden und Klienten zu werden. Es wird nicht funktionieren! Eine Person, die so handelt, gerät – das ganze ist nur eine Frage der Zeit - früher oder später in den Zustand Notlage.

Die Botschaft lautet: Alles hat seinen Preis. Auch dann, wenn Sie nichts zahlen (wollen). Auf den Punkt gebracht: Sie wollen finanziellen Erfolg? Sie wollen finanziell intelligent mit Ihrem Geld umgehen? Sie wollen finanzmathematische Kompetenz trainieren? Immer und immer wieder? Dann ist dieses Buch, kombiniert mit dem speziellen finanzmathematischen Taschenrechner BWK Business®, goldrichtig! Wollen Sie jedoch finanzmathematische Kompetenz, ohne etwas dafür zu tun, nichts dazu zu lernen, legen Sie dieses Buch sofort ins Regal zurück!

Inhalt

Vorwort Bernd W. Klöckner _____ XI
Vorwort Werner Dütting _____ XV

Teil 1: Einleitung _____ 1
Bankberater oder Bankrater? _____ 3
   1. Frage aus dem Bereich Immobilienfinanzierung _____ 4
   2. Frage aus dem Bereich Lebensversicherung _____ 4
   3. Frage aus dem Bereich Investmentfonds _____ 5
   4. Frage aus dem Bereich Rente _____ 5
Welches Produkt dem Finanzmarkt fehlt _____ 8

Teil 2: Neue Produkte! Neue Gesetze! Neue Steuern! _____ 11
PAFR® _____ 11
Wo liegt eigentlich der Unterschied zwischen
vor- und nachschüssiger Zahlungsweise? _____ 15
Fonds-Discounter _____ 19
Jährliche Verwaltungskosten bei Investmentfonds –
Berechnungsweise nach Werner Dütting _____ 24
Staatliche Zulagen/Riester-Rente _____ 30
   Rentenversicherung _____ 32
   Riester-Banksparplan _____ 32
   Riester-Fondssparplan _____ 45
   Berechnung von fondsgebundenen Riester-Produkten _____ 51
Vermögenswirksame Leistungen _____ 56
   Wie sieht die staatliche Förderung aus
   und wer wird gefördert? _____ 56
   Wie werden VL steuerlich behandelt? _____ 57
   Wie hoch sind die Gebühren für Bausparverträge
   und Investmentfonds? _____ 58

Betriebliche Altersvorsorge _____ 64
    Berechnung der Ersparnis aus Entgeltumwandlung _____ 66
    Direktversicherung _____ 67
    Pensionskasse _____ 72
    Pensionsfonds _____ 75
    Zukünftige Gesetzgebung zur betrieblichen Altersvorsorge _ 79
Zeitwertkonten _____ 81
DRV – die falsche Renteninformation _____ 88
Zweitmarkt für Versicherungen _____ 96
    Verkauf von Lebensversicherungen,
    die vor 2005 abgeschlossen wurden _____ 98
    Verkauf von Lebensversicherungen,
    die seit dem 01.01.2005 abgeschlossen wurden _____ 103
    Käufer von „gebrauchten" Lebensversicherungen _____ 109
Dynamik bei Fondssparplänen _____ 112
Abgeltungsteuer _____ 114
Lebenszyklusfonds _____ 124
Kapitalgarantieprodukte _____ 129
Exchange Traded Funds (ETF's) _____ 133
Zertifikate _____ 137
Cost-Average-Effekt aktuell _____ 143
Subprime-Krise – Warum kam es dazu? _____ 147
Reverse Mortgage – Immobilienleibrente _____ 155
Versicherungsvertragsgesetz, Versicherungsvermittler-
verordnung und Finanzmarktrichtlinie _____ 160
    Dokumentationspflicht _____ 161
    Provisionen, Kosten und Prognoseberechnungen _____ 168
    Beachtung der Anlageziele, finanziellen Verhältnisse
    und Erfahrung der Kunden _____ 179
Risikoabsicherung: Risikolebensversicherung _____ 181

Teil 3: AMORT-Modus _____ 187
Der AMORT-Modus im BWK Business® _____ 187
Immobilien als Investition _____ 196
Investitionen in Anlageprodukte _____ 202
Auszahl-/Rentenpläne _____ 205

Teil 4: Verkaufs- und Produktstrategien _____ 211
Wie zahlen Sie/Ihre Kunden
die Versicherungsbeiträge? _____ 211
Honorarberatung _____ 214
   Nachteil der Provisionsvergütung für Kunden _____ 214
   Nachteile der Provisionsvergütung für Berater _____ 214
   Vorteile durch Honorarberatung _____ 214
   Kombi-Modelle _____ 215
Investmentfonds vs. fondsgebundene Versicherung _____ 218
Strategie Abgeltungsteuer _____ 228
   Verkauf eines steuerfreien Fonds _____ 228
   Ablaufmanagement _____ 231
Inflation und Dynamik – ein großer Irrtum! _____ 239
Die Deutschen lieben Sicherheit! _____ 243
Risikodiversifizierung mit spekulativen Anlagen –
Venture Capital _____ 248
Renditevorteil durch Venture Capital _____ 248
Analyse des Produktportfolios – Der erste Schritt
zum 7-Schritte-Verkaufsgespräch _____ 253
Auszahlung aus der privaten Rentenversicherung:
Eine Wette mit der Versicherungsgesellschaft _____ 265
Private Rentenversicherungen: die Gesamtlaufzeit _____ 271
   Sparphase und Einnahme der Einmalzahlung _____ 271
   Sparphase und Einnahme der Leibrenten _____ 275

Teil 5: Cashflow-Berechnungen _____ 277
Einleitung _____ 277
   Interner Zinsfuß – CF% _____ 285
   Nettobarwert – NPV _____ 288
   Nettoendwert – NFV _____ 289
   Wahrer interner Zinsfuß – TIRR _____ 290
   Weitere Funktionen _____ 292
   Dynamikfunktion _____ 292
   Berechnung von Zeilen _____ 293
   Cashflow mit dem BWK Business® _____ 294

Gesamtlaufzeit von privaten Rentenversicherungen _____ 295
    Mit Steuereinbezug _____ 299
    Mit Riester-Zulagen _____ 300
    Mit Rürup-Zulagen _____ 302
Betriebliche Altersvorsorge mit Rentenauszahlungen _____ 303
Zeitwertkonto mit Rentenauszahlungen _____ 310
Geschlossene Fonds _____ 313
    Schiffsfonds _____ 314
    Geschlossene Immobilienfonds _____ 321
    Andere geschlossene Fondsarten _____ 324
    Zweitmarkt für geschlossene Fonds _____ 325
Bausparverträge _____ 328
    1. Reine Geldanlage _____ 329
    2. Ansparen und spätere Nutzung eines Bauspardarlehens 329
    3. Direktes Darlehen mit Tilgungsaussetzung
       in einen Bausparvertrag _____ 329
Risikoabsicherung: Berufsunfähigkeitsversicherung _____ 332

Teil 6: Beratungssituationen _____ 335
1. Darlehensangebot _____ 335
2. Riester oder privat? _____ 343
3. Ein junger Kunde _____ 350
4. Absicherung und Altersvorsorge _____ 358
5. Komplexer Fall: Ein älterer Kunde _____ 364
    DRV-Renteninformation _____ 365
    Fondsgebundene Rentenversicherung _____ 367

Teil 7: Übungsaufgaben _____ 375
Lösungen der Übungsaufgaben _____ 380

Teil 8: Schluss _____ 411

Dankeschön _____ 413
Anhang: Kursverlauf DAX vom Februar 2000 bis Mai 2007 _____ 415
Stichwortverzeichnis _____ 419
Die Autoren _____ 423

Vorwort
Bernd W. Klöckner

Danke! Für die vielen Jahre des Miteinander. Dafür, dass Sie dieses Buch erworben haben. Dafür, dass Sie vermutlich zu den vielen zehntausend treuen Fans und Freunden der Klöckner-Methode sowie zu den Teilnehmern der Bernd W. Klöckner® Seminare und Trainings gehören. Ich sage „Danke" aus einem wichtigen Grund: Ich hatte vor vielen Jahren eine Idee. Eine Vision. Die Vision lautete: Rechnerische und sprachliche Souveränität und Kompetenz. Das ist alles – ein Finanzmarkt mit Beraterinnen und Beratern, die es (ich sage es salopp) schlichtweg drauf haben. Gut! Das war die Idee. Das war die Vision. Die alles entscheidende Botschaft nun lautet – daher mein großes Danke: Ohne Menschen wie Sie wäre diese Idee, diese Vision niemals zu solch einem Erfolg geworden!

Die Klöckner-Methode ist heute wohl eines der legendärsten Trainings in der Finanz- und Verkaufsbranche. Unter www.BWK-International. com findet sich eine Leistungsbilanz. Dort ist klar dokumentiert, welche konkreten Erfolge Teilnehmerinnen und Teilnehmer der Klöckner-Methode in der Vergangenheit erzielt haben und weiterhin erzielen. Damit ist die Klöckner-Methode das einzige Training mit dokumentierter Leistungsbilanz. Und das alles, liebe Leserin, lieber Leser, verdanke ich Menschen wie Ihnen. Sie haben in den legendären Finanztaschenrechner BWK Business® investiert. Die Mehrzahl von Ihnen wird in „Rechentraining für Finanzdienstleister Band I" investiert haben. Jeder von Ihnen investierte im Vertrauen darauf, dass es Ihnen Profit, Erfolg, fachliche Kompetenz und Souveränität bringt. Was zu beweisen war. Und was bis heute mehrere zehntausend Male bewiesen ist.

Nun liegt der Folgeband zum Bestseller „Rechentraining für Finanzdienstleister" vor Ihnen. Für mich ist es eine Freude und eine Ehre, dass ich dieses Buch mit meinem Freund und Partner Werner Dütting schreiben durfte. Uns verbindet ein wundervolles, treues und unbezahlbares Miteinander. Werner Dütting zolle ich für seine Leistung meinen Respekt. Das Ergebnis unserer Arbeit im Falle dieses Buches ist ein Folgeband zum ersten Bestseller, der es in sich hat. Ich verspreche Ihnen: Mit diesem Buch gehen Sie große und weitere Schritte hin zu unschlagbarer fachlicher Kompetenz und Souveränität. Das ist alles. Das ist die ganze Botschaft.

Eines liegt mir dabei am Herzen: Die Klöckner-Methode und die Intervalltrainings zur Klöckner-Methode wie zur Verkaufstherapie® haben deswegen so großen und in der Finanzbranche einmaligen Erfolg, weil es eine Mischung aus sprachlicher und rechnerischer Souveränität und Kompetenz ist. Vertrauen Sie mir und meiner Empfehlung: Wenn es irgendwie eine Möglichkeit gibt, dass Sie über ein Unternehmen, für das Sie tätig sind oder für das Sie aktiv vermitteln, an einem mehrtägigen Intervalltraining zur Klöckner-Methode und zur Verkaufstherapie® teilnehmen können, dann tun Sie es.

Erleben Sie so auf diese Weise die Magie der Kombination aus sprachlicher und rechnerischer Souveränität und Kompetenz. Einige von Ihnen wissen um meine Aussage: Du weißt nie, wann Du in welchem Moment fachliche und rechnerische Kompetenz brauchst. Doch wenn Du sie brauchst, solltest Du es drauf haben. Du weißt ebenfalls nie, wann Du eine Intervention, eine sprachliche Intervention, eine Methode aus der Verkaufstherapie® brauchst. Doch wenn Du diese eine Intervention brauchst, musst Du sie drauf haben. Das ist alles. Das ist die ganze Botschaft. Und noch eines: Rechnerische und fachliche Kompetenz ist eine entscheidende Voraussetzung für erfolgreichen Gruppenaufbau. Wenn also Gruppenaufbau das Ziel ist, dann setze ebenfalls auf die mit der Klöckner-Methode vermittelten Inhalte.

Ein letzter Tipp: Unter www.BWKlive.com findet sich das wohl einzigartige Angebot von besonderen Audiobotschaften. Wenn Sie Interesse an regelmäßigen, auf den Punkt kommenden und immer wieder aufs Neue motivierenden Audiobotschaften haben, dann tragen Sie sich unter www.BWKlive.com als Abonnent ein.

Ich freue mich über viele, viele Empfehlungen. Ich freue mich, wenn Sie den BWK Business® und die beiden Bücher Rechentraining für Finanzdienstleister Band I und II Freunden und Bekannten empfehlen. Ihre Freunde und Bekannten werden es Ihnen danken. Sie tun Ihren Freunden und Bekannten damit einen Gefallen.

Viel Erfolg! Vielen Dank!

Ihr/Euer

Bernd W. Klöckner®

Master of Arts (Univ.), Diplom-Betriebswirt (FH)
MBA, Systemisches Management (Univ.)

BWK
INTERNATIONAL
EXPERTE IST DER KUNDE®

Die Bernd W. Klöckner® Maxime
Gründer BWK International

Seminare & Trainings

Die KLÖCKNER-METHODE

Die KLÖCKNER-METHODE berücksichtigt, arbeitet mit und an den Wechselwirkungen, Auswirkungen und Konsequenzen, die Beziehung in einem Verkaufs- und Beratungsprozess ausmachen. Die KLÖCKNER-METHODE unterscheidet sich grundlegend von allen herkömmlichen Verkaufstechniken und Verkaufstaktiken. Mit großem, internationalem, dokumentiertem Erfolg, Schwerpunkt: Finanzbranche! Wesentlicher Bestandteil der KLÖCKNER-METHODE ist das in der Finanzbranche inzwischen legendäre Bernd W. Klöckner® Verkaufs-, Kommunikations- und Rechen-Training mit zwischenzeitlich über 35.000 Teilnehmern in neun Ländern. Ebenfalls ist Inhalt der KLÖCKNER-METHODE die zweijährige Ausbildung zum Verkaufstherapeuten®. Eine alles entscheidende Botschaft der KLÖCKNER-METHODE lautet: Sorgen Sie dafür, dass Sie, dass die Menschen Ihrer Organisation, Ihrer Unternehmung den Verkaufs- und Beratungsprozess als gemeinsamen, ernsthaften, wertschätzenden sowie anerkennenden Such- und Finde-Prozess gestalten. Das Ergebnis: Rapport! Beziehung! Beziehung zwischen gleichrangigen Experten. Als alles entscheidende Voraussetzung für dauerhaften Erfolg! Langfristige Beziehungen! Langfristig sichern Erfolg und Ertrag. Für Kunden und Verkäufer. Berater und Unternehmen.

Die Trainings mit Bernd W. Klöckner® M.A., MBA und/oder Ruth Watty sind mehrtägige Trainings in kleinen Gruppen mit begrenzter Teilnehmerzahl. Mindestens drei Tage je Gruppe. Honorar: Zwischen 5.300 und 6.300 Euro netto/Tag zzgl. Mwst. und Spesen.

Die alles entscheidende Botschaft: Wenn jeder Teilnehmer nur einige wenige, zusätzliche Vorsorgeverträge mehr im Jahr abschließt, hat sich das Training für die Teilnehmer wie den Auftraggeber gelohnt! Das ist alles! Und das Teilnehmer größeren Erfolg haben, ist vielfach dokumentiert.

www.BWK-International.com
Kontakt für Trainings: **mail@BWK-International.com**

Vorwort
Werner Dütting

Liebe Leserinnen und Leser.

Ich möchte Ihnen zu Beginn eine kleine Geschichte erzählen: Vor etwa zehn Jahren lernte ich Bernd W. Klöckner® kennen. Es war beim ersten Geldunterricht, der in Deutschland jemals stattfand. Der Fernsehsender n-tv und einige regionale Radiosender berichteten. Damals noch im Alter von 15 Jahren war ich schon von Aktien, Investments und Vorsorge begeistert und so war es für mich ein toller Moment, dass Herr Klöckner (im Folgenden „Bernd") meine Hauptschule in Reken/Münsterland besuchte. Für mich war es nicht nur ein toller Moment, sondern sollte sich in den folgenden Jahren bezahlt machen. Ein Jahr später, schon auf der höheren Berufsfachschule, absolvierte ich dann ein vierwöchiges Praktikum in Bernds Unternehmen in Lahnstein. Hier lernte ich noch mit dem damaligen finanzmathematischen Taschenrechner das Rechnen kennen. Etwa ein Jahr später bewarb ich mich bei verschiedenen Banken um einen Ausbildungsplatz und scheiterte schließlich an den Einstellungstests. Irgendwas musste ich falsch machen, dachte ich mir. Dabei konnte ich zu diesem Zeitpunkt schon rechnen, es wurde jedoch leider in den Tests nicht abgefragt.

Einmal hatte ich es geschafft in ein Vorstellungsgespräch zu gelangen. Hier hatte ich meinen finanzmathematischen Taschenrechner dabei und rechnete den Bankleuten einiges vor: Beratung, Produkte, Verkaufsmöglichkeiten. Jedoch auch ohne Erfolg. Banken haben sich dafür wohl wenig interessiert, ob jemand rechnen kann oder nicht, so dachte ich mir. Vielleicht ein Grund, dass heutzutage die meisten Banken nicht rechnen können?! Für mich stand damals die Finanzwelt Kopf, dass selbst das

Rechnen nicht beachtet wurde. Meinen Traumberuf Bankkaufmann, auf den ich seit Jahren hart und sehnlichst hingearbeitet hatte, konnte ich also innerhalb von wenigen Bewerbungsmonaten aus dem Kopf streichen. Zudem stand ich ohne Ausbildungsplatz da, woraufhin ich Bernd anrief und nach entsprechenden Möglichkeiten in seinem Institut fragte. Letztendlich wurde ich sein erster Auszubildender. Damit begann eine tolle und lehrreiche Zeit. Zu den ersten Aufgaben gehörte damals, das noch in der Korrektur befindliche Buch „Rechentraining für Finanzdienstleister" zu lesen. Ich habe es mehr oder weniger mit korrigiert. Es war eines der ersten Projekte, die ich bei Bernd durchführte. Warum erzähle ich Ihnen das? Das Buch entwickelte sich zu einem Verkaufsschlager und Bestseller. Das heute schon über 35.000-mal verkaufte Buch ist derzeit in der 5. Auflage, bei der ich offizieller Co-Autor bin.

Nun, nach Abschluss meines betriebswirtschaftlichen Studiums an der Fachhochschule Koblenz und der zwischenzeitlichen Entwicklung des BWK Business®, an der ich maßgeblich beteiligt war, sprach mich Bernd zu einem weiteren Buch an. Es soll ein Buch werden, aufbauend auf den bisherigen Bestseller. Es soll helfen, weitere Problemstellungen im Finanzdienstleistungsbereich zu lösen. Mit diesem Buch sollen Sie, liebe Leserinnen und Leser, lernen, verschiedene Fragestellungen des Kunden zu lösen – mit Hilfe des BWK Business®. Sie werden unterschiedliche Sachverhalte kennen lernen und lösen. Sie werden anhand dessen lernen zu verkaufen.

Zudem beschreiben wir neue Funktionen des BWK Business®, die im Band 1 nicht aufgenommen wurden, beispielsweise den CASHFLOW- und den AMORT-Modus. Soweit möglich, werden wir aktuelle Gesetze, wie die EU-Dokumentationsrichtlinie oder das Versicherungsvertragsgesetz, beachten. Zudem werden wir - soweit möglich - steuerliche Berechnungen beschreiben. In den letzten Jahren hat sich viel getan, man denke nur an Rürup- oder Riester-Rente, was wir zudem aufnehmen möchten. Zudem natürlich die Abgeltungsteuer. Diese jedoch, so werden Sie im folgenden Buch erfahren, ist einfacher zu berechnen.

Es ist mir eine Freude, dass Sie dieses Buch erworben haben und hoffe, dass Sie eine Freude an diesem Buch haben. Der Erfolg wird es zeigen! Sie werden mit dem Buch mehr Erfolg haben. Erzählen Sie die Verkaufsmethode nach Bernd W. Klöckner® weiter! Erzählen Sie vom BWK Business® weiter. Erzählen Sie von den Gabler-Büchern aus dieser Reihe weiter! Gern höre ich auch von Ihren Verkaufserfolgen, Verbesserungsvorschlägen oder auch Problemen bei Berechnungen mit dem BWK Business®.

Ich danke Dir, Bernd, für das Vertrauen und den bisherigen Weg. Ich danke Ihnen liebe Leserinnen und Leser für den Erfolg, den quasi dieses Buch und der vorhergehende Band 1 brachte. Gehen wir den Weg zusammen und ich freue mich über Ihre Verkaufserfolge!

Vielen Dank! Viel Erfolg!

Ihr

Werner Dütting

Diplom-Betriebswirt (FH)
www.duetting.com
werner@duetting.com

Teil 1

Einleitung

Vorab: Im Folgenden schreiben wir von „Finanzdienstleistern". Wir schreiben in der männlichen Anrede. Ausdrücklich gilt: Gemeint sind auch alle Finanzdienstleisterinnen und alle weiblichen Vertreter der Finanzbranche. Die ausschließlich männliche Anrede nehmen wir aufgrund der besseren Lesbarkeit.

Der Verkauf von Finanzprodukten, Versicherungen und Investmentstrategien ist heute nicht der gleiche, wie vor einigen Jahren. War es damals lediglich die Kommunikation, die einen Kunden überzeugte, ist es heute Rechnen und Dokumentieren. Doch beginnen wir hier ein wenig ausführlicher: Vor einigen Jahrzehnten war es noch die staatliche Rente, auf die Kunden bauten. Eigene Vorsorge, die private Vorsorge für die spätere Rentenzeit, war nicht das primäre Ziel der meisten Kunden und Finanzberater. Kunden wollten das meiste Geld mit individueller Sicherheit erzielen. Im Laufe der Zeit wurde langsam klar: Das mit der gesetzlichen Rente wird für Millionen Bundesbürger knapp. Es wurde und wird immer deutlicher: Der Rentendämmerung wird die Rentennacht folgen. Wenn Politiker dies anders sehen wollen und aus taktischen Gründen auch sehen müssen, gilt: Das politisch vorgegaukelte Bild der sicheren Rente wird an der ökonomischen Realität scheitern. Das ist alles. Das ist die ganze Botschaft! Vor nun einigen Jahren bereits entwickelte Bernd W. Klöckner® das einzigartige Bernd W. Klöckner Verkaufs-, Kommunikations- und Rechentraining®. Finanzdienstleister lernten das praxisorientierte Rechnen und den Verkauf mit relevanten Zahlen. Mehr und mehr berichteten Fernsehsender und Printmedien von der prekären Lage des Rentenversicherungssystems, sodass auch der Kunde davon in Kenntnis gesetzt wurde. Heutzutage wissen fast alle Kunden, dass sie etwas für das Alter tun müssen. Jedoch tun das nicht alle und viele wissen nicht, wie viel sie tun müssen, um die Rentenlücke zu schließen. Auf dem Markt gibt es immer noch zu viele Finanzdienstleister, die nicht rechnen können, sogenannte FinanzRater® (eine markenrechtlich eingetragene Bezeichnung). Dazu erfahren Sie im nächsten Kapitel mehr. Das ist gerade für den Kunden ärgerlich, denn die Wahrheit darüber, was er wirklich sparen sollte, sollte er erfahren dürfen. Wie viel er dann für das Alter spart, ist ihm überlassen. Wichtig für Sie ist jedoch, es zu dokumentieren! Dokumentieren Sie den berechneten Weg und was der Kunde letztendlich spart. So sind Sie auf der sicheren Seite. Und: Sorgen Sie für spürbare finanzmathematische Kompetenz! Genau das ist das Problem: Statt finanzmathematischer Kompetenz gibt es tausendfach Unkenntnis. Sie wissen als Leserin, als Leser dieses Buches, was wir meinen, nicht wahr? Es wird immer noch zu viel geraten, wie viel der Kunde sparen müsste oder wie große seine Rentenlücke ist. Auswirkungen der Inflation werden nicht oder mangelhaft berücksichtigt. Aus diesem Grund rollt zurzeit eine heftige Verordnungs- und Gesetzeswelle auf Finanzberater zu. Finanzrater® erwarten dadurch Haftungsklagen. Machen Sie es besser! Rechnen und dokumentieren Sie.

Darauf gehen wir in diesem Buch ein. Wenn Kunden Sie oder wenn Sie einen Kunden auf ein Produkt ansprechen, dann gilt: Sie müssen rechnen können. Basta! Und mit dem vorliegenden Buch trainieren Sie exakt das: Rechnen können! Es drauf haben, wenn Sie es brauchen! Sie trainieren mit diesem Buch, wie Sie souverän und kompetent mit verschiedensten Fällen umgehen. Sei es, dass der Kunde fragt, ob nun die Abgeltungsteuer seinen Fondssparplan zunichte macht und ob es besser sei, eine fondsgebundene Lebensversicherung abzuschließen. Sie sollen hierauf eine Antwort haben. Sie werden dem Kunden die Entscheidung mit ein paar einfachen und auch spannenden Berechnungen einfach machen, warum das eine oder andere Produkt das bessere ist. Anhand von Zahlen. Versteht sich! Schließlich sind Sie Finanzberater und kein FinanzRater®. Es wird sicherlich viele Situationen und Berechnungen geben, die nicht in diesem Buch beschrieben sind. Hier jedoch werden Sie feststellen: Mit diesem Buch trainieren Sie Lösungskompetenz auch für völlig andere Fälle und Aufgaben. Sie werden sehen, dass die meisten Berechnungen und Problemstellungen relativ ähnlich sind. Mal ist hier ein Produkt mit Gebühren oder dort ist eine neue Zulage. Wir werden zudem auf einige steuerliche Aspekte eingehen und diese in die Berechnungen einbeziehen. Für Sie gilt: Sie sollten Steuern und Gebühren in der Berechnung berücksichtigen. Das ist unsere Empfehlung. Im Buch ist diese in den meisten Fällen als Hilfe angegeben. Sollte ein Fall jedoch mit Steuern zu kompliziert für den Kunden darzustellen sein oder keine große Auswirkungen haben, so lassen Sie diese weg. Verstehen Sie! Betrachten Sie die Steuer als Hilfe. Nehmen Sie sich aus diesem Buch heraus, was Ihnen gefällt, was dem Kunden einfach herüber zu bringen ist und was Sie für sinnvoll halten.

In unserer Tätigkeit kommen oft Finanzdienstleister auf uns zu und fragen nach einer bestimmten Berechnung, nach der Lösung eines speziellen Falls, der sehr komplex ist. Nach kurzer Überlegung und Zeichnung des Zahlungsstroms ist dann einfach zu erkennen, was der Barwert PV, die regelmäßige Zahlung PMT und der Endwert FV ist. Zudem, wo die offene Variable ist und wo mit der Berechnung begonnen werden muss. Sollte diese Situation im Beratungsgespräch vorkommen, so zeichnen Sie zusammen mit dem Kunden den Zahlungsstrom. So erhalten Sie die Sicherheit und der Kunde erkennt sofort, ob Sie ihn richtig verstanden haben. Die Kommunikation baut so aufeinander auf. Überlegen Sie dann kurz und beginnen Sie mit der Berechnung. Sollte der Fall eintreten, dass Sie einfach nicht weiter wissen, sagen Sie dem Kunden offen und ehrlich, dass Sie diesen Fall (Zahlungsstrom) gern mitnehmen und im Büro berechnen. Wichtig ist: Seien Sie offen und ehrlich. Kunden verlangen das, so wie Sie es auch vom Kunden verlangen.

Bankberater oder Bankrater?

Schon in der 1. Auflage des Bestsellers „Rechentraining für Finanzdienstleister" berichteten wir von Banken, die zu doof zum Rechnen sind. Nach einigen Jahren fragen wir nun, ob sich etwas verändert hat. Nein, oder besser gesagt, es hat sich kaum etwas verbessert. Im letzten Jahr begannen wir mit einem ständigen Banken- und Versicherungstest. Wir, oder besser einige Prüfer, reisen durch das ganze Bundesgebiet und testen Banken, Versicherungen und andere Finanzdienstleister – mit manch fatalen Ergebnissen. Schauen wir auf ein paar Fragestellungen aus dem Test:

1. Frage aus dem Bereich Immobilienfinanzierung:

Ich will eine Immobilie kaufen. 200.000 Euro Kaufpreis. 15 Jahre Laufzeit für die Finanzierung, dann will ich bei Null sein. Nur mal so für meine erste Planung: Was muss ich bei angenommen variabel effektiv 5 Prozent Zins im Monat bezahlen?

Gegebene Antworten:
– Berater eines großen Allfinanzbetriebs: „Bei 5,2 Prozent kann ich berechnen, jedoch nicht bei 5 Prozent, das geht mit dem System nicht."
– Beraterin eines Online-Baufinanzierers: „Ich kann nur mit aktuellen Konditionen rechnen."
– Berater einer Direktbank: „Ich kann Ihnen nur Anhaltswerte geben, da ich keinen Rechner zur Verfügung habe."
– Spezialistin für Baufinanzierung: „Fünfzehnjährige Laufzeit bieten wir nicht an, wäre nur in Kombination mit einem Bausparvertrag zu berechnen, was von der persönlichen Situation abhängt. Ich kann es auch mal eben so nicht berechnen, ich brauche dazu Zeit."
– Berater eines Baufinanzierers: „1.548,33 Euro".

Es muss angemerkt werden, dass bei einer Minderheit auch annähernd richtige Ergebnisse berechnet wurden.

2. Frage aus dem Bereich Lebensversicherung:

Ich will in eine LV sparen. Angenommen, sie bringt effektiv 4 Prozent. Wenn ich nach 20 Jahren 200.000 brauche, was muss ich monatlich sparen? Bitte rechnen Sie mit 6 Prozent jährlich steigendem Beitrag, also mit Dynamik.

Gegebene Antworten:
– Berater eines großen Finanzdienstleisters: „Ich rechne nur ohne Dynamik, da es allgemein bei Versicherungen nicht mit einberechnet wird."
– Berater einer großen Direktversicherung: „Kann ich nicht berechnen, da ich Dynamik nicht ins Programm eingeben kann."
– Berater einer großen Direktbank: „Die Dynamik von 6 Prozent kann ich nicht berücksichtigen. Bei Gesellschaft [A] sind es 758 Euro und bei Gesellschaft [B] sind es 761 Euro." (Gesellschaften wurden mit A und B ersetzt).

- Berater einer großen Bank: „Ihre persönliche Situation muss erst offen gelegt werden, dann würde ich berechnen."
- Berater einer Direktbank: „389,89 Euro, jedoch bei 199.998 Euro. Lässt sich nicht genau mit 200.000 Euro berechnen."

Bei dieser Fragestellung scheiterten die meisten an der Berücksichtigung der Dynamik.

▨ 3. Frage aus dem Bereich Investmentfonds:

Mir hat ein Freund einen Flyer gezeigt. Der Fonds hat irgendwie 400 Prozent in 20 Jahren gemacht. Wie hoch ist die Rendite umgerechnet pro Jahr?

Gegebene Antworten:
- Berater eines Allfinanzbetriebs: „Kann ich nicht berechnen, da komme ich nicht hin. Wenn wir die Wertpapierkennnummer hätten, könnte ich es berechnen, da es reine Vergangenheitsbetrachtung ist."
- Berater einer Direktbank: „Kann ich nicht berechnen. So ein Programm haben wir nicht."
- Beraterin einer regionalen Bank: „20,25 Prozent. Es ist nicht genau zu berechnen und auch unseriös, da es keine glatte Wertentwicklung gibt, sondern nur schwankend."
- Berater einer Direktbank: „Das ist relativ einfach, nämlich 20 Prozent pro Jahr."

Bei dieser Frage herrschte bei den meisten Ratlosigkeit und es gab kein Programm zu berechnen.

▨ 4. Frage aus dem Bereich Rente:

Ich habe 70.000 Euro aus dem Verkauf einer Immobilie. Wenn ich mir eine Rente über 30 Jahre auszahlen will, angenommen wieder 5 Prozent effektiver Zins, wie hoch ist die Rente, wenn ich jedes Jahr eine abnehmende Dynamik von 5 Prozent berechnet haben will? Das Geld kann am Ende aufgebraucht sein.

Gegebene Antworten:
- Berater einer Direktversicherung: „Kann ich nicht berechnen, da es bei uns keine Zeitrente (also Rente auf eine bestimmte Zeit) gibt, sondern nur eine lebenslange Rente."
- Berater einer Direktbank: „375 Euro, aber mit der abnehmenden Dynamik bekomme ich es nicht hin."
- Berater einer großen Bank: „369 Euro monatliche Rente."

Hier lag das Problem darin, dass die Software meist keine abnehmende Rente angenommen hat.

Gehen Sie nun zurück zu den Fragen und berechnen Sie die Antworten. Sollten Sie es in der Zwischenzeit noch nicht getan haben. Schreiben Sie die Ergebnisse neben die Fragen und zudem die Zeit, die Sie für die Berechnung benötigt haben. Das soll die erste Übung in diesem Buch mit dem BWK Business® sein. Quasi als Neueinstieg in den neuen Band 2. Sie erfahren später die Lösungen.

Übrigens arbeiten wir nach demselben Schema. Finden wir eine Berechnung in einer Zeitschrift, Zeitung, Buch oder im Internet, berechnen wir diese. So bleiben wir auch im Rechenrhythmus.

Die Antworten dokumentieren einen nahezu peinlichen Kompetenzstand. Das ist keine Kollegenschelte. Es ist schlichtweg die Tatsache. Und es ist peinlich. Da wollen offensichtlich tausende von FinanzRatern® andere Menschen zu Geldfragen beraten und haben selbst nicht die geringste Ahnung bei einfachen Fragen, sobald diese Fragen nicht zur gegebenen Software passen. Wir sagen: Banken und Finanzdienstleistungsgesellschaften geben Millionenbeträge für neue und komplexe Software aus. Das ist gut so. Und es ist notwendig. Allein aus Gründen der Dokumentation. Doch gilt: Niemals wird eine Software in den ersten Minuten ein Gefühl der „passenden Chemie", der Nähe erzeugen. Das ausschließliche Arbeiten mit Software ist kalt. Es gilt ferner: Obige Fragestellungen sind einfach und in wenigen Sekunden mit dem BWK Business® lösbar. Der BWK Business® ist ein einzigartiges Kompetenztool. Er kostet zudem nur einen Bruchteil dessen, was die Software kostet. Vielleicht noch ein Seminar dazu gebucht, käme immer noch günstiger. Übrigens: Auch die Serviceleistung – das zeigte der Test – ist bei vielen Unternehmen der Finanzdienstleistung mickrig bis peinlich. So konnten manche Fragestellungen nicht direkt gelöst werden. Der betreffende Finanzdienstleister versprach einen Rückruf. Dieser erfolgt nicht. Daraufhin riefen die Tester nochmals an, wurden aber erneut „auf die lange Bank (im wahren Sinne des Wortes) geschoben". Es dauerte im optimalen Fall einige weitere Tage. Bis zur falschen Antwort. Oder es kam kein Rückruf. In den Bernd W. Klöckner Seminaren und Trainings prägten wir den Satz: „Wenn Du es nicht machst, dann macht's ein anderer und der macht's richtig gut!" Verstehen Sie! Das ist alles. Im Klartext: Viele Unternehmen der Finanzbranche verzichten aufs Geschäft. Ein Kunde wird sich andere Angebote einholen und den nehmen, der am schnellsten ist, selbst wenn später doch noch ein günstigeres Angebot gemacht wird. Dann hat der Kunde jedoch schon woanders unterschrieben und kann aus der Kundendatei gelöscht werden. Machen wir es gemeinsam ein Stückchen besser! Machen Sie es besser! Verbinden Sie Service, spannende Geldgespräche und Verkauf. Bieten Sie dazu unschlagbare finanzmathematische, praxisorientierte Souveränität und Kompetenz. Das ist alles. Das sind die entscheidenden Voraussetzungen für den Zustand persönlichen und finanziellen Erfolges. Die Kunden werden Ihnen Ihre gezeigte Souveränität und Kompetenz danken. Mit Unterschriften. Mit einem Miteinander über Jahre und Jahrzehnte.

Wichtig: In den letzten Jahren lernten wir viele tausend kompetente Banker und Versicherungstypen wie freie Finanzdienstleister kennen. Diesen allen ist dieses Buch gewidmet. Den Profis und den Personen, die Profis werden wollen. Finanzdienstleister sein – das meinen wir – ist ein Beruf. Keine Lachnummer! Allen ist geholfen, wenn Finanzdienstleister ihren Job als ernsthaften und wichtigen wie kompetenten Beruf sehen. Machen wir diese Finanzbranche gemeinsam ein bisschen besser! Machen Sie es besser!

Hier nun die Lösungen zu den vorigen Fragen des Banken- und Versicherungstests:

1. Frage:	1.570,04 Euro.	20 Sekunden
2. Frage:	322,21 Euro im ersten Jahr,	
	974,89 Euro im letzten Jahr.	30 Sekunden
3. Frage:	8,38 Prozent.	20 Sekunden
4. Frage:	600,18 Euro im ersten Rentenjahr,	
	135,60 Euro im letzten Rentenjahr.	30 Sekunden

Vergleichen Sie nun die Ergebnisse mit Ihren Ergebnissen und auch die Zeiten, die Sie für die Berechnung benötigt haben. Dieses Buch ist für Finanzprofis. Sie sollten, wenn Sie diese Lektüre lesen, schnell eine Lösung zu verschiedenen Fragestellungen finden und rechnen. Hier ist es nur Übung. Beim Kunden ist es jedoch keine Übung mehr. Hinzu kommen beim Kunden noch eine eventuelle Nervosität und mindestens genauso komplexe Fragestellungen. Spätestens dann gilt: Sie müssen es drauf haben. Das ist alles. Ihre Kunden werden Dinge denken oder sagen wie „Ohh, Sie haben es drauf" oder „Das habe ich mit dieser Kompetenz noch nicht erlebt." Alle Anwenderinnen und Anwender des BWK Business® wissen darum. Die alles entscheidende Botschaft lautet: Verkaufen Sie Informationen! Verkaufen Sie mit sprachlicher, fachlicher, rechnerischer Souveränität und Kompetenz. Kombiniert mit Leidenschaft! Aus Überzeugung für den wohl schönsten Beruf der Welt. Den Beruf des Finanzdienstleisters. Das ist alles!

Welches Produkt dem Finanzmarkt fehlt

Auf dem Finanzmarkt fehlt meist nur die Verbindung zwischen Kommunikation und Verkauf von Zahlen. Verstehen Sie! Es ist nicht damit getan, dass Sie Produkte über Kommunikation verkaufen – dann werden Sie schnell in die Haftungsfalle treten. Zudem ist es nicht damit getan, Zahlen berechnen zu können und dem Kunden diese vorzulegen. Dann fehlt dem Kunden einfach der „Stoß" in die richtige Richtung. Profis beherrschen die Kommunikation und zudem den Verkauf von Zahlen. Erfolg haben! Umsätze steigen! Einige Finanzdienstleister, vielleicht auch schon Sie, haben die Erfahrung gemacht und können es bestätigen. Das Investment in ein Training oder ein Buch mit dem BWK Business® hat sich gelohnt. Immer wieder hören wir von Verkaufserfolgen nach Anwendung beim Kunden. Der Mehrerfolg durch das Investment brachte den Meisten eine Rendite von 500 bis 5.000 Prozent. In manchen Fällen sogar noch mehr. Verstehen Sie? Es ist ein gutes Investment.

„Mache nur solche Geschäfte, bei denen es Dir besser geht als zuvor!"

Wir und viele Finanzberater bestätigen, dass dieses Buch oder auch ein Rechentraining gute Investments sind.

Nun jedoch zurück zu dem, was auf dem Markt fehlt: Es fehlt ein Produkt, das alle denkbaren Zahlungsströme berechnen kann. Wir arbeiten hier mit dem BWK Business®. Doch auch dieser wird in manchen Fällen an seine Grenze stoßen. Der BWK Business® wurde vom FAF-Verlag ganz bewusst auf einfache Eingabelogik gestaltet und auf das Beratungsgespräch zugeschnitten. Es soll ein Tool zur Verfügung stellen, was die meisten Zahlungsströme berechnen kann. Der BWK Business® ist mit Sicherheit nicht allen Berechnungen gewachsen. Doch wir halten den BWK Business® für das beste Produkt im Beratungsgespräch. Es ist ein Tool, mit dem Sie die meisten relevanten Zahlungsströme im Kundengespräch berechnen können. Sollten Sie also einmal an die Grenzen stoßen, so empfehlen wir Ihnen die Berechnung mit ins Büro oder nach Hause zu nehmen und dort mit dem Dr. Kriebel Beratungsrechner, www.beratungsrechner.de, zu rechnen.

Mit diesem Buch übrigens werden Sie lernen, den BWK Business® an seine Grenzen zu bringen. Sie trainieren, wie Sie Cashflow-Rechnungen mühelos und in kürzester Zeit bei Ihren Kunden durchführen. Produkte wie Schiffsfonds, eine gesamte Rentenversicherungsberechnung oder auch manche Bausparvarianten sind ohne Cashflow nicht zu berechnen. Sie werden erkennen, dass der CASHFLOW-Modus im BWK Business® einfach aufgebaut ist und Sie diesen nach zwei bis drei Anwendungen locker beherrschen.

Bisher habe ich, haben wir, auf dem Markt finanzmathematischer Taschenrechner, kein dem BWK Business® vergleichbares Kompetenztool gefunden.

Zudem fehlen noch auf dem Finanzdienstleistungsmarkt die Berater, die den BWK Business® anwenden. Tagtäglich werden es mehr, die Kunden mit Zahlenbeispielen und Berechnungen begeistern. Werden auch Sie es. Das ist das erste Buch, welches noch weiter in die Materie geht und den CASHFLOW-Modus des BWK Business® locker leicht und praxisnah erklärt. Nutzen Sie diesen Vorsprung! Nutzen Sie diesen beim Kunden! Nehmen Sie, wenn es Ihnen möglich ist, vielleicht geschlossene Fonds in Ihr Produktportfolio auf! Berechnen Sie dem Kunden den internen Zinsfuß oder besser sogar, den Zinsfuß nach Wiederanlageprämisse TIRR®. Mehr dazu später im Buch.

Hinweis 1

Im Folgenden gehen wir davon aus, dass Sie mit den Funktionen des Rechners, die in Band 1 dargestellt wurden, umgehen können. Wir werden also darauf aufbauen. Sollten Sie Band 1 noch nicht besitzen, so empfehlen wir Ihnen die Lektüre zuerst, bevor Sie an dieses Werk gehen.

Hinweis 2

Sie werden nach manchen Eingabetabellen der Berechnungen jeweils ein Stoppschild sehen:

Das soll Sie darauf hinweisen, dass in der nachfolgenden Berechnung mit den bereits eingegebenen Zahlen weitergerechnet wird und nur wenige Änderungen durchgeführt werden. Kurz gesagt: Ist das Stoppschild gegeben, so lassen Sie alle Eingaben im BWK Business® gespeichert und drücken nicht SHIFT C (Löschen der Daten).

Neue Produkte! Neue Gesetze!
Neue Steuern!

In diesem Kapitel geht es insbesondere um neue Produkte, die im vorigen Band noch nicht dargestellt wurden. Zudem werden aktuelle Gesetze und Steuern, wie Abgeltungsteuer, Versicherungsvertragsgesetz und EU-Dokumentationsrichtlinie, betrachtet.

Sehen Sie dieses Kapitel als Baustein für Ihre Produktpalette an. Auch wenn Sie manche Produkte nicht direkt anbieten, fragen manche Kunden Sie eventuell nach Ihrer Einschätzung zu dem ein oder anderen Produkt. Dann können Sie abwägen und möglicherweise die Vorteile Ihrer Produkte ausarbeiten. Zudem sollen die folgenden Berechnungen der Produkte Ihnen als Nachschlagewerk dienen.

Um wieder einen kleinen Einstieg in den Rechner zu bekommen, beginnen wir mit einfachen, jedoch effektiven Berechnungen.

PAFR®

Die Persönliche Aus- und Fortbildungsrendite, kurz PAFR®, ist gerade für Sie als Finanzdienstleister von großer Bedeutung. Sie werden oder stehen schon oft vor der Fragestellung, ob sich eine Investition in ein Training, Seminar oder Fortbildung rentiert.

Vorweg nehmen wir die zwei Bände dieser Buchreihe und den BWK Business®. Zusammen war es eine Investition von knapp 200 Euro. Nun nehmen wir an, dass Sie dieses Investment rund ein Jahr amortisieren möchten. Wie hoch müssen Ihre Verkaufsabschlüsse in den nächsten 12 Monaten ansteigen, um 15 Prozent Rendite zu erzielen? Grundsätzlich sollten Sie als Unternehmer 15 Prozent oder mehr als Vergleichsrendite nehmen.

Denken Sie daran: Dieses Buch ist ein Arbeitsbuch. Schätzen Sie erst die Zahl und dann versuchen Sie diese Berechnung allein mit dem BWK Business® durchzuführen. Erst danach schauen Sie auf die Lösung! Versuchen Sie dieses Schema bei der gesamten Arbeit mit diesem Buch durchzuhalten. Wir werden Sie hin und wieder Stelle daran erinnern!

Eingabe	Display-anzeigen	Erklärung
12 P/YR	P/YR 12,00	Monatliche Betrachtungsweise.
1 xP/YR	N 12,00	Betrachtungszeitraum: 1 Jahr oder 12 Perioden/ Monate.
15 EFF%	I/YR NOM% 14,06	Effektiver Vergleichszinssatz: 15 Prozent. Automatische Umrechnung in den nominalen Zins.
200 +/– PV	PV -200,00	Investitionssumme: 200 Euro. Negativ, da es aus der Tasche heraus fließt.
0 FV	FV 0,00	Die Investition soll sich amortisieren.
PMT	PMT 17,96	Berechnung der regelmäßigen Auszahlung der Investition.

Lassen Sie alle Eingaben im Taschenrechner gespeichert. Dieses Stoppschild wird Ihnen bei den folgenden Berechnungen immer zeigen, dass Sie die Eingaben im Taschenrechner lassen sollen.

BEISPIEL 2

Nehmen wir nun eine höhere Zahl an. Nehmen wir an, Sie buchen zusätzlich zu obiger Investition ein Seminar für 1.000 Euro und erzielen danach über zwei Jahr monatlich 100 Euro Mehrprovisionen. Wie hoch ist Ihre PAFR®?

Sie ändern lediglich die Daten im Taschenrechner:

Eingabe	Display-anzeigen	Erklärung
2 xP/YR	N 24,00	Der Zeitraum beträgt zwei Jahre.
1 200 +/– PV	PV -1.200,00	Sie investieren insgesamt 1.200 Euro.
100 PMT	PMT 100,00	Mehrprovisionen von 100 Euro pro Monat.
I/YR	I/YR NOM% 77,90	Berechnung des nominalen Zinses.
EFF%	EFF% 112,70	Umrechnung in den effektiven Zins.

Ergebnis: Sie erzielen also eine PAFR® von über 110 Prozent. Sie werden bestätigen, dass diese Rendite die vieler anderer Investitionen erheblich übersteigt.

Wir sagen jedoch nicht, dass Sie nun alle Seminare buchen, die Ihnen angeboten werden und danach Ihre Verkaufszahlen in die Höhe schießen. Das wäre sicherlich übertrieben. Betreiben Sie eine ausgewählte Mischung und berechen Sie Ihre eigene PAFR ®. Nun können Sie entgegnen, dass sich nicht alle Seminare unmittelbar auf mehr Verkaufsabschlüsse richten. Nehmen wir hier Seminare an, die Ihnen rechtliche Hinweise im Beratungsgespräch geben, wie beispielsweise der EU-Dokumentationspflicht. Dokumentieren Sie nicht, können Sie schnell in die Haftung genommen werden.

 BEISPIEL 3

Nehmen wir also ein Seminar für die Information zur EU-Dokumentationspflicht für 500 Euro. Würden Sie dieses Seminar nicht buchen, könnten auf Sie Haftungsansprüche von rund 5.000 Euro in zwei Jahren zukommen. Sie beginnen direkt die Berechnung:

Eingabe	Display-anzeigen	Erklärung
1 P/YR	P/YR 1,00	Es sind keine regelmäßigen Ein- und Auszahlungen, daher nur eine Periode pro Jahr anzunehmen.
2 xP/YR	N 2,00	Die Sicht erstreckt sich auf zwei Jahre.
500 PV	PV 500,00	Die Investition in das Seminar würde 500 Euro betragen, die Sie jedoch durch das Fernbleiben sparen.
0 PMT	PMT 0,00	Keine regelmäßigen jährlichen Ein-/Auszahlungen.
5 000 +/– FV	FV -5.000,00	Nach zwei Jahren könnten bei Missachtung der Dokumentationspflicht 5.000 Euro auf Sie zukommen, die Sie zahlen müssten – Tasche raus.
I/YR	I/YR NOM% 216,23	Berechnung des nominalen Zinses. Aufgrund der jährlichen Periodenanzahl, ist dieser auch gleich dem effektiven Zins.

Ergebnis: Durch das Fernbleiben und das dadurch entstehende Einsparen der Seminargebühr müssten Sie eine negative PAFR® von über 200 Prozent in Kauf nehmen. Vergleichen können Sie das mit einem Girokonto auf dem Sie „lediglich" einen Überziehungszins von vielleicht 13 Prozent zahlen. Hätten Sie also den Überziehungszins in Kauf genommen, wären Sie günstiger dabei weg gekommen.

Die Botschaft lautet: Wählen Sie Seminare sorgfältig aus. Sie sollen aus dem Seminar etwas mitnehmen und beim Kunden anwenden! Dadurch erhalten Sie entweder Mehrprovisionen oder, wie im letzteren Fall, Sie vermeiden Risiken. Nutzen Sie die PAFR® und machen Sie sich klar, was Ihnen entgeht bzw. welches Risiko Sie ausschließen. Nicht jedes Seminar ist sinnvoll! Nicht jedes Seminar ist wertvoll!

Wo liegt eigentlich der Unterschied zwischen vor- und nachschüssiger Zahlungsweise?

Ein Hinweis vorweg: Sollten Ihnen die vor- und nachschüssige Zahlungsweisen schon zu hundert Prozent bekannt sein, so überspringen Sie dieses Thema!

Oft erreichen uns Fragen nach der exakten Definition von vor- und nachschüssiger Zahlungsweise. Hier möchten wir Ihnen darstellen, worin der Unterschied besteht. Im späteren Teil dieses Buches wird diese nochmals auf den Cashflow-Modus bezogen.

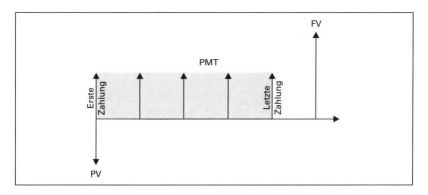

Schauen wir uns den Zahlungsstrom eines normalen TVM-Zahlungsplans an: In der obigen Abbildung ist die vorschüssige Zahlungsweise gegeben, da die erste Zahlung auf den Zeitpunkt PV fällt. Die letzte Zahlung fällt somit noch eine Periode vor dem Endzeitpunkt FV an. Es wird also eine Periode mehr verzinst. Um es zu verdeutlichen, berechnen wir nun einen Sparplan mit vorschüssiger Zahlungsweise:

 BEISPIEL 1

Ein Sparer zahlt heute 10.000 Euro in einen Investmentfonds ein und zudem ab heute (vorschüssige Zahlungsweise) 100 Euro monatlich über 10 Jahre. Welches Vermögen entsteht bei einer angenommenen Rendite von 6 Prozent?

Eingabe	Display-anzeigen	Erklärung
SHIFT P/YR	BEGIN 0,00	Die vorschüssige Zahlungsweise wird eingeschaltet. „BEGIN" erscheint im Display.
12 P/YR	BEGIN P/YR 12,00	Monatliche Zahlungsweise.
10 xP/YR	BEGIN N 120,00	Es wird 10 Jahre gespart.
6 EFF%	BEGIN I/YR NOM% 5,84	Die angenommene Rendite beträgt 6 Prozent.
10 000 +/– PV	BEGIN PV -10.000,00	Es werden zu Beginn 10.000 Euro eingezahlt.
100 +/– PMT	BEGIN PMT -100,00	Monatliche Raten werden zudem noch von 100 Euro entrichtet.
FV	BEGIN FV 34.234,91	Berechnung des Endwerts.

> **Ergebnis:** Bei vorschüssiger Zahlungsweise entsteht ein Vermögen von 34.235 Euro.

 Nun blicken wir auf die nachschüssige Zahlungsweise, die einen folgenden Zahlungsstrom besitzt:

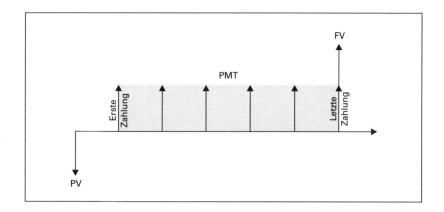

Sie erkennen direkt, dass die letzte Zahlung auf denselben Zeitpunkt wie der Endwert FV fällt. Die erste Zahlung hingegen erfolgt eine Periode nach dem Startzeitpunkt. Die regelmäßigen Zahlungen haben sich also hingegen der vorschüssigen Zahlungsweise nur um eine Periode nach hinten verschoben. Demnach wird gegenüber der vorschüssigen Zahlungsweise ein Monat weniger verzinst, was wir auch darstellen möchten.

 BEISPIEL 2

Nehmen wir obigen Sparer aus Beispiel 1 an, der jedoch erst einen Monat nach der Einzahlung von 10.000 Euro mit dem regelmäßigen Sparen beginnt. Welches Vermögen erreicht er dann?

Eingabe	Display-anzeigen	Erklärung
	BEGIN 0,00	Ausgangslage.
SHIFT P/YR	0,00	Es wird nachschüssige Zahlungsweise einge-stellt. „BEGIN" steht nicht mehr im Display.
FV	FV 34.155,82	Berechnung des Endwerts.

Ergebnis: Bei nachschüssiger Zahlungsweise erhält er nur ein Vermögen von 34.156 Euro. Das sind rund 79 Euro weniger, als bei der vorschüssigen Zahlungsweise, da eine Zinsperiode weniger verzinst wurde.

Vorschüssige Zahlungsweise bedeutet also nicht, dass am 1. eines Monats gezahlt wird und nachschüssige Zahlungsweise nicht, dass am Ende eines Monats gezahlt wird. Es kommt ganz auf die erste, bzw. letzte regelmäßige Zahlung an, ob diese auf den Zeitpunkt der Anfangszahlung oder Endzahlung fällt. Hier einige Beispiele von Produkten, die in der Regel vor- oder nachschüssige Zahlungsweise besitzen:

Produkt	Zahlungsweise
Sachversicherungen	vorschüssig
Lebensversicherungen	vorschüssig
Darlehen	nachschüssig
Leasing	je nach Vertragsgestaltung
Bausparverträge	nachschüssig
Festverzinsliche Wertpapiere/Anleihen	nachschüssig
Staatliche Zulagen	nachschüssig
Arbeitnehmersparzulage	nachschüssig (nach 7 Jahren)
Geschlossene Fonds	nachschüssig

Im Folgenden beachten wir nicht die exakte Zahlungsweise von Produkten. Wir rechnen lediglich im nachschüssigen Modus, außer es wird explizit „vorschüssig" genannt. Für Sie gilt: Wählen Sie für sich selbst aus, ob Sie immer exakt mit vor- oder nachschüssiger Zahlungsweise berechnen oder ob Sie grundsätzlich vor- oder nachschüssige Zahlungsweise als Standardeinstellung nehmen. Verkaufen Sie ausschließlich Versicherungen, so ist die Wahl der vorschüssigen Zahlungsweise von Vorteil.

Fonds-Discounter

Heutzutage gibt es viele Fonds-Discounter oder auch Direktbanken, die einen reduzierten Ausgabeaufschlag bei bestimmten Investmentfonds verlangen. Lohnt sich dieses Geschäft jedoch? Weniger Kosten sollten ja eigentlich ein Kaufkriterium darstellen. Das Problem ist jedoch, dass nicht die ganze Fondspalette des Marktes verfügbar ist. Somit könnte die Rendite eingeschränkt werden. Als weiterer Kostenpunkt sind Depotgebühren zu nennen. Diese fallen jedoch meist bei allen Banken für die Fondsverwahrung an.

 BEISPIEL

Ein Kunde möchte monatlich 200 Euro in Investmentfonds anlegen. Zudem hat er 10.000 Euro „auf der hohen Kante" und möchte diese zu Beginn zusätzlich investieren. Hierzu hat er zwei Angebote:

a) Anlage bei Fondsgesellschaft, bei 5 Prozent Ausgabeaufschlag.

b) Anlage bei einer Direktbank, die 75 Prozent Rabatt auf den Ausgabeaufschlag gewährt.

Bei beiden Verwahrungsmöglichkeiten fallen 5 Euro Depotgebühren pro Quartal an. Nehmen Sie eine Anlagedauer von 15 Jahren an, bei einer effektiven Rendite des Fonds von 7 Prozent.

Lösung

a) Anlage bei Fondsgesellschaft

Zuerst muss der Ausgabeaufschlag von 5 Prozent abgezogen werden. Die Formel wurde schon in Band 1 beschrieben. Zur Erinnerung hier noch einmal die Berechnungsformel:

$$\text{Nettoanlagebetrag} = \frac{\text{Nettoanlagebetrag}}{1 + \dfrac{\text{Ausgabeaufschlag}}{100}}$$

Diese Formel werden wir direkt bei der Eingabe in den BWK Business® verwenden.

Schritt 1: Berechnung des Endvermögens aus der Fondsanlage

Eingabe	Display-anzeigen	Erklärung
12 P/YR	P/YR 12,00	Monatliche Zahlungsweise.
15 xP/YR	N 180,00	Anlagedauer von 15 Jahren.
7 EFF%	I/YR NOM% 6,78	Effektive Rendite von 7 Prozent.
10 000 ÷ 1,05 = +/– PV	PV -9.523,81	Einmalanlage von 10.000 Euro abzüglich 5 Prozent Ausgabeaufschlag.
200 ÷ 1,05 = +/– PMT	PMT -190,48	Monatliche Sparrate von 200 Euro abzüglich 5 Prozent Ausgabeaufschlag.
FV	FV 85.534,54	Berechnung des Vermögens nach 15 Jahren.

Der Kunde erzielt ein Vermögen von rund 85.500 Euro. Nun berechnet die Fondsgesellschaft noch Depotgebühren von 5 Euro pro Quartal, die zudem nicht in den Fonds zur Anlage kommen und sich somit auch nicht zu der effektiven Rendite von 7 Prozent im Investmentfonds verzinsen.

Schritt 2: Berechnung der Depotgebühren

Eingabe	Display-anzeigen	Erklärung
4 P/YR	P/YR 4,00	Quartalsweise Gebührenberechnung.
15 xP/YR	N 60,00	Das Depot wird voraussichtlich 15 Jahre geführt.
7 EFF%	I/YR NOM% 6,82	Effektive Rendite von 7 Prozent. Dieser Schritt ist notwendig, da sich der Effektivzins nun auf quartalsweise und nicht auf monatliche Zahlungsweise bezieht.
0 PV	PV 0,00	Es fällt keine Depotgebühr bei Eröffnung des Depots an.
5 PMT	PMT 5,00	Pro Quartal fallen 5 Euro Depotgebühren an.
FV	FV -515,59	Berechnung des Vermögens, welches dem Anleger durch Zahlung der Depotgebühren entgeht.

Vom Endvermögen aus dem 1. Schritt müssen 515,59 Euro abgezogen werden. Das Vermögen des Anlegers vermindert sich also auf 85.018,95 Euro.

Schritt 3: Berechnung des effektiven Zinses:

Eingabe	Display-anzeigen	Erklärung
12 P/YR	P/YR 12,00	Monatliche Zahlungsweise.
15 xP/YR	N 180,00	Anlagedauer von 15 Jahren.
10 000 +/- PV	PV -10.000,00	Effektiv hat der Anleger 10.000 Euro zu Beginn angelegt.
200 +/- PMT	PMT -200,00	Effektiv hat der Anleger 200 Euro pro Monat angelegt.

85 018,95 FV	FV 85.018,95	Nach Kosten erzielt der Anleger ein Endvermögen von 85.018,95 Euro.
I/YR	I/YR NOM% 6,26	Berechnung des nominalen Zinses.
EFF%	EFF% 6,45	Umrechnung in den effektiven Zins.

Bei Anlage bei der Fondsgesellschaft vermindert sich die Rendite um 0,55 Prozent.

Nun kommen wir zu der Anlage bei der Direktbank, die einen Rabatt auf den Ausgabeaufschlag von 75 Prozent gewährt. Somit sind nur 1,25 Prozent (= 5,00 – 75 Prozent) zu zahlen.

b) Schritt 1: Berechnung des Endvermögens der Fondsanlage

Eingabe	Display- anzeigen	Erklärung
12 P/YR	P/YR 12,00	Monatliche Zahlungsweise.
15 xP/YR	N 180,00	Anlagedauer von 15 Jahren.
7 EFF%	I/YR NOM% 6,78	Effektive Rendite von 7 Prozent.
10 000 ÷ 1,0125 = +/– PV	PV -9.876,54	Einmalanlage von 10.000 Euro abzüglich 1,25 Prozent Ausgabeaufschlag.
200 ÷ 1,0125 = +/– PMT	PMT -197,53	Monatliche Sparrate von 200 Euro abzüglich 1,25 Prozent Ausgabeaufschlag.
FV	FV 88.702,49	Berechnung des Vermögens nach 15 Jahren.

Der Anleger hat nach 15 Jahren ein Vermögen von 88.700 Euro erreicht. Gegenüber der direkten Anlage bei der Fondsgesellschaft erzielt der Anleger rund 3.000 Euro mehr Vermögen.

Schritt 2: Berechnung der Depotgebühren

Dieser Schritt kann entfallen, da in a) schon mit denselben Gebühren bei dem gleichen Anlagezins berechnet wurde. Es kann also direkt 515,59 Euro vom aktuellen Depotvermögen abgezogen werden. Somit ergibt sich lediglich ein Endvermögen für den Anleger von 88.186,90 Euro.

Schritt 3: Berechnung des Effektivzinses

Eingabe	Display-anzeigen	Erklärung
10 000 +/– PV	PV -10.000,00	Effektiv wurden 10.000 Euro angelegt.
200 +/– PMT	PMT -200,00	Effektiv wurden 200 Euro monatlich angelegt.
88 186,90 FV	FV 88.186,90	Es wurde nach Kosten ein Endvermögen von rund 88.000 Euro erreicht.
I/YR	I/YR NOM% 6,61	Berechnung des nominalen Zinses.
EFF%	EFF% 6,82	Umrechnung in den effektiven Zins.

Bei der Direktbank wird die Rendite also lediglich um 0,18 Prozent geschmälert. Somit ergibt sich in diesem Fall ein Plus von 0,37 Prozent gegenüber der Fondsgesellschaft.

Sie können uns nun „Zahlenfetischismus" vorwerfen, da wir sehr genau sind. Dem entgegnen wir damit, dass es bei Anlagen mit langen Laufzeiten genau auf diese geringen Prozentpunkte ankommt. Sie wirken sich dann nämlich sehr positiv auf das Vermögen am Ende der Laufzeit aus. Im obigen Fall waren es bei 15 Jahren 3.000 Euro. Bei 30 Jahren sind es schon 11.000 Euro und bei 45 Jahren rund 32.000 Euro. Gerade wir Deutschen sind sehr sparsam und achten penibel auf Kosten. Ob Autoversicherung, günstige Elektronikartikel oder Telefonanschluss. Hier sind die meisten „Schnäppchenjäger". Doch viele vergessen oder missachten dies bei der Geldanlage.

Die Botschaft lautet: Machen Sie Ihren Kunden auf Kosten aufmerksam – egal in welcher Art diese vorkommen. Zeigen Sie ihm, wie er günstig und bei gutem Service Kosten sparen kann. MiFID oder das Versicherungsvertragsgesetz (VVG) verpflichten Sie geradezu hierzu. Ob nun ein Fondsdiscounter gut für die Anlage bei Investmentfonds ist, sollten Sie im Einzelfall prüfen. Hinzu kommen Serviceleistungen und/oder eine eingeschränkte Fondsauswahl. Berechnen Sie hier im Einzelfall den Effektivzins.

Jährliche Verwaltungskosten bei Investmentfonds – Berechnungsweise nach Werner Dütting

Anleger in Investmentfonds zahlen bei Investmentfonds oft nicht nur einen Ausgabeaufschlag. Die Berechnung des Ausgabeaufschlags wurde im Abschnitt „Fonds-Discounter" erläutert. Viele Fonds – wenn nicht sogar die meisten – berechnen zusätzlich noch sogenannte Verwaltungskosten, die meist jährlich anfallen. Das Problem bei diesen Kosten besteht darin, dass die meist in Prozent berechneten Verwaltungskosten vom aktuellen Fondsvermögen nach Ablauf des Kalenderjahres berechnet werden. Schauen Sie hier genau in die Bedingungen der Fondsgesellschaft, wie hoch die jährlichen Verwaltungskosten sind.

Grundsätzlich sind diese Kosten (wie alle anderen Kosten) für einen Anleger ärgerlich. Bei den jährlichen Verwaltungskosten kommt es nicht darauf an, ob der Fondsmanager einen guten Job gemacht hat oder nicht, also ob er eine positive oder eine negative Wertentwicklung erzielt hat. Die Kosten werden in jedem Fall fällig. Somit ist es für Anleger noch ärgerlicher, wenn der Fonds in einem Jahr eine negative Rendite erzielt hat und zudem noch der Fondsmanager dafür mit den Verwaltungskosten „belohnt" wird.

Eine viel wichtigere Kennzahl ist die „Total Expense Ratio" (TER), die von manchen Fondsgesellschaften herausgegeben wird. Die Angabe ist nicht verpflichtend und somit wird die Kennziffer lediglich von manchen Gesellschaften berechnet und bekannt gegeben. Doch was besagt die TER? Diese Kennzahl gibt den prozentualen Anteil der jährlichen Kosten des vorangegangenen Jahres eines Fonds wieder. Hierin sind etwa die jährlichen Verwaltungskosten, Kosten für Fondsprospekte, Depotverwaltungsgebühren, Kosten für Wirtschaftsprüfer etc. verrechnet worden. In der TER sind jedoch nicht die Ausgabeaufschläge enthalten, da diese Kosten auf Seiten des Anlegers anfallen. Mehr Informationen zu den einzelnen Kosten erhalten Sie beim BVI – www.bvi.de.

Schauen Sie also in den Fondsprospekt oder die Verkaufsunterlagen, ob die jeweilige Gesellschaft diese Kennzahl herausgibt. Ist das der Fall, so ziehen Sie diese Zahl als jährliche Kosten heran. Es ist eine sehr informative Kennzahl über die jährlichen Gesamtkosten eines Fonds. Nutzen Sie diese! Die jährliche TER liegt meist zwischen 1 und 4 Prozent.

Kommen wir nun zur Berechnung dieser jährlichen Kosten mit dem BWK Business®. Diese stellt ein Problem dar, da die prozentualen Kosten vom aktuellen Fondsvermögen nach einem Jahr berechnet werden. Hierzu ein Beispiel:

Ein Anleger spart monatlich 100 Euro in einen Fonds. Zusätzlich leistet der Anleger eine Einmalanlage von 10.000 Euro. Die Fondsgesellschaft berechnet keinen Ausgabeaufschlag, sie gibt jedoch eine Total Expense Ratio von 2 Prozent an. Nehmen Sie eine effektive Rendite von 7 Prozent und eine Spardauer von 10 Jahren an. Wie hoch ist das Vermögen nach 10 Jahren?

Da die Kosten jährlich vom aktuellen Fondsvermögen abgezogen werden, müssen Sie jedes Jahr einzeln berechnen. Nachfolgend für das 1. Jahr:

Eingabe	Display-anzeigen	Erklärung
12 P/YR	P/YR 12,00	Monatliche Einzahlungen in den Fonds.
1 xP/YR	N 12,00	Berechnung für das 1. Jahr.
7 EFF%	I/YR NOM% 6,78	Effektive Rendite von 7 Prozent.
10 000 +/– PV	PV -10.000,00	Einmalanlage von 10.000 Euro.
100 +/– PMT	PMT -100,00	Monatliche Sparrate von 100 Euro.
FV	FV 11.938,03	Berechnung des Endvermögens.

Nach dem ersten Jahr erzielt der Fondsanleger ein Vermögen von 11.938,03 Euro. Davon werden nun 2 Prozent abgezogen und der Rest wird als Einmalanlage im Folgejahr wieder angelegt.

Eingabe	Display-anzeigen	Erklärung
RCL FV – 2 % = +/– PV	PV -11.699,27	Abrufen des Vermögens nach dem ersten Jahr und Abzug von 2 Prozent TER, sowie Wiederanlage ins folgende 2. Jahr.
FV	FV 13.756,25	Berechnung des Endvermögens nach dem zweiten Jahr.

Nach dem zweiten Jahr erreicht der Anleger ein Vermögen von 13.756,25 Euro, von dem wiederum 2 Prozent abgezogen werden für die weitere Anlage.

Diese Berechnungsweise wird nun bis zum 10. Jahr vollzogen. Führen Sie sie fort, kommen Sie auf ein Endvermögen von 31.234,08 Euro.

Nun werden Sie uns wahrscheinlich zustimmen, wenn wir sagen, dass diese Berechnungsweise beim Kunden unbrauchbar ist. Aufgrund der Berechnungsdauer und gerade bei längeren Laufzeiten ist sie sehr aufwendig. Vielleicht werden Sie jetzt schon einen Lösungsweg gefunden haben und die 2 Prozent jährlichen Kosten von der Rendite abziehen. Hier müssen wir jedoch entgegenbringen, dass ein solches Vorgehen nicht genau ist. Schauen wir uns den Effektivzins aus obigem Beispiel in der folgenden Tabelle an, den der Anleger nach Abzug des TER erzielt hat.

Eingabe	Display-anzeigen	Erklärung
10 xP/YR	N 120,00	Berechnung über die Gesamtlaufzeit von 10 Jahren.
10 000 +/– PV	PV -10.000,00	Einmalanlage von 10.000 Euro.
100 +/– PMT	PMT -100,00	Monatliche Sparrate von 100 Euro.

31 234,08 FV	FV 31.234,08	Das Endvermögen nach 10 Jahren entspricht 31.234,08 Euro nach Abzug des TER.
I/YR	I/YR NOM% 4,69	Berechnung des nominalen Zinses.
EFF%	EFF% 4,79	Umrechnung in den effektiven Zins.

Nach Kosten erzielt der Anleger also lediglich 4,79 Prozent. Diese unterstreicht zwei folgende Faktoren:

1. Unterschätzen Sie nicht die jährlichen Verwaltungskosten bzw. die Total Expense Ratio von Investmentfonds und beziehen Sie diese unbedingt in die Berechnung mit ein.

2. Ziehen Sie lediglich 2 Prozent von der Rendite von 7 Prozent ab, kommen Sie auf eine Rendite von 5 Prozent. Obiger Effektivzins liegt jedoch noch 0,21 Prozent unter dieser Rendite. Es wäre also ungenau, einfach nur die jährliche Gebühr von der Rendite abzuziehen.

Weiter zum Punkt 2: In einigen Fällen konnten wir beobachten, dass das Endvermögen bis zu 50 Prozent von dem wahren Vermögen nach Abzug der jährlichen Kosten abweicht, wenn lediglich von der Rendite die jährliche Gebühr abgezogen wird. Bei bestimmten Faktoren wie Zeit und angenommener Rendite kann das leicht vorkommen. Es wäre also fatal, wenn Sie ein um 50 Prozent unterschiedliches Vermögen berechnen würden.

Wie könnte man es besser machen? Hier die Lösung: Wir haben eine Formel entwickelt, mit der das genaue Endvermögen nach Kosten bei reinen Einmalanlagen ermittelbar ist. Bei Sparplänen weicht dieses um maximal 2 Prozent ab, so unsere Recherche. Hier nun die Formel:

$$\text{Rendite}_{\text{nach TER}} = \text{Rendite} - \text{TER} - \left(\text{TER} \cdot \frac{\text{Rendite}}{100} \right)$$

Hinweis: Hier geben wir die Total Expense Ratio (TER) an. Sie können es jedoch mit jeder anderen jährlichen Gebühr austauschen, die vom aktuellen Vermögen abgezogen wird.

Kommen wir zurück zu vorigem Beispiel. Berechnen wir nun das Vermögen nach TER anhand der vorgestellten Formel:

$$\text{Rendite}_{(\text{nach TER})} = \text{Rendite} - \text{TER} - \left(\text{TER} \cdot \frac{\text{Rendite}}{100}\right)$$

$$\text{Rendite}_{(\text{nach TER})} = 7 - 2 - \left(2 \cdot \frac{7}{100}\right)$$

$$\text{Rendite}_{(\text{nach TER})} = 4,86$$

Es wird also eine effektive Rendite von 4,86 Prozent angenommen.

Eingabe	Display-anzeigen	Erklärung
12 P/YR	P/YR 12,00	Monatliche Einzahlungen in den Fonds.
10 xP/YR	N 120,00	Berechnung für 10 Jahre.
4,86 EFF%	I/YR NOM% 4,75	Effektive Rendite nach TER von 4,86 Prozent.
10 000 +/– PV	PV -10.000,00	Einmalanlage von 10.000 Euro.
100 +/– PMT	PMT -100,00	Monatliche Sparrate von 100 Euro.
FV	FV 31.399,42	Berechnung des Endvermögens.

 Das Vermögen weicht also lediglich rund 165 Euro vom wahren Vermögen ab. Wir empfehlen Ihnen, diese Formel im Beratungsgespräch anzuwenden, um auch bei langen Laufzeiten recht nah an das wahre Vermögen heranzukommen.

Möchten Sie noch genauer rechnen, können Sie zudem noch von der regelmäßigen Sparrate die Hälfte der jährlichen Verwaltungsgebühr abziehen, im obigen Fall also 1 Prozent. Gespart werden dann nur 99 Euro. Das können Sie schnell im BWK Business® berücksichtigen:

Eingabe	Display-anzeigen	Erklärung
99 +/- PMT	PMT -99,00	Einzahlungen nach TER von 99 Euro.
FV	FV 31.246,16	Berechnung des Endvermögens nach TER.

Hier sehen Sie, dass das Vermögen nur noch um 14 Euro vom wahren Endvermögen abweicht.

Beachten Sie in jedem Fall auch den Ausgabeaufschlag. Bei der zweiten genaueren Berechnung ziehen Sie die Hälfte der jährlichen Kosten von dem Nettosparbeitrag ab. Befolgen Sie also folgende Schritte:

1. Ausgabeaufschlag von Einmalanlage und Sparbeitrag abziehen.

2. Rendite um jährliche Kosten nach voriger Formel vermindern.

3. Regelmäßige Sparrate nach Abzug des Ausgabeaufschlags zusätzlich um die Hälfte der jährlichen Kosten vermindern.

Die Botschaft lautet: Berechnen Sie dem Kunden das Endvermögen so genau es geht. Beachten Sie zukünftig auch jährliche Kosten und zeigen Sie dem Kunden den effektiven Zins nach allen Kosten. Lassen Sie den Kunden danach entscheiden. Der Kunde hat dann einen Überblick, welche Kosten die effektive Rendite mindern und kann danach Fonds besser nach Kosten beurteilen. Weisen Sie den Kunden jedoch auch darauf hin, dass ein Fonds nicht nur nach den günstigsten Kosten ausgewählt werden sollte. Die Qualität des Fonds muss zusätzlich stimmen. Gute Fondsmanager und gute Fondsgesellschaften dürfen auch gut bezahlt werden!

Staatliche Zulagen/Riester-Rente

Vorab: Grundsätzlich vertreten die Autoren die Meinung, dass jede Form einer staatlichen Förderung „mitgenommen" werden sollte. Das spricht grundsätzlich für Riester und Rürup. Nun gilt jedoch: Prüfen Sie den Einzelfall. Nennen Sie Kunden auch die mit dieser Förderung verbundenen „Nachteile". Sorgen Sie so auf diese Weise dafür, dass Ihre Kunden die für sie selbst passende Entscheidung treffen. Es gibt nicht „die" Wahrheit. Es gibt viele Wahrheiten für viele Kunden. Dabei gilt: Wer chancenorientiert sein Geld anlegen will und sich jede Form der Flexibilität wahren will, für den kann eine geförderte Sparform durchaus auch einmal die weniger bzw. gar keine sinnvolle Anlageform sein. Hier gilt, wir wiederholen: Paragraph 1, Jeder macht seins! Das ist alles. Ihre Aufgabe lautet: Gewinner verkaufen Information. Bieten Sie Ihren Kunden die Information, damit diese von sich aus entscheiden können. Ihre Aufgabe lautet: Anregen, Fördern, Unterstützen. Konkret: Entscheidungen anregen, fördern, unterstützen. Dafür liefern Sie die notwendige Information. Am Ende entscheiden die Kundin und der Kunde – gemäß der Maxime von BWK International „Experte ist der Kunde".

Staatliche Zulagen werden gern von den so sicherheits- und steuersparorientierten Deutschen gesehen. Jeder Euro vom Vater Staat wird gern mitgenommen. Daher wundert es nicht, dass seit dem Jahr 2002 „Riestern" zur Alterssicherung bei den meisten Deutschen äußerst beliebt geworden ist. Wir möchten Ihnen anhand von Beispielen zeigen, wie Sie staatliche Zulagen, wie beispielsweise bei einer Riester-Rente, berechnen können.

Für Sie soll es wichtig sein, dem Kunden zu zeigen, ob sich Riester lohnt. Sei es, ob der Kunde Sie darauf anspricht oder ob Sie selbst dem Kunden „Riester" verkaufen möchten. Denn die Riester-Zulage, nun seit 2008 die Höchstzulage, ist nicht gering und wohl die höchste Altersvorsorgezulage vom Staat. Zudem besteht eventuell noch die Möglichkeit zum Sonderausgabenabzug.

Die Gesamtsparleistung muss seit 2008 mindestens 4 Prozent des sozialversicherungspflichtigen Einkommens des Vorjahres betragen, um die volle Grundförderung von 154 Euro p. a. zu erhalten. Die Kinderzulage beträgt 185 Euro p. a. Bei Kindern, die ab 2008 geboren wurden, beträgt die Kinderzulage sogar 300 Euro.

Wir gehen im Folgenden davon aus, dass ein Sparer die volle Grundzulage und für 15 Jahre die Kinderzulage erhält.

Die gängigsten Produkte der Riester-Förderung sind:
– Rentenversicherungen
– Banksparpläne
– Fondssparpläne.

Grundsätzlich muss das eingezahlte Kapital vom Riester-Sparer gesichert sein, so schreibt es der Gesetzgeber vor, und das müssen die Gesellschaften beachten. Zum anderen muss aus dem Vertrag frühestens ab dem 60. Lebensjahr eine lebenslange Rente erfolgen. 30 Prozent des angesammelten Vermögens kann auch als Einmalzahlung zu Rentenbeginn erfolgen.

Wichtiger Hinweis: Für die Sicherung des eingezahlten Kapitals verlangen viele Gesellschaften höhere Gebühren. Riester-Sparpläne sind also in manchen Fällen kostenintensiver, was ein Sparer nicht direkt erkennt. Zudem kostet die Sicherung der eingezahlten Beiträge und Zulagen Rendite. Gerade bei fondsgebundenen Produkten fließt ein großer Teil der Beiträge in festverzinsliche Anlagen, nur wenig dann in die gewollten Fonds. Bei guter Rendite des Fonds wird somit Rendite verschenkt.

Das können Sie einfach herausfinden und dem Kunden vorlegen: Einmal nehmen Sie sich ein privates Ansparprodukt und zum anderen ein Riester-Produkt – jeweils aus derselben Produktgruppe. Beispiel: Sie vergleichen eine fondsgebundene Rentenversicherung mit einer riestergeförderten fondsgebundenen Rentenversicherung derselben Gesellschaft. Hier vergleichen Sie in den Angeboten die Ablaufleistungen bei jeweiliger Fondsentwicklung. Bei guter Rendite des Fonds wird die Ablaufleistung beim privaten Vertrag höher sein. Fragen Sie den Kunden, ob er eher Garantie möchte oder stark an der Wertentwicklung der hinterlegten Fonds (ohne Garantie) partizipieren möchte.

Knapp 80 Prozent der Kunden wollen Sicherheit und Garantien, daher wundern Sie sich nicht, wenn der Kunde das Riester-Produkt abschließt. Lassen Sie einfach den Kunden entscheiden.

Im Folgenden gehen wir näher auf die angespochenen Riester-Produkte ein.

Rentenversicherung

Das Problem der Rentenversicherung liegt darin, dass meist die Kostenstruktur sehr hoch angesetzt wird. Hier liegen die Kosten meist über 10 und manchmal sogar bis zu 30 Prozent, so Verbraucherschutzorganisationen. Die Garantieverzinsung von 2,25 Prozent ist ebenso eine Angabe vor Kosten. Meist erfährt ein Sparer auch erst nach einer bestimmten Laufzeit, wie hoch seine Rente wäre. Eine Vererbung ist zudem nur an den Ehepartner mit Riester-Vertrag möglich. Diese Probleme stellen Sie als Berater vor eine schwierige Situation, nämlich die Berechnung.

Eine Rentenversicherung teilt sich in zwei Abschnitte: in die Anspar- und in die Rentenphase. Zumindest bei Riester-Produkten sollten Sie beide Phasen in einem Schritt berechnen, was wir Ihnen in einem späteren Kapitel vorstellen möchten, da es sich hier um eine Cashflow-Berechnung handelt. Schauen Sie hier also in das Kapitel „Cashflow-Berechnungen".

Riester-Banksparplan

Diese Art der Riester-Förderung bietet eine Grundverzinsung, die sich nach einem Referenzzinssatz (meist Umlaufrendite öffentlicher Anleihen) richtet. Er passt sich also regelmäßig an den Marktzins an und ist somit variabel. Der Zins bei Riester-Banksparplänen liegt zurzeit bei etwa 3,5 bis 5 Prozent. Meist berechnen die Banken noch einen Abschlag auf den Referenzzinssatz. In den letzten 10 Jahren bewegte sich die Umlaufrendite für öffentliche Anleihen zwischen 3 und 6 Prozent. In der Vergangenheit gab es jedoch heftige Ausschläge bis zu 11 Prozent Zins, wie folgende Grafik zeigt.

Über eine Entwicklung wie in den Siebziger- und Achtzigerjahren würden sich viele Riester-Banksparer freuen. Doch hier sei angemerkt, dass zum einen dieser Zins voraussichtlich in nächster Zeit nicht mehr erreicht wird und zum anderen die Banken sich nur nach diesem Zins richten – sie müssen die Entwicklung nicht unmittelbar 1:1 abbilden.

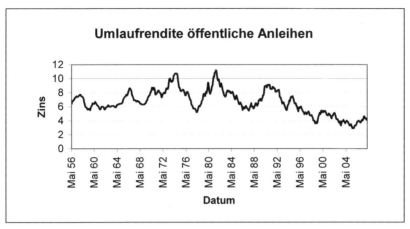

Umlaufrendite öffentliche Anleihen

Quelle: © Bernd W. Klöckner, www.berndwkloeckner.com; Werner Dütting, ww.duetting.com
Daten der Deutschen Bundesbank www.bundesbank.de

Der Vorteil bei Banksparplänen ist, dass diese, bis auf obige Zinsanpassung, sehr transparent sind. Meist muss noch eine jährliche Gebühr in Kauf genommen werden. Das sollte ein Sparer jedoch verkraften können. Zudem gibt es unterschiedliche Angebote, mit Bonustreppen oder Zinszuschlägen.

Berechnen wir nun einen einfachen Banksparplan.

 BEISPIEL

Ein Riester-Sparer im Alter von 35 Jahren schließt bei einer Bank einen Banksparplan zu einem aktuellen Zins von effektiv 4 Prozent ab. Sie gehen davon aus, dass der Zins nach 10 Jahren auf 5 Prozent steigt und nach weiteren 10 Jahren für die Restlaufzeit bis zum 65. Lebensjahr bei 4,5 Prozent liegt. Die Bank berechnet eine jährliche Gebühr von 15 Euro. Zudem werden die Riester-Zulage Grundzulage von jährlich 154 Euro und für die ersten 15 Jahre 185 Euro Kinderzulage gezahlt. Ist es für den Kunden lohnenswert, wenn er 250 Euro monatlich einzahlt?

Lösung

1. Schritt: Berechnung des Sparvermögens aus eigenen Mitteln – 1. bis 10. Jahr

Eingabe	Display-anzeigen	Erklärung
12 P/YR	P/YR 12,00	Monatliche Einzahlung.
10 xP/YR	N 120,00	Berechnung des Zwischenvermögens für die ersten 10 Jahre.
4 EFF%	I/YR NOM% 3,93	Annahme der ersten 10 Jahre: 4 Prozent effektiver Zins.
0 PV	PV 0,00	Es erfolgt keine Einmalanlage.
250 +/– PMT	PMT -250,00	Monatliche Einzahlung von 250 Euro.
FV	FV 36.673,98	Berechnung des Vermögens nach 10 Jahren.

 2. Schritt: Berechnung Sparvermögens nach dem 20. Jahr. Hier ändern Sie nur den Zins.

Eingabe	Display-anzeigen	Erklärung
5 EFF%	I/YR NOM% 4,89	Zinsannahme für die nächsten 10 Jahre: 5 Prozent.
RCL FV +/– PV	PV -36.673,98	Zurückrufen des Ergebnisses aus Schritt 1 ins Display und speichern als Einmalanlage für die nächsten Jahre.
FV	FV 98.328,84	Berechnung des Endvermögens nach 20 Jahren.

3. Schritt: Berechnung des Endvermögens nach weiteren 10 Jahren

Eingabe	Display-anzeigen	Erklärung
4,5 EFF%	I/YR NOM% 4,41	Zinsannahme für die nächsten 10 Jahre: 4,5 Prozent.
RCL FV +/– PV	PV -98.328,84	Zurückrufen des Ergebnisses aus Schritt 2 ins Display und speichern als Einmalanlage für die nächsten Jahre.
FV	FV 190.320,60	Berechnung des Endguthabens aus eigenen Mitteln.

Somit haben Sie nun das Endvermögen aus eigenen Mitteln im Alter von 65 Jahren des Kunden berechnet. Nun kommen noch die Gebühren und die Zulagen hinzu. Da es sich in beiden Fällen um jährliche Beträge handelt, können sie genauso nach obigen Schritten in einer separaten Berechnung berechnet werden. Sie hätten sie auch in obige Berechnung einfließen lassen können, dann hätten sie jedoch 30 Schritte berechnen müssen.

Merken Sie sich also: Gebühren/Kosten als Betrag oder Zulagen können Sie einfach und schnell separat berechnen.

Berechnen wir nun zunächst für die jeweiligen Jahre, welcher Anteil zur Anlage kommt:

Jahr	jährliche Zulage	jährliche Gebühr	jährlicher Anlagebetrag
1. – 15.	339 Euro	15 Euro	324 Euro
16. – 30.	154 Euro	15 Euro	139 Euro

Sie müssen nun jedoch in 4 Schritten berechnen, da es 4 unterschiedliche Zins- und Anlagebetragszeiträume sind:

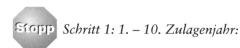 *Schritt 1: 1. – 10. Zulagenjahr:*

Eingabe	Display-anzeigen	Erklärung
1 P/YR	P/YR 1,00	Jährliche Zulagen/Gebühren.
10 xP/YR	N 10,00	Es werden die ersten 10 Jahre betrachtet.
4 EFF%	I/YR NOM% 4,00	In den ersten 10 Jahren beträgt der effektive Zins 4 Prozent.
0 PV	PV 0,00	Keine Einmalzulage oder Gebühr zu Beginn.
324 +/– PMT	PMT -324,00	Zulage nach Gebühr der ersten 10 Jahre.
FV	FV 3.889,98	Berechnung des Vermögens nach den ersten 10 Jahren.

 Schritt 2: 11. bis 15. Zulagenjahr. Hier erfolgt nur die Zinsänderung auf 5 Prozent und die Änderung der Anlagedauer auf 5 Jahre:

Eingabe	Display-anzeigen	Erklärung
5 xP/YR	N 5,00	Änderung der Anlagedauer.
5 EFF%	I/YR NOM% 5,00	Der Zins ändert sich auf 5 Prozent.
RCL FV +/– PV	PV -3.889,98	Zurückrufen des Endvermögens aus Zulagen nach 10 Jahren und Speichern als Einmalanlage für die nächsten 5 Jahre.
FV	FV 6.755,01	Berechnung des Endvermögens im 15. Jahr.

Schritt 3: Berechnung des Zulagevermögens nach 20 Jahren. Hier hat sich nach dem 15. Jahr der Anlagebetrag geändert. Da die Kinderzulage wegfällt, kommen nur noch 139 Euro zur Anlage:

Eingabe	Display-anzeigen	Erklärung
139 +/– PMT	PMT -139,00	Eingabe des neuen Anlagebetrags aus Zulagen nach Kosten.
RCL FV +/– PV	PV -6.755,01	Zurückrufen des Endvermögens aus Zulagen nach 15 Jahren und Speichern als Einmalanlage für die nächsten 5 Jahre.
FV	FV 9.389,36	Berechnung des Endvermögens im 20. Jahr.

Schritt 4: Nun folgen die Änderung für die letzten 10 Jahre. Hier ändert sich der Zins auf 4,5 Prozent und die Anlagedauer auf 10 Jahre:

Eingabe	Display-anzeigen	Erklärung
10 xP/YR	N 10,00	Änderung der Anlagedauer.
4,5 EFF%	I/YR NOM% 4,50	Der Zins sinkt auf 4,5 Prozent.
RCL FV +/– PV	PV -9.389,36	Zurückrufen des Endvermögens aus Zulagen nach 20 Jahren und Speichern als Einmalanlage für die letzten 10 Jahre.
FV	FV 16.289,45	Berechnung des Endvermögens aus Zulagen nach Kosten.

Der Riester-Sparer erhält also aus Zulagen ein Vermögen von rund 16.000 Euro, was einer staatlichen Zulage auf das Vermögen aus Eigenleistungen von 8,5 Prozent entspricht. Zusammen hat er also mit dem 65. Lebensjahr ein Vermögen von 206.600 Euro für die Auszahlung einer Rente zur Verfügung.

Sie werden uns nun Recht geben, dass obige Berechnung beim Kunden sehr ausführlich und vielleicht auch langatmig ist. Der Kunde wird jedoch damit sehr zufrieden sein, wenn Sie ihm verschiedene Szenarien darstellen und vor allem berechnen können. Wenn Sie ihn auf das variable Zinsniveau hinweisen, wird er vielleicht fragen, wie sich sein Vermögen bei unterschiedlichen Zinssätzen entwickelt. Sollten Sie nach obigem Schema rechnen, so stellen Sie ihm grafisch die Zwischenergebnisse dar. Mit Hilfe des Zahlungsstroms gelingt das wunderbar.

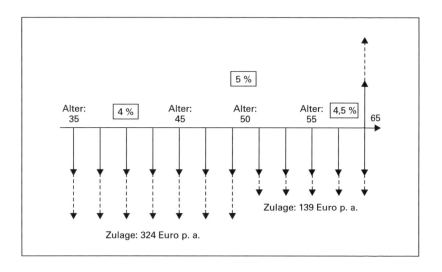

Alter	eigene Sparleistung	Zulagen minus Kosten
45	36.674 Euro	3.890 Euro
50		6.755 Euro
55	98.329 Euro	9.389 Euro
65	**190.321Euro**	**16.289 Euro**
INSGESAMT: 206.610 Euro		
Effektivzins vor Steuer:	???	
Effektivzins nach Steuer:	???	

Sollte Ihr Kunde nicht an der Zinsentwicklung interessiert sein, können Sie genauso mit dem jetzigen Zinsniveau rechnen. Dann ist diese Berechnung in 3 Schritten erledigt. Achten Sie jedoch darauf, in Hoch- oder Niedrigzinsphasen ein angepasstes Zinsniveau für die Gesamtlaufzeit anzunehmen.

Berechnen Sie nun den Effektivzins des Riester-Banksparplans. Hierzu vergleichen Sie das erreichte Endvermögen mit den effektiv vom Sparer geleisteten Zahlungen:

Eingabe	Display-anzeigen	Erklärung
12 P/YR	P/YR 12,00	Monatliche Zahlungsweise.
30 xP/YR	N 360,00	30 Jahre Gesamtbetrachtungszeitraum.
0 PV	PV 0,00	Keine Einmalzahlung.
250 +/– PMT	PMT -250,00	Monatlich zahlt der Sparer 250 Euro.
206 610 FV	FV 206.610,00	Es wird ein Endvermögen von 206.610 Euro erreicht.
I/YR	I/YR NOM% 4,96	Berechnung des nominalen Zinses.
EFF%	EFF% 5,08	Umrechnung in den effektiven Zins.

 Der Riester-Sparer kommt also auf einen effektiven Zins von rund 5,1 Prozent.

Wenn Sie möchten, können Sie noch einen Schritt weiter gehen und die Steuer berücksichtigen. Bei Riester-Produkten fällt diese voll auf die späteren Renten an. Es wird also auf das gesamte Vermögen die Steuer mit dem persönlichen Einkommensteuersatz berechnet. Nehmen wir also an, der Kunde ist in der Rentenphase im Steuersatz von 25 Prozent und würde sich das Vermögen voll auszahlen lassen – was bei Riester nicht bzw. nur zu 30 Prozent möglich ist. Jedoch können Sie es so vereinfacht – ohne den Cashflow-Modus – berechnen.

206.610 Euro – 25 % =
206.610 Euro – 51.653 Euro = 154.957 Euro

Hier ist zu erkennen, dass die Steuer die Riester-Zulage locker übertrifft. Eine Effektivzinsberücksichtigung ohne die Steuer wäre also fatal.

Nun kommt jedoch noch zusätzlich ein Bonbon vom Staat hinzu, nämlich der Sonderausgabenabzug in der Ansparphase. Spart der Kunde beispielsweise jährlich 450 Euro Einkommensteuer durch diese Abzugsmöglichkeit, so können Sie diese auf die Monate eines Jahres verteilen. Der Sparer zahlt also im Grunde genommen nicht 250 Euro monatlich, sondern zusätzlich 37,50 Euro pro Monat ein, womit er effektiv nur 212,50 Euro zahlt. Nun berechnen Sie den Effektivzins erneut. Sie berechnen also den Effektivzins nach Steuern. Hierzu ändern Sie nur die Sparrate und das Endvermögen.

Eingabe	Display-anzeigen	Erklärung
212,5 +/– PMT	PMT -212,50	Effektiv zahlt der Sparer nur 212,50 Euro.
154 957 FV	FV 154.957,00	Nach Steuern liegt das Endvermögen nur noch bei rund 155.000 Euro.
I/YR	I/YR NOM% 4,28	Berechnung des nominalen Zinses.
EFF%	EFF% 4,36	Umrechnung in den effektiven Zins.

Das Nach-Steuer-Ergebnis ist also lediglich um 0,72 Prozent gefallen. Um den Verkauf dieses Riester-Produkts beim Kunden voranzutreiben, können Sie nun dem Kunden Folgendes darstellen: Sie stellen dieses Ergebnis nun der Abgeltungsteuer gegenüber. Bei der Abgeltungsteuer fallen 25 Prozent auf die Wertentwicklung an, also quasi auf den effektiven Zins von hier 5 Prozent. Überschlägig berechnet, würde vom effektiven Zins von 5 Prozent 25 Prozent fällig werden, also 1,25 Prozent. Nach Abgeltungsteuer steht somit eine Rendite des Produkts von 3,75 Prozent

Teil 2:

zu Buche. Die Riester-Rente hingegen hat einen effektiven Zins nach Steuern von 4,36 Prozent erzielt und steht somit 0,5 Prozent besser da. Ein klares Verkaufsargument!

Nun können Sie wiederum den Zahlungsstrom erweitern und die Vor-Steuer (5,08 Prozent) und Nach-Steuer-Rendite (4,36 Prozent) einbringen. Zudem erläutern Sie dem Kunden noch obige Darstellung mit der Abgeltungsteuer. Dann sollten Sie schon den Abschluss in der Tasche haben. Hier noch einmal die bisher berechneten Zahlen:

Alter	eigene Sparleistung	Zulagen minus Kosten
45	36.674 Euro	3.890 Euro
50		6.755 Euro
55	98.329 Euro	9.389 Euro
65	190.321Euro	16.289 Euro

INSGESAMT: 206.610 Euro

Effektivzins vor Steuer:	5,08 Prozent
Effektivzins nach Steuer:	4,36 Prozent

Denken Sie daran: Dieses Buch ist die Fortführung des „Basiswerks". Sie sollen in diesem Werk mehr eigene Ideen entwickeln und selbst Lösungen bestimmen. Überlegen Sie also kurz, was nun auf den Kunden noch zukommt. Es gibt noch eine negative Entwicklung, die Sie dem Kunden nicht vorenthalten dürfen.

— kurze Denkpause —

Legen Sie das Buch kurz zur Seite und gehen Sie nochmals obige Berechnungsschritte im Kopf durch. Üben Sie obigen Fall vielleicht noch einmal. Nehmen Sie sich einen Kunden aus Ihrer Kontaktliste, der vielleicht noch keinen Riester-Sparplan besitzt. Gerade für die Gruppe älterer Personen ist Riester in Verbindung mit einem Banksparplan interessant, weil geringe Kosten und hohe Sicherheit gegeben sind. Nehmen Sie sich also jetzt einen älteren Kunden und berechnen Sie nach obiger Darstellung, wenn er beispielsweise 10 Jahre bis zum Rentenalter spart und nur die Grundförderung erhält.

Haben Sie einen Fall berechnet, so denken Sie noch einmal kurz über das Ergebnis nach. Was fehlt noch an der Berechnung, welcher negative Faktor tritt auf?

Die Inflation! Die Inflation nagt an der Rendite von Geldanlagen. In Band 1 wurde die Inflation genauer beschrieben. Haben Sie das erkannt? Wenn ja, beglückwünschen wir Sie, denn heutzutage wird die Inflation von vielen Finanzberatern einfach vergessen. Das Gegenargument lautet oft: „Der Kunde sieht das hohe Vermögen beim Produktverkauf. Wenn ich die Inflation einbeziehe, wird er vielleicht nicht mehr abschließen, aufgrund des geringeren Vermögens." Dummes Zeug! Der Kunde hat das Recht auf Wahrheit und Offenheit. Sie haben die Pflicht, dem Kunden das Vermögen nach Inflation zu nennen. Als Gegenargument können Sie dem Kunden sagen, dass die Inflation bei allen Geldanlagen anfällt. Verstehen Sie! Gehen Sie ehrlich mit dem Kunden um.

Nun jedoch zurück zur Berechnung: Nehmen Sie eine Inflation von jährlich 3 Prozent an. Wie hoch ist das Nach-Steuer-Vermögen als heutiger Wert und wie hoch ist nun der effektive Zins nach Inflation?

Eingabe	Display-anzeigen	Erklärung
1 P/YR	P/YR 1,00	Jährliche Inflation.
30 xP/YR	N 30,00	30 Jahre bis zur Rentenauszahlung.
3 I/YR	I/YR NOM% 3,00	Inflation von 3 Prozent.
0 PMT	PMT 0,00	Keine regelmäßigen Ein-/Auszahlungen bei Inflationsberechnungen.
154 957 FV	FV 154.957,00	Endvermögen nach Steuern nach 30 Jahren = Endwert.
PV	PV 63.840,23	Berechnung des heutigen Werts.

 Die Inflation „frisst" einen hohen Teil des Vermögens auf. Berechnen Sie nun den effektiven Zins nach Steuern und Inflation:

Teil 2:

Eingabe	Display-anzeigen	Erklärung
12 P/YR	P/YR 12,00	Monatliche Zahlungsweise.
30 xP/YR	N 360,00	30 Jahre bis zur Rentenauszahlung.
0 PV	PV 0,00	Keine Einmalzahlung.
212,5 +/– PMT	PMT -212,50	Effektiver Monatsbeitrag nach Steuern in den Banksparplan.
63 840 FV	FV 63.840,00	Endvermögen nach Steuern und Inflation.
I/YR	I/YR NOM% -1,25	Berechnung des nominalen Zinses.
EFF%	EFF% -1,24	Umrechnung in den effektiven Zins.

Nach Steuern und Inflation liegt das Ergebnis im Minus. Das ist jedoch nicht negativ auf die Riester-Rente oder den Banksparplan auszulegen, sondern es ist bei allen konservativen Anlagen üblich, dass die Inflation einen großen Graben in der Rendite reißt. Jedoch lag noch die Nach-Steuer-Rendite des Riester-Sparplans bei rund 4,3 Prozent. Somit ist auch bewiesen, dass nicht einfach 3 Prozent von der Rendite als Inflationsausgleich abgezogen werden können, da hier die Inflation das Ergebnis um 5,5 Prozent nach unten drückt. Für Sie ist wichtig: Möchte der Kunde sicherheitsorientiert anlegen, kann ein Banksparplan mit Riester-Förderung in Frage kommen. Ob dieser sinnvoll ist, sollten Sie berechnen und dem Kunden zeigen. Der Kunde soll aufgrund dieser Information allein entscheiden.

Zusammenfassend noch einmal dargestellt, was Sie bei einem Riester-Sparplan berechnen können bzw. obiges Schema:

MUSS	1.	Endvermögen nur der eigenen Einzahlungen.
	2.	Endvermögen nur der Riester-Zulagen.
	3.	Effektivzins vor Steuern.
KANN	4.	Endvermögen und effektive Sparrate nach Steuern.
	5.	Effektivzins nach Steuern.
KANN	6.	Endvermögen nach Inflation und Steuern.
	7.	Effektivzins nach Inflation und Steuern.

Die Botschaft lautet: Wenn es notwendig ist, müssen Sie wie ein Profi rechnen. Zeigen Sie dem Kunden Varianten/Szenarien auf und bewegen Sie ihn langsam zum Abschluss. Vergessen Sie jedoch nicht, dass die Wahrheit den Kunden interessiert, auch wenn sie ihm weh tut. Obige Darstellung soll Sie nicht dazu bewegen, bei jeder Riester-Berechnung ein solches Schema zu berechnen. Nehmen Sie aus diesem Buch das heraus, was Ihnen am Besten gefällt. Ihnen gefällt die Nach-Steuer-Betrachtung? Na gut! Rechnen Sie zukünftig alle Riester-Berechnungen nach Steuern. Ihnen gefallen nur obige Szenarien mit Berechnung des effektiven Zinses? Rechnen Sie zukünftig mit solchen Szenarien den effektiven Zins. Verstehen Sie! Sie müssen nicht genau nach diesem Buch berechnen. Nehmen Sie sich Ideen heraus! Und vielleicht haben Sie hier und da noch Verbesserungen und eigene Lösungen. Gern hören wir von Ihren Berechnungsideen.

Wir empfehlen jedoch, eine Berechnung so weit es geht, nach Zulagen, nach Kosten, nach Steuern und auch nach Inflation durchzuführen. Dokumentieren Sie diese Fälle, so kann der Kunde nur sehr schwer später Anklage gegen Sie erheben. Weisen Sie den Kunden jedoch in jedem Fall darauf hin, dass Sie kein Steuerberater sind und die Steuerberechnungen nur überschlägig zur Information gerechnet wurden. Raten Sie ihm, einen Steuerberater für genaue steuerliche Berechnungen in Anspruch zu nehmen.

Nun jedoch weiter mit Produkten zu Riester, im Folgenden Riester-Fondssparen.

Riester-Fondssparplan

Diese Form ist wohl die einfachste, flexibelste und übersichtlichste Anlageform der Riester-Förderung. Es gibt Abschlusskosten, die sich auf die ersten 5 Jahre verteilen.[1] Diese liegen meist bei circa 5 Prozent auf die gesamte Summe der eingezahlten Eigenleistungen bis zum 60. Lebensjahr. Zudem fallen eventuell Depotgebühren pro Jahr an. Auch der Fondsmanager wird durch den Ausgabeaufschlag und jährliche Verwaltungsgebühren belohnt. Diese Gebührenstruktur unterscheidet sich je nach Anbieter, bleibt jedoch sehr transparent. Für die Sicherung der gezahlten Beiträge und Zulagen verwenden die meisten Gesellschaften Rentenfonds. Es fließt also vom Beitrag ein Teil in Rentenfonds und ein Teil in die vom Kunden gewählten Fonds. Daher wird die Rendite der Riester-Förderung nicht allzu hoch ausfallen.

 BEISPIEL

Nehmen wir also ein Angebot einer großen Fondsgesellschaft für Riester-Fondssparpläne als Beispiel.

Riester-Investmentfonds „Pro-Walter"
- Einzahlungen: monatlich 200 Euro
- Laufzeit: 35 Jahre
- Abschlusskosten: 5 Prozent
- Depotgebühren: 15 Euro p. a.
- Riester-Grundzulage: 154 Euro
- Zusätzlicher Sonderausgabenabzug: Ersparnis Einkommensteuer circa 360 Euro p. a.
- Angenommene Wertentwicklung des Fonds-Depots: 7,5 Prozent
- Ausgabeaufschlag: 4,4 Prozent
- Verwaltungskosten des Fonds: 1,2 Prozent p. a.

---

1 Zur Zeit der Manuskripterstellung hat der Gesetzgeber diese Entscheidung bestätigt. Es wurden jedoch von Verbraucherschutzorganisationen gerichtliche Schritte angekündigt.

Diese Angaben sollten in der Regel bei einem Riester-Fondssparplan angegeben sein. Die individuelle Riester-Zulage und der Sonderausgabenabzug ergeben sich individuell bei jedem Kunden.

a) Berechnen Sie das Endvermögen aus Eigenzahlungen.
b) Berechnen Sie die Zulagen, die sich bis zum Laufzeitende ergeben.
c) Ermitteln Sie Effektivzins nach Zulagen, Kosten und Steuern.

 Berechnung

Zuerst müssen Sie die Abschlusskosten berechnen, die sich auf die ersten 5 Jahre verteilen. Insgesamt zahlt der Kunde 84.000 Euro (= 35 Jahre x 12 Monate x 200 Euro) ein.

5 Prozent von 84.000 Euro = 4.200 Euro ÷ 60 Monate = 70 Euro

In den ersten 5 Jahren fließen also nicht 200 Euro monatlich an die Fondsgesellschaft, sondern lediglich 130 Euro.

Weiter geht es mit den Kosten, nämlich den Verwaltungskosten. In einem vorigen Kapitel haben Sie gelernt, diese zu berechnen. Nach folgender Formel berücksichtigen Sie diese in der Rendite des Fonds.

$$\text{Rendite}_{\text{nach Verw.Kst}} = \text{Rendite} - \text{Verw.Kst} - \left(\text{Verw.Kst} \cdot \frac{\text{Rendite}}{100} \right)$$

$$\text{Rendite}_{\text{nach Verw.Kst}} = 7{,}5 - 1{,}2 - \left(1{,}2 \cdot \frac{7{,}5}{100} \right)$$

$$\text{Rendite}_{\text{nach Verw.Kst}} = 6{,}21$$

Nach Verwaltungskosten wird der Fonds also etwa noch 6,21 Prozent Rendite erzielen. Um noch genauer zu rechnen, könnten Sie noch vom Sparbeitrag nach Ausgabeaufschlag die Hälfte der Verwaltungskosten abziehen, was wir jedoch nachfolgend nicht berücksichtigen.

a) Berechnung des Endvermögens nach Eigenzahlungen

Nun greifen Sie zum BWK Business® und berechnen dem Kunden das Vermögen, welches er nach Einzahlungen generiert. Sie müssen in zwei Abschnitten berechnen, da in den ersten 5 Jahren die Einzahlung nach Abschlusskosten nur 130 Euro beträgt.

1. bis 5. Jahr:

Eingabe	Display-anzeigen	Erklärung
12 P/YR	P/YR 12,00	Monatliche Einzahlungen.
5 xP/YR	N 60,00	Berechnung der ersten 5 Jahre.
6,21 EFF%	I/YR NOM% 6,04	Nach Verwaltungskosten erzielt der Riester-Sparer noch etwa eine Rendite von 6,21 Prozent.
0 PV	PV 0,00	Keine Einzahlung zu Beginn.
130 ÷ 1,044 = +/– PMT	PMT -124,52	Sie berechnen die Sparrate nach Abschlusskosten und ziehen den Ausgabeaufschlag ab.
FV	FV 8.696,77	Berechnung des Endvermögens.

 Nun haben Sie das Endvermögen nach 5 Jahren berechnet, mit dem Sie nun im nächsten Schritt weiter rechnen. In den folgenden 30 Jahren zahlt er dann 200 Euro vor Ausgabeaufschlag an die Fondsgesellschaft.

6. bis 35. Jahr:

Eingabe	Display-anzeigen	Erklärung
30 xP/YR	N 360,00	Berechnung der folgenden 30 Jahre des Riester-Sparplans.
RCL FV +/– PV	PV -8.696,77	Zurückrufen des Endvermögens nach 5 Jahren ins Display und speichern als Einmalzahlung für die folgenden 30 Jahre.
200 ÷ 1,044 = +/– PMT	PMT -191,57	Abzug des Ausgabeaufschlags der regelmäßigen Sparrate.
FV	FV 246.918,58	Berechnung des Endvermögens.

Der Anleger erzielt also nach 35 Jahren aus eigenen Einzahlungen ein Vermögen von rund 247.000 Euro. Hier muss noch angemerkt werden, dass gerade bei Fondssparplänen die Rendite schwankt, jedoch durch den Cost-Average-Effekt eine meist höhere Verzinsung erzielt wird.

b) Berechnung der Zulagen nach Wertentwicklung

Zu diesem Vermögen kommen nun noch die Riester-Förderungen, die dann jährlich mit dem BWK Business® in einer separaten Berechnung ermittelt werden. Als Abzug hiervon werden noch die jährlichen Depotgebühren berücksichtigt. Somit kommen nach Grundzulage von 154 Euro und Abzug der Depotgebühren von 15 Euro noch 139 Euro jährlich zur Anlage.

FALSCH! Oder eher gesagt, falsch in vielen Fällen. Denn die Riester-Zulage wird auch in den Fonds eingezahlt und auch hierauf fallen Ausgabeaufschläge an. Unsere Recherche ergab, dass je nach Art des Riester-Fondssparplans und der Fondsgesellschaft der Ausgabeaufschlag auf die Zulagen berechnet wird. Erfragen Sie dieses bei der jeweiligen Fondsgesellschaft, mit der Sie zusammenarbeiten (möchten).

Zulagen 1. bis 35. Jahr:

Eingabe	Display-anzeigen	Erklärung
1 P/YR	P/YR 1,00	Jährliche Einzahlung der Riester-Zulage.
35 xP/YR	N 35,00	35 Jahre wird die Zulage voraussichtlich gewährt.
6,21 EFF%	I/YR NOM% 6,21	Eingabe des effektiven Zinses des Fonds nach Verwaltungskosten.
0 PV	PV 0,00	Keine Einmalzulage zu Beginn.
139 ÷ 1,044 = +/– PMT	PMT -133,14	Der Ausgabeaufschlag wird von der jährlichen Zulage nach Depotgebühr abgezogen und als jährliche Sparrate gespeichert.
FV	FV 15.516,88	Berechnung des Endvermögens aus Zulagen.

Allein aus den Riester-Zulagen sammelt sich ein Vermögen von 15.500 Euro an. Dieses addieren Sie zum Vermögen von 247.000 Euro:

Endvermögen aus Eigeneinzahlungen:	247.000 Euro
+ Endvermögen aus Riesterzulagen:	15.000 Euro
= Gesamtvermögen	262.000 Euro

c) Berechnung des Effektivzinses

Der Riester-Sparer möchte nun wissen, ob sich das Geschäft Riester-Fondssparen lohnt. Hierzu berechnen Sie den effektiven Zins. Monatlich zahlt der Sparer 200 Euro ein, die ihm aus der Tasche fließen. Nun kommt jedoch noch durch den Sonderausgabenabzug die jährliche Ersparnis der Einkommensteuer hinzu. Hier nehmen Sie an, dass er 360 Euro jährlich spart, somit 30 Euro monatlich. Effektiv zahlt er also nur 170 Euro für den Riester-Fondssparplan. Nun haben Sie alle Angaben, um den Effektivzins zu berechnen.

Eingabe	Display- anzeigen	Erklärung
12 P/YR	P/YR 12,00	Monatliche Einzahlung.
35 xP/YR	N 420,00	Laufzeit 35 Jahre.
0 PV	PV 0,00	Es wird keine Einmalanlage zu Beginn getätigt.
170 +/– PMT	PMT -170,00	Monatlich zahlt der Riester-Sparer effektiv 170 Euro.
262 000 FV	FV 262.000,00	Nach 35 Jahren erreicht er inklusive Zulagen ein Vermögen von 262.000 Euro.
I/YR	I/YR NOM% 6,34	Berechnung des nominalen Zinses.
EFF%	EFF% 6,53	Berechnung des effektiven Zinses.

Ein Riester-Fondssparplan bringt dem Sparer also einen Effektivzins von rund 6,5 Prozent, wenn Fondsdepot eine Wertentwicklung von insgesamt 7,5 Prozent erzielt.

Nun die berechtigte Frage Ihrerseits: Nach all den Kosten, ist da nicht vielleicht sogar ein Direktinvestment in den Fonds günstiger? Einerseits können wir das bestätigen, andererseits nicht. Denn: Allein schon durch die Verwaltungskosten wurde die Effektivrendite des Fonds auf 6,21 Prozent gedrückt. Zudem kommt noch der Ausgabeaufschlag.

Berechnen Sie nun einen Sparplan bei Direktanlage. Die Kosten des Fonds bleiben gleich.

— kurze Berechnungspause —

Lesen Sie bitte erst weiter, wenn Sie den Effektivzins eines Direktinvestments in den Fonds berechnet haben. Denken Sie daran: Dieses Buch ist ein Übungsbuch. Üben Sie das Rechnen!

Wenn Sie auf einen Effektivzins von 6,01 Prozent kommen, haben Sie richtig gerechnet.

Sie sehen hieran, dass Riester um rund 0,5 Prozent besser ist. Nun jedoch der Nachteil: Riester ist recht unflexibel. Es hat sich in den letzten Jahren sehr viel gelockert. Beispielsweise kann Riester für Wohneigentum genutzt werden, jedoch in der Rentenphase weniger flexibel.

Zudem sollte die Besteuerung in der Rentenphase beachtet werden. Bei Riester wird die Rente zu 100 Prozent besteuert. Bei einer eigenen Fondsvorsorge lediglich die Wertentwicklung mit der Abgeltungsteuer. Das alles sollten Sie dann mit Ihrem Kunden absprechen.

Die Botschaft lautet: Berechnen Sie auch Riester-Fondssparpläne beim Kunden. Wenn Sie das obige Verfahren zwei bis dreimal geübt haben, wird es sitzen. Und Sie können in 3 Schritten dem Kunden Riester zeigen. Am Schluss noch ein paar Hinweise und er wird entweder einen Riester-Fondssparplan oder einen normalen Fondssparplan bei Ihnen abschließen. Das Wichtige: Er wird abschließen, glauben Sie uns. Und er fühlt sich gut – mit dem BWK Business® konnten Sie dem Kunden anhand von Zahlen und mit dem nötigen Wissen Riester erklären. Auch der Kunde wird Riester-Sparen so besser kennen lernen. Kein Verkauf mehr mittels Broschüren und Musterberechnungen, sondern mit einer individuellen Berechnung.

Berechnung von fondsgebundenen Riester-Produkten

Nochmals muss angemerkt werden: bei fondsgebundenen Produkten kann es aufgrund der Beitragsgarantie bei Riester-Produkten (die vom Staat gefordert wird) und höherer Wertentwicklung der zugrunde gelegten Fonds zu Unterschieden bei privater Vorsorge und Riester-Vorsorge kommen. Vergleichen Sie daher beispielsweise die Rente/Ablaufleistung einer privaten Rentenversicherung mit einer Riester-Rentenversicherung oder einem Riester-Fondssparplan mit einem privaten Fondssparplan. Lassen Sie hier den Kunden entscheiden, ob er lieber Garantie oder Rendite wählt.

Wir gehen nun auf die Berechnung einer fondsgebundenen Riester-Rentenversicherung ein. Hieran sehen Sie, wie die Beitrags- und Zulagengarantie funktioniert und wo die Vorteile dieser Garantie liegen. Sie möchten Riester genauer berechnen? Dann ist der nächste Fall richtig für Sie!

 BEISPIEL

Sie haben folgendes Angebot einer fondsgebundenen Rentenversicherung. Beitragsdauer 40 Jahre bei monatlichen Einzahlungen von 150 Euro. Die Förderung liegt bei jährlich 154 Euro. Im Angebot sehen Sie für das Endalter 65 folgende Zahlen:

0 % Wertsteigerung der Fonds		7 % Wertsteigerung der Fonds	
Gebildetes Kapital	Gesamtrente	Gebildetes Kapital	Gesamtrente
125.000 Euro	445 Euro	249.000 Euro	883 Euro

Wie berechnet die Versicherungsgesellschaft das gebildete Kapital?

Die genaue Versicherungsmathematik können wir bei den Versicherungen nicht einsehen. Grundsätzlich ist jedoch folgende Berechnung anzunehmen. Lassen Sie die Spalten mit den Gesamtrenten erst einmal weg und betrachten lediglich das gebildete Kapital.

Zuerst gehen Sie auf die Zahl bei 0 Prozent Wertsteigerung des Fonds ein und berechnen den effektiven Zins des Endvermögens.

1. Schritt: Ermittlung des Garantiezinses:

Eingabe	Display-anzeigen	Erklärung
12 P/YR	P/YR 12,00	Monatliche Einzahlungen.
40 x P/YR	N 480,00	Es werden 40 Jahre eingezahlt.
0 PV	PV 0,00	Es wurde keine Einmalanlage getätigt.
150 +/– PMT	PMT -150,00	Die monatliche Einzahlung beträgt 150 Euro.
125 000 FV	FV 125.000,00	Nach 40 Jahren entsteht ein Endvermögen von 125.000 Euro.
I/YR	I/YR NOM% 2,55	Berechnung des nominalen Zinses.
EFF%	EFF% 2,58	Umrechnung in den effektiven Zins.

Stopp Was bedeutet dieser Zins nun? Selbst wenn der Fonds keine Rendite erzielt, wird ein Zins von 2,58 Prozent gezahlt. Das System, welches dahinter steht, ist ganz einfach und funktioniert wie ein Garantiefonds (den wir in einem späteren Kapitel noch erläutern): Es wird ein bestimmter Betrag in festverzinslichen Anlagen angelegt, um die Garantieauszahlung zu erreichen. Die festverzinslichen Anlagen dieser Versicherungsgesellschaft erzielen nach allen Kosten 2,58 Prozent.

Hinweis: Haben Sie beispielsweise einen Riester-Fondssparplan, so nehmen Sie hier den Zins der Rentenfonds an, die die Garantiebeiträge sichern. Meist informieren die Fondsgesellschaften, in welche Rentenfonds oder Garantieprodukte sie anlegen. Danach erfolgt die Berechnung nach dem nachfolgenden Schema.

Nun berechnen wir, welcher Betrag mindestens von der Gesellschaft durchschnittlich in festverzinslichen Anlagen zu 2,58 Prozent angelegt werden müssen, um die eingezahlten Beiträge von 72.000 Euro (= 480 Monate x 150 Euro) zu garantieren.

2. Schritt: Ermittlung der effektiven Sparrate in das Garantieprodukt

a) Eigenbeitrag

Eingabe	Display-anzeigen	Erklärung
72 000 FV	FV 72.000,00	Nach 40 Jahren müssen aus dem Beitrag mindestens 72.000 Euro gesichert sein.
PMT	PMT -86,40	Berechnung der notwendigen Sparrate.

 Das bedeutet nun: Zahlt der Kunde im Monat 150 Euro an die Versicherungsgesellschaft, so fließen 86,40 Euro in festverzinsliche Anlagen, um den Beitrag zu garantieren. Die restlichen 63,60 Euro fließen in die vom Kunden gewählten Investmentfonds.

Auch die staatlichen Zulagen müssen zum Ende garantiert sein. Diese betragen insgesamt 6.160 Euro (= 40 Jahre x 154 Euro). Auch hier berechnen wir, wie viel jährlich von der Zulage in festverzinsliche Anlagen fließen muss, um 6.160 Euro nach 40 Jahren zu garantieren.

b) Staatliche Zulagen

Eingabe	Display-anzeigen	Erklärung
1 P/YR	P/YR 1,00	Jährliche Zahlungsweise der Zulagen.
40 x P/YR	N 40,00	40 Jahre lang wird jährlich die Förderung gezahlt.
2,58 EFF%	I/YR NOM% 2,58	Die Garantieverzinsung entspricht 2,58 Prozent effektiv.
6 160 FV	FV 6.160,00	Nach 40 Jahren sollen 6.160 Euro gesichert sein.
PMT	PMT -89,78	Berechnung der notwendigen Sparrate.

Von den staatlichen Zulagen werden also 89,78 Euro in festverzinsliche Wertpapiere fließen, um die Garantie zu sichern. Die restlichen 64,22 Euro fließen in die gewählten Investmentfonds.

Sie wissen also nun, dass nach 40 Jahren insgesamt 72.000 Euro aus Eigenbeiträgen sowie 6.160 Euro aus staatlichen Zulagen garantiert sind und Vermögen am Ende darstellen. Weiterhin wissen Sie nun, wie hoch monatlich der Beitrag in die Investmentfonds ist:

– jährliche staatliche Zulage: 64,22 Euro
– monatliche Eigensparrate: 63,60 Euro

Diese Beiträge, die in die Investmentfonds fließen, können Sie nun mit einer angenommenen Fondsrendite (nach Kosten) auf das Endalter hochrechnen. In den Angeboten der Versicherungsgesellschaften werden meist nur 0, 7 oder 10 Prozent angegeben – nehmen wir beispielsweise 8 Prozent an.

3. Schritt: Ermittlung der Fondsvermögen

a) Aus Eigenbeiträgen

Eingabe	Display-anzeigen	Erklärung
12 P/YR	P/YR 12,00	Monatliche Einzahlungen.
40 x P/YR	N 480,00	Es werden 40 Jahre gespart.
8 EFF%	I/YR NOM% 7,72	Die Fondsentwicklung wird mit 8 Prozent angenommen.
0 PV	PV 0,00	Keine Einmalanlage zu Beginn.
63,6 +/– PMT	PMT -63,60	Monatlich fließen in den Investmentfonds 63,60 Euro.
FV	FV 204.860,65	Berechnung des Endvermögens aus den Fonds.

Das bedeutet: Aus dem Teilbetrag der Eigenbeiträge, der in Fonds fließt, entsteht ein Vermögen von 204.860 Euro. Nun kommt noch der Teilbetrag der Förderung hinzu.

b) Aus staatlichen Zulagen:

Eingabe	Display-anzeigen	Erklärung
1 P/YR	P/YR 1,00	Die Zulagen werden nur jährlich gezahlt.
40 x P/YR	N 40,00	Die Zulagen werden 40 Jahre lang gezahlt.
8 EFF%	I/YR NOM% 8,00	Die Fondsentwicklung wird mit 8 Prozent angenommen.
64,22 +/– PMT	PMT -64,22	Jährlich kommen 64,22 Euro von der staatlichen Zulage in Fonds zur Anlage.
FV	FV 16.636,61	Berechnung des Endvermögens im Fonds.

Aus dem Teilbetrag der staatlichen Zulagen werden im Fonds rund 16.640 Euro.

Im letzten Schritt werden lediglich die bekannten Endvermögen addiert – hinzuaddiert werden natürlich noch die Garantievermögen:

Fondsvermögen Eigenbetrag:	204.860 Euro
+ Garantie Eigenbeitrag:	72.000 Euro
+ Fondsvermögen Zulagen:	16.640 Euro
+ Garantie Zulagen:	6.160 Euro
gebildetes Kapital nach 40 Jahren:	299.660 Euro

Übrigens: Berechnen Sie mit obigem Schema das gebildete Kapital bei einer Fondsentwicklung von 7 Prozent (wie im Angebot der Versicherung angegeben), so kommen Sie auf etwa das gleiche Vermögen. Das obige Schema ist jedoch nur eine Näherungslösung und es kann bei höheren Renditen der Fonds zu Unterschieden kommen.

Die Botschaft lautet: Berechnen Sie auch fondsgebundene Riester-Sparverträge mit anderen Zinssätzen als im Angebot angegeben. Zeigen Sie dem Kunden, wie ein Riester-Produkt funktioniert. Durch die Garantie erhält er in jedem Fall das eingezahlte Kapital inklusive Zulagen zurück. Für Kunden, die Garantie wollen – nach unseren Einschätzungen knapp 80 Prozent der Bundesbürger – kann ein fondsgebundenes Riester-Produkt die Lösung sein. Das Konzept entspricht etwa einem Garantiefonds, jedoch mit staatlichen Zulagen. Ob er danach ein Riester-Produkt oder ein privates Produkt wählt, lassen Sie ihn selbst entscheiden. Dass er sparen muss, hat er zu diesem Zeitpunkt jedoch schon verstanden und das ist das Wichtige.

Vermögenswirksame Leistungen

Vermögenswirksame Leistungen werden von vielen Arbeitnehmern genutzt, jedoch noch nicht von allen. Die meist gewählten Anlageformen sind Banksparplan, Bausparvertrag und Investmentfondssparen. Diese Vermögensanlageformen werden staatlich gefördert, wobei die staatlichen Zulagen erst nach der Sperrfrist von 7 Jahren ausgezahlt werden. Auch der Arbeitgeber kann Vermögenswirksame Leistung (kurz VL oder VWL) fördern, indem er dem Arbeitnehmer einen Teil des VL-Beitrags zahlt.

☐ Wie sieht die staatliche Förderung aus und wer wird gefördert?

Grundsätzlich wird jeder Arbeitnehmer gefördert, der als Single ein zu versteuerndes Einkommen unter 17.900 Euro oder als Verheirateter unter 35.800 Euro hat. Sonderausgaben und Werbungskosten sind abzugsfähig – somit liegen obige Grenzen in der Regel höher.

Bausparverträge/Banksparpläne werden mit 9 Prozent auf die jährlichen Einzahlungen bezuschusst, jedoch höchstens mit 43 Euro. Somit sollten monatlich höchstens 40 Euro eingezahlt werden, um die volle Prämie zu erhalten. Werden höhere Beträge geleistet, so kann zudem die Wohnungsbauprämie beim Bausparen genutzt werden. Diese wird jedoch nur gezahlt, wenn auf den anzurechnenden Beitrag keine Arbeitnehmersparzulage gewährt wird. Also entweder Arbeitnehmersparzulage oder Wohnungsbauprämie. Die Wohnungsbauprämie beträgt 8,8 Prozent auf maximal 512 Euro jährlichen Sparbeitrag. Sie ist somit geringer als die Arbeitnehmersparzulage. Sparer sollten deshalb erst die volle Arbeitnehmersparzulage nutzen und dann erst die Wohnungsbauprämie. Auf Investmentfondssparen werden 18 Prozent auf die jährlichen Einzahlungen (höchstens 400 Euro) bezuschusst, höchstens also 72 Euro im Jahr.

Aufgrund der Einkommensgrenzen werden gerade junge Sparer belohnt, die noch nicht über ein hohes Einkommen verfügen. Nutzen Sie es als Verkaufsargument für Ihre jungen Kunden!

☐ Wie werden VL steuerlich behandelt?[2]

Steuerlich wird sich ab dem Jahr 2009 einiges ändern, auch für Vermögenswirksame Leistungen. Grundsätzlich fällt für alle Erträge auf die Einzahlungen bzw. Zinseinkünfte ab 2009 die Abgeltungsteuer an. Das bedeutet im Klartext: Zinsen bei Bausparverträgen/Banksparplänen werden der Abgeltungsteuer unterworfen. Bisher war es die Zinsabschlagsteuer, die dann aber am Ende des Jahres mit dem persönlichen Einkommensteuersatz abgeglichen wurde. Grundsätzlich gilt noch der Freistellungsauftrag von 801 Euro. Solange dieser der Bank oder Bausparkasse vorliegt, fällt bis zu diesem Betrag keine Steuer an.

Bei Investmentfonds fallen jährliche Dividenden und Zinseinkünfte unter die Abgeltungsteuer. Zudem werden Erträge aus Einzahlungen ab 2009 der Abgeltungsteuer unterworfen.

Viele Organisationen heißen das verständlicherweise nicht gut, da einerseits eine staatliche Prämie (9 oder 18 Prozent) gezahlt wird, aber im Gegenzug Erträge und Zinsen der Abgeltungsteuer (25 Prozent) unterliegen. Das nennt man komplizierte und unverständliche Gesetzgebung.

Im Folgenden werden wir die Abgeltungsteuer nicht berechnen. Das Thema folgt noch in einem späteren Kapitel.

---

2   Stand: Februar 2008; und bisher ist keine gesetzliche Änderung vorgesehen, obwohl die Regelung von vielen Verbraucherschutzorganisationen bemängelt wird.

Arbeitgeber können das VL-Sparen fördern, indem sie ihren Arbeitnehmern Vermögenswirksame Leistungen zahlen. Da diese Leistungen jedoch Gehalt/Lohn darstellen, werden hierauf noch Steuern und Sozialversicherungsbeiträge berechnet.

☐ Wie hoch sind die Gebühren für Bausparverträge und Investmentfonds?

Bausparverträge werden mit der Abschlussgebühr, in der Regel 1 Prozent der Bausparsumme, belegt. Somit sollte die Bausparsumme recht gering gehalten werden. Zudem fällt oft noch eine jährliche Gebühr bei Bausparverträgen an.

Bei Investmentfonds fallen Ausgabeaufschlag und Verwaltungskosten an, sowie eine jährliche Depotgebühr bei vielen Depotbanken. Viele Depotbanken bieten jedoch einen Rabatt von bis zu 100 Prozent auf den Ausgabeaufschlag. Nutzen Sie solche Angebote!

Nun zu der Berechnung mit dem BWK Business®. Hier möchten wir lediglich die Berechnung eines VL-Investmentfondssparplans darstellen.

 BEISPIEL

Sie zeigen einem Arbeitnehmer, ob sich Vermögenswirksame Leistungen in einen Investmentfonds für ihn lohnen. Sie arbeiten mit einer Depotbank zusammen, die eine Depotgebühr von 12 Euro pro Jahr verlangt, dafür jedoch einen Rabatt von 100 Prozent auf den Ausgabeaufschlag des VL-Investmentfonds (5 Prozent) gewährt. Monatlich fließen 34 Euro in den Investmentfonds, wovon der Arbeitgeber 10 Euro übernimmt. Sie nehmen eine Wertentwicklung des Fonds von 7 Prozent an, bei einer Einzahlungsdauer von 21 Jahren. Nach 14 Jahren überschreitet der Arbeitnehmer die Einkommensgrenze von 17.900 Euro und erhält danach keine Arbeitnehmersparzulage vom Staat.

 **Berechnung**

Sie müssen in mehreren Schritten rechnen:
1. Vermögen aus Eigenleistungen
2. Berechnung der jährlichen Depotkosten
3. Berechnung des Vermögens aus Arbeitnehmersparzulage
4. Berechnung des Effektivzinses des Arbeitnehmers

1. Vermögen aus Eigenleistungen

Eingabe	Display-anzeigen	Erklärung
12 P/YR	P/YR 12,00	Es wird monatlich eingezahlt.
21 x P/YR	N 252,00	Es wird über 21 Jahre eingezahlt.
7 EFF%	I/YR NOM% 6,78	Der Fonds erzielt einen effektiven Zins von 7 Prozent.
0 PV	PV 0,00	Keine Einmalzahlung zu Beginn.
34 +/– PMT	PMT -34,00	Monatliche Einzahlung in den Fonds von 34 Euro.
FV	FV 18.885,10	Berechnung des Endvermögens.

Somit erreicht der Anleger aus Eigenleistungen (inklusive Arbeitgeberanteil) ein Vermögen von 18.885 Euro.

2. Berechnung der jährlichen Depotkosten

Eingabe	Display-anzeigen	Erklärung
1 P/YR	P/YR 1,00	Die Depotkosten fallen jährlich an.
21 x P/YR	N 21,00	Die Laufzeit beträgt 21 Jahre.
7 EFF%	I/YR NOM% 7,00	Der Investmentfonds erzielt eine Rendite von 7 Prozent.
0 PV	PV 0,00	Keine Einmalgebühr zu Beginn.
12 PMT	PMT 12,00	Die jährliche Gebühr beträgt 12 Euro, die dem Investmentfonds faktisch entzogen wird.
FV	FV -538,38	Berechnung der Gesamtgebühr, bezogen auf das Laufzeitende.

 Somit summieren sich die jährlichen Gebühren auf rund 540 Euro nach 21 Jahren.

3. Berechnung des Vermögens aus Arbeitnehmersparzulage

Nach jeweils 7 Jahren erhält der Arbeitnehmer die Arbeitnehmersparzulage ausgezahlt. Diese beträgt 72 Euro jährlich, somit 504 Euro nach 7 Jahren, die dann in den Fonds fließen. Erstmalig im 7.oder 8. Jahr (je nach Abgabe der Steuererklärung) wird die Zulage gezahlt.

8. bis 14. Jahr:

Eingabe	Display-anzeigen	Erklärung
7 x P/YR	N 7,00	Betrachtung des 8. bis 14. Jahres.
504 +/- PV	PV -504,00	Im 7./8. Jahr fließt die Zulage von 504 Euro in den Fonds.
0 PMT	PMT 0,00	Keine weiteren regelmäßigen Zulagen.
FV	FV 809,31	Berechnung des Endvermögens aus Zulagen.

 Nach 14 Jahren ist aus der ersten Zulage ein Vermögen von 809 Euro angewachsen. Nun fließt die nächste und auch letzte Zulage, sodass 1.313,31 Euro (= 809,31 Euro + 504,00 Euro) im 14. Jahr vorhanden sind.

15. bis 21. Jahr:

Eingabe	Display-anzeigen	Erklärung
1 313,31 +/- PV	PV -1.313,31	Im 14. Jahr ist ein Vermögen aus Zulagen von 1.313,31 Euro vorhanden.
FV	FV 2.108,89	Berechnung des Endvermögens aus Zulagen.

Aus Zulagen hat der VL-Sparer ein Vermögen von rund 2.100 Euro erreicht. Jeder Arbeitnehmer, der Vermögenswirksame Leistungen nicht nutzt, verschenkt diesen Betrag.

Wichtig: Weisen Sie Ihren Kunden darauf hin, dass er Vermögenswirksame Leistungen jährlich in seiner Steuererklärung angeben und zudem die Auszahlung nach 7 Jahren beantragen muss. Wie er es genau macht, soll ein Steuerberater klären.

4. Berechnung des Effektivzinses des Arbeitnehmers

Der Arbeitnehmer zahlt effektiv nur 24 Euro Eigenleistung, 10 Euro werden durch den Arbeitgeber gezahlt. Nun hat der Arbeitnehmer eine höhere Steuer- und Sozialversicherungszahlung in seiner Gehaltsabrechnung. Überschlägig können Sie also die Hälfte des Arbeitgeberzuschusses, also 5 Euro, hierfür anrechnen. Danach hat der Arbeitnehmer eine effektive Belastung von 29 Euro.

Folgende weitere Daten stehen zur Verfügung:

Vermögen aus Eigenleistung:	18.885 Euro
– Depotgebühren:	–539 Euro
+ Vermögen aus Arbeitnehmersparzulage:	2.109 Euro
= Vermögen im Investmentfonds:	20.455 Euro

Nun haben Sie alle Daten für die Berechnung des Effektivzinses.

Eingabe	Display-anzeigen	Erklärung
12 P/YR	P/YR 12,00	Monatliche Einzahlungen.
21 x P/YR	N 252,00	Laufzeit des VL-Sparens: 21 Jahre.
0 PV	PV 0,00	Keine Einmalzahlung zu Beginn.
29 +/– PMT	PMT –29,00	Effektive monatliche Belastung des Arbeitnehmers: 29 Euro.
20 455 FV	FV 20.455,00	Gesamtvermögen nach 21 Jahren: 20.455 Euro.
I/YR	I/YR NOM% 8,61	Berechnung des nominalen Zinses.
EFF%	EFF% 8,96	Umrechnung in den effektiven Zins.

Der Arbeitnehmer erzielt also einen Effektivzins vor Steuern von rund 9 Prozent. Bei einer Direktanlage ohne VL in den Investmentfonds hätte er lediglich 7 Prozent (vor Depotgebühren!) erzielt. Hieran sehen Sie die positive Wirkung der Vermögenswirksamen Leistungen.

Sie können dem nun entgegen halten, dass sich nur der Arbeitgeberanteil positiv auswirkt. Rechnen wir hier doch nach, wenn der Arbeitnehmer effektiv 34 Euro einzahlt. Es ist nur eine Änderung im BWK Business® notwendig:

Eingabe	Display-anzeigen	Erklärung
34 +/– PMT	PMT -34,00	Angenommene effektive Einzahlung des Arbeitnehmers von 34 Euro.
I/YR	I/YR NOM% 7,40	Berechnung des nominalen Zinses.
EFF%	EFF% 7,66	Umrechnung in den effektiven Zins.

Auch dieser Effektivzins liegt nach Kosten und Zulagen 0,66 Prozent höher als die Rendite des Investmentfonds.

Wichtig: Weisen Sie Ihren Kunden auf die Abgeltungsteuer hin, die auch bei Vermögenswirksamen Leistungen anfällt. Dabei können Sie jedoch gleichzeitig anmerken, dass diese auch bei einer Direktanlage in Investmentfonds anfällt, dort aber keine staatliche Zulage gewährt wird.

Die Botschaft lautet: Stellen Sie Ihrem Kunden, gerade einem jungen Kunden, Vermögenswirksame Leistungen vor. Wenn er sieht, dass er durch Zulagen höhere Renditen erzielen kann als bei einer Direktanlage, wäre er schlecht beraten, dieses Angebot nicht anzunehmen. Verstehen Sie! Zeigen Sie Ihrem Kunden staatliche Zulagen und die positive Wirkungen davon. Innerhalb von 4 Schritten können Sie das Ergebnis nach Gebühren berechnen.

Betriebliche Altersvorsorge

Die Betriebliche Altersvorsorge, kurz „bAV", wurde als dritte Säule der Altersvorsorgung geschaffen. Hier richtet der Arbeitgeber einen von 5 möglichen Durchführungswegen ein. Hierzu ist dieser verpflichtet, wenn ein Arbeitnehmer die betriebliche Altersvorsorge in Anspruch nimmt. Wird keiner der Wege angeboten, kann der Arbeitnehmer die Direktversicherung als Betriebsrente verlangen.

Der Arbeitnehmer kann einen Teil seines Einkommens, bis zu 4 Prozent der Beitragsbemessungsgrenze, steuer- und sozialabgabenfrei in ein betriebliches Altersversorgungssystem einzahlen (sogenannte Entgeltumwandlung). Im Jahr 2008 sind das bis zu 2.544 Euro, auf die er vom Arbeitslohn keine Steuern und auch keine Sozialversicherungsbeiträge zahlen müsste. Die Sozialversicherungsfreiheit war zunächst bis zum Ende 2008 befristet, jedoch nun auf unbefristete Zeit (auch nach 2008) verlängert. Diese Regelung macht es auch weiterhin für Arbeitgeber und -nehmer interessant, die Entgeltumwandlung durchzuführen, da hierdurch erhebliche Sozialversicherungseinsparungen möglich sind. Zudem gewähren die meisten Arbeitgeber einen Eigenbeitrag in die betriebliche Altersvorsorge. Er finanziert also die Rente für den Arbeitnehmer mit. Für den Arbeitnehmer ist das also noch ein zusätzlicher Vorteil, welcher neben der geringeren Abgabenlast eine betriebliche Förderung darstellt.

In der späteren Renten- bzw. Auszahlungszeit sind dann die Auszahlungen voll zu besteuern und auch kranken- und pflegeversicherungspflichtig.

Es gibt, wie schon geschrieben, 5 Durchführungswege:

- **Direktversicherung:** Der Arbeitgeber zahlt in eine Kapital- oder Fondslebensversicherung oder in eine Rentenversicherung ein.

- **Pensionskasse:** Der Arbeitgeber zahlt in eine Pensionskasse, die die Beiträge verwaltet und die Rente auszahlt.

- **Pensionsfonds:** Es handelt sich um ein Unternehmen bzw. eine Einrichtung zur Altersvorsorge, die die Gelder je nach Statut anlegt.

- **Unterstützungskasse:** Arbeitgeber ist eine rechtlich selbständige Institution, die sich ausschließlich der Altersvorsorge widmet.

- **Pensionszusage/Direktzusage:** Der Arbeitgeber sagt seinen Arbeitnehmern eine vereinbarte Leistung im Ruhestand, bei Invalidität oder Tod zu.

Nur der letzte Durchführungsweg (Pensions-/Direktzusage) regelt der Arbeitgeber selbst. Aufgrund von Verwaltungsaufwand werden kleinere Unternehmen die bAV an externe Institutionen weitergeben. Hierzu stehen die ersten 4 Wege zur Verfügung.

Die meist gewählten Durchführungswege sind bei kleinen Unternehmen Direktversicherung und Pensionskasse, da hier das Unternehmen keinen Beitrag an den Pensions-Sicherungs-Verein (PSV) zahlen muss. Dieser sichert nämlich das Altersvorsorgevermögen des Arbeitnehmers, was bei diesen beiden Formen nicht notwendig ist.

Als renditestärker ist der Pensionsfonds einzuschätzen, da dieser sich auch vermehrt an Aktienanlagen beteiligen darf. Hier besteht vom Arbeitgeber Kapitalerhaltungsgarantie und bei Insolvenz tritt der PSV ein.

Eine Art Treuhänder ist die Unterstützungskasse, die sich aus einem oder mehreren Unternehmen zusammensetzt. Sie ist jedoch auch weitgehend frei und kann frei investieren.

Die Direktzusage ist meist bei großen Unternehmen anzutreffen, da sie direkt in der Bilanz ausgewiesen wird. Das Unternehmen arbeitet in dieser Zeit mit dem eigentlichen Rentenkapital des Arbeitnehmers weiter.

Eine Besonderheit ist noch bei Direktversicherung, Pensionskasse und Pensionsfonds zu nennen. Hier können neben den üblichen 4 Prozent der Beitragsbemessungsgrenze weitere 1.800 Euro jährlich als Entgeltumwandlung eingesetzt werden. Hierauf entfällt jedoch noch Sozialversicherung. Es könnte beispielsweise das Weihnachtsgeld steuerfrei umgewandelt werden.

In diesem Buch kann nicht geklärt werden, welcher Weg für einen Arbeitnehmer der günstigste ist. Es gilt zu klären, in welcher Form die bAV für ihn interessant ist. Auch die Riester-Rente könnte interessanter sein – hier kommt es auf Einkommen und Familienstand an. Zudem könnten die Vermögenswirksamen Leistungen in die bAV fließen. Diese speziellen, individuellen Berechnungen sollten Sie mit einer hierfür konzipierten Software durchführen oder mit einem Steuerberater durchrechnen. Soviel nun zur Theorie. Nun die Praxis bzw. einige Berechnungsbeispiele. Hier gehen wir näher auf die Durchführungswege Direktversicherung, Pensionskasse und Pensionsfonds ein. In diesen Beispielen werden wir verschiedene Berechnungsvarianten vorstellen, die Sie auch auf die anderen Durchführungswege anwenden können. Die Berechnungen der unterschiedlichen Durchführungswege sind gleich, jedoch beinhalten sie unterschiedliche Eigenschaften, die Sie beachten müssen. Diese sind jedoch formaler Art.

Berechnung der Ersparnis aus Entgeltumwandlung

Um die Steuer- und Sozialversicherungsersparnis zu berechnen, nehmen Sie einen üblichen Gehaltsrechner. Das ist meist eine Software, die Sie im Internet kostenfrei herunterladen können. Nun gehen Sie in drei Schritten vor:

1. Schritt: Aktueller Nettolohn

Lassen Sie sich von Ihrem Kunden alle aktuellen Lohn- und Sozialversicherungsangaben geben oder eine aktuelle Gehaltsabrechnung. Hier sehen Sie, welcher Nettolohn aktuell unter dem Strich herauskommt.

2. Schritt: Zukünftiger Nettolohn

Fragen Sie Ihren Kunden, wie viel er in die bAV zahlen möchte oder nehmen Sie eine Sparrate an (Achtung: höchstens 4 Prozent der Beitragsbemessungsgrenze). Diese ziehen Sie nun vom Bruttolohn ab und berechnen erneut den Nettolohn.

3. Schritt: Differenz/Effektive Sparrate

Berechnen Sie die Differenz der beiden Nettolöhne. Diese stellt die effektiv gezahlte Sparrate des Arbeitnehmers in die bAV dar. Zudem notieren Sie die Differenz aus der Sozialversicherung. Diese spart nämlich nicht nur der Arbeitnehmer, sondern auch der Arbeitgeber. So können Sie den Arbeitgeber ebenfalls von der Entgeltumwandlung überzeugen.

Sie werden feststellen, dass die Differenz zwischen eingezahlten Sparbeiträgen und geringerem Nettolohn bei etwa 50 Prozent liegt, was somit auch der Förderquote entspricht.

Direktversicherung

Die Direktversicherung ist mittels Kapitallebensversicherung, fondsgebundener Lebensversicherung oder Rentenversicherung möglich. Der Arbeitgeber schließt sie für den Arbeitnehmer ab. Beitragszahler ist der Arbeitgeber, der Arbeitnehmer hingegen ist Versicherter und Begünstigter. Die Garantieverzinsung entspricht zurzeit 2,25 Prozent. Wichtig ist auch hier zu wissen, dass (wie bei Riester) auch bei bAV-Direktversicherungen die eingezahlten Beiträge gesichert werden. Hierdurch könnte bei fondsgebundenen Produkten die Ablaufleistung geringer ausfallen als bei privaten Verträgen. Durch die Entgeltumwandlung ist dieses System ohnehin sehr gut – wie wir Ihnen anhand nachfolgenden Beispiels darstellen.

 BEISPIEL

Ein Kunde hat ein Bruttoeinkommen von 2.500 Euro. Er ist 30 Jahre jung und ledig. Eine Rentenanalyse mittels der 7-Schritt-Verkaufsstrategie ergab, dass der Kunde monatlich noch rund 400 Euro zusätzlich ab heute sparen muss. Der Kunde möchte mit 65 Jahren in Rente gehen.

Sie schlagen ihm eine Direktversicherung mittels fondsgebundener Lebensversicherung vor, bei Entgeltumwandlung von 200 Euro. Es können nicht die vollen 400 Euro umgewandelt werden, da damit die Grenze von 4 Prozent der Beitragsbemessungsgrenze überschritten wird. Die Rendite der Direktversicherung nehmen Sie mit effektiv 6 Prozent an.

Verkaufen Sie dieses Produkt!

 Berechnung

Sie ermitteln zunächst die Differenz zwischen dem heutigen und zukünftigen Nettolohn. Heute bekommt er bei einem Bruttolohn von 2.500 Euro rund 1.545 Euro netto unter dem Strich heraus. Nun ziehen Sie

200 Euro von den 2.500 Euro ab, sodass ein Bruttolohn von 2.300 Euro bleibt. Nach Abzug von Steuer und Sozialversicherung verbleibt noch ein Nettolohn von 1.450 Euro.

Sie zeigen es nun dem Arbeitnehmer.

Nettolohn zukünftig:	1.450 Euro
– Nettolohn heute:	1.545 Euro
= Effektive Sparrate:	–95 Euro
+ Sparrate bAV:	200 Euro
= Zulage Staat:	105 Euro

Dem Arbeitnehmer fließen also effektiv nur 95 Euro aus der Tasche. In die fondsgebundene Lebensversicherung fließen effektiv 200 Euro. Somit beträgt die Zulage des Staates (aus geringerer Steuer- und Sozialversicherungsbelastung) 105 Euro.

Auch der Arbeitgeber freut sich über eine Ersparnis von monatlich 40 Euro aus der Verringerung der Sozialversicherungsbeiträge. Er sagt Ihrem Kunden zu, dass er die Sparraten auf die Höchstgrenze von 212 Euro aufstockt.

Nun berechnen Sie das Vermögen, welches sich aus den Einzahlungen in die fondsgebundene Lebensversicherung ergibt.

Eingabe	Display-anzeigen	Erklärung
12 P/YR	P/YR 12,00	Monatliche Einzahlungen.
35 x P/YR	N 420,00	35 Jahre Spardauer bis zum 65. Lebensjahr.
6 EFF%	I/YR NOM% 5,84	Die Rendite der fondsgebundenen Lebensversicherung beträgt 6 Prozent.
0 PV	PV 0,00	Es wird keine Einmalanlage gezahlt.
212 +/– PMT	PMT -212,00	Monatliche Einzahlungen von 212 Euro.
FV	FV 291.204,04	Berechnung des Endvermögens.

Stopp Es wird ein Vermögen von rund 291.000 Euro gebildet. Darüber kann der Arbeitnehmer jedoch nicht direkt verfügen. Es fallen hierauf Steuern sowie Kranken- und Pflegeversicherungsbeiträge an. Der jetzige Arbeitnehmer kann sich jedoch das Vermögen als Einmalauszahlung auszahlen oder verrenten lassen. Lässt er sich das Kapital direkt auszahlen, werden die Steuern direkt fällig, die Sozialversicherungsbeiträge verteilen sich jedoch auf die nachfolgenden 10 Jahre.

Wir nehmen hier nun die direkte Auszahlung an. Der Steuersatz liegt bei 20 Prozent und die Sozialversicherungsabgaben bei 16 Prozent:

Vermögen vor Steuern:	291.000 Euro
– 20 % Steuern:	58.200 Euro
– 16 % Sozialversicherung:	45.560 Euro
= Vermögen nach Steuern:	187.240 Euro

Dem Rentner bleibt also nach Steuern und Sozialversicherung noch ein Vermögen bei Einmalzahlung von 187.240 Euro. Nun können Sie den Effektivzins berechnen.

Eingabe	Display-anzeigen	Erklärung
95 +/– PMT	PMT -95,00	Effektiv zahlte der Arbeitnehmer 95 Euro.
187 240 FV	FV 187.240,00	Nach Steuern erzielt der Arbeitnehmer ein Vermögen von 187.240 Euro.
I/YR	I/YR NOM% 7,38	Berechnung des nominalen Zinses.
EFF%	EFF% 7,63	Umrechnung in den effektiven Zins.

Der Effektivzins beweist, dass sich die betriebliche Altersvorsorge für den Arbeitnehmer lohnt. Der Effektivzins liegt nämlich nach Steuern (!) um 1,63 Prozent höher als der Anlagezins der fondsgebundenen Lebensversicherung.

Übrigens: Sie können dem nun entgegen halten, dass der zusätzliche Arbeitgeberbeitrag von monatlich 12 Euro den effektiven Zins erhöht. Zur

Übung bitten wir Sie nun, den effektiven Zins ohne die 12 Euro zu berechnen. Es ist Ihre Übung.

— kurze Berechnungspause —

Bitte lesen Sie erst weiter, wenn Sie die Lösung gefunden haben. Sie werden feststellen, dass sich die Rendite von 7,63 Prozent um rund 0,3 Prozent verringert. Sie liegt jedoch immer noch hoch genug, um die betriebliche Altersvorsorge attraktiv dastehen zu lassen.

Ein zusätzlicher Vorteil liegt darin, dass zusätzlich jährlich bis zu 1.800 Euro steuerfrei in die Direktversicherung (auch bei anderen Durchführungswege) eingezahlt werden können. Ist das der Fall, berechnen Sie das in einem separaten Schritt. Auf diese Einmalzahlungen besteht jedoch keine Sozialabgabenfreiheit. Nehmen wir also an, der Arbeitnehmer erhält aus Weihnachtsgeld und 13. Monatsgehalt zusätzlich 1.800 Euro und möchte diese jedes Jahr vollständig in die Direktversicherung einzahlen.

Durch diese Umschichtung zahlt er rund 700 Euro weniger Steuern. Auch das berechnen Sie in zwei Schritte mit einer PC-Software. Er zahlt also nicht 1.800 Euro, sondern nur effektiv 1.100 Euro. Welches Endvermögen erreicht er dadurch und wie hoch ist der effektive Zins des Arbeitnehmers?

Berechnung des Endvermögens:

Eingabe	Display-anzeigen	Erklärung
1 P/YR	P/YR 1,00	Jährliche Einzahlungen.
35 x P/YR	N 35,00	35 Jahre wird jährlich das Weihnachtsgeld umgewandelt.
6 EFF%	I/YR NOM% 6,00	Der effektive Zins beträgt 6 Prozent.
0 PV	PV 0,00	Keine Einmalzahlung zu Beginn.
1 800 +/– PMT	PMT -1.800,00	Jährliche Einzahlung von 1.800 Euro.
FV	FV 200.582,60	Berechnung des Endvermögens.

Somit wird ein Endvermögen von rund 200.000 Euro erreicht. In der Auszahlungszeit werden wiederum Steuer und Sozialversicherung fällig.

Vermögen vor Steuern:	200.000 Euro
− 20 % Steuern:	40.000 Euro
− 16 % Sozialversicherung:	32.000 Euro
= Vermögen nach Steuern:	128.000 Euro

Nach Steuern wird also ein Vermögen von 128.000 Euro durch effektive jährliche Einzahlungen von 1.100 Euro erreicht. Berechnen Sie nun den Effektivzins. Hierzu sind nur wenige Angaben im BWK Business® zu ändern:

Eingabe	Display-anzeigen	Erklärung
1 100 +/− PMT	PMT -1.100,00	Effektive Einzahlungen von 1.100 Euro.
128 000 FV	FV 128.000,00	Es wird ein Endvermögen von 128.000 Euro nach Steuern erreicht.
I/YR	I/YR NOM% 6,20	Berechnung des nominalen Zins.
EFF%	EFF% 6,20	Umrechnung in den effektiven Zins, der aufgrund der jährlichen Zahlungsweise gleich dem nominalen Zins ist.

Nach Steuern erreicht der Arbeitnehmer einen Effektivzins von 6,2 Prozent aus den jährlichen Einzahlungen. Dieser liegt noch über dem Anlagezins der Versicherung. Dieses Geschäft wäre also auch sehr attraktiv.

Wichtig: In obigen Fällen und auch den weiteren Beispielen zur bAV wurde nicht auf die Kosten der Versicherungen eingegangen. Wenn Sie länger mit bestimmten Direktversicherungen zusammenarbeiten, werden Sie diese kennen und können sie von den Beiträgen in die Versicherung abziehen.

Pensionskasse

Pensionskassen sind eigenständige Versorgungsträger, meist in Form einer Lebensversicherungsgesellschaft aus einem oder mehreren Unternehmen. Hier sind Arbeitnehmer gegen Risiken wie Invalidität und Tod abgesichert. Zudem werden aus den Entgeltumwandlungen (Beiträge des Arbeitgebers) Rentenvermögen gebildet. Diese werden wie etwa Leben- oder Rentenversicherungen gehandhabt. Es wird eine Garantieverzinsung von 2,25 Prozent gewährt. Da die Beiträge konservativer angelegt werden und der Aktienanteil auf 35 Prozent begrenzt ist, erzielt eine Pensionskasse eine sicherere, aber auch vermutlich geringere Rendite. Sie ist also besonders für ältere Arbeitnehmer geeignet.

Pensionskassen werden vom Arbeitgeber eingerichtet. Der Arbeitnehmer kann diese nicht verlangen.

 BEISPIEL

Ein älterer Arbeitnehmer, 50 Jahre, mit einem Bruttoeinkommen von 5.000 Euro (Steuerklasse III), möchte sich über die bAV informieren. Sein Arbeitgeber hat als Durchführungsweg die Pensionskasse eingerichtet, in die der Arbeitnehmer sein Entgelt umwandeln kann. Er möchte so viel wie möglich umwandeln, um noch eine möglichst hohe Rente in den letzten 15 Jahren zu erwirtschaften. Sie sagen, dass zurzeit monatlich bis zu 212 Euro (= 2.544 Euro ÷ 12 Monate) umgewandelt werden können. Zudem zahlt der Arbeitgeber 12 Euro als Zuschuss. Der Arbeitnehmer wandelt also 200 Euro um.

Die Pensionskasse gewährt eine Garantieverzinsung von 2,25 Prozent, erreichte aber in den letzten Jahren 4 Prozent Verzinsung. Stellen Sie für den Arbeitnehmer die Vorteile heraus.

 **Berechnung**

Zuerst stellen Sie sein heutiges Bruttoeinkommen dem zukünftigen gegenüber und berechnen die jeweiligen Nettoeinkommen.

	Bruttoeinkommen	Nettoeinkommen	staatliche Förderung
Heute	5.000 Euro	3.190 Euro	
Zukunft	4.800 Euro	3.080 Euro	
Differenz	200 Euro	110 Euro	90 Euro

Der Arbeitnehmer zahlt also im Grunde genommen 110 Euro effektiv und in die Pensionskasse fließen mit dem zusätzlichen Arbeitgeberbeitrag 212 Euro.

Berechnung des Endvermögens bei garantierter Verzinsung:

Eingabe	Display-anzeigen	Erklärung
12 P/YR	P/YR 12,00	Monatliche Einzahlung.
15 x P/YR	N 180,00	Es wird 15 Jahre in die Versicherung eingezahlt.
2,25 EFF%	I/YR NOM% 2,23	Die Garantieverzinsung beträgt 2,25 Prozent.
0 PV	PV 0,00	Keine Einmalzahlung.
212 +/– PMT	PMT -212,00	Monatliche Einzahlung von 212 Euro.
FV	FV 45.257,90	Berechnung des Endvermögens.

Die garantierte Ablaufleistung wird also rund 45.000 Euro betragen. Um nun die prognostizierte Ablaufleistung bei 4 Prozent Rendite zu berechnen, ist nur eine Änderung im BWK Business® durchzuführen.

Berechnung der prognostizierten Ablaufleistung:

Eingabe	Display-anzeigen	Erklärung
4 EFF%	I/YR NOM% 3,93	Eingabe der prognostizierten Verzinsung von 4 Prozent.
FV	FV 51.867,29	Berechnung des prognostizierten Endvermögens.

Die prognostizierte Ablaufleistung wird also rund 52.000 Euro betragen. Hat der spätere Rentner wiederum einen Steuersatz von 20 Prozent und zahlt Kranken- und Pflegeversicherungsbeiträge von rund 16 Prozent, ergeben sich folgende Nach-Steuer-Ablaufleistungen:

	garantierte Ablaufleistung	prognostizierte Ablaufleistung
Bruttovermögen	45.000 Euro	52.000 Euro
– Steuern 20 %	–9.000 Euro	–10.400 Euro
– Sozialversicherung 16 %	–7.200 Euro	–8.320 Euro
Nettovermögen	28.800 Euro	33.280 Euro

Nun haben Sie wieder alle notwendigen Angaben, die für die Berechnung der jeweiligen Effektivverzinsung herangezogen werden. Hierzu sind wieder nur wenige Angaben im BWK Business® zu ändern.

Teil 2:

Berechnung des Effektivzinses:

Eingabe	Display- anzeigen	Erklärung
110 +/– PMT	PMT -110,00	Effektiv zahlt der Arbeitnehmer nur 110 Euro.
28 800 FV	FV 28.800,00	Es wird ein Nettovermögen von 28.800 Euro bei garantierter Verzinsung erzielt.
I/YR	I/YR NOM% 4,75	Berechnung des nominalen Zinses.
EFF%	EFF% 4,86	Umrechnung in den effektiven Zins.
33 280 FV	FV 33.280,00	Das prognostizierte Nettovermögen beträgt 33.280 Euro.
I/YR	I/YR NOM% 6,46	Berechnung des nominalen Zinses.
EFF%	EFF% 6,66	Umrechnung in den effektiven Zins.

Der Arbeitnehmer erzielt also nach Steuern einen effektiven Zins von 4,86 Prozent bei garantierter Verzinsung und von 6,66 Prozent bei prognostiziertem Zins. Gegenüber einer Direktanlage aus dem Nettoeinkommen sind diese Zinssätze wohl um einiges höher. Der Arbeitnehmer wäre schlecht beraten, wenn er das Angebot der Entgeltumwandlung nicht annimmt.

Pensionsfonds

Pensionsfonds werden von Banken, Versicherungen sowie einzelnen Großunternehmen und Gewerkschaftsverbänden gegründet. In den USA, Großbritannien und anderen Ländern sind Pensionsfonds sehr verbreitet – in Deutschland noch zu wenig. Im Februar 2008 waren 26 Pensionsfonds bei der BaFin (Bundesanstalt für Finanzdienstleistungsaufsicht) gemeldet. Der Unterschied zu den anderen Durchführungswegen der bAV liegt darin, dass Pensionsfonds weitgehend unabhängig die Anlegergelder anlegen können. Sie unterliegen zwar der Aufsicht der BaFin, sind jedoch bei der Anlageentscheidung frei. Hier gibt es unterschiedliche Anlageziele. Manche Pensionsfonds legen das Geld sehr sicherheitsorientiert an, andere wiederum sehr risiko-, jedoch dafür auch chancenreich. Das eingezahlte Kapital wird gegen Insolvenz vom Pensionssicherungsverein und vom Arbeitgeber gesichert. Somit ist zumindest das eingezahlte Geld des Arbeitnehmers nicht in Gefahr. Es ist jedoch bisher noch nicht vorgekommen, dass ein Pensionsfonds zahlungsunfähig wurde. Es kann auch im Pensionsfonds gegen Invaliditäts- und Hinterbliebenenschutz versichert werden. In der Rentenzeit kann eine Teilauszahlung von bis zu 30 Prozent erfolgen und zudem eine lebenslange Rentenzahlung.

 BEISPIEL

Ein Arbeitnehmer, 40 Jahre, mit einem Bruttoeinkommen von 3.500 Euro, möchte die bAV als Säule der Altersvorsorge nutzen. Er ist in Steuerklasse III und hat zwei Kinder. Sein Arbeitgeber bietet einen Pensionsfonds zur Entgeltumwandlung an. Ihr Kunde möchte die maximale Entgeltumwandlung von heute 212 Euro in diesem Pensionsfonds anlegen.

Nehmen Sie eine durchschnittliche Rendite des Pensionsfonds bis zum Renteneintritt mit 65 Jahren von 8 Prozent an.

Nun zu einer weiteren Besonderheit. In obigen Fällen nahmen wir an, dass der Beitrag zur bAV gleich bleibt. Möchte ein Arbeitnehmer jedoch jedes Jahr die maximale Entgeltumwandlung ausnutzen, so ist das abhängig von der Beitragsbemessungsgrenze. Jährlich kann ein Arbeitnehmer 4 Prozent der Beitragsbemessungsgrenze steuer- und sozialversicherungsfrei umwandeln. Steigt die Beitragsbemessungsgrenze, so steigt auch der maximal bei der Entgeltumwandlung geförderte Betrag. Hier schauen wir einmal in die Vergangenheit und auf die Entwicklung der monatlichen (!) Beitragsbemessungsgrenze seit 1980.

Es kann festgestellt werden, dass die Beitragsbemessungsgrenze in den letzten 28 Jahren im Durchschnitt um 3,4 Prozent jährlich erhöht wurde. In den letzten Jahren wurde sie jedoch lediglich um circa 1 bis 2 Prozent erhöht, in den letzten 10 Jahren im Durchschnitt um 2,4 Prozent.

Jahr	Beitragsbe- messungs- grenze (in Euro)	Steigerung (in %)	Jahr	Beitragsbe- messungs- grenze (in Euro)	Steigerung (in %)
1980	2100	4,8	1995	3900	2,6
1981	2200	6,8	1996	4000	2,6
1982	2350	6,4	1997	4100	2,5
1983	2500	4,0	1998	4200	2,4
1984	2600	3,8	1999	4250	1,2
1985	2700	3,7	2000	4300	1,2
1986	2800	1,8	2001	4350	1,2
1987	2850	5,3	2002	4500	3,4
1988	3000	1,7	2003	5100	13,3
1989	3050	3,3	2004	5150	1,0
1990	3150	3,2	2005	5200	1,0
1991	3250	4,6	2006	5250	1,0
1992	3400	5,9	2007	5250	0,0
1993	3600	5,6	2008	5300	1,0
1994	3800	5,6	**Durchschnitt**		**3,4**

Quelle: © Bernd W. Klöckner, Werner Dütting

Zurück zum Beispiel. Nehmen wir an, der Kunde möchte jährlich die maximale Entgeltumwandlung nutzen. Wie können Sie das berücksichtigen? Ganz einfach, oder nicht?! Hierzu steht Ihnen die Dynamikfunktion des BWK Business® zur Verfügung. Im obigen Beispiel nehmen Sie an, dass die Beitragsbemessungsgrenze jährlich um 2 Prozent steigt, somit auch der Höchstbeitrag zur Entgeltumwandlung.

 Berechnung

Zuerst berechnen Sie die effektive Sparrate des Arbeitnehmers, also wieder Brutto- und Nettolohnvergleich vor und nach Entgeltumwandlung:

	Bruttoeinkommen	Nettoeinkommen	staatliche Förderung
Heute	3.500 Euro	2.390 Euro	
Zukunft	3.288 Euro	2.280 Euro	
Differenz	212 Euro	110 Euro	102 Euro

Er bekommt also vom Staat 102 Euro Förderung, was einer Förderquote von rund 48 Prozent entspricht.

Nun berechnen Sie das Vermögen im Pensionsfonds, welches sich nach 25 Jahren ergibt. Sie unterstellen in der Berechnung, dass der Sparbeitrag jährlich um 2 Prozent steigt.

Eingabe	Display-anzeigen	Erklärung
12 P/YR	P/YR 12,00	Monatliche Einzahlung.
25 x P/YR	N 300,00	Es wird über 25 Jahre gespart.
8 EFF%	I/YR NOM% 7,72	Es wird eine Wertentwicklung von 8 Prozent im Pensionsfonds angenommen.
0 PV	PV 0,00	Keine Einmalanlage zu Beginn.
212 +/– P/D	P/D -212,00	Anfänglich (heute) kann er maximal 212 Euro steuer- und sozialversicherungsfrei umwandeln.
2 %D	%D 2,00	Es wird eine Steigerung der Beitragsbemessungsgrenze (und damit auch des maximal umzuwandelnden Lohns) von 2 Prozent angenommen.
12 SHIFT %D	xD 12,00	Die Steigerung erfolgt jedes Jahr, also alle 12 Monate.
SHIFT P/D	P/DE -340,99	Berechnung der maximalen Entgeltumwandlung im letzten Arbeitnehmerjahr.
FV	FV 228.797,66	Berechnung des Endvermögens im Pensionsfonds.

Stopp Somit erzielt der Arbeitnehmer innerhalb von 25 Jahren ein Vermögen von rund 229.000 Euro. Im letzten Jahr kann er rund 341 Euro als Entgeltumwandlung nutzen – so die Prognose. Auf den Auszahlungsbetrag (wenn er direkt ausgezahlt würde) fallen nun Steuern sowie Kranken- und Pflegeversicherungsbeiträge an:

Bruttovermögen:	229.000 Euro
− 20 % Steuern:	−45.800 Euro
− 16 % Sozialversicherung:	−36.640 Euro
= Nettovermögen:	146.560 Euro

Somit erreicht er ein Nettovermögen von 146.560 Euro. Für dieses zahlte er effektiv anfänglich 110 Euro, welches jedoch auch jährlich um 2 Prozent steigt. Somit haben Sie nun alle Angaben für die Berechnung des Effektivzinses, wozu Sie lediglich nur wenige Angaben im BWK Business® ändern.

Eingabe	Display-anzeigen	Erklärung
110 +/− P/D	P/D −110,00	Effektiv zahlt der Arbeitnehmer anfänglich 110 Euro.
SHIFT P/D	P/DE −176,93	Berechnung des effektiven Sparbetrags des Arbeitnehmers, sofern sich die Gesetzgebung nicht ändert.
146 560 FV	FV 146.560,00	Nach 25 Jahren erreicht er ein Nettovermögen von 146.560 Euro.
I/YR	I/YR NOM% 9,08	Berechnung des nominalen Zinses. Das kann einen Moment in Anspruch nehmen, da mit Dynamik gerechnet wird.
EFF%	EFF% 9,46	Umrechnung in den effektiven Zins.

Danach erreicht der Arbeitnehmer einen effektiven Zins von 9,46 Prozent nach (!) Steuern. Bei der Direktanlage in den Pensionsfonds hätte er lediglich 8 Prozent erzielt und das noch vor (!) Steuern.

Zukünftige Gesetzgebung zur betrieblichen Altersvorsorge

Es ist heute noch nicht abzusehen, wie die betriebliche Altersvorsorge weiterhin gefördert wird und wie sich die Gesetzgebung dazu verändert. Gerade die Sozialversicherungsfreiheit, die ja gerade erst Ende 2007 unbefristet verlängert wurde, könnte hier schnell geändert werden. Die Branche für betriebliche Altersvorsorge beobachtet seit der Verlängerung wieder eine stärkere Nutzung. Kein Wunder: Gerade die Sozialversicherungsabgaben sind heute für Arbeitnehmer und auch Arbeitgeber hoch. Können beide Seite hier sparen, wird dies gern genutzt. Doch: Wenn die Kassen der gesetzlichen Sozialversicherungssysteme wieder einmal leer sind, könnte das auch wieder die Abschaffung dieser Regelung bedeuten. Das ist jedoch reine Spekulation. Beobachten Sie die Regelungen der betrieblichen Altersvorsorge. Das Gute für Arbeitnehmer: Die bAV ist sehr flexibel und damit auch die zu zahlenden Beiträge. Ein weiterer Punkt sind Vermögenswirksame Leistungen (VL). Diese können auch sehr gut über die Entgeltumwandlung angelegt werden. Bei der VL zahlt der Arbeitnehmer noch Lohnnebenkosten oben drauf. Wird es über die bAV gezahlt, ist es genau der entgegengesetzte Effekt.

Zudem sollten Sie weiterhin die Förderung mit Riester beachten. Stellen Sie bAV und Riester gegenüber. Die Riester-Förderung kann in manchen Fällen einer Förderung in bAV übertreffen. Hierzu ein Beispiel:

Arbeitnehmer, 1 Kind, Steuerklasse III, Jahresbruttoeinkommen 15.000 Euro. Gewünschter monatlicher Sparbeitrag 50 Euro (jährlich: 600 Euro).

	ohne bAV	mit bAV
Bruttoeinkommen	15.000 Euro	15.000 Euro
– Beitrag bAV	0 Euro	600 Euro
Bruttoeinkommen nach bAV	15.000 Euro	14.400 Euro
– Steuern	0 Euro	0 Euro
– Sozialversicherung	2.978 Euro	2.858 Euro
Nettoeinkommen	12.022 Euro	11.542 Euro
+ Beitrag bAV	12.022 Euro	12.142 Euro
Förderung	0 Euro	120 Euro

Hier ist die Förderung (Differenz zwischen dem Nettoeinkommen und dem bAV-Beitrag) lediglich 120 Euro. Da er mindestens 4 Prozent des letzten Jahresbruttoeinkommens erbringt, also 600 Euro Jahresbeitrag, steht ihm die volle Riester-Förderung zu. Hier liegt die Grundförderung schon bei 154 Euro und die Kinderförderung beträgt zudem noch 185 Euro. Insgesamt also 339 Euro, die er an Förderung beziehen könnte. Die Riester-Förderung übersteigt somit den Vorteil der bAV (120 Euro).

Sind nachfolgende Faktoren gegeben, sollten Sie nachrechnen, ob Riester-Rente oder betriebliche Altersvorsorge in Frage kommen:

- geringes Einkommen
- junge Familie
- kinderreiche Familien (Kinder in/nach 2008 geboren)

Berechnen Sie den besten Weg für den Kunden.

Wichtiger Hinweis: Sollten Sie noch kein Berater für betriebliche Altersvorsorge sein, so besuchen Sie eine Fortbildung. Dadurch werden Sie Kosten in Kauf nehmen müssen, die sich jedoch durch das Potenzial der bAV amortisieren. Im Kapitel PAFR® – Persönliche Aus- und Fortbildungsrendite – können Sie die Rendite ermitteln, die Sie wahrscheinlich durch die Fortbildung und spätere Abschlüsse erreichen. Die Fortbildung ist notwendig, da in diesem Buch nicht alle Rahmenbedingungen und Details beschrieben werden können.

Die Botschaft lautet: Berechnen Sie für den Kunden die betriebliche Altersvorsorge nach obigem Schema. Es ist in wenigen Schritten möglich. Sie benötigen lediglich eine Steuer-/Sozialversicherungssoftware, den BWK Business®, Stift und ein Blatt Papier. Beziehen Sie Steuern und eventuelle Kosten in die Berechnung ein. Zeigen Sie dem Kunden die Vorteile und die staatliche Förderung. Vergleichen Sie diese mit der Riester-Förderung. Das ist alles. Besprechen Sie mit dem Arbeitgeber die Vorteile der Sozialversicherungsersparnis. Gerade in kleinen Unternehmen besteht hier noch Nachholbedarf. Gewinnen Sie hier zusätzlich Kontakte. Gewinnen Sie weitere Angestellte, vielleicht sogar den Geschäftsführer, als Kunden und beraten Sie diese. Das ist alles! Empfehlungsgeschäft und Verkauf!

Zeitwertkonten

Im vorigen Thema wurde bereits das Thema betriebliche Altersvorsorge inklusive der 5 Durchführungswege erläutert. Nun zu einem Thema, das als 6. Weg der betrieblichen Altersvorsorge genannt werden könnte – das Zeitwertkonto. In den letzten Jahren ist dieses Modell stark im Kommen. Viele schließen dieses Modell ab.

Das Ziel eines Zeitwertkontos ist die bezahlte Freistellung von der Arbeit vor Eintritt in den Ruhestand. Das sind beispielsweise Fortbildungen, Verlängerung der Elternzeit oder die Vorverlegung des Ruhestands. Die klaren Vorteile gegenüber der betrieblichen Altersvorsorge ist die Flexibilität. Dient die betriebliche Altersvorsorge nur für den Ruhestand, dienen Zeitwertkonten schon vorher der Auszahlung. Auch eine spätere Umbuchung in die betrieblichen Altersvorsorgemodelle ist möglich. Für den Arbeitnehmer stellen sich folgende klare Vorteile heraus:

- steuer-/Sozialversicherungsfreie Einzahlungen
- gute Verzinsung möglich
- grundsätzlich jederzeit Auszahlungen möglich
- bezahlte Freistellung von der Arbeit
- Auszahlung bei Ausscheiden beim Arbeitgeber oder Weiterführung beim Folgearbeitgeber
- Nutzung für Vorruhestand
- spätere Umbuchung in die betriebliche Altersvorsorge möglich

Ein sogenannter Störfall liegt vor, wenn die Freistellung nicht mehr möglich ist, also bei Beendigung des Arbeitsverhältnisses durch Kündigung, Pensionierung, Eintreten der Invalidität oder Tod. Dann wird das Wertguthaben ausgezahlt, in die betriebliche Altersversorgung umgewandelt oder auf den Folgearbeitgeber übertragen. Letzteres setzt voraus, dass der Folgearbeitgeber bereit ist, ein solches Modell zu übernehmen.

Die Kontoführung ist in Zeit- oder Geldwerten möglich. Das Konto wird beim Arbeitgeber geführt und insolvenzgeschützt an den Arbeitnehmer verpfändet. Einzahlungen in Geldwertkonten können in Form von Überstundenvergütungen, Urlaubsabgeltungen, laufenden Bezüge, Weihnachts- und Urlaubsgeld erfolgen. Bei Zeitwertkonten könnten es beispielsweise Überstunden oder Urlaubstage sein. In der Praxis hat sich jedoch die Kontoführung in Geldwert herauskristallisiert.

Die Geldwerte können im Unternehmen verbleiben und der Arbeitgeber kann mit dem eingesparten Geld weiterarbeiten (interne Unternehmensfinanzierung). Arbeitgeber sagen dem Arbeitnehmer einen Zins auf das Konto zu. Das ähnelt dem Prinzip der Pensionszusage im System der betrieblichen Altersvorsorge.

Der andere Weg ist die Zahlung in eine Kapitalanlage von Banken oder Versicherungen. Auch Investmentdepots sind möglich. Bei diesem Weg sollten jedoch Kosten und Gebühren beachtet werden und vor allem auch die Anlagementalität des Kunden.

Durch die Flexibilität von Zeitwertkonten ist es gerade für junge Arbeitnehmer interessant, die eine bezahlte Weiterbildung, Studium oder die Verlängerung der Elternzeit anstreben. Auch für ältere Arbeitnehmer ist es interessant, die den Vorruhestand anstreben. Für Sie ist es also wichtig, jedem Arbeitnehmer ein solches Modell vorzuschlagen und mit dem Arbeitgeber abzustimmen. Bei größeren Unternehmen könnte eine tarifliche Vereinbarung bestehen. Bei kleinen Unternehmen könnte noch keine Regelung getroffen sein. Hier betreten Sie quasi „Neuland". Nutzen Sie dieses wie Kolumbus und „entdecken" Sie das Neukundengeschäft. Machen Sie für den ganzen Betrieb eine Präsentation und gewinnen Sie neue Kunden. Um sich auf die Präsentation vorzubereiten, fragen Sie den Arbeitgeber im Vorfeld nach den gezahlten Gehältern und Löhnen im unteren, mittleren und oberen Bereich. Damit erstellen Sie Beispiele für die Präsentation und treffen besser die Gehaltsklassen der Arbeitnehmer, die sich dadurch eher angesprochen fühlen.

Wie schon beim Thema der betrieblichen Altersvorsorge vorgeschlagen, sollten Sie eine Fortbildung für die betriebliche Altersvorsorge/Zeitwertkonten besuchen, da nicht alle Details und auch Haftungsfallen zu diesem System in diesem Buch beschrieben werden können.

Weiter zur Auszahlung aus Zeitwertkonten: Wichtig ist es anzumerken, dass die Auszahlungen wieder der Steuer und Sozialversicherung unterliegen. Jedoch kann der Zinseszinseffekt der vorigen Steuer- und Sozialversicherungsfreiheit diesen Nachteil kompensieren, was wir im folgenden Beispiel darstellen möchten.

 BEISPIEL

Sie stellen einem Arbeitnehmer, 35 Jahre, das Zeitwertkontenmodell vor. Er bezieht ein Bruttoeinkommen von 3.000 Euro, ist verheiratet (Steuerklasse III) und hat verschiedene Altersvorsorgeprodukte. Er ist jedoch bereit, noch mehr zu sparen, möchte jedoch nicht die betriebliche Altersvorsorge nutzen. Grundsätzlich möchte er flexibel bleiben und über angespartes Kapital verfügen. Sie zeigen ihm die Punkte, wann er bei Zeitwertkonten über Kapital verfügen kann, bei denen er nicht abgeneigt ist. Um ihm ein Beispiel zu zeigen, gehen Sie von 5/10/20 Jahren mit Einzahlungen von monatlich 200 Euro aus. Diese werden bei einer Rendite von 5 Prozent im Zeitwertkonto angelegt. Nehmen Sie einen Störfall, also die einmalige Auszahlung an.

 Berechnung

Zuerst berechnen Sie dem Kunden das Vermögen, das sich nach den verschiedenen Zeiträumen ansammelt.

Eingabe	Display-anzeigen	Erklärung
12 P/YR	P/YR 12,00	Monatliche Einzahlung.
5 x P/YR	N 60,00	Betrachtung nach 5 Jahren.
5 EFF%	I/YR NOM% 4,89	Anlagezins von 5 Prozent.
0 PV	PV 0,00	Keine Einmalzahlung.
200 +/- PMT	PMT -200,00	Monatliche Einzahlung von 200 Euro.
FV	FV 13.562,75	Berechnung des Vermögens nach 5 Jahren.

 Nach 5 Jahren hat sich also im Anlageprodukt ein Vermögen von 13.500 Euro angesammelt. Nun berechnen Sie das Vermögen nach 10, bzw. 20 Jahren:

Teil 2:

Eingabe	Display- anzeigen	Erklärung
10 x P/YR	N 120,00	Einzahlungszeitraum: 10 Jahre.
FV	FV 30.872,63	Berechnung des Vermögens nach 10 Jahren.
20 x P/YR	N 240,00	Einzahlungszeitraum: 20 Jahre.
FV	FV 81.160,90	Berechnung des Vermögens nach 20 Jahren.

Nach den jeweiligen Zeiträumen werden folgende Vermögen erreicht:

Einzahlungszeitraum	Vermögen
5 Jahre	13.500 Euro
10 Jahre	30.800 Euro
20 Jahre	81.100 Euro

Dieses Vermögen bekommt der Versicherte jedoch nicht ausgezahlt, sondern muss hierauf Steuern und Sozialversicherungsbeiträge abführen. Bei der Steuer wird die sogenannte Fünftelungsregelung nach § 34 EStG bei einmaliger Auszahlung im Störfall angewandt. Das heißt: Die Auszahlung wird mit 5 dividiert und das Ergebnis dann zum Bruttoeinkommen gezählt. Die hieraus entstehende zusätzliche Einkommensteuer wird mit 5 multipliziert, was die Steuerschuld für die Auszahlung aus dem Zeitwertkonto ergibt. Somit wird nicht die volle Steuerprogression auf den Auszahlungsbetrag fällig. Zu kompliziert? Hier die Berechnung auf die Auszahlung nach 10 Jahren von 30.800 Euro. Der Arbeitnehmer hat hier ein steuerpflichtiges Einkommen von 48.000 Euro.

steuerpflichtiges Einkommen:	48.000 Euro	
Einkommensteuer (+ Soli + KiSt)		
(berechnet mit einem Steuerprogramm):	7.300 Euro	
Auszahlung Zeitwertkonto:	30.800 Euro	
1/5 Regelung:	6.160 Euro	(= 30.800 ÷ 5)
neues steuerpflichtiges Einkommen:	54.160 Euro	(= 48.000 + 6.160)
neue Einkommensteuer		
(berechnet mit einem Steuerprogramm):	9.250 Euro	
Unterschied Einkommensteuer:	1.950 Euro	(= 9.250 − 7.300)
gesamte Einkommensteuer:	9.750 Euro	(= 1.950 x 5)

Damit werden 9.750 Euro von dem Vermögen nach 10 Jahren abgezogen. Zusätzlich fällt die Sozialversicherung auf dieses Vermögen an. Hier wird ein gesondertes Verfahren zur Berechnung herangezogen, das sogenannte SV-Luft. Wir berechnen jedoch ohne dieses Verfahren und nehmen einen Sozialversicherungsabschlag von 19 Prozent auf Arbeitnehmerseite an. Danach werden rund 5.850 Euro (= 30.800 x 19 Prozent) an Sozialversicherungsbeiträgen gezahlt.

Somit ergibt sich eine Auszahlung von:

Vermögen im Produkt:	30.800 Euro
− Steuern:	9.750 Euro
− Sozialversicherung:	5.850 Euro
= Auszahlung:	15.200 Euro

Hinweis: Obige Steuerberechnung nach der Fünftelungsregelung ist zu umfangreich und kompliziert, um sie in einem Beratungsgespräch anzuwenden. Unser Tipp: Nehmen Sie, wie bei der Sozialversicherung schon angenommen, einen festen Prozentsatz an. Beispielsweise 30 bis 40 Prozent bei der Einkommensteuer und 19 Prozent bei der Sozialversicherung.

Hierzu das vereinfachte Beispiel bei Auszahlung nach 20 Jahren:

Vermögen im Produkt:	81.100 Euro
− Steuern 35 %:	28.400 Euro
− Sozialversicherung 19 %:	15.400 Euro
= Auszahlung:	37.300 Euro

Wenn der Arbeitnehmer die gesamten Abzüge betrachtet, fragt er Sie wahrscheinlich, ob sich das Zeitwertkonto überhaupt lohnt. Hierzu nehmen Sie Stellung zu den Einzahlungen, die ja nicht der Steuer und Sozialversicherung unterworfen werden. Nehmen Sie (wie bei der bAV) das Steuerprogramm und berechnen den Nettolohn vor und nach Abzug des Sparanteils in das Zeitwertkonto. Der Bruttolohn lag bei monatlich 3.000 Euro.

vor Abzug:	2.108 Euro
nach Abzug:	2.014 Euro
Unterschied/Sparanteil:	94 Euro

Er zahlt monatlich nur 94 Euro ein, obwohl 200 Euro in das Produkt fließen. Das beruhigt Ihren Kunden wiederum und Sie berechnen noch den Effektivzins nach Steuern/Sozialabgaben auf das Vermögen nach 20 Jahren:

Eingabe	Display-anzeigen	Erklärung
12 P/YR	P/YR 12,00	Monatliche Einzahlungen.
20 x P/YR	N 240,00	Laufzeit von 20 Jahren.
0 PV	PV 0,00	Keine Einmalzahlung zu Beginn.
94 +/– PMT	PMT –94,00	Effektiv zahlt Ihr Kunde 94 Euro.
37 300 FV	FV 37.300,00	Die Auszahlung nach Steuern und Sozialabgaben beträgt 37.300 Euro.
I/YR	I/YR NOM% 4,69	Berechnung des nominalen Zinses.
EFF%	EFF% 4,80	Umrechnung in den effektiven Zins.

Er erzielt also einen effektiven Zins von 4,8 Prozent. Der Abschlag zum Anlagezins des Produkts beträgt lediglich 0,2 Prozent. Sie können dem Kunden nun erklären, dass bei Privatanlage weitaus höhere Steuerabgaben angefallen wären, wenn er einen Zins von 5 Prozent erzielt hätte. Gerade nach Einführung der Abgeltungsteuer haben Sie hier einen Verkaufsvorteil. Denn die Spekulationsfrist ist weggefallen und somit werden auch längerfristige Erträge steuerpflichtig. Vor 2009 hätte er bei Privatanlage von 5 Prozent Anlagezins auch 5 Prozent nach Steuern erzielt. Dann wäre der Verkauf der obigen 4,8 Prozent bei Zeitwertkonten schwieriger gewesen. Nun jedoch erzielt er bei Privatanlage keine 5 Prozent mehr, da hierauf noch Abgeltungsteuer anfällt. Nutzen Sie also die Abgeltungsteuer als Verkaufsargument.

Übrigens stellen wir später im Buch noch die Zeitwertkonten bei regelmäßiger Auszahlung dar. Hierzu ist jedoch der Cashflow-Modus notwendig, um den effektiven Zins zu ermitteln.

Die Botschaft lautet: Stellen Sie Ihrem Kunden Zeitwertkonten vor. Die Flexibilität und auch den Steuervorteil gegenüber einer Privatanlage sollte er nutzen. Stellen Sie sich auf den Kunden ein. Möchte dieser für die Altersvorsorge sparen, stellen Sie die betriebliche Altersvorsorge vor. Finden Sie jedoch heraus, dass er flexibel bleiben möchte, Fortbildungen, Verlängerung der Elternzeit oder auch Vorruhestand anstrebt, so können Sie ihm das Modell von Zeitwertkonten vorstellen. Sie müssen also Ihren Kunden kennen. Was hat er vor, welche Ziele hat er? Gerade zwischen den Entscheidungen zu betrieblicher Altersvorsorge oder Zeitwertkonten sollten Sie diese Frage beantworten können.

DRV – die falsche Renteninformation

Sicherlich kennen Sie die Renteninformationen der Deutschen Rentenversicherung, kurz DRV (früher BfA), die bei Ihnen und auch Ihren Kunden jährlich ins Haus flattern. Hierüber gibt es schon seit einigen Jahren rege Diskussionen. Doch warum ist diese einfach falsch, wie viele Leute behaupten? Sie ist im Grunde genommen nicht falsch berechnet, zumindest nicht zum heutigen Zeitpunkt. Jedoch werden in dieser Renteninformation einige Dinge schlichtweg vergessen. Hier gerade zwei Punkte:

- **Rentensteigerungen:** Die Renteninformation wird bei keiner, ein und zwei Prozent Rentensteigerung hochgerechnet. Dabei ist heute schon jedem klar, dass es in Zukunft kaum noch Steigerungen geben kann. Die Rentenkassen sind leer und nach einigen Nullrunden in den letzten Jahren sollte das auch wirklich jeder Bürger vernommen haben. Doch unter dem Strich bleibt weniger übrig. Warum? Einige Reformen gerade der Kranken-/Pflegeversicherung haben bewirkt, dass es nicht Nullrunden waren, sondern schon Rentenkürzungen. Diese werden jedoch in der Renteninformation nicht dargestellt.

☐ **Inflationsauswirkungen:** Die Renteninformationen wirken auf den Normalbürger noch sehr positiv. Einige kennen die Inflation, können Sie jedoch nicht konkret auf die persönliche Renteninformation umsetzen. Hier stellt die DRV zwar eine Musterberechnung auf, wie viel der angegebene Euro-Betrag in X Jahren noch wert ist. Das ist unseres Erachtens jedoch nicht ausreichend.

Gerade diese zwei Punkte sollen für den Bürger dargestellt werden. Es sollte eine Tabelle in der Renteninformation gegeben sein, in der ein Bürger die Inflationsauswirkungen auf seine Rente erkennt. Zudem sollten nicht nur Rentensteigerungen von 1 und 2 Prozent angegeben sein, sondern auch Rentenkürzungen in diesem Umfang.

Kurz gesagt: Die DRV-Renteninformation ist nicht ausreichend, vermittelt dem Bürger ein falsches Bild und kann damit als falsch bezeichnet werden.

Vielmehr ist es für Sie als Finanzdienstleister wichtig, den Kunden darüber aufzuklären und die notwendigen Zahlen zu berechnen. Sie sollten möglichst in der Lage sein, dem Kunden seine gesetzliche Rente bei Rentenkürzungen und nach Inflation zu berechnen. Sie sind in diesem Bereich für den Kunden ein ganz wichtiger Wahrheitsüberbringer. Verstehen Sie! Sie sind es, der ihren Kunden darüber aufklären muss. Sie dürfen den Kunden nicht in Altersarmut verfallen lassen, wie es schon der Staat durch schlechte Informationspolitik und Falschaussagen macht.

Nehmen wir uns nun eine DRV-Renteninformation vor und berechnen dem Kunden die wahren Zahlen.

Marc, zum Zeitpunkt der Renteninformation 26 Jahre jung, findet die gesetzliche Rente klasse. Mit 67 bekommt er eine Altersrente von rund 1.570 Euro. Das findet er prima und es reicht zum Leben. Hier die Renteninformation:

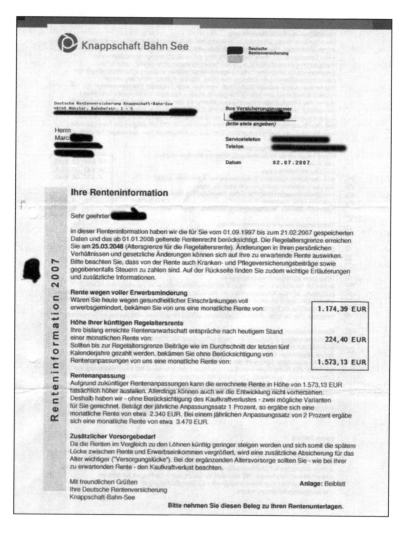

Marc liest zudem, dass die Rente tatsächlich noch höher ausfallen könnte. 2.340 Euro oder 3.470 Euro hören sich doch toll an. Als Rentner kann man davon sicherlich gut leben. Warum also viel für die Altersvorsorge sparen? Die weiteren Erläuterungen hat er zudem nicht gelesen. Warum auch – die wichtigen Zahlen stehen doch schon auf der Hauptseite.

Bringen Sie Ihren Kunden Marc auf den Boden der Tatsachen und zeigen Sie ihm, wie sich die gesetzliche Rente entwickeln könnte.

 Berechnung 1

Sie werden sicherlich schon Kunden haben, die nicht so denken wie Marc und kritisch gegenüber der gesetzlichen Rente sind. Hier haben wir es jedoch mit einem Extremfall zu tun. Ein Kunde fühlt sich von der gesetzlichen Rente nicht verlassen und bestätigt, nichts für die private Vorsorge zu tun. Gehen Sie in jedem Fall jedoch so vor, dass Sie den Kunden nach der Einstellung zur gesetzlichen Rente fragen. Erwartet er eher Rentensteigerungen oder Rentenkürzungen? Bringen Sie in diesem Zusammenhang den Begriff „Nullrunden". Junge Kunden wie Marc können Sie darauf einstellen, dass sich die gesetzliche Rente auf das Existenzminimum einpendeln wird.

Zeichnen Sie Marc folgende Tabelle auf:

Rentenentwicklung	–2 %	–1 %	0 %	1 %	2 %
Inflation					
0 %					
2,5 %					

Tragen Sie nun die vorhandenen Zahlen aus der Renteninformation ein:

Rentenentwicklung	–2 %	–1 %	0 %	1 %	2 %
Inflation					
0 %			1.573 €	2.340 €	3.470 €
2,5 %					

Nun berechnen Sie die Rentenwerte bei Rentenkürzungen um 1 und 2 Prozent. Hierzu nehmen Sie wiederum den BWK Business® zur Hand:

Eingabe	Display-anzeigen	Erklärung
1 P/YR	P/YR 1,00	Jährliche Inflation.
40 x P/YR	N 40,00	Bis zum Renteneintritt mit 67 erfolgen noch 40 Jahre Rentenkürzungen.
1 +/– I/YR	I/YR NOM% -1,00	Es wird eine Rentenkürzung um 1 Prozent angenommen.
1 573 +/– PV	PV -1.573,00	Heute wird von keiner Rentensteigerung ausgegangen.
0 PMT	PMT 0,00	Keine regelmäßigen Ein-/Auszahlungen.
FV	FV 1.052,29	Berechnung der Rente bei ein Prozent Rentenkürzung.
2 +/– I/YR	I/YR NOM% -2,00	Es wird eine Rentenkürzung um 2 Prozent angenommen.
FV	FV 701,09	Berechnung der Rente bei 2 Prozent Rentenkürzung.

 Tragen Sie nun die berechneten Werte in die Tabelle ein und erklären Sie Marc, dass sich diese Renten bei Rentenkürzungen ergeben.

Rentenentwicklung	–2 %	–1 %	0 %	1 %	2 %
Inflation					
0 %	701€	1.052 €	1.573 €	2.340 €	3.470 €
2,5 %					

Nun fragen Sie Marc, ob er die Inflation kennt. Hiervon wird er sicherlich schon gehört haben. Gerade nach der Euro-Umstellung wissen noch viele, dass sich die Preise erhöht haben. Sie zahlen heute fast genauso viel in Euro wie damals in D-Mark. Bringen Sie das als Beispiel. So versteht der Kunde auch die Inflation.

Gehen Sie nun weiter vor und erklären Sie Marc, dass die Renten Nominalwerte sind und somit später ausgezahlt werden. Nach heutiger Kaufkraft sind diese geringer. Um das klar zu machen, bringen Sie ruhig folgendes Beispiel: „Nehmen wir an, Marc, Du würdest heute noch in einer Schublade 100 Mark finden. Zu D-Mark-Zeiten hättest Du Dir hierfür einige Sachen kaufen können. Heute musst Du den Schein jedoch umtauschen und bekommst noch 50 Euro dafür. Glaubst Du, dass Du Dir damit so viel kaufen kannst, wie damals?"

Marc wird dann wahrscheinlich einen Moment lang überlegen und das verneinen. Sollten Sie ein besseres Beispiel haben, bringen Sie ruhig ein anderes.

Nun können Sie Marc bestätigen: „Siehst Du, so ist es auch später mit der Rente. Du bekommst zwar diesen Betrag ausgezahlt, kannst Dir dafür jedoch weniger kaufen. Die durchschnittliche Inflation seit 1991 liegt laut Statistischem Bundesamtes bei 2 Prozent. Tatsächlich ist sie meist höher. Sollen wir mal mit 2,5 Prozent rechnen?" Das wird er Ihnen bestätigen und Sie können die Tabelle weiter füllen.

Eingabe	Display-anzeigen	Erklärung
1 P/YR	P/YR 1,00	Jährliche Inflation.
40 N	N 40,00	Bis zum Renteneintritt vergehen noch 40 Jahre.
2,5 I/YR	I/YR NOM% 2,50	Annahme von 2,5 Prozent Inflation.
0 PMT	PMT 0,00	Keine regelmäßigen Ein-/Auszahlungen.
3 470 FV	FV 3.470,00	Mit dem 67. Lebensjahr soll Marc eine Rente von 3.470 Euro bei 2 Prozent Rentensteigerungen erhalten.
PV	PV -1.292,33	Berechnung der heutigen Kaufkraft.
701 FV	FV 701,00	Bei 2 Prozent Rentenkürzung kann Marc eine Rente von 701 Euro erwarten.
PV	PV -261,07	Berechnung der heutigen Kaufkraft.

Führen Sie obige Berechnung weiter fort, auch für die anderen Werte, so werden Sie die Tabelle mit folgenden Werten füllen:

Rentenentwicklung	−2 %	−1 %	0 %	1 %	2 %
Inflation					
0 %	701 €	1.052 €	1.573 €	2.340 €	3.470 €
2,5 %	261 €	392 €	586 €	871 €	1.292 €

Sie können Marc nun fragen: „Marc, kannst Du Dir vorstellen, im schlechtesten Fall von 261 Euro monatlich als Rentner zu leben?"

Er wird Ihnen das verneinen und schon sind Sie im Verkaufsgespräch: „Dann lass uns dagegen etwas tun, einverstanden?"

Wichtig: Um der EU-Dokumentationsrichtlinie nachzukommen, dokumentieren Sie obig berechnete Zahlen. Damit sind Sie auf der sicheren Seite.

 BEISPIEL 2

Sie beraten Ihre Kundin in Ihrem Büro. Leider hat Ihre Kundin die Renteninformation nicht zur Hand. Sie kann sich jedoch noch an die Zahl bei einer 2-prozentigen Rentensteigerung erinnern. Diese lag bei etwa 2.400 Euro, so ihre Kundin, 40 Jahre. Berechnen Sie die Renten nach Inflation.

Überlegen Sie einen kurzen Augenblick und versuchen Sie selbst das Ergebnis zu ermitteln. Denken Sie daran: Das ist ein Übungsbuch und nur durch Übung erhalten Sie den Lernerfolg und damit auch den Erfolg.

 Berechnung 2

Sofern Sie eine Rente mit einem Steigerungssatz haben, können Sie die Rente mit anderen Sätzen ermitteln. In diesem Fall bei 2-prozentiger Rentensteigerung. Der erste Schritt ist nun, die Rente ohne Rentensteigerungen zu ermitteln. Von diesem Wert können Sie dann jegliche Rentenkürzungen oder -steigerungen annehmen. Sie berechnen also nun die

Renten bei keinen Rentensteigerungen und danach zum Beispiel bei
1 Prozent Steigerung. Es verbleiben noch 26 Steigerungen bis zum 67.
Lebensjahr.

Eingabe	Display-anzeigen	Erklärung
1 P/YR	P/YR 1,00	Jährliche Rentensteigerungen.
26 N	N 26,00	Es verbleiben noch 26 Rentensteigerungen.
2 I/YR	I/YR NOM% 2,00	Die Kundin erinnert sich an die Rente bei zwei Prozent Steigerung.
0 PMT	PMT 0,00	Keine regelmäßigen Ein-/Auszahlungen.
2 400 FV	FV 2.400,00	Bei zwei Prozent Steigerung wird eine Rente von 2.400 Euro erreicht.
PV	PV -1.434,19	Berechnung der Rente bei keiner Rentensteigerung.
1 I/YR	I/YR NOM% 1,00	Annahme: 1 Prozent Rentensteigerung.
FV	FV 1.857,64	Berechnung der Rente bei 1 Prozent Rentensteigerung.

Bei keiner Rentensteigerung ergibt sich eine Rente von 1.434 Euro. Von
diesem Wert können Sie alle gewünschten Werte ermitteln. In obigen Fall
wurde die Rente bei einem Prozent Rentensteigerung berechnet. Diese
liegt bei 1.858 Euro.

Die Botschaft lautet: Fragen Sie in Beratungsgesprächen nach der
DRV-Renteninformation. Klären Sie den Kunden bei der gesetzlichen
Rente wahrheitsgemäß auf. Es ist Ihre Pflicht! Hier geht es nicht um irgendwelche Verkaufstricks, sondern um die Wahrheit, die Praxis, die
zurzeit in Deutschland stattfindet. Diese Realität ist für den Kunden
hart. Er wird sich vielleicht fragen, warum er so viel in die Rentenkasse
eingezahlt hat. Jedoch muss er hierüber aufgeklärt werden, wie hoch
wirklich seine Renten sind und wie viel diese nach Inflation wert sind.

Tun Sie das nicht, wird er sich bei zukünftigen Anlageentscheidungen nicht sicher sein. Er wird sich fragen, warum er viel privat vorsorgt – schließlich ist doch die gesetzliche Rente hoch genug. Lindern Sie diese Bauchschmerzen des Kunden, damit er weiß, warum er privat vorsorgt. Dadurch lindern Sie auch Ihre Stornogefahr und erhöhen auch Ihre Provision durch freiwillig höhere Verkaufsabschlüsse des Kunden.

Zweitmarkt für Versicherungen

Schätzungen zufolge wird jede zweite Lebens- oder Rentenversicherung vor Laufzeitende gekündigt. Meist sind die Gründe Kapitalbedarf des Versicherungsnehmers oder Unzufriedenheit mit der Verzinsung. Er braucht also Kapital, das er nur durch die Kündigung und durch Auszahlung des Rückkaufwerts der Versicherung erhält. Seit dem Jahr 1999 gibt es jedoch eine weitere Möglichkeit, nämlich den Verkauf der Lebens-/Rentenversicherung über einen Zweitmarkt. Doch wie läuft dieses Geschäft ab, was ist zu beachten und was können Sie Ihren Kunden anbieten?

Grundsätzlich können Ihre Kunden jede Kapitallebensversicherung und Rentenversicherung zum Verkauf anbieten, sofern diese nicht fondsgebunden ist oder der betrieblichen Altersvorsorge dient. Das geschieht bei Vermittlern, die auch seit einiger Zeit vielfach Werbung in Funk und Fernsehen machen. Die letztendlichen Käufer sind meist Fondsgesellschaften, die speziell darauf ausgerichtet sind, Lebensversicherungen zu kaufen. Dahinter stehen Investoren, die dadurch Gewinne erzielen möchten. Wie hierdurch Gewinne erzielt werden, erklären wir später.

Für einen Verkäufer (Versicherungsnehmer einer Lebensversicherung) ist dieses Geschäft oft lukrativer als das Kündigen und der Einnahme des Rückkaufwertes. Hier ist erst einmal die Frage zu klären, warum das so ist. Lebensversicherungsgesellschaften bieten für Lebens- und Rentenversicherungen eine Mindestverzinsung von derzeit 2,25 Prozent. Zudem kommt noch die Überschussbeteiligung hinzu. Ein Versicherungsnehmer hat nun zwei Möglichkeiten:

Teil 2:

■ **Kündigung der Versicherung:** Die Lebensversicherungsgesellschaft zahlt den Rückkaufswert aus. Dieser ergibt sich nach einem Stornoabschlag und ist deshalb geringer. Durch diesen Abschlag erzielen Lebensversicherungsgesellschaften gute Gewinne.

■ **Verkauf der Versicherung:** Der Käufer, meist ein Fonds, führt die gekaufte Versicherung fort. Er zahlt die Beiträge und bekommt nach der Versicherungsdauer die Ablaufleistung ausgezahlt. Dadurch erzielt der Fonds einen Gewinn. Die Todesfallleistung bleibt für den Verkäufer der Lebensversicherung bestehen. Tritt der Todesfall ein, so zahlt der Käufer die Todesfallleistung aus, jedoch verringert sich diese um den früheren Kaufpreis und die bis dahin gezahlten Beiträge. Bei Rentenversicherungen muss der Fonds noch bei Kauf eine Risikolebensversicherung auf den früheren Versicherungsnehmer abschließen. Das liegt an der meist geringeren Todesfallleistung der Rentenversicherung (Erstattung nur der eingezahlten Beiträge). Hierzu ein Beispiel: Es könnten Beiträge von 50.000 Euro geflossen sein. Die Rentenversicherung hat einen Rückkaufswert von 70.000 Euro und der Fonds hat die Rentenversicherung für 80.000 Euro gekauft. Stirbt nun der Versicherungsnehmer, so bekommt der Fonds nur 50.000 Euro ausgezahlt und macht einen Verlust von 30.000 Euro. Dieses Risiko geht er nicht ein. Deswegen wird zusätzlich eine Risikolebensversicherung abgeschlossen, in diesem Fall über mindestens 30.000 Euro.

Der Fonds prüft die jeweilige einzelne Lebens-/Rentenversicherung und kauft nicht jede. Bevor jedoch eine Versicherung gekündigt wird, sollten Sie in jedem Fall die Option zum Verkauf prüfen und ein Angebot über einen Zweitmarkt einholen. In der Regel liegt der Kaufpreis über dem Rückkaufswert. Zudem bleibt noch der Todesfallschutz bestehen. Zwei klare Vorteile für Ihren Kunden.

Meist werden folgende Mindestanforderungen an Lebensversicherungen gestellt, die für einen Verkauf für Zweitmarktgesellschaften in Frage kommen. Diese schwanken jedoch von Gesellschaft zu Gesellschaft. Damit Sie jedoch einen kleinen Überblick haben, hier zwei Mindestanforderungen:

– Restlaufzeit zwischen 15 und 25 Jahren
– aktueller Rückkaufswert von mindestens 10.000 Euro

Im Folgenden gehen wir lediglich auf die Berechnung beim Verkauf von Kapitallebensversicherung ein. Zudem betrachten wir die steuerliche Berechnungsweise für Versicherungen.

Verkauf von Lebensversicherungen, die vor 2005 abgeschlossen wurden

Durch das Alterseinkünftegesetz, das im Jahr 2005 in Kraft trat, ist die Auszahlung der Ablaufleistungen von Lebensversicherungen, die vor 2005 abgeschlossen wurden, steuerfrei. Voraussetzungen dafür sind:

– 12 Jahre Laufzeit
– laufende Beitragszahlungen von mindestens 5 Jahren
– Todesfallleistung mindestens 60 Prozent der Beitragssumme
– keine steuerschädliche Verwendung für Finanzierungszwecke

Das wissen Sie wahrscheinlich bereits. Wird eine Lebensversicherung verkauft, gelten ebenfalls diese Voraussetzungen. Bis Ende 2008 ist der Verkauf sogar auch ohne diese Voraussetzungen steuerfrei. Das heißt, dass auch Verträge, die noch keine Laufzeit von 12 Jahren besitzen, steuerfrei verkauft werden können – jedoch nur bis Ende 2008. Ab 2009 wird diese Gesetzeslücke geschlossen und es fällt die Abgeltungsteuer auf den Gewinn (Einnahmen aus Veräußerung minus gezahlte Beiträge) an. Jedoch wiederum nur für Verträge, die obige Voraussetzungen nicht erfüllen. Läuft die Versicherung schon 12 Jahre, so fällt auch auf den Verkauf nach 2009 keine Abgeltungsteuer an.

Hier noch einmal die Zusammenfassung für Lebensversicherungen, die vor 2005 abgeschlossen wurden und verkauft werden:

1. Verkauf bis Ende 2008: immer steuerfrei

2. Verkauf ab 2009:
   a) obige Voraussetzungen erfüllt = steuerfrei
   b) obige Voraussetzungen nicht erfüllt = auf Gewinn muss Abgeltungsteuer gezahlt werden

Obige Zusammenfassung sollten Sie sich merken, denn wenn ein Kunde Sie auf den Verkauf einer Lebensversicherung anspricht, können Sie direkt die Steuerfreiheit überprüfen. Soviel zur Theorie. Später erklären wir die Handhabung für Verträge, die nach 2005 abgeschlossen wurden. Nun jedoch erstmal zur Praxis und einem Berechnungsbeispiel:

Teil 2:

Eine Kapitallebensversicherung wurde im Jahr 1993 abgeschlossen. Die bisherigen Einzahlungen lagen bei 280 Euro monatlich in den letzten 15 Jahren. Der Vertrag würde noch weitere 9 Jahre laufen, bei weiteren monatlichen Einzahlungen von 280 Euro, bis eine Ablaufleistung von 125.000 Euro ausgezahlt würde. Ihr Kunde überlegt, den Vertrag zu beenden. Sie stehen dieser Entscheidung nicht entgegen und fragen nach der letzten Post der Versicherung. In dieser entnehmen Sie einen Rückkaufswert von rund 65.000 Euro.

Folgende Situation entsteht nun: Ihr Kunde ist verwundert, dass Sie seine Entscheidung nicht direkt anzweifeln. Sie bieten ihm zudem an – zur weiteren Verwunderung – vielleicht ein paar mehr Euro als den Rückkaufswert herauszuholen. „Wie das?", fragt der Kunde. Nun erklären Sie ihm den Zweitmarkt für Versicherungen und einen möglichen Verkauf.

Sie gehen weiter vor und nach der Erklärung fragen Sie ihn nach ein wenig Zeit, um den Vertrag von einem Zweitmarkt bewerten zu lassen und ein Angebot einzuholen – schließlich könnte dadurch mehr als der Rückkaufswert erzielt werden. Der Kunde wird einverstanden sein.

Verstehen Sie: Sie können dem Kunden nun nicht nur bei Vertragsänderungen helfen, sondern auch bei Vertragskündigungen. Haben Sie das bisher auch schon gemacht? Sie müssen es Ihren Kunden nicht direkt anbieten, jedoch könnten Sie in Beratungsgesprächen anmerken, dass Sie ihm auch bei einer solchen Abwicklung helfen würden. Der Effekt einer solchen Vorgehensweise sind Empfehlungen, denn diese Kunden werden es weitererzählen und dadurch kommen neue Kunden auf Sie zu.

Wichtig: Weisen Sie Ihre Kunden bei Kündigung von Lebensversicherungen ganz klar auf die Folgen hin. Wegfall eines Todesfallschutzes, von Altersvorsorgevermögen etc. Das bleibt selbstverständlich Ihre Pflicht.

In der Zwischenzeit, also bis zu einem eventuellen Angebot über den Zweitmarkt, kommt trotzdem der BWK Business® zur Anwendung. Sie berechnen dem Versicherungsnehmer nun die Rendite seiner Lebensversicherung.

 **Berechnung**

Zunächst berechnen Sie dem Kunden die Rendite, die er für den zukünftigen Zeitraum erzielen würde, wenn er die Versicherung weiterführt. Das sollten Sie in jedem Fall tun, da hierdurch geprüft wird, ob nicht ein schlechtes Geschäft getätigt wird. So entgehen Sie auch einer eventuellen Haftung. Anhand obiger Daten können Sie direkt mit der Berechnung beginnen.

Rendite bei Weiterführung der Lebensversicherung:

Eingabe	Display-anzeigen	Erklärung
12 P/YR	P/YR 12,00	Monatliche Zahlungsweise.
9 x P/YR	N 108,00	Die Versicherung hat noch eine Restlaufzeit von 9 Jahren.
65 000 +/– PV	PV -65.000,00	Der aktuelle Rückkaufswert der Versicherung beträgt 65.000 Euro, der quasi einer heutigen Einzahlung entspricht.
280 +/- PMT	PMT -280,00	Monatlich werden weiterhin 280 Euro gezahlt.
125 000 FV	FV 125.000,00	Nach 9 Jahren würde Ihr Kunde eine Ablaufleistung von 125.000 Euro erhalten.
I/YR	I/YR NOM% 3,55	Berechnung des nominalen Zinses.
EFF%	EFF% 3,61	Umrechnung in den effektiven Zins.

Stopp Zahlt Ihr Kunde also weiterhin in die Versicherung ein, erzielt er einen Zins von 3,61 Prozent – vorausgesetzt, die prognostizierte Ablaufleistung wird erreicht. Der Kunde kann nun entscheiden, ob er diesen Zins erzielen möchte oder nicht. Wichtig auch hierbei ist, dass dies der Zins *nach* (!) Steuern ist.

Entscheidet er sich für die Weiterführung des Vertrages, brauchen Sie nicht weiterzurechnen. Möchte er jedoch weiterhin die Versicherung kündigen, zeigen Sie ihm, welches Geschäft er mit der Kapitallebensversicherung in den letzten 15 Jahren erzielt hat. Alle Angaben sind im Beispiel zu finden.

Bisherige Rendite der Lebensversicherung bei Kündigung:

Eingabe	Display-anzeigen	Erklärung
15 x P/YR	N 180,00	Die vergangene Laufzeit beträgt 15 Jahre.
0 PV	PV 0,00	Es wurde keine Einmalanlage getätigt.
65 000 FV	FV 65.000,00	Der aktuelle Rückkaufswert der Versicherung beträgt 65.000 Euro.
I/YR	I/YR NOM% 3,28	Berechnung des nominalen Zinses.
EFF%	EFF% 3,33	Umrechnung in den effektiven Zins.

Stopp Dieser Zins weist auf keine schlechte Anlage hin. Denn in der Regel haben Versicherungsnehmer bei vorzeitiger Kündigung mit einem niedrigen Zins unter der aktuellen Mindestverzinsung von 2,25 Prozent zu rechnen. Nun zeigen Sie dem Kunden diese Zahlen auf:

	bisherige Verzinsung	zukünftige Verzinsung
Kündigung/ Weiterführung	3,33 %	3,61 %
	⬇	⬇
beim Verkauf		

Quelle: © Bernd W. Klöckner, www.berndwkloeckner.com; Werner Dütting, www.duetting.com

Sie sehen also, dass noch zwei Felder offen sind, nämlich beim Verkauf. Legen Sie die Tabelle mit in die Unterlagen des Kunden und warten dann auf das Angebot des Zweitmarkts. Da auf dem Zweitmarkt Angebot und Nachfrage bestimmend sind, kann nicht genau gesagt werden, wie schnell ein Angebot zur Lebensversicherung vorliegt. Hier könnte also ein wenig Geduld vonnöten sein.

Bei obigem Kunden liegt nach wenigen Wochen ein Angebot vor. Es wird ein Angebot gemacht, welches bei etwa 69.000 Euro liegt, also rund 6 Prozent über dem Rückkaufswert der Versicherung. Nun besuchen Sie wiederum den Kunden und füllen obige Tabelle weiter aus. Der Kunde wird aufgrund des Mehrerlöses von 4.000 Euro schon zufrieden sein, jedoch berechnen Sie mit dem BWK Business®. Den Grund, weswegen Sie es machen, sehen Sie später.

Bisherige Rendite der Lebensversicherung bei Verkauf:

Eingabe	Display-anzeigen	Erklärung
69 000 FV	FV 69.000,00	Der Kunde erzielt bei Verkauf der Lebensversicherung 69.000 Euro.
I/YR	I/YR NOM% 4,02	Berechnung des nominalen Zinses.
EFF%	EFF% 4,09	Umrechnung in den effektiven Zins.

Sie haben nun die Rendite bei Verkauf ermittelt. Es handelt sich auch hierbei um eine Größe nach Steuern. Nun füllen Sie weiter Ihre Tabelle:

	bisherige Verzinsung	zukünftige Verzinsung
Kündigung/ Weiterführung	3,33 %	3,61 %
	⬇	⬇
beim Verkauf	4,09 %	???

Quelle: © Bernd W. Klöckner, www.berndwkloeckner.com; Werner Dütting, www.duetting.com

Der Kunde sieht nun den Vorteil von rund 0,7 Prozent Rendite. Das wird ihn schon glücklich machen. Zudem nennen Sie ihm den Vorteil des Todesfallschutzes beim Verkauf, da dieser ja noch bestehen bleibt. Zwar im geringeren Maße, aber trotzdem bleibt dem Kunden noch etwas. Sicherlich sehen Sie nun noch das offene Feld mit den Fragezeichen. Hier tragen Sie die Rendite ein, die der Kunde mit einem Ihrer Produkte erzielen könnte. Diese sollte jedoch in obigem Fall nach Steuern über 3,6 Prozent liegen. Bei einer Restlaufzeit von 9 Jahren ist das jedoch nicht einfach, wie Sie sicherlich wissen. Nehmen wir jedoch an, Sie haben ein festverzinsliches Produkt, welches nach Steuern einen Zins von 4 Prozent erzielt.

Fragen Sie nun den Kunden, was er mit dem Geld machen möchte. Sicherlich hatte die Kündigung einen Grund, meist Geldmangel oder Erfüllung eines wirklich dringenden Wunsches. Bringen Sie den Kunden nicht von seinem Entschluss ab, aber sicherlich ist er nicht abgeneigt durch obige Vorteile auch Geld bei Ihnen anzulegen. Bieten Sie ihm beispielsweise an, den Vorteil von 4.000 Euro anzulegen oder noch mehr. Erhöhen Sie dadurch Ihre Provision. Sollte der Kunde jedoch das Geld für andere Zwecke dringend benötigen, bleibt Ihnen zumindest die Möglichkeit der Weiterempfehlung.

Verkauf von Lebensversicherungen, die seit dem 01.01.2005 abgeschlossen wurden

Aktuelle Lebensversicherungen, die nach dem 01.01.2005 abgeschlossen wurden, bleibt nur die Steuerfreiheit beim Verkauf bis Ende 2008. Wird die Lebensversicherung ab 2009 veräußert, fällt die Abgeltungsteuer auf den Gewinn an. Gewinn ist der Verkaufserlös minus die gezahlten Beiträge für die Lebensversicherung. Ist die Lebensversicherung zudem noch mit einer BUZ (Berufsunfähigkeitszusatzversicherung) oder ZU/UZ (Unfallzusatzversicherung) ausgestattet, fallen die Beiträge für die Zusätze heraus. Daher ist es notwendig, von der Versicherung eine Bescheinigung der gezahlten Beiträge anzufordern, ansonsten ist die Gewinnermittlung nicht 100-prozentig möglich. Denn die Abgeltungsteuer wird nicht vom Versicherungsunternehmen abgeführt. Der Versicherungsnehmer/-verkäufer hat den Gewinn in der Einkommensteuererklärung anzugeben, wo auf diesen dann 25 Prozent Abgeltungsteuer angerechnet wird.

Vielmehr müssen Sie prüfen, ob die Kündigung und die Einnahme des Rückkaufswertes oder der Verkauf steuerlich günstiger ist. Denn: Der Gewinn bei Einnahme des Rückkaufswertes ist nur zur Hälfte mit dem Einkommensteuersatz steuerpflichtig, sofern die im vorigen Thema aufgeführten Voraussetzungen erfüllt sind UND die Auszahlung nach dem 60. Lebensjahr erfolgt. Bei einem Verkauf hingegen fällt auf den gesamten Gewinn die Abgeltungsteuer an.

Hier noch einmal die Zusammenfassung für Versicherungen, die seit 2005 abgeschlossen wurden:

1. Verkauf bis Ende 2008: immer steuerfrei.

2. Verkauf ab 2009: auf Gewinn muss Abgeltungsteuer gezahlt werden.

3. Rückkauf:
   a) obige Voraussetzungen erfüllt und Auszahlung nach dem 60. Lebensjahr = Gewinn zur Hälfte mit Einkommensteuer zu versteuern.
   b) obige Voraussetzungen nicht erfüllt und/oder Auszahlung vor dem 60. Lebensjahr = auf Gewinn wird Abgeltungsteuer einbehalten

Obige steuerliche Betrachtung stellt sich also als schwierig heraus. Wir gehen jedoch davon aus, dass ein Versicherungsnehmer vor dem 60. Lebensjahr eine Versicherung verkauft. Darauf wird in jedem Fall die Abgeltungsteuer fällig. Zudem lassen wir die Betrachtung bei einem Verkauf bis Ende 2008 außen vor, da es zwischen 2005 und 2008 nicht lohnenswert ist, eine Lebensversicherung zu kündigen oder zu verkaufen. Obige Betrachtung wird zudem für Sie erst zukünftig eine Rolle spielen, da Verträge ab 2005 erst gerade abgeschlossen wurden und wahrscheinlich noch eine lange Laufzeit besitzen.

 BEISPIEL

Ihr 55-jähriger Kunde hat nach 2005 eine Kapitallebensversicherung abgeschlossen. Es sind nun 10 Jahre vergangen und er muss sich das Geld aus persönlichen Gründen auszahlen lassen. Zurzeit zahlt er einen monatlichen Beitrag von 310,27 Euro. Dieser „krumme" Betrag kommt zustande, weil der Vertrag mit einer Dynamik von 5 Prozent vereinbart wurde und dieser auch jedes Jahr eingehalten wurde. Die Versicherungsgesellschaft gibt in ihrem letzten Schreiben an, dass der aktuelle Rückkaufswert rund 32.000 Euro beträgt und die prognostizierte Ablaufleistung mit dem 63. Lebensjahr, also in 8 Jahren, 100.000 Euro. Stellen Sie dem Versicherungsnehmer den Verkauf der Versicherung vor.

 Berechnung

Der Kunde entscheidet sich für die Kündigung und Auszahlung aus persönlichen Gründen. Sie schlagen ihm nun vor, die Versicherung zu verkaufen und fragen, ob er noch ein paar Monate Zeit hat, um Angebote einzuholen. Das bestätigt er Ihnen.

Zuerst berechnen Sie jedoch die Rendite, die er bisher mit der Lebensversicherung erzielt hat.

Vor Steuern:

Eingabe	Display-anzeigen	Erklärung
12 P/YR	P/YR 12,00	Monatliche Einzahlungen.
10 x P/YR	N 120,00	Bisher sind 10 Jahre eingezahlt worden.
0 PV	PV 0,00	Keine Einmalzahlung zu Beginn.
5 %D	%D 5,00	Die Dynamik beträgt 5 Prozent.
12 SHIFT %D	xD 12,00	Die Dynamik erfolgt jährlich, also alle 12 Monate.
310,27 +/− SHIFT P/D	P/D -200,00	Die heutige Einzahlung (P/DE) beträgt 310,27 Euro. Der BWK Business® rechnet direkt in die anfängliche Rate um.
32 000 FV	FV 32.000,00	Der aktuelle Rückkaufswert beträgt 32.000 Euro.
I/YR	I/YR NOM% 1,27	Berechnung des nominalen Zinses. Das kann aufgrund der Dynamik einen Moment dauern.
EFF%	EFF% 1,27	Umrechnung in den effektiven Zins.

Stopp Der effektive Zins der vergangenen 10 Jahre beträgt 1,27 Prozent. Das war sicherlich bis zu diesem Zeitpunkt keine gute Anlage. Hinzu kommt bei jetziger Kündigung, dass der Gewinn der Abgeltungsteuer unterworfen wird. Doch wie ermitteln Sie den Gewinn? Die Versicherungsleistung = Rückkaufswert von 32.000 Euro haben Sie. Doch wie kommen Sie bei einem dynamischen Betrag auf die eingezahlten Beträge?

Stopp Denken Sie daran, dass dieses Buch ein Arbeitsbuch ist. Überlegen Sie einen kleinen Moment und versuchen Sie selbst auf eine Lösung zu kommen.

— kurze Denkpause —

Sind Sie auf die Lösung gekommen? Wenn ja, Glückwunsch, Sie haben den Trick erkannt.

Um nämlich auf die eingezahlten Beiträge bei einem dynamischen Betrag zu kommen, setzen Sie im BWK Business® den Zins auf 0 Prozent und berechnen FV. Damit berechnen Sie quasi alle Beträge bei keiner Verzinsung. Da noch alle Angaben im BWK Business® gespeichert sind, benötigen Sie nur eine Änderung.

Eingabe	Display-anzeigen	Erklärung
0 I/YR	I/YR NOM% 0,00	Vorgabe eines Zinses von 0 Prozent, um die eingezahlten Beiträge zu ermitteln.
FV	FV 30.187,37	Ermittlung der eingezahlten Beträge.

Stopp Wichtig: Merken Sie sich diesen Trick. Gerade für Steuerberechnungen ist das eine gute Möglichkeit bei einem dynamischen Sparplan den Gewinn zu ermitteln.

Teil 2:

Nun ermitteln Sie die zu zahlende Abgeltungsteuer:

Rückkaufswert:	32.000 Euro
– eingezahlte Beträge:	30.187 Euro
= Gewinn:	1.813 Euro
x 25 % Abgeltungsteuer:	453 Euro

Somit kommen nur 31.547 Euro (= 32.000 Euro – 453 Euro) vom Rückkaufswert zur Auszahlung. Sie greifen wiederum zum BWK Business® und berechnen die Rendite nach Steuern:

Nach Steuer:

Eingabe	Display-anzeigen	Erklärung
31 547 FV	FV 31.547,00	Eingabe des Rückkaufswerts nach Steuern.
I/YR	I/YR NOM% 0,96	Berechnung des nominalen Zinses. Das kann wiederum einen Moment dauern.
EFF%	EFF% 0,96	Umrechnung in den effektiven Zins.

Stopp Der Kunde erzielt also nach Steuern einen Zins von knapp einem Prozent. Nun holen Sie Angebote von Versicherungskäufern über den Zweitmarkt ein. Nach einem Monat bekommt der Kunde das Verkaufsangebot von 34.000 Euro. Dieses Angebot liegt 6,25 Prozent über dem Rückkaufswert der Versicherung; der Kunde nimmt es deshalb an. Sie betrachten direkt wiederum die Nach-Steuer-Rendite:

Verkaufserlös:	34.000 Euro
– eingezahlte Beträge:	30.187 Euro
= Gewinn:	3.813 Euro
x 25 % Abgeltungsteuer:	953 Euro

Somit erzielt der Anleger 33.047 Euro (= 34.000 Euro – 953 Euro) nach Steuer.

Eingabe	Display-anzeigen	Erklärung
33 047 FV	FV 33.047,00	Eingabe des Verkaufserlöses nach Steuern.
I/YR	I/YR NOM% 1,95	Berechnung des nominalen Zinses.
EFF%	EFF% 1,97	Umrechnung in den effektiven Zins.

 Die Rendite verbessert sich also um knapp 1 Prozent bei Verkauf der Versicherung. Sie fragen sich nun vielleicht, welche Rendite eigentlich im Gesamtzeitraum erzielt wird. Diese berechnen wir nun im nächsten Schritt. Hier müssen wir jedoch beachten, dass die Auszahlung nach dem 60. Lebensjahr liegt und somit nur der *halbe* Gewinn mit dem persönlichen Einkommensteuersatz versteuert wird. Zunächst berechnen Sie also die eingezahlten Beträge für den Gesamtzeitraum von 18 Jahren:

Eingabe	Display-anzeigen	Erklärung
18 x P/YR	N 216,00	Es werden 18 Jahre insgesamt Beiträge geleistet.
0 I/YR	I/YR NOM% 0,00	Für die Ermittlung der Gesamtbeiträge setzen Sie den Zins auf 0 Prozent.
FV	FV 67.518,67	Berechnung der Gesamteinzahlungen.

Nun kennen Sie die geleisteten Einzahlungen und können den Auszahlungsbetrag berechnen. Als Einkommensteuersatz des 63-Jährigen nehmen wir 30 Prozent an, der sich durch die hälftige Besteuerung auf 15 Prozent verringert.

Ablaufleistung:	100.000 Euro
– geleistete Beiträge:	67.519 Euro
= Gewinn:	32.481 Euro
x 15 % Einkommensteuer:	4.872 Euro

Teil 2:

Der Auszahlungsbetrag liegt damit bei 95.128 Euro (= 100.000 Euro – 4.872 Euro). Nun berechnen Sie die zu erzielende Rendite:

Eingabe	Display-anzeigen	Erklärung
95 128 FV	FV 95.128,00	Der Auszahlungsbetrag beträgt 95.128 Euro.
I/YR	I/YR NOM% 4,18	Berechnung des nominalen Zinses.
EFF%	EFF% 4,26	Umrechnung in den effektiven Zins.

Im Gesamtzeitraum würde der Versicherungsnehmer also eine Nach-Steuer-Rendite von 4,26 Prozent erzielen, sollte die prognostizierte Ablaufleistung erreicht werden. Für eine sichere Geldanlage kann sich dieser Nach-Steuer-Zins sehen lassen.

Nun gehen wir einmal weg von der Kundenberatung und hin zur Situation bei einem Fonds, der Lebensversicherungen aufkauft. Wie erzielt dieser einen Gewinn?

Käufer von „gebrauchten" Lebensversicherungen

Der Käufer von Lebensversicherungen, also meist geschlossene Fonds, möchte Gewinne mit dem Kauf erzielen. Wie er das schafft, erklären wir Ihnen anhand des vorigen Beispiels des Versicherungsnehmers, der die Lebensversicherung für 34.000 Euro hätte verkaufen können.

Hier noch einmal die Daten:

Restlaufzeit der Lebensversicherung: 8 Jahre
aktueller Beitrag: 310,27 Euro
jährliche Dynamik: 5 %
aktueller Rückkaufswert: 32.000 Euro
Kaufpreis der Lebensversicherung: 34.000 Euro
prognostizierte Ablaufleistung: 100.000 Euro

Der Käufer führt die Lebensversicherung dann mit obigem Beitrag fort. Nach der Laufzeit erhält der Fonds die Ablaufleistung inklusive Überschüsse ausgezahlt – im obigen Fall prognostizierte 100.000 Euro. Der Fonds prüft jedoch vor Abgabe eines Angebots die Lebensversicherung und auch die Versicherungsgesellschaft. Hier ermittelt der Fonds Informationen, ob die Gesellschaft die Überschüsse einhält und die prognostizierten Ablaufleistungen in der Regel übertreffen, etc. Nehmen wir nun an, der Fonds kauft die Versicherung für 34.000 Euro, führt die Versicherung mit dem Beitrag/Dynamik weiter und erhält am Ende 100.000 Euro ausgezahlt. Welche Rendite erzielt dieser dadurch?

 Berechnung

Sie geben einfach alle Daten in den BWK Business® ein:

Eingabe	Display-anzeigen	Erklärung
12 P/YR	P/YR 12,00	Monatliche Zahlungsweise des Beitrags.
8 x P/YR	N 96,00	Die Restlaufzeit beträgt 8 Jahre.
34 000 +/– PV	PV -34.000,00	Der Fonds kauft die Lebensversicherung für 34.000 Euro.
310,27 +/– P/D	P/D -310,27	Der aktuelle Beitrag liegt bei 310,27 Euro; ihn zahlt zukünftig der Fonds.
5 %D	%D 5,00	Die Dynamik beträgt 5 Prozent.
12 SHIFT %D	xD 12,00	Die Dynamikerhöhungen erfolgen jährlich, also alle 12 Monate.
100 000 FV	FV 100.000,00	Die prognostizierte Ablaufleistung beträgt 100.000 Euro; sie bekommt der Fonds ausgezahlt.
I/YR	I/YR NOM% 6,05	Berechnung des nominalen Zinses. Aufgrund der Dynamik kann das einen Moment in Anspruch nehmen.
EFF%	EFF% 6,22	Umrechnung in den effektiven Zins.

Stopp

Der Fonds erzielt also durch dieses Geschäft einen effektiven Zins von 6,22 Prozent. Dieser Zins liegt viel höher als bei Kapitallebensversicherungen über die Gesamtlaufzeit. Deshalb ist dieses Geschäft auch für Fondsgesellschaften sehr interessant.

Nehmen wir nun an, der Fonds nimmt in der Restlaufzeit von 8 Jahren an, dass die Versicherungsgesellschaft 10.000 Euro mehr Überschüsse auszahlt und die Prognoseberechnung für den Versicherungsnehmer sehr konservativ erstellt hatte. Welche Rendite erzielt der Fonds dann?

Eingabe	Display-anzeigen	Erklärung
110 000 FV	FV 110.000,00	Der Ablaufleistung wird mit 110.000 Euro angenommen.
I/YR	I/YR NOM% 7,58	Berechnung des nominalen Zinses.
EFF%	EFF% 7,85	Umrechnung in den effektiven Zins.

Dadurch erzielt der Fonds also eine Rendite von 7,85 Prozent. Für den Fonds eine attraktive Anlage.

Geschlossene Fonds für den Kauf von Lebensversicherungen erzielen eine mittlere, aber meist sichere Rendite. Die Höhe der Rendite hängt von den oben genannten Faktoren ab, also ob die Versicherungsgesellschaft mehr Überschüsse ausschüttet und wie hoch der Kaufpreis für Lebensversicherungen ist.

Die Botschaft lautet: Beraten Sie Ihren Kunden auch zukünftig in Sachen Kündigung von Lebensversicherungen. Manche Kunden kennen vielleicht noch nicht den Zweitmarkt. Erzielen Sie Mehrwert beim Verkauf, versuchen Sie den Kunden zu einer Wiederanlage zu bewegen und erhalten Sie sich dadurch Ihre Provision. Erledigen Sie es zukünftig für Kunden, werden diese glücklich sein und Sie weiterempfehlen. Berechnen Sie dem Kunden die Rendite bei Verkauf oder bei Weiterführung – vor oder auch nach Steuern. Ob Sie die Steuer in die Berechnung einbeziehen, liegt in Ihrem Ermessen. Geben Sie Ihrem Kunden in jedem Fall Entscheidungshilfen. Sprechen Sie Vor- und Nachteile bei Kündigung und Verkauf an. Das ist alles!

Dynamik bei Fondssparplänen

Wie bei den meisten Produkten, so ist es auch bei Fondssparplänen möglich, eine Dynamik in den Sparplan einzubauen. Nun fallen jedoch der Ausgabeaufschlag und zudem noch Verwaltungskosten bei den meisten Fonds an. Es stellt sich also die Frage, inwieweit man diese Kosten bei einem Dynamiksparplan berücksichtigen kann.

Das Problem: Der Ausgabeaufschlag wird von der dynamischen Sparrate abgezogen, die jedoch jährlich ansteigt. Somit könnte im BWK Business® die Sparrate nach Ausgabeaufschlag nur geringer ansteigen. Ist es finanzmathematisch also ein Problem? Wir rechnen nach.

 BEISPIEL

Es wird ein dynamischer Fondssparplan über 20 Jahre geführt. Die Sparrate, die pro Quartal gezahlt wird, beträgt 500 Euro und jährlich steigt dieser Beitrag um 3 Prozent. Der Fonds, ein altbekannter international anlegender Aktienfonds, erzielte in den letzten 20 Jahren eine Durchschnittsrendite von 8,5 Prozent, die auch weiterhin angenommen werden soll. Der Ausgabeaufschlag beträgt 5 Prozent und die jährliche Verwaltungskosten (TER) 2 Prozent. Kann dieser Sparplan mit dem BWK Business® berechnet werden?

 Berechnung

Zunächst berechnen Sie die Sparrate nach Abzug des Ausgabeaufschlags:

$$\text{Nettoanlagebetrag} = \frac{\text{Nettoanlagebetrag}}{1 + \dfrac{\text{Ausgabeaufschlag}}{100}}$$

$$\text{Nettoanlagebetrag} = \frac{500}{1 + \dfrac{5}{100}}$$

$$\text{Nettoanlagebetrag} = 476,19 \text{ Euro}$$

Nun müssen Sie noch die Rendite nach Abzug der Verwaltungskosten berechnen, was Sie schon in einem vorigen Kapitel kennen gelernt haben:

$$\text{Rendite}_{\text{nach Verw.Kst}} = \text{Rendite} - \text{Verw.Kst} - \left(\text{Verw.Kst} \cdot \frac{\text{Rendite}}{100} \right)$$

$$\text{Rendite}_{\text{nach Verw.Kst}} = 8,5 - 2 - \left(2 \cdot \frac{8,5}{100} \right)$$

$$\text{Rendite}_{\text{nach Verw.Kst}} = 6,33$$

Zudem ziehen Sie von der Sparrate nach Ausgabeaufschlag noch die Hälfte der Verwaltungskosten ab, hier also 1 Prozent. Es kommen also 471,43 Euro zur Anlage in den Fonds.

Nun haben Sie alle notwendigen Angaben, um die Berechnung über 20 Jahre aufzuführen:

Eingabe	Display-anzeigen	Erklärung
4 P/YR	P/YR 4,00	Die Sparrate wird jedes Quartal gezahlt.
20 x P/YR	N 80,00	Die Laufzeit beträgt 20 Jahre.
6,33 EFF%	I/YR NOM% 6,19	Die Rendite nach Verwaltungskosten beträgt 6,33 Prozent.
0 PV	PV 0,00	Es wird keine Einmalanlage gezahlt.
471,43 +/– P/D	P/D -471,43	Es kommt eine anfängliche Dynamiksparrate von 471,43 Euro in den Fonds zur Anlage.
3 %D	%D 3,00	Die Dynamik beträgt 3 Prozent.
4 SHIFT %D	xD 4,00	Die Dynamikerhöhung erfolgt jährlich, also jedes 4. Quartal.
SHIFT P/D	P/DE -826,66	Berechnung der dynamischen Endsparrate, die zur Anlage in den Fonds kommt. Dieser Schritt ist nur Information und nicht unbedingt notwendig.
FV	FV 93.118,53	Berechnung des Endvermögens im Fonds.

Somit wird also ein Vermögen von knapp 93.000 Euro erreicht. Nun zum mathematischen Teil. Die Mathematiker unter Ihnen werden wahrscheinlich schon vor der Berechnung gesagt haben, dass die Berechnung der dynamischen Sparrate nach Ausgabeaufschlag möglich ist. Der Grund: Es sind alles Prozentbeträge, die subtrahiert oder addiert werden. Hier noch einmal dargestellt anhand der Entwicklung der wirklich gezahlten Sparrate, die der Anleger in den ersten Jahren zahlt gegenüber dem tatsächlichen Anlagebetrag im Fonds:

Jahr	Sparrate vor Kosten	Sparrate nach Kosten	Unterschied in %
1. Jahr	500,00	471,43	5,71
2. Jahr	515,00	485,57	5,71
3. Jahr	530,45	500,14	5,71
...	...	...	...
20. Jahr	876,75	826,66	5,71

Da also alle Gebühren, Kosten und Dynamik in Prozent angegeben sind, bleibt auch der Unterschiedsbetrag in Prozent gleich hoch. Somit ist bewiesen, dass auch von Dynamiksparraten die Kosten nach bekanntem Schema abgezogen werden können.

Das ermittelte Vermögen mit dem BWK Business® hat einen Unterschied von rund 0,25 Prozent zum 100 Prozent richtigen Vermögen von 92.889,13 Euro.

Die Botschaft lautet: Sie können auch zukünftig mit den bekannten Kostenformeln Fondssparpläne mit Dynamik berechnen. Beachten Sie jedoch Ausgabeaufschläge und Verwaltungskosten bei Fonds. So sind Sie auf der sicheren Seite und berechnen mit nur geringem Unterschied.

Abgeltungsteuer

Die Abgeltungsteuer tritt/trat im Jahr 2009 in Kraft. Dadurch ändert sich grundsätzlich die Anlage in Investments. Beispiele hierfür sind festverzinsliche Wertpapiere, Investmentfonds, Aktien. Auch in vorigen und kommenden Themen wurden/werden die Produkte genannt, die von der

Abgeltungsteuer betroffen sind. Die Abgeltungsteuer liegt bekannterma-ßen bei 25 Prozent plus Solidaritätszuschlag, also insgesamt 26,4 Prozent. Eventuell hinzu kommt noch die Kirchensteuer. Manche Produkte können nun für Sparer mit einem Einkommensteuersatz über 25 Prozent interessanter sein, so beispielsweise festverzinsliche Produkte. In diesem Kapitel gehen wir jedoch genauer auf die Anlage in Investmentfonds ein.

Grundsätzlich fällt die Abgeltungsteuer auf den Gewinn bei einem Verkauf von Investmentfonds an, der nach 2009 gekauft wurde, also auch bei Umschichtungen. Deswegen werden in Zukunft Dachfonds eine größere Rolle spielen. Hier nimmt nämlich der Fondsmanager die Umschichtungen vor, die dann nicht unter die Abgeltungsteuer fallen.[3] Hier sollte jedoch auf die Qualität des Fondsmanagers geachtet werden. Im Jahr 2008 wurden aufgrund der Abgeltungsteuer viele Dachfonds auf den Markt gebracht. Jedoch sollten Investmentfonds bei einer Langfristanlage auch nach der langfristig zurückliegenden Rendite bewertet werden. Das ist nur bei Investmentfonds möglich, die schon länger am Markt bestehen. Darauf sollten Sie achten, wenn Sie einen Fonds empfehlen.

Auch fondsgebundene Lebensversicherungen sind interessanter geworden, da unter dem Mantel der Versicherung Umschichtungen steuerfrei vorgenommen werden können. Auch die Ausschüttungen von Investmentfonds werden steuerfrei wiederangelegt. Viele Experten behaupten jedoch, dass die Kosten der Versicherung den Steuervorteil wieder wettmachen. Wie Sie das berechnen, zeigen wir im nächsten Kapitel.

Ausschüttungen von Investmentfonds werden zudem der Abgeltungsteuer unterworfen. Auch wer noch vor 2009 eine Anlage, zum Beispiel in einen Investmentfonds, tätigte, bleibt nicht vollständig von der Abgeltungsteuer befreit. Denn auch deren Zins- und Dividendenausschüttungen werden ab 2009 mit der Abgeltungsteuer belegt. Deswegen sollten Sie grundsätzlich bei einer Renditeannahme wissen, wie hoch etwa der Zins- und Dividendenanteil beim jeweiligen Investmentfonds ist.

Wie die Abgeltungsteuer bei der Beratung angewandt wird und wie Sie in Beratungsgesprächen berechnen sollten, zeigen wir im folgenden Beispiel.

---

3 Bis zur Manuskripterstellung war noch nicht klar, ob Dachfonds bevorzugt werden. Es liegt ein Gesetzesentwurf vor, der keinen Vorteil für Dachfonds, die vor 2009 gekauft wurden, vorsieht.

Ein Kunde, 30 Jahre, möchte einen Investmentfondssparplan beginnen. Er ist recht spekulativ eingestellt und möchte auch in Aktienfonds sparen. Sie haben einige Investmentfonds über den Langfristzeitraum bewertet und schlagen ihm zwei Produkte vor:

a) Dachfonds, rund 7 Prozent Rendite in den letzten 10 Jahren. Kosten: 5 Prozent Ausgabeaufschlag, jährliche TER 1,5 Prozent.

b) Internationaler Aktienfonds, 9 Prozent Rendite in den letzten 15 Jahren. Kosten: 4 Prozent Ausgabeaufschlag, jährliche TER 2 Prozent.

Bei beiden Investmentfonds ist ein Ausschüttungsanteil – aus Dividenden und Zinsen – in der Rendite von 25 Prozent berücksichtigt. Der Sparer möchte 30 Jahre monatlich 250 Euro sparen. Beim Aktienfonds nehmen Sie jedoch an, dass er nach jeweils 10 Jahren in einen anderen Fonds umschichtet, um die Rendite von 9 Prozent zu erzielen. Die Folgefonds haben die gleichen Kosten. Für welchen Fonds sollte sich der Anleger entscheiden?

 Berechnung

a) Betrachten wir zuerst den Dachfonds.

Es ist zunächst die Rendite des Ausschüttungsanteils um die Abgeltungsteuer zu verringern.

Rendite:	7,00 Prozent
25 % Ausschüttungen:	1,75 %
x 26,4 % Abgeltungsteuer:	0,46 %

Die Rendite des Dachfonds verringert sich also um 0,46 Prozent und beträgt damit nur noch 6,54 Prozent. Auf diese Rendite berechnen Sie nun nach bekannter Formel die Verwaltungskosten (TER):

$$\text{Rendite}_{(\text{nach TER})} = \text{Rendite} - \text{TER} - \left(\text{TER} \cdot \frac{\text{Rendite}}{100} \right)$$

$$\text{Rendite}_{(\text{nach TER})} = 6{,}54 - 1{,}5 - \left(1{,}5 \cdot \frac{6{,}54}{100} \right)$$

$$\text{Rendite}_{(\text{nach TER})} = 4{,}94$$

Nun können Sie das Endvermögen nach 30 Jahren berechnen:

Eingabe	Display-anzeigen	Erklärung
12 P/YR	P/YR 12,00	Monatliche Einzahlungen.
30 x P/YR	N 360,00	Laufzeit von 30 Jahren.
4,94 EFF%	I/YR NOM% 4,83	Eingabe des effektiven Zinses von 4,94 Prozent.
0 PV	PV 0,00	Keine Einmalanlage zu Beginn.
250 ÷ 1,05 = +/– PMT	PMT -238,10	Berechnung des monatlichen Sparbetrags nach Ausgabeaufschlag und speichern als Anlagebetrag.
FV	FV 192.097,91	Berechnung des Endvermögens.

 Nach 30 Jahren entsteht ein Investmentvermögen von rund 192.100 Euro. Nun kommt jedoch die Abgeltungsteuer zum Abzug. Hier berechnen Sie erst den Gewinn und darauf die Abgeltungsteuer:

Vermögen vor Steuern:	192.100 Euro	
– Einzahlungen:	90.000 Euro	(= 250 x 360 Monate)
= Gewinn:	102.100 Euro	
– Abgeltungsteuer 26,4 %:	26.954 Euro	
Gewinn nach Steuern:	75.146 Euro	
+ Einzahlungen:	90.000 Euro	
Vermögen nach Steuern:	165.146 Euro	

Nach 30 Jahren kann der Anleger also über ein Vermögen von 165.150 Euro verfügen. Wie hoch ist der Effektivzins dieser Anlage? Hier ändern Sie nur die Angaben im BWK Business®:

Eingabe	Display-anzeigen	Erklärung
250 +/– PMT	PMT -250,00	Es wurde monatlich ein Sparbetrag von 250 Euro gezahlt.
165 150 FV	FV 165.150,00	Nach Steuern erzielt der Anleger ein Vermögen von 165.150 Euro.
I/YR	I/YR NOM% 3,72	Berechnung des nominalen Zinses.
EFF%	EFF% 3,79	Umrechnung in den effektiven Zins.

Die Rendite verringert sich also nach Kosten und Steuern um rund 3,2 Prozent. Es wäre also fatal, grundsätzlich Kosten und Steuern in einer Berechnung nicht zu beachten.

b) Berechnung des Aktienfonds

Auch hier berechnen Sie zuerst die Rendite nach Abgeltungsteuer auf die Ausschüttungen:

Rendite: 9,00 %
25 % Ausschüttungen: 2,25 %
x 26,4 % Abgeltungsteuer: 0,59 %

Danach erzielt der Fonds eine Wertentwicklung nach Abgeltungsteuer von 8,41 Prozent. Mit dieser Wertentwicklung berechnen Sie die Rendite nach Abzug der Total Expense Ratio (TER):

$$\text{Rendite}_{(\text{nach TER})} = \text{Rendite} - \text{TER} - \left(\text{TER} \cdot \frac{\text{Rendite}}{100} \right)$$

$$\text{Rendite}_{(\text{nach TER})} = 8,41 - 2 - \left(2 \cdot \frac{8,41}{100} \right)$$

$$\text{Rendite}_{(\text{nach TER})} = 6,24$$

Mit dieser Rendite können Sie nun die einzelnen Vermögen berechnen. Jedoch müssen Sie hier Schritt für Schritt berechnen, da nach jeweils 10 Jahren das Vermögen im Aktienfonds in einen anderen Fonds umgeschichtet wird und dabei der jeweilige Gewinn dem Abzug der Abgeltungsteuer unterliegt.

1. bis 10. Jahr:

Eingabe	Display- anzeigen	Erklärung
12 P/YR	P/YR 12,00	Monatliche Einzahlungen.
10 x P/YR	N 120,00	Betrachtung der ersten 10 Jahre.
6,24 EFF%	I/YR NOM% 6,07	Eingabe des Zinses nach Kosten.
0 PV	PV 0,00	Keine Einmalanlage zu Beginn.
250 ÷ 1,04 = +/– PMT	PMT 240,38	Berechnung des Anlagebetrags nach Ausgabe- aufschlag und speichern als regelmäßige Zah- lung.
FV	FV 39.540,52	Berechnung des Endvermögens nach 10 Jahren.

 Nach 10 Jahren erzielt der Anleger ein Vermögen von 39.540 Euro, welches nun umgeschichtet wird. Der Gewinn muss jedoch vorher ermittelt werden, da er der Abgeltungsteuer unterliegt:

Vermögen vor Steuern:	39.540 Euro	
– Einzahlungen:	30.000 Euro	(= 250 x 120 Monate)
= Gewinn:	9.540 Euro	
– Abgeltungsteuer 26,4 %:	2.519 Euro	
Gewinn nach Steuern:	7.021 Euro	
+ Einzahlungen:	30.000 Euro	
Vermögen nach Steuern:	37.021 Euro	

37.021 Euro werden also in die nächsten 10 Jahre übertragen. Doch Vorsicht: Hierauf fällt noch der Ausgabeaufschlag an. Sie überschreiben nur die Änderungen im BWK Business®.

11. bis 20. Jahr:

Eingabe	Display-anzeigen	Erklärung
37 021 ÷ 1,04 = +/– PV	PV -35.597,12	Berechnung des Umschichtungsvermögen, nach Steuern und Ausgabeaufschlag, sowie speichern als Einmalanlage für die nächsten 10 Jahre.
FV	FV 104.747,71	Berechnung des Vermögens nach 20 Jahren.

 Nach 20 Jahren besteht ein Vermögen von 104.750 Euro. Auch hier wird der Gewinn wiederum bei Umschichtung der Abgeltungsteuer unterworfen. Hier muss jedoch zudem auch die Einmalanlage vor Kosten beachtet werden:

Vermögen vor Steuern:	104.750 Euro	
– Einzahlungen:	30.000 Euro	(= 250 x 120 Monate)
– Einmalanlage vor Kosten:	37.021 Euro	
= Gewinn:	37.729 Euro	
– Abgeltungsteuer 26,4 %:	9.960 Euro	
Gewinn nach Steuern:	27.769 Euro	
+ Einzahlungen:	30.000 Euro	
+ Einmalanlage vor Kosten:	37.021 Euro	
Vermögen nach Steuern:	94.790 Euro	

Auch dieses Vermögen nach Steuern kommt nun wieder nach Abzug des Ausgabeaufschlags zur Anlage in den Investmentfonds.

21. bis 30. Jahr:

Eingabe	Display-anzeigen	Erklärung
94 790 ÷ 1,04 = +/– PV	PV -91.144,23	Berechnung des Umschichtungsvermögen, nach Steuern und Ausgabeaufschlag, sowie speichern als Einmalanlage für die nächsten 10 Jahre.
FV	FV 206.499,51	Berechnung des Vermögens nach 30 Jahren.

Teil 2:

Nach 30 Jahren hat der Anleger also ein Vermögen von 206.500 Euro auf dem Investmentkonto. Lässt er sich dieses auszahlen, fällt wiederum die Abgeltungsteuer an.

Vermögen vor Steuern:	206.500 Euro	
– Einzahlungen:	30.000 Euro	(= 250 x 120 Monate)
– Einmalanlage vor Kosten:	94.790 Euro	
= Gewinn:	81.710 Euro	
– Abgeltungsteuer 26,4 %:	21.571 Euro	
Gewinn nach Steuern:	60.139 Euro	
+ Einzahlungen:	30.000 Euro	
+ Einmalanlage vor Kosten:	94.790 Euro	
Vermögen nach Steuern:	184.929 Euro	

Nach Steuern und Kosten hat er also ein Vermögen von rund 185.000 Euro erreicht. Das sind rund 20.000 Euro mehr als im Dachfonds, trotz zweier Umschichtungen. Nun berechnen Sie abschließend noch den Effektivzins. Hierzu ändern Sie wiederum nur die notwendigen Angaben im BWK Business®:

Eingabe	Display-anzeigen	Erklärung
30 x P/YR	N 360,00	Der Gesamtzeitraum beträgt 30 Jahre.
0 PV	PV 0,00	Es wird zu Beginn keine Einmalanlage getätigt.
250 +/– PMT	PMT -250,00	Die regelmäßige Sparrate beträgt 250 Euro.
184 929 FV	FV 184.929,00	Nach Steuern und Kosten erreicht der Sparer ein Vermögen von 184.929 Euro.
I/YR	I/YR NOM% 4,36	Berechnung des nominalen Zinses.
EFF%	EFF% 4,44	Umrechnung in den effektiven Zins.

Durch die Umschichtungen im Aktienfonds und die daraus entstehenden Kosten und Steuern halbiert sich die Rendite dieses Aktienfonds.

Hier könnten Sie dem Anleger nun gut eine Berechnung für eine fondsgebundene Lebensversicherung präsentieren, die in dieselben Fonds investieren könnte. Das wird jedoch ausführlich noch in einem späteren Kapitel erläutert.

Beim Thema Abgeltungsteuer sollte Ihnen nur die grundsätzliche Berechnungsweise mit dem BWK Business® dargestellt werden. In Beratungsgesprächen können Sie solche Berechnungen durchführen, müssen es jedoch nicht. Bei Umschichtungen können Sie einem Anleger gut darstellen, wie hoch dadurch Kosten und Steuern werden und ihm eine fondsgebundene Lebensversicherung anbieten. Bei obiger Berechnung der Steuern können Sie auch gut die Speichertasten des BWK Business® benutzen. In Beratungsgesprächen ist es jedoch sicherer und auch für den Kunden übersichtlicher, wenn Sie nach obiger Darstellung vorgehen. Berechnen Sie in jedem Fall einzelne Dachfonds, Aktienfonds oder fondsgebundene Lebensversicherungen. Im Einzelfall und bestimmten Gegebenheiten sind alle Produkte unterschiedlich zu bewerten. Der Kunde sollte entscheiden, welche Vor- und welche Nachteile er in Kauf nehmen möchte.

Berechnung der Abgeltungsteuer bei Dynamik-Sparplänen

Oft werden Dynamik-Sparpläne geführt, da die Lohnsteigerungen hier effizient genutzt werden und die Sparquote gleich bleibt. Hier wird jedoch die Berechnung der Steuer ein Problem, da der Anlagebetrag nicht direkt durch Aufsummieren ermittelt werden kann. Wie Sie das im BWK Business® durchführen, zeigen wir Ihnen anhand eines einfachen Beispiels.

 BEISPIEL

Ein Fondssparer spart in einen Investmentfonds 200 Euro über 30 Jahre. Jedes Jahr soll sich der Sparbetrag um 5 Prozent erhöhen. Der Ausgabeaufschlag des Fonds beträgt 4,5 Prozent und die voraussichtliche Rendite 8 Prozent. Wie hoch ist das Vermögen nach Abgeltungsteuer?

Berechnung

Vermögen nach 30 Jahren:

Eingabe	Display-anzeigen	Erklärung
12 P/YR	P/YR 12,00	Monatliche Sparleistungen.
30 x P/YR	N 360,00	Laufzeit: 30 Jahre.
8 EFF%	I/YR NOM% 7,72	Die voraussichtliche Rendite beträgt 8 Prozent.
0 PV	PV 0,00	Es wird keine Einmalanlage getätigt.
200 ÷ 1,045 = +/– P/D	P/D -191,39	Die anfängliche Dynamiksparrate wird nach Ausgabeaufschlag ermittelt und gespeichert.
5 %D	%D 5,00	Die Dynamik beträgt 5 Prozent.
12 SHIFT %D	xD 12,00	Die Dynamik soll jährlich erfolgen, also alle 12 Monate.
FV	FV 455.370,93	Berechnung des Endvermögens.

Nach 30 Jahren wird ein Vermögen von 455.000 Euro erreicht. Um nun die Abgeltungsteuer zu ermitteln, müssen Sie wissen, wie hoch die Einzahlungen sind. Hierzu sind nur zwei Änderungen im BWK Business® notwendig:

Eingabe	Display-anzeigen	Erklärung
0 I/YR	I/YR 0,00	Es wird ein Zins von 0 Prozent angenommen, also lediglich die Einzahlungen ermittelt.
200 +/– P/D	P/D -200,00	Der Sparer zahlt anfänglich monatlich 200 Euro.
FV	FV 159.453,23	Berechnung der Einzahlungen.

Es werden also insgesamt 159.450 Euro eingezahlt. Nun können Sie den Gewinn und die Abgeltungsteuer berechnen:

Vermögen:	455.000 Euro
– Einzahlungen:	159.450 Euro
Gewinn:	295.550 Euro
x 26,4 % Abgeltungsteuer:	78.025 Euro

Es ist also eine Abgeltungsteuer von 78.025 Euro abzuführen. Das Auszahlungsvermögen beträgt rund 377.000 Euro (= 455.000 Euro – 78.000).

Bei Dynamikberechnung führen Sie also folgende Schritte durch:

1. Berechnung des Endvermögens vor Steuern
2. Berechnung der Einzahlungen bei Zins von 0 Prozent
3. Ermittlung des Gewinns und der Abgeltungsteuer

Die Botschaft lautet: Möchte Ihr Kunde in Investmentfonds oder Produkte sparen, in denen der Gewinn mit Abgeltungsteuer belegt wird, sollten Sie das berechnen können. Zeigen Sie dem Kunden Vor- und Nachteile. Gehen Sie mit dem Kunden einige Szenarien durch, wie etwa häufige Fondswechsel. Beachten Sie die Kostensituation der Fonds. Obige Kosten und Gebühren sind der Durchschnitt von vielen Fonds und diese müssen Sie beachten. Lassen Sie den Kunden nach einer Berechnung entscheiden, in welches Produkt er anlegen möchte. Dafür sind die Szenarien notwendig. Trifft er selbst eine Entscheidung, fühlt er sich besser und Sie senken Ihre Stornoquote und sorgen für stetigen Erfolg.

Lebenszyklusfonds

Lebenszyklusfonds oder auch Zielsparfonds kamen in den letzten Jahren verstärkt auf den Markt. Auch aufgrund der Abgeltungsteuer sind sie sehr interessant. Die Laufzeitenden der Fonds werden auf ein bestimmtes Jahr gelegt, so beispielsweise 2020 oder 2030. Der Unterschied zu den sogenannten Target Funds liegt darin, dass der Fonds am Laufzeitende nicht aufgelöst, sondern risikoadjustiert weitergeführt wird. Das Prinzip von Lebenszyklusfonds ist ganz einfach: Bei langer Restlaufzeit haben sie einen hohen Aktienanteil und schichten mit der Zeit immer mehr in risikoärmere Anlagen um. Das Umschichten ist nicht von der Abgeltungsteuer betroffen. Auch die Renditen können sich sehen lassen und lagen im Zeitraum von 2004 bis 2007 über denen von Garantiefonds.

Gerade für Anleger, die erst in Aktienfonds investieren und später erst ein Ablaufmanagement in Rentenfonds betreiben, sind diese Fonds interessant. Das ist beispielsweise nicht bei Dachfonds gegeben, die keine bestimmte Laufzeitangabe haben, sondern auf vermutete Marktentwicklungen reagieren. Beim eigens durchgeführten Ablaufmanagement wird die Abgeltungsteuer fällig. Zudem fällt bei Lebenszyklusfonds, wie bei anderen Fonds auch, ein Ausgabeaufschlag an und dazu Verwaltungskosten.

 BEISPIEL

Ein Investmentfondssparer möchte in einen Aktienfonds für den Ruhestand sparen und in den letzten 3 Jahren in einen Rentenfonds umschichten. Folgende Fonds hat er für eine Sparrate von 300 Euro ausgewählt:

- [ ] Aktienfonds: 4 Prozent Ausgabeaufschlag, 1 Prozent jährliche Managementgebühr, vorrausichtliche Rendite: 8 Prozent

- [ ] Rentenfonds: 3 Prozent Ausgabeaufschlag, 1,5 Prozent jährliche Managementgebühr, voraussichtliche Rendite: 4,5 Prozent

Sie schlagen dem Sparer vor, über die 20 Jahre Anlagedauer in einen Lebenszyklusfonds zu sparen. Dieser hat einen Ausgabeaufschlag von 3 Prozent, eine jährliche Managementgebühr von 1 Prozent und Sie nehmen eine Rendite von 7 Prozent an.

Berechnen Sie für den Sparer die zwei Szenarien.

 Berechnung

Zunächst betrachten Sie das eigens geführte Ablaufmanagement, hier den Aktienfonds, den der Anleger über 17 Jahre bespart. Zuerst berechnen Sie die Rendite nach Managementgebühr:

$$\text{Rendite}_{\text{(nach Mgmt. Geb.)}} = \text{Rendite} - \text{Mgmt. Geb.} - \left(\text{Mgmt. Geb.} \cdot \frac{\text{Rendite}}{100}\right)$$

$$\text{Rendite}_{\text{(nach Mgmt. Geb.)}} = 8 - 1 - \left(1 \cdot \frac{8}{100}\right)$$

$$\text{Rendite}_{\text{(nach Mgmt. Geb.)}} = 6{,}92$$

Nun haben Sie alle Angaben und können mit dem BWK Business® loslegen:

Eingabe	Display-anzeigen	Erklärung
12 P/YR	P/YR 12,00	Monatliche Einzahlungen.
17 x P/YR	N 204,00	In den Aktienfonds spart der Anleger 17 Jahre.
6,92 EFF%	I/YR NOM% 6,71	Der Aktienfonds erzielt eine vorausichtliche Rendite von 6,92 Prozent nach Managementgebühr.
0 PV	PV 0,00	Keine Einmalanlage zu Beginn.
300 ÷ 1,04 = +/– PMT	PMT -288,46	Berechnung der Sparrate nach Abzug des Ausgabeaufschlags.
FV	FV 109.313,47	Berechnung des Fondsvermögens nach 17 Jahren.

 Der Anleger hat nun 17 Jahre in den Aktienfonds gespart und schichtet nun in einen Rentenfonds um. Das bedeutet, dass bei der Umschichtung die Abgeltungsteuer anfällt:

Vermögen:	109.300 Euro	
– Einzahlungen:	61.200 Euro	(= 204 Monate x 300 Euro)
Gewinn:	48.100 Euro	
x 26,4 % Abgeltungsteuer:	12.700 Euro	

Demnach verbleiben noch 96.600 Euro (= 109.300 Euro – 12.700 Euro), die in den Rentenfonds angelegt werden können. Nun berechnen Sie die Rendite, die nach Managementgebühren im Rentenfonds erreicht wird:

$$\text{Rendite}_{(\text{nach Mgmt. Geb.})} = \text{Rendite} - \text{Mgmt. Geb.} - \left(\text{Mgmt. Geb.} \cdot \frac{\text{Rendite}}{100} \right)$$

$$\text{Rendite}_{(\text{nach Mgmt. Geb.})} = 4,5 - 1,5 - \left(1,5 \cdot \frac{4,5}{100} \right)$$

$$\text{Rendite}_{(\text{nach Mgmt. Geb.})} = 2,93$$

Nun können Sie alle Angaben im BWK Business® eingeben:

Eingabe	Display-anzeigen	Erklärung
3 x P/YR	N 36,00	Es werden noch 3 Jahre Zahlungen in den Rentenfonds geleistet.
2,93 EFF%	I/YR NOM% 2,89	Im Rentenfonds wird eine Rendite nach Managementgebühr von 2,93 Prozent erzielt.
96 600 ÷ 1,03 = +/- PV	PV -93.786,41	Berechnung des Wiederanlagevermögens nach Ausgabeaufschlag und speichern als Einmalanlage.
300 ÷ 1,03 = +/- PMT	PMT -291,26	Berechnung der Sparrate nach Abzug des Ausgabeaufschlags und speichern als regelmäßige Sparrate.
FV	FV 113.214,02	Berechnung des Endvermögens.

Das Fondsvermögen liegt also nach 20 Jahren bei 113.200 Euro. Hier wird jedoch bei Auszahlung noch die Abgeltungsteuer fällig:

Vermögen:	113.200 Euro	
– Einzahlungen:	10.800 Euro	(= 36 Monate x 300 Euro)
– Einmalanlage	96.600 Euro	
Gewinn:	5.800 Euro	
x 26,4 % Abgeltungsteuer:	1.531 Euro	

Nach 20 Jahren hat der Sparer ein Vermögen von 111.669 Euro erzielt.

Nun stellen Sie dem Kunden die Berechnung des Lebenszyklusfonds vor. Auch hier berechnen Sie zunächst die Rendite nach Managementgebühr:

$$\text{Rendite}_{(\text{nach Mgmt. Geb.})} = \text{Rendite} - \text{Mgmt. Geb.} - \left(\text{Mgmt. Geb.} \cdot \frac{\text{Rendite}}{100} \right)$$

$$\text{Rendite}_{(\text{nach Mgmt. Geb.})} = 7 - 1 - \left(1 \cdot \frac{7}{100} \right)$$

$$\text{Rendite}_{(\text{nach Mgmt. Geb.})} = 5,93$$

Eingabe	Display-anzeigen	Erklärung
12 P/YR	P/YR 12,00	Monatliche Zahlungsweise.
20 x P/YR	N 240,00	Anlagedauer von 20 Jahren.
5,93 EFF%	I/YR NOM% 5,77	Eingabe der Rendite nach Managementgebühr.
0 PV	PV 0,00	Keine Einmalanlage zu Beginn.
300 ÷ 1,03 = +/− PMT	PMT -291,26	Die Sparrate nach Ausgabeaufschlag wird gespeichert.
FV	FV 131.039,89	Berechnung des Endvermögens.

Nach 20 Jahren steht ein Fondsvermögen von 131.000 Euro zu Buche.
Hier wird nun bei Auszahlung die Abgeltungsteuer fällig:

Vermögen:	131.000 Euro	
– Einzahlungen:	72.000 Euro	(= 240 Monate x 300 Euro)
Gewinn:	59.000 Euro	
x 26,4 % Abgeltungsteuer:	15.576 Euro	

Somit stehen dem Sparer im Lebenszyklusfonds 115.424 Euro zur Verfügung. Gegenüber dem eigenen Ablaufmanagement sind das rund 3.750 Euro mehr. Auch wenn sich der Sparer nun nicht das Fondsvermögen auszahlen lassen möchte, könnte er es im Lebenszyklusfonds belassen, der das Vermögen nun risikoadjustiert weiter verwaltet.

Die Botschaft lautet: Zeigen Sie Sparern die Vor- und Nachteile von Lebenszyklusfonds gegenüber einem eigenen Ablaufmanagement. Diese sparen Abgeltungsteuer und Ausgabeaufschlägen bei Umschichtungen. Gegenüber Dachfonds wird mit der Laufzeit auch in risikoärmere Anlagen umgeschichtet. Gegenüber Target Funds wird das Fondsvermögen nach der Laufzeit weitergeführt. Grundsätzlich gilt: Lassen Sie den Kunden entscheiden, welche Fondsart er wählt. Zeigen Sie Beispielrechnungen! Zeigen Sie Vor-/Nachteile der einzelnen Arten! Lassen Sie den Kunden dann selbst entscheiden. Das ist alles!

Kapitalgarantieprodukte

Deutsche streben oft nach Garantie und nehmen dafür Renditeeinbußen in Kauf. Bei Garantieprodukten, wie Garantiefonds, wird mindestens die Einzahlung zum Laufzeitende oder am Geschäftsjahresende garantiert. Das wird mit festverzinslichen Wertpapieren oder Derivaten zugesichert. Der Rest wird in Aktien oder andere Produkte für den Kursanstieg investiert. Wenn der Markt also steigt, so steigt auch das Garantieprodukt, jedoch nicht in dem Umfang wie eine Direktanlage.

Die Renditen der Garantiefonds liegt im Fünf- bis Zehnjahreszeitraum bei etwa 3 bis 4 Prozent. Im Jahresvergleich können auch schon mal Renditen von bis zu 6 Prozent erzielt werden. Die jährlichen Kosten (Total Expense Ratio/TER) liegen zwischen 0,5 bis 1,5 Prozent. Sind solche Garantieprodukte also eher Kostenprodukte? Wir rechnen nach!

Gehen wir auf ein Beispiel ein, in dem wir Steuern nicht betrachten. Stellen wir dann einem Garantiefonds ein eigens zusammen gestelltes Garantiekonzept gegenüber.

 BEISPIEL

Anlage von 100.000 Euro über 10 Jahre.

1. Garantiefonds: Rendite von 3,5 Prozent, jährliche TER von 0,8 Prozent, Ausgabeaufschlag: 1 Prozent

2. Garantiekonzept:
   a) 10-jährige Bundesanleihe (Zerobond): 4,25 Prozent Zins
   b) Indexzertifikat auf DAX: angenommene Rendite über 10 Jahre: 6 Prozent, Kaufkosten: 200 Euro

Berechnung

1. Zuerst berechnen wir den Garantiefonds, hier vorerst die Rendite nach TER:

$$\text{Rendite}_{(\text{nach TER})} = \text{Rendite} - \text{TER} - \left(\text{TER} \cdot \frac{\text{Rendite}}{100}\right)$$

$$\text{Rendite}_{(\text{nach TER})} = 3,5 - 0,8 - \left(0,8 \cdot \frac{3,5}{100}\right)$$

$$\text{Rendite}_{(\text{nach TER})} = 2,67$$

Nun haben Sie alle Angaben, um die Eingaben in den BWK Business® zu tätigen:

Eingabe	Display-anzeigen	Erklärung
1 P/YR	P/YR 1,00	Es handelt sich um eine Einmalanlage.
10 x P/YR	N 10,00	Laufzeit: 10 Jahre.
2,67 I/YR	I/YR NOM% 2,67	Es wird eine Rendite nach Kosten von 2,67 Prozent erzielt.
100 000 ÷ 1,01 = +/- PV	PV -99.009,90	Einmalanlage von 100.000 Euro minus 1 Prozent Ausgabeaufschlag.
0 PMT	PMT 0,00	Keine weiteren Einzahlungen.
FV	FV 128.858,85	Berechnung des Endvermögens.

Mit dem Garantiefonds erzielt der Anleger ein Vermögen von rund 129.000 Euro.

2. Garantiekonzept:

Dieses setzt sich zusammen aus einer 10-jährigen Bundesanleihe und einem Indexzertifikat. Das Indexzertifikat könnte gleichermaßen mit einem Optionsschein ausgetauscht werden, bei dem dann jedoch größere Wertpapierkenntnisse notwendig sind. Wie funktioniert nun das Konzept?

Die Bundesanleihe soll das Vermögen zum Ende der Laufzeit absichern. Dadurch dass der Zins fest gegeben ist, muss zu Beginn weniger für den Zerobond gezahlt werden, um am Ende 100.000 Euro als Auszahlung zu generieren. Der Rest wird zu Beginn in das Indexzertifikat für die Wertsteigerung eingezahlt. Das kann einfach mit dem BWK Business® berechnet werden – hier zunächst das Vermögen, das in die Bundesanleihe eingezahlt werden muss, so dass zum Ende 100.000 Euro zur Verfügung stehen:

Eingabe	Display-anzeigen	Erklärung
1 P/YR	P/YR 1,00	Jährliche Zinsgutschriften.
10 x P/YR	N 10,00	Anlage in die 10-jährige Bundesanleihe.
4,25 I/YR	I/YR NOM% 4,25	Die Bundesanleihe hat einen Zins von 4,25 Prozent.
0 PMT	PMT 0,00	Es erfolgen keine Ausschüttungen aus einem Zerobond.
100 000 FV	FV 100.000,00	Nach 10 Jahren soll das Vermögen von 100.000 Euro gesichert sein und somit ausgezahlt werden.
PV	PV -65.953,73	Berechnung des Kaufpreises für die Anleihe.

Der Anleger muss also heute rund 66.000 Euro in den Zerobond investieren, um in 10 Jahren das Kapital von 100.000 Euro gesichert zu haben. Der Rest, nämlich 34.000 Euro, fließt heute in das Indexzertifikat. Ziehen wir hiervon noch die Kaufkosten von 200 Euro ab, verbleiben noch 33.800 Euro zur Anlage.

Eingabe	Display-anzeigen	Erklärung
6 I/YR	I/YR NOM% 6,00	Es wird eine Rendite des DAX von 6 Prozent angenommen.
33 800 +/– PV	PV -33.800,00	Es kommen 33.800 Euro zur Anlage in das Indexzertifikat.
FV	FV 60.530,65	Berechnung des Endvermögens aus dem Indexzertifikat.

Nach 10 Jahren ist das Vermögen im Indexzertifikat auf rund 60.500 Euro angewachsen. Insgesamt hat der Anleger dann ein Vermögen von 160.500 Euro aus dem eigenen Konzept erzielt. Das übersteigt das Vermögen aus dem Garantiefonds um über 30.000 Euro.

Schon zu Beginn konnte festgestellt werden, dass der Wert des Garantiefonds unter dem Vermögen liegen wird. Denn grundsätzlich gilt: Liegt die Rendite der Bundesanleihe über dem des Garantiefonds, ist ein eigenes Konzept besser. In diesem Fall hätte der DAX verlieren müssen, da schon in das Indexzertifikat 33.800 Euro investiert wurden und somit schon fest stand, dass bei einer DAX-Wertentwicklung von 0 Prozent, mindestens 133.800 Euro im eigenen Konzept ausgezahlt werden.

Übrigens: Sollte kein Zerobond vorliegen, so werden 100.000 Euro in die Bundesanleihe investiert und die jährlichen Auszahlungen dann in die Wertsteigerungsprodukte, hier das Indexzertifikat, investiert.

Da es Garantiefonds noch nicht so lange auf dem Kapitalmarkt gibt, kann über die Renditeaussichten über längere Laufzeit wenig gesagt werden. Es ist einfach abzuwarten. Der Nachteil beim eigenen Konzept ist bei monatlichen Einzahlungen und keiner Einmalanlage bemerkbar. Dieses Konzept dann zu entwickeln und fortzuführen, ist sehr zeitaufwendig.

Die Botschaft gilt: Berechnen Sie für Kunden Garantiefonds und zudem ein eigens erstelltes Garantieprodukt. Das ist jedoch nur bei Einmalanlagen möglich – bei Sparplänen ist es zu umständlich. Mit dem BWK Business® können Sie dem Kunden beide Varianten wunderbar darstellen. Lassen Sie dann den Kunden entscheiden, ob er die zeitaufwendige eigene Erstellung wählt oder die komfortable, aber vielleicht weniger rentable Variante des Garantiefonds.

Exchange Traded Funds (ETF's)

Diese Form von Indexfonds entstand in Deutschland im Jahr 2000. Exchange Traded Funds (kurz ETF's) stellen einen Index zu 100 Prozent nach. Hier ist jedoch auch zu beachten, dass manche Produkte trotzdem versuchen, den Index zu schlagen und einen geringen Teil des Fondsvermögens aktiv zu managen. Meist werden ETF's schon mit Indexfonds gleichgestellt. Hier glauben wir, dass ETF's in naher Zukunft Indexfonds ganz ablösen.

Der klare Vorteil dieser Produkte liegt in den Kosten und der Fungibilität. So sind sie jederzeit börsentäglich handelbar und als Kosten fällt der so genannte Spread, also der Unterschied zwischen Geld- und Briefkurs an. Hinzu kommt eine geringe jährliche Verwaltungsgebühr, meist maximal 0,5 Prozent.

Sind diese Produkte jedoch auch für Sparpläne geeignet? Hier liegt das Problem, da die Depotbanken für den Kauf meist normale Kaufkosten für Wertpapiere berechnen. Hier raten selbst die Banken, dass Sparpläne erst ab einer dreistelligen Anlagesumme lohnen. Hier liegt auch das Problem für Sie als Berater. Gerade durch die geringen Kosten/Gebühren der ETF's erhalten Sie keine oder nur geringe Provision. Hier wäre also eine Honorarberatung eine gute Alternative. Doch zurück zum Produkt. Oft schlagen Aktienfonds nicht ihren Index, ihre Benchmark, und dadurch könnten ETF's auch eine gute Depotbeimischung sein. Interessant sind ETF's gerade auch im Bereich der Rentenmärkte. Da in den letzten Jahren viele Rentenfonds ihre Benchmark, den Index, nicht schlagen konnten, lagen ETF's in den Ranglisten mit an den ersten Stellen. Also für Rentenauszahlungen im dreistelligen Bereich könnten diese Produkte durchaus lohnen, da auch dadurch die Kosten gesenkt werden. Das möchten wir im folgenden Beispiel darüberstellen.

Auch im Bereich von beispielsweise fondsgebundenen Lebensversicherungen sind ETF's interessant. Bei manchen Gesellschaften können schon ETF's im Produktportfolio ausgewählt werden. Aufgrund der geringen jährlichen Kosten ist es sehr interessant für Kunden. Informieren Sie sich!

Ihrem Kunden stehen zum 65. Lebensjahr 200.000 Euro zur Verfügung. Er möchte es sicher in Rentenfonds investieren. Hier könnten Sie einen Fonds anbieten:
- Rentenfonds: 1 Prozent Verwaltungsgebühr
- Ausgabeaufschlag: 1 Prozent
- Durchschnittliche Rendite der letzten 10 Jahre: 4,5 Prozent

Als Alternative bieten Sie dem Kunden einen Exchange Traded Funds an. Dieser erzielt die gleiche Rendite wie der obige Rentenfonds. Der ETF hat jedoch nur eine jährliche Verwaltungsgebühr von 0,4 Prozent. Die Anlage erfolgt bei einer Direktbank, bei der jede Transaktion (inklusive Spread) 30 Euro kostet. Aufgrund der hohen Anfangsinvestition fallen hier 150 Euro an. Welche Anlage ist für den Anleger interessanter, wenn er sich über 25 Jahre eine monatliche Rente auszahlen lässt? Die Rente soll jährlich um 3 Prozent steigen. Lassen Sie steuerliche Gesichtspunkte außer Betracht.

 Berechnung

Rentenfonds: Hier berechnen Sie zuerst die Rendite nach Verwaltungskosten.

$$\text{Rendite}_{\text{nach Verw.Kst}} = \text{Rendite} - \text{Verw.Kst} - \left(\text{Verw.Kst} \cdot \frac{\text{Rendite}}{100} \right)$$

$$\text{Rendite}_{\text{nach Verw.Kst}} = 4,5 - 1 - \left(1 \cdot \frac{4,5}{100} \right)$$

$$\text{Rendite}_{\text{nach Verw.Kst}} = 3,46$$

Nun haben Sie alle Angaben, um die Rente zu ermitteln:

Eingabe	Display-anzeigen	Erklärung
12 P/YR	P/YR 12,00	Monatliche Rentenauszahlung.
25 x P/YR	N 300,00	Rentenauszahlung über 25 Jahre.
3,46 EFF%	I/YR NOM% 3,41	Die Rendite des Rentenfonds nach Verwaltungskosten beträgt 3,46 Prozent.

200 000 ÷ 1,01 = +/– PV	PV -198.019,80	Vom Anlagebetrag 200.000 Euro den Ausgabeaufschlag abziehen und als Einmalanlage speichern.
3 %D	%D 3,00	Die Rente soll sich jährlich um 3 Prozent steigern.
12 xD	xD 12,00	Die Dynamik soll jährlich, also alle 12 Monate erfolgen.
0 FV	FV 0,00	Nach 25 Jahren soll das Vermögen aufgebraucht sein.
P/D	P/D 708,87	Berechnung der anfänglichen Rentenauszahlung.
SHIFT P/D	P/DE 1.440,99	Berechnung der Rentenauszahlung im letzten Jahr.

Der Rentner kann sich also monatlich anfänglich einen Betrag von 709 Euro auszahlen lassen. Im letzten Jahr sind es nach Dynamiksteigerungen 1.441 Euro.

Exchange Traded Fund: Auch hier berechnen Sie die Rendite nach Verwaltungskosten nach voriger Formel:

$$\text{Rendite}_{\text{nach Verw.Kst}} = 4,5 - 0,4 - \left(0,4 \cdot \frac{4,5}{100}\right)$$

$$\text{Rendite}_{\text{nach Verw.Kst}} = 4,08$$

Bei der Anfangsinvestition von 200.000 Euro werden 150 Euro Ordergebühren abgezogen. Es kommen also lediglich 199.850 Euro zur Anlage. Nun brauchen Sie lediglich die bestehenden Angaben im BWK Business® zu ändern:

Eingabe	Display- anzeigen	Erklärung
4,08 EFF%	I/YR NOM% 4,01	Die Rendite des ETF nach Verwaltungskosten beträgt 4,08 Prozent.
199 850 +/– PV	PV -199.850,00	Der Anlagebetrag beträgt 199.850 Euro.
P/D	P/D 769,30	Berechnung der anfänglichen Rentenauszahlung.
SHIFT P/D	P/DE 1.563,82	Berechnung der Rentenauszahlung im letzten Jahr.

Je Transaktion, also Verkauf des ETF-Anteils zur Rentenauszahlung, werden 30 Euro fällig. Hier nun die Gegenüberstellung:

	Rentenfonds	ETF (nach Transaktionskosten)	Vorteil ETF
anfängliche Rentenzahlung	709 Euro	739 Euro	30 Euro
letzte Rentenzahlung	1.441 Euro	1.534 Euro	93 Euro

Übrigens: Sie werden vielleicht noch ein Produkt im Hinterkopf haben, welches keine jährliche Verwaltungsgebühr berechnet, nämlich das Indexzertifikat. Berechnen Sie hierzu die monatlichen Rentenauszahlungen, wenn die gleichen Transaktionskosten wie beim ETF anfallen. Hierzu ändern Sie nur die Angaben im BWK Business®.

Eingabe	Displayanzeigen	Erklärung
4,5 EFF%	I/YR NOM% 4,41	Die Rendite beträgt 4,5 Prozent, da keine Verwaltungskosten anfallen.
P/D	P/D 807,04	Berechnung der anfänglichen Rentenauszahlung.
SHIFT P/D	P/DE 1.640,54	Berechnung der Rentenauszahlung im letzten Jahr.

Hier ist ein noch größerer Vorteil gegeben. Dazu muss man jedoch wissen, dass Indexzertifikate auf die Rentenindizes meist nur begrenzt verfügbar sind. Zudem haben sie meist eine begrenzte Laufzeit und müssten dann am Ende der Laufzeit umgeschichtet werden, was wieder zusätzlichen Aufwand und Transaktionskosten verursacht. Was viele zudem nicht wissen, ist, dass Zertifikate rechtlich Schuldverschreibungen sind. Bei Insolvenz des Emittenten könnte der Zertifikatsinhaber also leer ausgehen, was bei einer großen Summe, wie im Beispiel, sehr schmerzhaft ist. Gerade in der vergangenen Subprime-Krise sollten Zertifikatsemittenten von der Bonität genauer geprüft werden. Wir raten aufgrund dieses Risikos von einer Anlage von größerer Summen ab. Bei ETF's und

Rentenfonds sind die Anlegergelder Sondervermögen der Fondsgesellschaften und damit gegen Insolvenz sicher.

Die Botschaft lautet: Ein Exchange Traded Fund kann von Vorteil sein. Beachten Sie jedoch Kostenkonstellationen von Rentenfonds und ETF's. Stellen Sie dieses Konzept Kunden vor, könnten sich diese dafür entscheiden. Da sie sich jedoch dann selbst monatlich um ihre Rentenauszahlung kümmern müssen, könnten sie sich auch für den Rentenfonds entscheiden. Lassen Sie Ihren Kunden entscheiden.

Zertifikate

Zertifikate sind rechtlich Schuldverschreibungen. Wie schon im vorigen Kapitel beschrieben, könnte bei Insolvenz des Emittenten das angelegte Kapital verloren sein. Darauf sollten Sie den Kunden in jedem Fall hinweisen. Zudem dienen Zertifikate keinem langfristigen Anlagehorizont. Es sei denn, das Zertifikat hat keinen Fälligkeitstermin (Open End). Zudem sollten Sie Dividendenausschüttungen des Basiswerts beachten. Diese werden nämlich meist nicht im Zertifikat verrechnet. Somit ist ein Zertifikat gegenüber einer Direktanlage schlechter gestellt. Clevere Anleger investieren deshalb bei Indizes als Basiswert in Performanceindizes. Diese verrechnen nämlich Dividenden im Kurs. Das Gegenteil sind Kursindizes, die Dividenden nicht im Kurs verrechnen.

Im Folgenden betrachten wir die wichtigsten Zertifikate in Deutschland. Mit Abstand an erster Stelle stehen Garantiezertifikate. Hierin wurde knapp ein Drittel aller Anlegergelder für Zertifikate investiert. Schauen Sie hier bitte im Kapitel Kapitalgarantieprodukte. An zweiter Stelle folgen Bonuszertifikate, dann Expresszertifikate und danach Discountzertifikate.

Auch Bonuszertifikate möchten wir nicht näher beschreiben, da diese aufgrund des rasanten Kurssturzes Anfang 2008 allesamt ihre Bonuseigenschaft verloren haben. Auch Zertifikatefonds, die hauptsächlich in diese Anlageart angelegt haben, haben dadurch Wertverluste hinnehmen müssen. Das Prinzip von Bonuszertifikaten ist einfach: Bewegt sich ein Basiswert (zum Beispiel der DAX) innerhalb einer Spanne, bekommt der Anleger am Ende der Laufzeit die obere Spanngrenze ausgezahlt. Liegt der DAX über dieser Spanne, so wird der tatsächliche Wert ausgezahlt. Fällt jedoch einmal der DAX unter die untere Spanne, so verliert er diese Bonuseigenschaft, was zu Beginn 2008 bei vielen Bonuszertifikaten geschehen ist. Ein Anleger erhält dann nur noch den aktuellen Wert. Deswegen sollten Bonuszertifikate nicht für den Vermögensaufbau genutzt werden.

Auch Expresszertifikate dienen nicht einer langfristigen Anlage und werden von uns nicht dargestellt. Im Folgenden möchten wir Ihnen die Berechnung eines Discountzertifikats darstellen. Hier gibt es auch Rolling-Discountzertifikate, die eine unbegrenzte Laufzeit besitzen und nach jeweiligen Zeiträumen in ein neues Zertifikat umschichten.

Wie funktioniert ein Discountzertifikat? Ein Discountzertifikat hat einen Rabatt (Discount) auf den eigentlichen Preis eines Basiswerts (zum Beispiel den DAX). So könnte der DAX bei 7.000 Punkten stehen und das Zertifikat kostet dann nur 6.700 Euro. Natürlich gibt es die Zertifikate günstiger zu kaufen, aufgrund des Bezugsverhältnisses. Liegt es im vorigen Beispiel bei 0,01, so kostet das Zertifikat nur ein Hundertstel, also 67 Euro. Mit der Laufzeit nähert sich das Zertifikat ständig an den Preis des Basiswerts an. Durch den Discount ist der Gewinn eines Anlegers jedoch begrenzt. Diese Grenze, auch Cap genannt, ist eine Obergrenze. Liegt der Basiswert am Ende der Laufzeit über dieser Grenze, so bekommt der Anleger lediglich die Obergrenze ausgezahlt.

Durch den Discount hat der Anleger jedoch auch Vorteile:

1. **Verlustbegrenzung:** Der Discount dient quasi als Sicherheitspuffer. Fällt der Basiswert zum Beispiel um 5 Prozent bis zum Laufzeitende und der Discount beträgt ebenso 5 Prozent, so hat der Anleger keinen Verlust erlitten.

2. **Seitwärtsrendite:** Tritt der Basiswert auf der Stelle und verläuft zum Laufzeitende „seitwärts", so hat ein Anleger trotzdem die sogenannte Seitwärtsrendite erzielt.

Durch die Höchstgrenze ist jedoch der Gewinn begrenzt und somit steht eine Maximalrendite schon fest.

Wichtig: Zertifikate erfüllen ihre Eigenschaft erst zum Ende der Laufzeit. Zwischenzeitlich könnten diese andere Kursverläufe durchlaufen.

Im Folgenden nun ein Beispiel eines Discountzertifikats:

 BEISPIEL 1

Ein Anleger investiert in ein Discountzertifikat auf den DAX. Der DAX notiert zu dieser Zeit bei 6.950 Punkten. Das Bezugsverhältnis ist 0,01 und das Zertifikat notiert bei 61,50 Euro. Die Restlaufzeit beträgt 4 Jahre und 3 Monate. Der Cap liegt bei 10.000 Punkten.

a) Wie hoch ist die Seitwärtsrendite?

b) Wie hoch ist die Maximalrendite?

c) Der Anleger kauft 200 Zertifikate und hat Kaufkosten von 100 Euro. Nehmen Sie an, dass der DAX zum Ende der Laufzeit bei 9.000 Punkten notiert. Wie hoch ist der Effektivzins?

 Berechnung 1

a) Seitwärtsrendite:

Hier ist zuerst zu ermitteln, wie hoch das Zertifikat notiert, wenn der DAX seitwärts verläuft und weiterhin bei 6.950 Punkten notiert.

6.950 Punkte x 0,01 Bezugsverhältnis = 69,50 Euro.

Nun kennen Sie alle Angaben und können diese in den BWK Business® eingeben.

Eingabe	Display-anzeigen	Erklärung
12 P/YR	P/YR 12,00	Sie rechnen in Monaten. Dies wurde gewählt, weil die Laufzeit 4 Jahre und 3 Monate entspricht und die Laufzeit N einfacher einzugeben ist. Die jährliche Rendite wird dann mit dem Effektivzins berechnet.
51 N	N 51,00	Die Laufzeit beträgt 51 Monate (= 4 Jahre x 12 Monate + 3 Monate).

61,5 +/– PV	PV -61,50	Das Zertifikat kann zurzeit zu 61,50 Euro erworben werden.
0 PMT	PMT 0,00	Es fallen keine regelmäßigen Ein- oder Auszahlungen an.
69,5 FV	FV 69,50	Verläuft der DAX seitwärts, so steht das Zertifikat am Ende der Laufzeit bei 69,50 Euro (= 6.950 Punkte x 0,01 Bezugsverhältnis).
I/YR	I/YR NOM% 2,88	Berechnung des nominalen Zinses.
EFF%	EFF% 2,92	Umrechnung in den effektiven Zins = Seitwärtsrendite.

 Die Seitwärtsrendite liegt also lediglich bei 2,92 Prozent. Das kann daran liegen, dass der Cap noch sehr hoch liegt und daraufhin eine hohe Maximalrendite zu erzielen ist. Das rechnen wir nun nach.

b) Maximalrendite:

Eingabe	Display- anzeigen	Erklärung
100 FV	FV 100,00	Steht der DAX am Ende der Laufzeit bei oder über 10.000 Punkten, so erhält der Anleger 100 Euro ausgezahlt (=10.000 Punkte x 0,01 Bezugsverhältnis).
I/YR	I/YR NOM% 11,49	Berechnung des nominalen Zinses.
EFF%	EFF% 12,12	Umrechnung in den effektiven Zins = Maximalrendite.

 Steigt der DAX auf 10.000 Punkte, so kann eine Rendite von rund 12 Prozent erzielt werden. Nun zu einem Anleger, der in das Zertifikat investiert und bis zum Laufzeitende hält.

c) Rendite eines Anlegers:

Es entstehen Kaufkosten von 100 Euro. Er investiert somit:

200 Stück x 61,50 Euro:	12.300 Euro
+ Kaufkosten:	100 Euro
Gesamtinvestition:	12.400 Euro

Zudem steht der Index am Ende der Laufzeit bei 9.000 Punkten. Sie ermitteln hier den Betrag, den er am Laufzeitende erreicht:

9.000 Punkte x 0,01 Bezugsverhältnis = 90,00 Euro/Zertifikat

90,00 Euro x 200 Zertifikate = 18.000 Euro

Nun kennen Sie wieder alle Eingaben, die Sie im BWK Business® ändern.

Eingabe	Display-anzeigen	Erklärung
12 400 +/– PV	PV -12.400,00	Der Anleger investiert 12.400 Euro.
18 000 FV	FV 18.000,00	Der Anleger erreicht ein Auszahlungsvermögen aus den Zertifikaten von 18.000 Euro.
I/YR	I/YR NOM% 8,80	Berechnung des nominalen Zinses.
EFF%	EFF% 9,16	Umrechnung in den effektiven Zins = Anleger-rendite.

Der Anleger erzielt einen Effektivzins von 9,16 Prozent, wenn der DAX am Ende der Laufzeit bei 9.000 Punkten notiert.

Wenn Sie schon mal nach Discountzertifikate recherchiert haben, so werden Sie feststellen, dass bei manchen Zertifikaten die Höchstgrenze schon bei Emission weit unter dem aktuellen Kurs des Basiswerts liegt. Hier könnte man fast schon von Rentenpapieren ausgehen, denn sollte der Kurs keinen extremen Verfall erleiden, ist die Seitwärtsrendite sicher, solange die Bonität des Emittenten in Ordnung ist. Auch hierzu ein Beispiel:

Der DAX notierte im Januar 2007 bei etwa 6.500 Punkten. Es wurde ein Discountzertifikat auf den DAX zu folgenden Konditionen emittiert:

- Cap: 2.000 Punkte
- Emissionspreis: 17,56 Euro
- Bezugsverhältnis: 0,01
- Laufzeit: 38 Monate

Die Höchstgrenze liegt also weit unter dem Preis des Basiswerts. Sollte der DAX also bis zum Ende der Laufzeit über 2.000 Punkten notieren – was wohl sehr wahrscheinlich ist – ist die Seitwärtsrendite, in diesem Fall auch Maximalrendite, sicher. Wie hoch ist diese jedoch?

 Berechnung 2

Die Maximalauszahlung entspricht in diesem Fall 20 Euro (= 2.000 Punkte Cap x 0,01 Bezugsverhältnis). Nun können Sie also die Rendite ermitteln:

Eingabe	Display-anzeigen	Erklärung
12 P/YR	P/YR 12,00	Zur besseren Eingabe der Monate, wird monatliche Verrechnung gewählt.
38 N	N 38,00	Die Laufzeit entspricht 38 Monate.
17,56 +/– PV	PV -17,56	Das Zertifikat kostet 17,56 Euro.
0 PMT	PMT 0,00	Keine regelmäßigen Ein-/Auszahlungen.
20 FV	FV 20,00	Die Maximalauszahlung entspricht 20 Euro.
I/YR	I/YR NOM% 4,12	Berechnung des nominalen Zinses.
EFF%	EFF% 4,19	Umrechnung in den effektiven Zins.

In diesem Fall liegt eine Rendite von 4,19 Prozent vor. Das entspricht der Rendite einer sicheren Anleihe. Hier ist jedoch abzuwägen, ob ein Zertifikat eines Emittenten sicher ist. Da es Schuldverschreibungen sind, sollte die Bonität des Emittenten beachtet werden. Denn hier könnte ein Zertifikat einer Anleihe des Emittenten gleich gestellt werden. Da obiges Zertifikat ein wirklich aufgelegtes ist, konnte das Rating des Emittenten geprüft werden. Das war wirklich gut bewertet. Somit lag die Anleiherendite des Emittenten bei rund 5 Prozent. Die Anleiherendite des Emittenten ist also besser als die Zertifikatsrendite. Jedoch ist zu beachten, dass durch die Bankenkrise im Jahr 2007/2008 die Anleihepreise von Banken stark fielen und somit Kursverluste möglich waren, bzw. die Rendite der Anleihen geschmälert wurden. Ein Zertifikat wäre davon nicht betroffen gewesen.

Die Botschaft lautet: Sie können Kunden auch Zertifikate zum Kauf anbieten. Sie sollten jedoch in jedem Fall über die Risiken aufklären. Zur Depotbeimischung sind solche Instrumente nicht uninteressant, wie obige Beispiele der Discountzertifikate zeigen. Gerade Discountzertifikate können Sie sehr gut mit dem BWK Business® berechnen. Nutzen Sie das und erweitern Sie ggf. Ihr Produktportfolio.

Cost-Average-Effekt aktuell

Immer wieder kommt es an den Börsen zu Turbulenzen. Immer öfter kracht es an der Börse und die Kurse stürzen binnen kürzester Zeit in den Keller. Was im Jahr 2000 das Platzen der Internetblase war, war Anfang 2008 bei der Subprime-Krise zu beobachten. Anleger bekommen in diesen Situationen meist zittrige Hände und begutachten ihr angelegtes Vermögen mit Sorge. Wie können Sie in solchen Situationen die Kunden beruhigen, die langfristig in fondsgebundene Lebens- oder Rentenversicherungen, Aktienfonds oder auch breit gestreut direkt in Aktien regelmäßig investieren?

Zeigen Sie dem Kunden den Cost-Average-Effekt in der Praxis. Wie schon im vorigen Band erläutert, werden bei fallenden Kursen mehr Anteile in Aktienfonds erworben. Durch späteres Steigen der Kurse, ist die Gesamtanzahl der Anteile hoch und damit auch das Vermögen. Zeigen Sie dem Kunden, dass fallende Kurse gut für sein Depot sind.

Das zeigen wir Ihnen nun anhand des Praxisbeispiels des Platzens der Internetblase im Jahr 2000. Sie sollen dem Kunden zeigen, welche Rendite er in Zeiten fallender und wieder ansteigender Kurse erzielt.

Im Folgenden gehen wir von den Monatsendständen aus, da an diesen Daten meist in einen Sparplan eingezahlt wird. Der Höchststand im Deutschen Aktienindex DAX wurde Ende Februar 2000 bei etwa 7.650 Punkten festgestellt. Hier waren alle in Euphorie, die dann jedoch schnell von den Märkten ausgebremst wurde und es trat ein rasanter Kurssturz ein. Im März 2003 wurde dann der Tiefststand bei 2.425 Punkten festgestellt. Hier waren alle am Boden zerstört. Viele hinterfragten die Anlage in Aktien und Aktienfonds und brachen das Sparen ab. Clevere Sparer blieben jedoch gelassen und warteten ab. Nur knapp 4 Jahre später erreichte der DAX nämlich wieder den Höchststand aus dem Jahr 2000. Er lag im Mai 2007 bei 7880 Punkten. Der gesamte Kurssturz, inklusive Erholung dauerte knapp siebeneinhalb Jahre.

Sparer, die 7 Jahre wirklich aussitzen konnten und weitergespart haben, konnten nach der Theorie des Cost-Average-Effekts einen Vermögensanstieg erreichen. Wie hoch die Rendite wirklich war, berechnen wir gleich. Einmalanleger hingegen mussten sich innerhalb dieser 7 Jahre mit einer Rendite von Null anfreunden. Nur die eventuell erzielten Dividenden konnten zu einem Vermögenszuwachs führen.

Wichtig ist es in diesem Fall, den Kreis der Personen zu nennen, die sich entweder kurz vor dem Renteneinstieg oder schon in der Auszahlungsphase befanden. Wer keine 7 Jahre Zeit hatte, zu sparen, stand letztendlich im Regen und musste womöglich einen Verlust hinnehmen. Auch Rentner, die ihre Renten einem Aktienfonds entnahmen, haben den negativen Cost-Average-Effekt zu spüren bekommen. Dieser ist nämlich der umgekehrte Fall: Bei fallenden Kursen muss sich ein Rentner nämlich mehr Anteile auszahlen lassen, um seine Wunschrente zu erhalten. Somit verliert er bei fallenden Kursen mehr Anteile, die ihm bei einem Wiederanstieg an den Märkten fehlen.

Zurück zum Praxisbeispiel des Kurssturzes im DAX. Dieser nahm zwischen Februar 2000 und Mai 2007 den in der folgenden Abbildung dargestellten Verlauf.

Die entsprechenden Kurse finden Sie auch im Anhang, wo Sie nun folgenden Fall nachrechnen können. Sie dürfen gerne dieses Beispiel für den Kundenverkauf nutzen. Beachten Sie jedoch das Copyright.

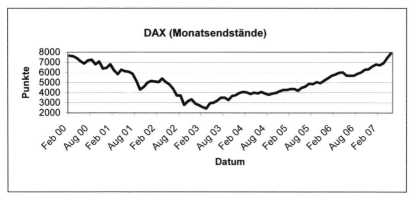

 BEISPIEL

Nehmen wir einen Kunden an, der in ein ETF auf den DAX im Februar 2000 monatlich zum Monatsende 1.000 Euro investiert hatte. Im Mai 2007 zieht er dann nach insgesamt 88 Monaten Bilanz und glaubt an keine gute Rendite:

Summe der gekauften Anteile:	18,95
Kurs eines ETF's:	7.883 Euro

Welche Rendite erzielte der Anleger innerhalb des Zeitraums?

 Berechnung

Der Kunde zahlte 88 Monate 1.000 Euro in den ETF ein. Am Ende hat sich ein Vermögen von 149.383 Euro (= 18,95 Anteile x 7.883 Euro) angesammelt. Sie greifen zum BWK Business® und berechnen die Rendite.

Neue Produkte! Neue Gesetze! Neue Steuern!

Eingabe	Display-anzeigen	Erklärung
12 P/YR	P/YR 12,00	Monatliche Einzahlungen.
88 N	N 88,00	Es wurden insgesamt 88 Monate eingezahlt.
0 PV	PV 0,00	Es wurde keine Einmalanlage getätigt.
1 000 +/– PMT	PMT -1.000,00	Monatlich wurde 1.000 Euro in den ETF einge- zahlt.
149 383 FV	FV 149.383,00	Das Endvermögen entspricht 149.383 Euro.
I/YR	I/YR NOM% 13,56	Berechnung des nominalen Zinses.
EFF%	EFF% 14,43	Umrechnung in den effektiven Zins.

Der Anleger hätte also durch Aussitzen des Crashs und Weitersparen eine Rendite von 14,4 Prozent erzielt. Dieses Praxisbeispiel zeigt wieder, wie stark sich der Cost-Average-Effekt in der Praxis wirklich auswirkt. Jedoch wird zu beobachten sein, dass bei Crashs Sparpläne nicht konsequent weitergeführt werden. Gerade zu Ende 2007, Anfang 2008 wurden einige Anlagegelder beim Crash der Subprime-Krise aus Aktienfonds abgezogen. Zumindest verschlechterte sich die Absatzstatistik für Aktienfonds der Investmentgesellschaften.

Übrigens: Der Dow Jones erlitt einen weniger heftigen Kurssturz von 2000 bis 2006. Die Rendite betrug daraufhin lediglich 4,5 Prozent. Daraus lässt sich schließen: Je stärker der Kurssturz, desto mehr profitieren Anleger.

Die Botschaft lautet: In unruhigen Börsenzeiten können Sie Ihre Kunden beruhigen. Jeder Ihrer Kunden wird sicherlich ein fondsgebundenes Produkt oder einen Investmentfonds haben. Mit Praxisbeispielen wie dem obigen können Sie dem Kunden die wahre Rendite zeigen und somit weiter an sich binden. Sprüche wie: „Es wird bald wieder steigen!" und „Ihr Produkt hat zwar Verluste erzielt, wird aber bald wieder Gewinne erzielen!" gehören der Vergangenheit an. Viele Berater erklären dem Kunden zwar den Cost-Average-Effekt in der Theorie, jedoch kann der Kunde damit nicht wirklich etwas anfangen und er fühlt sich danach vielleicht nicht viel besser. Machen Sie es besser und zeigen Sie den Effekt in der Praxis. Verstehen Sie! Zeigen Sie dem Kunden die Wahrheit und Praxis, vielleicht anhand obigen Beispiels. Füllen Sie die Tabelle im Anhang aus und zeigen Sie es dem Kunden. Bei wirklich heftigen Kursstürzen können Sie den Kunden sogar beruhigt sagen, dass er dadurch noch höhere Renditen erzielt und es gut für Ihn ist. Voraussetzung ist jedoch, dass der Kunde noch genug Zeit zum Sparen hat!

Subprime-Krise – Warum kam es dazu?

Im Jahr 2007 und 2008 gab es wohl kein häufiger genutztes Wort am Finanzmarkt als die Subprime-Krise. Somit war es kein Wunder, dass dieses Wort zum Börsenunwort des Jahres 2007 gewählt wurde. Doch was war eigentlich die Subprime Krise und wie begann die ganze Finanzkrise?

Die Ursache für die Subprime-Krise liegt schon einige Jahre zurück und reicht bis ins Jahr 2000. Das Platzen der Internetblase und der Kursverfall an den Börsen zog zwei Folgen nach sich: Einmal senkte die Federal Reserve (Fed) in den USA rasch den Leitzins und zum anderen waren Anleger in den USA eher darauf bedacht, auf sichere Anlagen, wie Immobilien zu setzen. Durch die niedrigen Zinsen konnten sich viele Amerikaner ein Darlehen leisten und kauften Häuser auf Pump. Der Begriff Subprime wurde dadurch belegt, dass auch bonitätsschwache Käufer an Kredite kamen. Auch diejenigen, die kein oder nur geringes Einkommen vorweisen konnten. Der nächste Effekt setzte dadurch ein, dass die Häuserpreise durch die hohe Nachfrage und geringes Angebot in die Höhe schossen. Die Banken rechneten für die Kunden durch, dass später das Darlehen durch den Verkauf des Hauses abgelöst und zudem noch ein satter Gewinn herausspringen würde. Dadurch sprangen noch mehr auf den „Rendite-Zug" auf und die Häuserpreise schossen noch mehr in die Höhe. Der Plan der Banken wäre auch bei den jährlichen Wertsteigerungsraten im Immobiliensektor aufgegangen. Doch wie bei allen enormen Steigerungen wird irgendwann der Höchstpunkt erreicht und der Markt bricht ein. So war es der Fall, als die Zinsen bei den sogenannten Subprime-Krediten nach einigen Jahren angepasst wurden und die meisten Kreditnehmer die Rate nicht mehr zahlen konnten. Dadurch begann die Abwärtsspirale: Da die Kreditnehmer die Rate nicht mehr zahlen konnten, mussten die Immobilien verkauft werden oder, wie in den USA üblich, an die Bank zurückgegeben werden. Dadurch wurde der Markt mit Immobilien überschwemmt – genau das Gegenteil wie in den vorigen Jahren. Nun war nämlich das Angebot größer als die Nachfrage und ein Preisverfall setzte ein. Auch die Rechnung der Banken, Immobilienpreise würden weiter steigen, ging nicht mehr auf. Dadurch verkauften immer mehr ihre Immobilien und die Preise sanken weiter. Bonitätsschwache Kunden der Banken konnten selbst durch den Verkauf der Immobilie nicht mehr den Kredit in voller Höhe zurückzahlen. Banken blieben damit auf den Schulden aus den Krediten oder auf den im Wert gesunkenen Häusern sitzen. Meist waren die Hypotheken höher als der eigentliche Hauswert.

Doch noch nicht genug der Abwärtsspirale. Die Banken hatten die Kredite in Derivate verpackt (sogenante Collateralised Debt Obligabtions, CDO) und weltweit an Anleger und andere Banken verkauft. Diese erzielten, als das Geschäft gut ging, gute Renditen. Doch letztlich waren später die verkauften Papiere nichts mehr wert. Durch weitere Finanzmarktverstrickungen wusste später niemand mehr, wie viele dieser Papiere auf dem Markt sind, was sie noch wert sind usw.

Warum erzählen wir Ihnen das? Aus zwei Gründen: Einmal sollen Sie vorsichtig bei Produkten sein, die Sie an Kunden weitergeben. Sie sollen nicht auf jeden Zug aufspringen, der gerade angesagt ist und hohe Gewinnversprechen abgibt. So war es beim Platzen der Internetblase und auch nun bei der Subprime-Krise. Zum anderen sollen Sie bonitätsschwächere Kunden, die sich gerade eine Immobilie leisten können, auf Zinssteigerungen hinweisen und Szenarien bei Darlehensberechnungen entwickeln, wenn zum Beispiel der Zins nach der Zinsbindungsfrist steigt. Banken tun dies meist nicht. Was Banken wohl tun, wenn der Kunde die Annuität nicht mehr zahlen kann, ist, das Darlehen zu verkaufen. Die Käufer der Darlehen bestehen dann jedoch auf die pünktliche Zahlung, ansonsten werden heftige Schritte eingeleitet und das Haus muss verkauft werden. Daraus entstehen Kunden meist Verluste. Denn wie bei Investmentfonds gilt auch bei Immobilien: Investiere nicht, wenn Du zu einem Zeitpunkt verkaufen MUSST!

Zurück zum BWK Business®. Wie können Sie Kunden ein Darlehensszenario entwickeln und wie wirken sich Zinssteigerungen aus? Auch wenn Darlehen vielleicht nicht zu Ihrem Hauptgeschäft gehören, sollten Sie dem Kunden weiterhelfen können. Schließlich sind Sie auch darauf bedacht, dass der Kunde weiterhin Liquidität besitzt und diese bei Ihnen investieren kann.

 BEISPIEL

Ihr Kunde, 35 Jahre, verheiratet und 2 Kinder, hat geerbt. Er möchte sich nun seinen Traum erfüllen und eine Eigentumswohnung für 200.000 Euro kaufen. Das Erbe beträgt 50.000 Euro und zudem hat er noch eigene Mittel von 20.000 Euro. Von der Bank wird ein Darlehen über 130.000 Euro angeboten. Die Zinsbindungsfrist beträgt 10 Jahre und der effektive Zins liegt bei 4,7 Prozent. Die anfängliche Mindesttilgung beträgt 1 Prozent. Ihr Kunde hat einen sicheren Arbeitsplatz, ist jedoch Alleinverdiener und die junge Familie hat rund 400 Euro zur freien Verfügung (auch durch Mietersparnis). Auch nach 10 Jahren, so gehen Sie zusammen mit dem Kunden durch, wird er nicht viel mehr zur freien Verfügung haben. In die Altersvorsorge (fondsgebundene Produkte) wird zurzeit 300 Euro investiert.

Stellen Sie dem Kunden ein möglichst realistisches Szenario auf!

 Berechnung

Um den Kunden erst einmal hinsichtlich des Darlehens aufzuklären, berechnen Sie die Kosten.

Kaufpreis ET-Wohnung:	200.000 Euro
– Erbe:	50.000 Euro
– eigene Mittel:	20.000 Euro
= Darlehenssumme:	130.000 Euro

Nun geben Sie die Daten in den BWK Business® ein.

Eingabe	Display-anzeigen	Erklärung
12 P/YR	P/YR 12,00	Monatliche Zahlungsweise.
10 x P/YR	N 120,00	Zinsbindungsfrist: 10 Jahre.
4,7 EFF%	I/YR NOM% 4,60	Der Darlehenszins beträgt 4,7 Prozent effektiv.
130 000 PV	PV 130.000,00	Darlehensbetrag: 130.000 Euro.
1 SHIFT PMT	PMT -606,85	Die anfängliche Tilgung beträgt mind. 1 %. Der BWK Business® berechnet direkt die Annuität.
FV	FV -113.531,43	Berechnung der Restschuld nach 10 Jahren.

Ihr Kunde müsste also eine monatliche Rate von rund 600 Euro in Kauf nehmen. Nach 10 Jahren beträgt dann die Restschuld noch 113.500 Euro. Nun müssen Ihre Szenarien folgen. Nehmen Sie also an, dass die Zinsen nach der Prolongation – ebenso 10 Jahre Zinsfestschreibung – steigen:

effektiver Zinssatz nach Prolongation	monatliche Annuität	Restschuld
5 Prozent		
6 Prozent		
7 Prozent		
8 Prozent		

Haben Sie dem Kunden diese Tabelle aufgezeichnet, können Sie diese auch direkt mittels BWK Business® mit Zahlen füllen.

Teil 2:

Eingabe	Display-anzeigen	Erklärung
5 EFF%	I/YR NOM% 4,89	Annahme eines Darlehenszinses von 5 Prozent.
RCL FV +/- PV	PV 113.531,43	Die Restschuld nach den ersten 10 Jahren wird als Folgedarlehen gespeichert.
1 SHIFT PMT	PMT -557,15	Sie nehmen wiederum eine anfängliche Tilgung von 1 Prozent für das Folgedarlehen an.
FV	FV -98.927,20	Berechnung der Restschuld nach weiteren 10 Jahren.

 Die Zwischenergebnisse können Sie direkt in die Tabelle übernehmen:

effektiver Zinssatz nach Prolongation	monatliche Annuität	Restschuld
5 Prozent	557 Euro	98.900 Euro
6 Prozent		
7 Prozent		
8 Prozent		

Die Folgezahlen ermitteln Sie ebenso.

Eingabe	Display-anzeigen	Erklärung
6 EFF%	I/YR NOM% 5,84	Annahme eines Darlehenszinssatzes von 6 Prozent.
1 SHIFT PMT	PMT -647,23	Anfänglicher Tilgungssatz von ein Prozent. Wichtig: Dieser Schritt ist unbedingt notwendig, da die Rate PMT neu ermittelt werden muss.
FV	FV -98.159,89	Berechnung der Restschuld nach weiteren 10 Jahren.

Führen Sie obige Berechnung für die anderen Zinssätze ebenso durch, so wird Ihre Tabelle wie folgt aussehen:

effektiver Zinssatz nach Prolongation	monatliche Annuität	Restschuld
5 Prozent	557 Euro	98.900 Euro
6 Prozent	647 Euro	98.160 Euro
7 Prozent	737 Euro	97.350 Euro
8 Prozent	825 Euro	96.500 Euro

Nun gilt es, die Zahlen mit Ihrem Kunden durchzusprechen. Schon im ersten Zinsbindungszeitraum übertrifft die Annuität um rund 200 Euro die frei zur Verfügung stehenden Mittel. Sollte der Zins nach der Prolongation ansteigen, so fehlen sogar bis zu 425 Euro. Was zudem beachtet werden sollte, was Sie Ihrem Kunden in jedem Fall entgegenbringen sollten: Durch die Eigentumswohnung wird nicht die volle Miete eingespart. Denn es ist die eigene Immobilie und der Kunde muss zum Beispiel für Instandhaltungen selbst aufkommen. Die Familie hat nun ein Entscheidungskriterium.

Ihr Kunde könnte Ihnen beispielsweise entgegenbringen, dass er weniger für die Altersvorsorge spart, da ja die Eigentumswohnung auch eine Art Altersvorsorge sei. Auch hier können Sie den BWK Business wunderbar nutzen. Nehmen Sie an, in den fondsgebundenen Produkten erzielt er einen Zins von 7 Prozent. Stellen Sie nun folgende Szenarien gegenüber:

a) Er kauft die Immobilie und vermindert den Sparbeitrag um 200 Euro.

b) Er kauft die Immobilie nicht und legt das Erbe zusätzlich an.

Wie sind die Vermögensverhältnisse mit dem 65. Lebensjahr?

Versuchen Sie auch in diesem Fall erst einmal alleine auf die Lösung zu kommen. Üben Sie! In Kundengesprächen können Sie auch nicht nur lesen. Hier müssen Sie direkt rechnen. Nehmen Sie sich also nun ein Blatt Papier und berechnen Sie das Ergebnis. Stellen Sie sich vor, der Kunde sitzt vor Ihnen. Achten Sie also auf die Zeit. Berechnen Sie jetzt!

— kurze Berechnungspause —

Haben Sie das Ergebnis ermittelt? Gut, dann hier unsere Lösung.

a) Kauf der Immobilie:

Eingabe	Display-anzeigen	Erklärung
12 P/YR	P/YR 12,00	Monatliche Zahlung der Sparraten.
30 x P/YR	N 360,00	Bis zum 65. Lebensjahr hat Ihr Kunde noch 30 Jahre zum Sparen.
7 EFF%	I/YR NOM% 6,78	Annahme eines effektiven Zinses von 7 Prozent.
0 PV	PV 0,00	Er hat keine Einmalanlage. In diesem Fall gehen wir auch davon aus, dass in der bestehenden Altersvorsorge noch kein Vermögen besteht.
100 +/– PMT	PMT -100,00	Er verringert die jetzige Sparrate von 300 Euro um 200 Euro.
FV	FV 116.945,26	Berechnung des Vermögens mit dem 65. Lebensjahr.

Mit dem 65. Lebensjahr steht dem Kunden ein Vermögen von rund 117.000 Euro zur Verfügung. Zudem sollte die Immobilie abbezahlt sein und hieraus ein Vermögen generiert worden sein. Ohne Berücksichtigung der Inflation/Wertsteigerung der Immobilie stehen dann rund 317.000 Euro zur Verfügung.

b) Verzicht auf den Kauf der Immobilie:

Nun zum Vermögen, sollten das Erbe sowie monatlich 300 Euro gespart werden.

Eingabe	Display-anzeigen	Erklärung
50 000 +/– PV	PV -50.000,00	Das Erbe wird als Einmalanlage getätigt.
300 +/– PMT	PMT -300,00	Es werden weiterhin 300 Euro monatlich gespart.
FV	FV 731.448,53	Berechnung des Vermögens mit dem 65. Lebensjahr.

In diesem Fall werden rund 730.000 Euro erreicht. Das sind rund 400.000 Euro mehr als bei der Immobilie. Nun werden Sie richtigerweise anmerken, dass hier die Inflation doch noch zum Tragen kommt – zumindest bei den Vermögenswerten. Beim Sachwert Immobilie wird die Inflation durch Wertsteigerungen ausgeglichen.

Berechnen wir für obige 730.000 Euro mit Inflation von angenommenen 3 Prozent den heutigen Wert.

Eingabe	Display-anzeigen	Erklärung
1 P/YR	P/YR 1,00	Jährliche Inflation.
30 x P/YR	N 30,00	Betrachtung über 30 Jahre.
3 I/YR	I/YR NOM% 3,00	Die Inflation wird mit 3 Prozent angenommen.
0 PMT	PMT 0,00	Keine regelmäßigen Ein-/Auszahlungen bei Inflationsberechnungen.
730 000 FV	FV 730.000,00	Nach 30 Jahren stehen 730.000 Euro zur Verfügung.
PV	PV -300.750,33	Berechnung des heutigen Werts.

Nach heutiger Kaufkraft sind es rund 300.000 Euro. Für den Vermögenswert von 117.000 Euro berechnen Sie nun ebenso die Inflation:

Eingabe	Display-anzeigen	Erklärung
117 000 FV	FV 117.000,00	Nach 30 Jahren stehen neben der Immobilie 117.000 Euro zur Verfügung.
PV	PV -48.202,45	Berechnung des heutigen Werts.

Bei Kauf der Immobilie steht ein inflationsbereinigtes Vermögen von rund 248.000 Euro zur Verfügung. Ohne den Kauf sind es rund 300.000 Euro. Der Kunde sollte mit Hilfe dieser Szenarien entscheiden können. Zudem könnten Sie ihm für die Rentenplanung die Rente aus den Vermögen ermitteln. Beachten Sie jedoch, dass der Kunde beim Kauf der Immobilie in der Rentenzeit keine Miete zu zahlen hat.

Die Botschaft lautet: Berechnen Sie für Kunden Szenarien. Sie sollten nicht Träume von Kunden zerstören. Ebenso sollten Sie ihn nicht in eine Schuldenfalle laufen lassen. Das kann leicht mit Immobilien passieren, wie wir auch gerade in der Subprime Krise in den USA erlebt haben. Lassen Sie den Kunden nach einer übersichtlichen Aufstellung von Szenarien entscheiden.

Reverse Mortgage – Immobilienleibrente

Wie bei vielen Trends, startete auch der der Reverse Mortgage, oder auf deutsch „umgekehrte Hypothek", in den USA. Dort ist diese Form der Beleihung Normalität. Auch in Großbritannien und anderen Ländern ist dieses Modell stark im Kommen. In Deutschland hingegen tun sich die Kreditinstitute schwer. Denn die Mentalität der Deutschen steht ein wenig im Weg und auch die Kosten sind zu hoch, um es attraktiv werden zu lassen. Das Eigenheim ist in Deutschland ein Traum vieler und dieser soll nicht zerplatzen. Auf der Kostenseite sind einmal die geringen Wertsteigerungen der Immobilien in Deutschland zu sehen und zudem Notarkosten, Grunderwerbsteuer und Maklerkosten zu hoch. Zudem wird Reverse Mortgaged nicht, wie in den USA, staatlich gefördert. Werfen wir jedoch einen Blick hinter die Fassaden.

Sicherlich haben Sie schon einmal Monopoly gespielt. Wahrscheinlich waren Sie auch schon einmal an dem Punkt, dass Sie zwar viele Straßen, aber kein Spielgeld mehr hatten. Da blieb dann nur noch eines: Die Straßenkarten umdrehen und die Hypothek in Anspruch nehmen. Schon war man wieder flüssig und konnte einige Runden weiter spielen. War dann wieder genug Geld da, hat man die Straßen wieder zurück gekauft. Die umgekehrte Hypothek verhält sich nicht anders. Steht im Alter nicht genug Geld zur Verfügung und ist ein Eigenheim vorhanden, so muss dieses veräußert werden oder man nimmt die Reverse Mortgage in Anspruch. Ist später wieder genug Geld vorhanden, könnte man die Hypothek wieder zurückzahlen. Bei diesem Modell passiert Folgendes:

Man geht zu einer Bank und beleiht sein Haus. Von dem Verkehrswert des Hauses zieht die Bank einen Sicherheitsabschlag ab und man bekommt ein Kapital in Renten über eine bestimmte, meist sogar gewünschte Laufzeit ausgezahlt. Nach der Laufzeit ist dann jedoch das Haus vollständig beliehen und der Zins für die Hypothek ist dann wieder vom Eigentümer zu übernehmen. Das kann dann wieder teuer werden. So ist klassische Reverse Mortgage. Hier gibt es jedoch viele Sonderformen, die wir nicht genau beschreiben werden. Grundvoraussetzung bei allen Arten ist jedoch, dass das Eigenheim vollständig abbezahlt ist.

In Deutschland wird diese Form wahrscheinlich mehr Nachfrage hervorrufen, wenn die Altersarmut bei vielen einsetzen wird. Viele zahlen hierzulande vor der Rente lieber viel für ein Darlehen einer Immobilie, um endlich ein eigenes Haus zu besitzen und vergessen dabei die private Altersvorsorge. So sitzen dann später viele Rentner auf einer schönen Immobilie, haben jedoch wenig Renteneinkommen. Dann muss letztendlich doch die Immobilie hinhalten.

Um die Reverse Mortgage deutlicher zu machen und wie Sie sie mit dem BWK Business® berechnen, nun ein Beispiel.

Ein 67-Jähriger geht pünktlich, nach knapp 50 Jahren Arbeitsleben in Rente. Bis zum 35. Lebensjahr hat er sich nicht um die Altersvorsorge gekümmert, da die staatliche Rente als sicher und ausreichend galt. Schon immer war sein Traum, eine eigene Immobilie zu besitzen. Diese hat er dann vom 35. bis zum 60. Lebensjahr abbezahlt. Er hat viele Hochzinsphasen durchlebt, in denen das Darlehen fast sein ganzes Gehalt in Anspruch nahm. Nun, mit dem 67. Lebensjahr, hat er zwar eine eigene Immobilie, jedoch gibt ihm sein Rentenbescheid eine zu geringe Rente aus. Er möchte mehr und spricht Sie an. Seine Immobilie, ein schmuckes Anwesen, hat einen geschätzten Wert von 400.000 Euro. Sie sagen ihm, dass die Immobilie wohl oder übel in Liquidität umgewandelt werden muss. Hierzu schlagen Sie 3 Wege vor:

a) Reverse Mortgage: 5,5 Prozent Zins, Sicherheitsabschlag von 20 Prozent, Laufzeit 25 Jahre

b) Verkauf der Immobilie, Anlage in Rentenversicherung, lebenslange Rente nach Steuern 1.500 Euro, Wohnen zur Miete für monatlich 600 Euro

c) Verkauf der Immobilie, Anlage in Bundesschatzbrief, 3,75 Prozent Zins nach Steuern. Laufzeit soll bis zum 100. Lebensjahr vereinbart werden mit Rentensteigerungen von 3 Prozent p. a.

Was ist für den Kunden die beste Alternative?

 Berechnung

a) Bei der Reverse Mortgage kann er 25 Jahre mietfrei in seiner eigenen Immobilie wohnen bleiben. Das wird sicherlich ein qualitativer Pluspunkt für die umgekehrte Hypothek sein. Nun zu den quantitativen Punkten. Hier ziehen wir erst vom Verkehrswert der Immobilie den Sicherheitsabschlag ab:

Verkehrswert:	400.000 Euro
– Sicherheitsabschlag 20 %:	80.000 Euro
Reverse Mortgage:	320.000 Euro

Nun berechnen Sie mittels BWK Business die Renten bei 25 Jahren Laufzeit. Das ist quasi der umgekehrte Fall einer Darlehensaufnahme:

Eingabe	Display-anzeigen	Erklärung
12 P/YR	P/YR 12,00	Monatliche Auszahlung der Renten.
25 x P/YR	N 300,00	Laufzeit: 25 Jahre.
5,5 EFF%	I/YR NOM% 5,37	Der Zins beträgt 5,5 Prozent.
0 PV	PV 0,00	Heute ist die Immobilie noch nicht beliehen.
320 000 +/– FV	FV -320.000,00	Nach 25 Jahren ist die Immobilie vollständig beliehen, es fließen also 320.000 Euro an die Bank.
PMT	PMT 508,62	Berechnung der monatlichen Rente.

Die Rente beträgt also rund 510 Euro im Monat. Das heißt: Mit der Laufzeit wird das Haus monatlich mit 508,62 Euro mehr beliehen, bis nach 25 Jahren 320.000 Euro mit Zinsaufrechnung erreicht sind. Zeigen Sie dem Kunden nun, was nach 25 Jahren passiert, wenn er in der Immobilie wohnen bleibt. Hier berechnen Sie den Zins, den er dann zu zahlen hat:

Eingabe	Display-anzeigen	Erklärung
320 000 PV	PV 320.000,00	Heute (in 25 Jahren) ist die Immobilie mit 320.000 Euro beliehen. Bleibt der vorige Eigentümer darin wohnen, hat er einen Vorteil von 320.000 Euro = positives Vorzeichen.
RCL FV	FV -320.000,00	Die Immobilie bleibt mit weiterhin 320.000 Euro beliehen.
PMT	PMT -1.430,94	Berechnung des monatlichen Zinses.

Teil 2:

Der Rentner wird in 25 Jahren also einen Zins (Miete) von 1.431 Euro zu zahlen haben, wenn er weiterhin in „seinem" Eigenheim wohnen bleibt.

b) Der Rentner könnte auch die Immobilie verkaufen und in eine Rentenversicherung investieren. Hier bekäme er eine lebenslange Rente von 1.500 Euro, die sich noch um die Miete von 600 Euro verringert. Unterm Strich bleiben ihm also 900 Euro zur freien Verfügung. Diese Möglichkeit übersteigt bei weitem die der Reverse Mortgage. Zudem hat er lebenslange Sicherheit, es sei denn die Mietpreise schießen in die Höhe.

c) Der Rentner könnte ebenso nach dem Verkauf in einen Bundesschatzbrief investieren und sich daraus bis zum 100. Lebensjahr, also 33 Jahre, eine Rente auszahlen lassen.

Eingabe	Display-anzeigen	Erklärung
12 P/YR	P/YR 12,00	Monatliche Rentenauszahlung.
33 x P/YR	N 396,00	Rentenauszahldauer von 33 Jahren.
3,75 EFF%	I/YR NOM% 3,69	Die Rendite des Bundesschatzbriefs beträgt nach Steuern 3,75 Prozent.
400 000 +/– PV	PV -400.000,00	Der Verkaufspreis der Immobilie von 400.000 Euro wird in einen Bundesschatzbrief eingezahlt.
0 FV	FV 0,00	Nach 33 Jahren soll kein Kapital mehr vorhanden sein.
3 %D	%D 3,00	Die Rentensteigerung soll 3 Prozent betragen.
12 SHIFT %D	xD 12,00	Die Rentensteigerung erfolgt jährlich, also alle 12 Monate.
P/D	P/D 1.154,46	Berechnung der anfänglichen Rente.
SHIFT P/D	P/DE 2.972,83	Berechnung der Rente im letzten Jahr.

Diese Anlage könnte mit der der Rentenversicherung verglichen werden. Jedoch ist für Hinterbliebene beim Bundesschatzbrief noch ein Vermögen vorhanden, sollte der Rentner vor dem 100. Lebensjahr sterben. Sollte er länger als 100 Jahre leben, so ist er mit der Rentenversicherung auf der sicheren Seite. Stirbt er jedoch bei der Rentenversicherung vorzeitig, ist das ganze Vermögen verloren.

Die Botschaft lautet: Die Reverse Mortgage kann zurzeit noch keinen Durchbruch schaffen, da zu hohe Kosten und wenige Angebote. Zudem unterstützt hier noch nicht der Staat. Es ist abzuwarten, wie sich die umgekehrte Hypothek in Deutschland weiterentwickelt. Hier kommen sicherlich noch attraktivere Angebote auf den Markt. Doch bei jedem Angebot sollten Sie nachrechnen und andere Produkte dem Kunden vorstellen. Überlassen Sie dann dem Kunden die Entscheidung. Das ist alles!

Versicherungsvertragsgesetz, Versicherungsvermittlerverordnung und Finanzmarktrichtlinie

Diese drei Gesetze und Verordnungen spielen seit 2007/2008 eine entscheidende Rolle in Ihrem Beratungsgespräch – gleich ob das Versicherungsvertragsgesetz (VVG), die Versicherungsvermittlerverordnung (Versicherungsvermittlerrecht, Vermittlergesetz) oder die Finanzmarktrichtlinie (FUG/Finanzmarktrichtlinie-Umsetzungsgesetz, MiFID/Market in Financial Instruments Directive). Die Gesetze überschneiden sich teilweise. Sie werden, ja Sie müssen sogar, schon etwas darüber erfahren haben. Wir gehen hier nur darauf ein, wie Sie mit dem BWK Business® die entscheidenden Punkte der Gesetze umsetzen.

Nun erstmal zu einigen Fakten – unsere Einschätzung der wichtigsten Punkte der obigen Verordnungen/Gesetze:

- Umfassende Beratung, sowie Übermittlung der Vertragsbedingungen vor Abschluss einer Versicherung.

- Dokumentationspflicht des Beratungsgesprächs.

- Offenlegung der gezahlten Provision.

- Alle Kosten der Versicherung werden offen gelegt.

Teil 2:

- Abschlusskosten von Lebensversicherungen werden auf 5 Jahre verteilt.

- Realistische Prognoseberechnungen, was der Versicherte bei einer Lebensversicherung am Laufzeitende ausgezahlt bekommt.

- Haftung bei fehlerhafter Beratung.

- Beachtung der Anlageziele, finanzielle Verhältnisse und Erfahrungen des Kunden bei Anlageberatung.

- Transparenz bei Provisionszahlungen bei Ausgabeaufschlägen oder Jahresgebühren.

Auf obige Punkte gehen wir nun ein wenig konkreter ein. Wie können Sie den BWK Business® dazu einsetzen, den Anforderungen der oben genannten Richtlinien und Gesetze gerecht zu werden? Wie können Sie aus obigen Punkten verkaufstechnisch einen Nutzen ziehen?

Dokumentationspflicht

Der BWK Business® verfügt über die YOERS®-Funktion, die Sie im Beratungsgespräch einsetzen können. Im Band 1 sind wir darauf eingegangen, wie der Kunde Ihnen Ihre Berechnung bestätigt und sich dadurch sicher fühlt, dass die Berechnung seinen Anforderungen entspricht. Die YOERS®-Funktion dient aber zum anderen auch dazu, der Dokumentationspflicht nachzukommen. Haben Sie eine Berechnung für den Kunden durchgeführt, so können Sie diese in YOERS® speichern. In der Regel werden Sie an einem Tag mehrere Beratungsgespräche haben. Der BWK Business® verfügt deshalb über 40 Speicherplätze, die mit individuellen Namen vergeben werden können.

Der FAF Verlag stellt eine Software für die Übermittlung der YOERS®-Daten kostenlos zur Verfügung. Unser Tipp: Nutzen Sie diese! Registrieren Sie sich unter www.FAF-Verlag.com mit Ihrem BWK Business® und laden Sie sich die BWK Business® Desktop-Software herunter. Der Vorteil: Die Software hat eine Kundendatenbank unter der Sie die durchgeführten YOERS®-Berechnungen Ihren jeweiligen Kunden zuordnen können. Die Berechnungen können Sie in die modifizierte Dokumentationstabelle des Arbeitskreises Vermittlerrichtlinie Dokumentation oder eine Excel-Tabelle übertragen und ausdrucken. Damit haben Sie Sicherheit hinsichtlich der Dokumentation Ihrer durchgeführten Berechnungen, die Sie sich auch vom Kunden bestätigen (unterschreiben) lassen können.

 BEISPIEL

Ihr Kunde Herr Meier, 30 Jahre, möchte sich mit dem 65. Lebensjahr eine private Zusatzrente von 2.000 Euro, heutiger Kaufkraft, bis zum 90. Lebensjahr auszahlen lassen. Nehmen Sie eine Inflation von 2,5 Prozent, einen Ansparzins von effektiv 7 Prozent und einen Auszahlungszins von effektiv 4 Prozent an. Welche Sparrate muss er dafür von sofort an aufbringen, bei einer jährlichen Dynamik von 5 Prozent? Dokumentieren Sie den Fall!

 Berechnung

Da Sie im Beratungsgespräch sind, sollten Sie obige Daten erstmal für den Kunden in einem Zahlungsstrom darstellen. Fehlende Zahlen belegen Sie mit einem Fragezeichen. Der Zahlungsstrom könnte wie folgt aussehen:

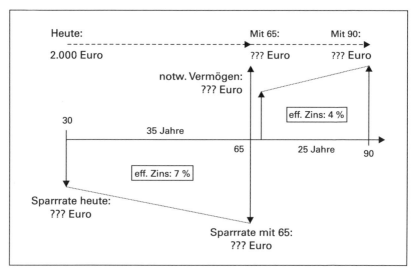

Quelle: © Bernd W. Klöckner, www.berndwkloeckner.com; Werner Dütting, www.duetting.com

Obiger Zahlungsstrom scheint auf den ersten Blick unübersichtlich. Zeichnen Sie diesen jedoch nach und nach auf, so ist er einfach zu verstehen – für Sie und für den Kunden. Nach zwei- bis dreimaliger Anwendung im Beratungsgespräch haben Sie ihn verinnerlicht.

Wir empfehlen, den nach den folgenden Berechnungsschritten mit dem BWK Business® nach und nach aufzuzeichnen:

1. Inflationsberechnung mit Zahlungsstrom.
2. Hauptzahlungsstrom zeichnen.
3. Rentenberechnung 65. bis 90. Lebensjahr.
4. Sparratenberechnung 30. bis 65. Lebensjahr.

Zudem gilt: Sie sollen diesem Buch die besten Ideen entnehmen. Haben Sie bereits einen eigenen Zahlungsstrom, benutzen Sie diesen weiter. Haben Sie eine eigene Idee aus dem Zahlungsstrom, nehmen Sie diese. Wir gehen nun nach obigem Zahlungsstrom weiter vor und berechnen mit dem BWK Business® die Zahlen.

1. Inflationsberechnung:

Zeichnen Sie nun den Zahlungsstrom für die Inflationsberechnung bis zum 65. Lebensjahr auf. Greifen Sie dann zum Taschenrechner und berechnen:

Eingabe	Display-anzeigen	Erklärung
1 P/YR	P/YR 1,00	Jährliche Inflation.
35 x P/YR	N 35,00	35 Inflationsjahre (30. – 65. Lebensjahr).
2,5 I/YR	I/YR NOM% 2,50	Die Inflation wird mit 2,5 Prozent angenommen.
2 000 PV	PV 2.000,00	Rente von 2.000 Euro nach heutiger Kaufkraft.
0 PMT	PMT 0,00	Keine regelmäßigen Ein-/Auszahlungen bei Inflationsberechnungen.
FV	FV -4.746,41	Berechnung der notwendigen Rente mit dem 65. Lebensjahr.

Stopp Mit dem 65. Lebensjahr benötigt der Kunde eine Anfangsrente von 4.750 Euro, um der heutigen Kaufkraft von 2.000 Euro nachzukommen. Nun stellen Sie diese Zahl im Inflations-Zahlungsstrom dar. Danach speichern Sie die Berechnung folgendermaßen ab:

Eingabe	Display- anzeigen	Erklärung
SHIFT YOERS	YOERS NAME YOERS 01 1	Speicherung der aktuellen TVM-Berechnung. Der Rechner zeigt den aktuellen Namen an, den Sie nun ändern können, da „NAME" im Display angezeigt wird.
C	YOERS NAME – 1	Löschen des aktuellen Namens „YOERS 01".
6 33 444 33 777 1 444 66 333 555 2 8	YOERS NAME MEIER INFLAT 1	Sie drücken nacheinander die Zifferntasten zur Eingabe eines Namens – hier „Meier Inflat".
YOERS	0,00	Beenden des YOERS-Modus – der aktuelle YO-ERS-Block wurde damit gleichzeitig auch gespeichert.

Als geübter BWK Business® Benutzer werden Sie für die Speicherung lediglich eine halbe Minute brauchen. Dem Kunden können Sie erklären, dass Sie ihm den Fall genau dokumentieren und ihm später für seine Unterlagen ausgedruckt mitbringen.

Nun können Sie weiter vorgehen und das notwendige Vermögen zum 65. Lebensjahr berechnen. Sie nehmen durch die Dynamikfunktion gleichzeitig zwei Schritte in der Rentenphase an. Einmal erhöhen sich die Renten, was der Inflationsberücksichtigung entspricht. Zum anderen berechnen Sie das notwendige Vermögen. Zeichnen Sie nun, bevor Sie zum Taschenrechner greifen, den Hauptzahlungsstrom für den Kunden auf.

Eingabe	Display-anzeigen	Erklärung
12 P/YR	P/YR 12,00	Monatliche Rentenauszahlung.
25 x P/YR	N 300,00	Die Rentenauszahlung soll 25 Jahre betragen (65. – 90. Lebensjahr).
4 EFF%	I/YR NOM% 3,93	Der effektive Zins in der Rentenphase wird mit 4 Prozent angenommen.
4 750 P/D	P/D 4.750,00	Die anfängliche Rentenzahlung mit dem 65. Lebensjahr muss 4.750 Euro betragen.
2,5 %D	%D 2,50	Die Inflation wird auch in der Rentenphase mit 2,5 Prozent angenommen.
12 SHIFT %D	xD 12,00	Die Inflation erfolgt jährlich, also alle 12 Perioden.
SHIFT P/D	P/DE 8.591,45	Berechnung der Rente mit dem 89. Lebensjahr.
0 FV	FV 0,00	Mit dem 90. Lebensjahr soll kein Vermögen mehr bestehen – voller Kapitalverzehr.
PV	PV -1.178.373,83	Berechnung des notwendigen Vermögens mit dem 65. Lebensjahr.

Stopp Der Kunde benötigt also rund 1,2 Millionen Euro zum 65. Lebensjahr. Sie tragen nun zwei Zahlen in den Zahlungsstrom ein. Zum einen die Rentenzahlung von rund 8.600 Euro mit dem 90. Lebensjahr in den Inflationszahlungsstrom und zum anderen das notwendige Vermögen von rund 1,2 Millionen Euro.

Nun speichern Sie wiederum diese Berechnung:

Eingabe	Display-anzeigen	Erklärung
SHIFT YOERS	YOERS NAME YOERS 02 2	Speicherung der aktuellen TVM-Berechnung in den nächsten freien Speicherplatz. Der Rechner zeigt den aktuellen Namen an, den Sie nun ändern werden.
C	YOERS NAME _ 2	Löschen des aktuellen Namens „YOERS 02".
6 33 444 33 777 1 777 33 66 8 33	YOERS NAME MEIER RENTE_ 2	Sie drücken nacheinander die Zifferntasten zur Eingabe eines Namens – hier „Meier Rente".
YOERS	0,00	Beenden des YOERS-Modus – der aktuelle YOERS-Block wurde damit gleichzeitig auch gespeichert.

Nun haben Sie die Rentenphase berechnet, im Zahlungsstrom aufgezeigt und als YOERS-Block gespeichert. Nun folgt letztlich nur noch der 3. Schritt, nämlich die Berechnung, mit welcher Sparrate er das Vermögen zum 65. Lebensjahr erreicht.

Eingabe	Display-anzeigen	Erklärung
35 x P/YR	N 420,00	Die Sparzeit beträgt 35 Jahre (30. – 65. Lebensjahr).
7 EFF%	I/YR NOM% 6,78	In der Ansparzeit wird ein effektiver Zins von 7 Prozent angenommen.
RCL PV +/– FV	FV 1.178.373,83	Abrufen des notwendigen Vermögens mit dem 65. Lebensjahr, ändern des Vorzeichens und speichern als zu erreichendes Endvermögen.
0 PV	PV 0,00	Es wird keine Einmalanlage mit dem 30. Lebensjahr getätigt.

5 %D	%D 5,00	Die Dynamik in der Sparzeit soll 5 Prozent betragen.
P/D	P/D -368,88	Berechnung der notwendigen Anfangs-Sparrate.
SHIFT P/D	P/DE -1.937,85	Berechnung der Sparrate mit dem 64. Lebensjahr.

Somit muss der Kunde nun mit einer Sparrate von rund 370 Euro beginnen, die sich dann erhöht – bis zum 65. Lebensjahr auf 1.940 Euro. Der Kunde wird wahrscheinlich bei der Sparrate von 1.940 Euro erschrecken. Hier können Sie ihn jedoch damit beruhigen, dass mit der Zeit zum einen Lohnsteigerungen anstehen und somit nach Inflation diese Sparrate bezahlbar sein wird. Die Dynamik ist zudem bei den meisten Sparplänen in jedem Jahr widerrufbar, sie sollte jedoch nicht mehr als zweimal hintereinander widerrufen werden, da sie sonst ganz aus dem Vertrag herausgenommen wird. Sie kennen das – der Kunde jedoch wahrscheinlich noch nicht! Sie sollten es also erwähnen.

Die Beträge 370 Euro und 1.940 Euro tragen Sie nun in den Zahlungsstrom ein. Damit ist er vollständig. Zudem speichern Sie nun noch die Berechnung.

Eingabe	Display- anzeigen	Erklärung
SHIFT YOERS	YOERS NAME YOERS 03 3	Speicherung der aktuellen TVM-Berechnung in den nächsten freien Speicherplatz. Der Rechner zeigt den aktuellen Namen an, den Sie nun ändern werden.
C	YOERS NAME – 3	Löschen des aktuellen Namens „YOERS 03".
6 33 444 33 777 1 7777 7 2 777 33 66	YOERS NAME MEIER SPAREN 3	Sie drücken nacheinander die Zifferntasten zur Eingabe eines Namens – hier „Meier Sparen".
YOERS	0,00	Beenden des YOERS-Modus – der aktuelle YOERS-Block wurde damit gleichzeitig auch gespeichert.

Nun haben Sie die Möglichkeit, nach den Beratungsgesprächen, die Berechnungen mittels USB-Kabel und der BWK Business® Desktop Software auf den PC zu übertragen und dem Kunden Meier zuzuordnen. Danach drucken Sie diese mittels EU-Vermittlerrichtlinientabelle aus. Damit kommen Sie der Dokumentationspflicht zu den Berechnungen nach und werden so in der Zukunft weniger Probleme haben.

Die Botschaft lautet: Nutzen Sie die vom FAF Verlag, www.FAF-Verlag.com, kostenfreie Software für die Dokumentation. Speichern Sie in Beratungsgesprächen die einzelnen Berechnungen mit dem YOERS-Modus. Gleich, ob es Sparpläne, Rentenauszahlungen oder Darlehen sind – Sie sollten die Berechnungen speichern. Entgehen Sie dadurch der Haftungsfalle. Sollte ein Kunde später gegen Sie gerichtlich vorgehen, so können Sie die Berechnungen detailliert beweisen. Wichtig hier: Nehmen Sie realistische Zinssätze an.

Provisionen, Kosten und Prognoseberechnungen

Provisionen: Sie werden dazu verpflichtet, Provisionen offen zu legen, wenn der Kunde Sie dazu auffordert. Das sehen wir nicht als Problem an, denn das können Sie mit einem Beispiel entkräften. Vergleichen Sie sich mit einem Steuerberater. Sollte der Kunde einen Steuerberater haben, so wird er wissen, dass er hierfür ein Honorar zahlt. Beim Steuerberater erhält er dafür sogar nur eine einmalige Beratung. Bei Ihnen wäre die Beratung lebenslang. Sagen Sie dem Kunden, dass Sie ja auch leben müssen und entweder ein Honorar für die Dienstleistung, die Sie anbieten, nehmen könnten oder vom Produktanbieter ein Honorar – die Provision – erhalten. Zudem werden Sie den Kunden hinsichtlich weiterer Produkte beraten, die auch keine oder nur wenig Provision ausschütten – „Ganzheitliche Beratung". Hier ist das Beispiel Sachversicherung zu nennen. So werden Sie unangenehmen Fragen entgehen. Clevere Kunden werden es verstehen.

Kosten der Produkte: Durch das Versicherungsvertragsgesetz haben Sie einen klaren Vorteil, gerade bei Lebens- und Rentenversicherungen. Die Kosten müssen nun von der Gesellschaft detailliert in den Versicherungsbedingungen aufgeführt werden. Sind Sie freier Makler, so können Sie Kosten einzelner Produkte gegenüberstellen und somit ein kostengünstiges Produkt für den Kunden auswählen. Nutzen Sie den Vorteil und berechnen Sie den effektiven Zins der einzelnen Gesellschaften mittels BWK Business®. Darauf gehen wir gleich mit einem Beispiel ein. Achten Sie jedoch zudem auf Qualitätsaspekte der Produkte. Nicht jedes Produkt, was günstig ist, hat gute Leistungen.

Zudem werden die Abschlusskosten der Versicherungen auf die ersten fünf Jahre verteilt. Auch das wird eine Berechnung erleichtern. Auch hinsichtlich der Prognoseberechnungen sind die Kosten ein wichtiger Bestandteil, mit dem Sie sehr gut arbeiten können.

Übrigens ergab eine repräsentative Studie des Instituts für Transparenz in der Altersvorsorge (ITA) in Zusammenarbeit mit der Gesellschaft für Konsumforschung (GfK) im Jahr 2007, dass knapp 70 Prozent der Befragten eine Kostentransparenz besonders wichtig ist. Da Versicherungen diese jedoch in ihren Bedingungen sehr komplex darstellen (das sehen Sie auch gleich im Beispiel), sollten Sie diese dem Kunden erläutern und in Ihre Berechnung einbeziehen können.

Prognoseberechnungen: Die Versicherungen, hier sind gerade Lebens- und Rentenversicherungen gemeint, sollen in Zukunft realistische Modellrechnungen herausgeben, in denen die zukünftige Leistung (Rente/Ablaufleistung) hochgerechnet wird. Das können Sie sehr gut nutzen, um bestehende Versicherungen zu bewerten. Auch hierauf gehen wir gleich mit einem Beispiel ein.

Gehen wir nun auf die Kosten ein. Hier können Sie als Versicherungsvermittler beispielsweise Rentenversicherungen oder Lebensversicherungen miteinander vergleichen. Der Effektivzins oder auch die Ablaufleistung, die Sie in den Berechnungen annehmen sollten, sind hier klar von Vorteil. Um Ihnen Hilfestellung bei der Berechnung des Effektivzinses und der Ablaufleistung zu bieten, werden wir im Folgenden ein Produkt berechnen. Dieses Beispiel können Sie auch auf andere Produkte beziehen und können so untereinander vergleichen. Das folgende Beispiel, eine fondsgebundene Rentenversicherungen, wurde der Praxis entnommen. Es sind also wahre Zahlen, die auch bei vielen anderen Produkten in dieser Art gegeben sind.

Es soll eine fondsgebundene Rentenversicherung nach detaillierten Kosten berechnet werden. Sie möchten die Kosten mit denen anderer Rentenversicherungen vergleichen. In die Rentenversicherung sollen monatlich 200 Euro eingezahlt werden, über einen Gesamtzeitraum von 30 Jahren. In den Versicherungsbedingungen werden folgende Kosten ausgewiesen:

- Abschluss- und Vertriebskosten in den ersten 5 Jahren: 53 Prozent vom regelmäßigen Beitrag nach Abzug der Vertragsgebühr.
- Vertragsgebühr: 4 Euro vom monatlichen Beitrag.
- Jahresgebühr (fällt erst nach 24 Monaten an): 2 Prozent vom regelmäßigen Beitrag nach Abzug der Vertragsgebühr.
- Monatliche Vertragsverwaltungsgebühr auf den aktuellen Vertragswert: 0,020833 Prozent.
- Gebühr für garantierten Todesfallschutz: nicht aufgeführt, Annahme: 10 Euro vom monatlichen Beitrag.
- Jährliche Verwaltungskosten des Fonds: nicht aufgeführt, Annahme 1,5 Prozent.
- Treuebonus nach 5 Jahren Beitragszahldauer: Reduzierung der Verwaltungskosten des Fonds um 0,75 Prozent, ab dem 11. Jahr um 1 Prozent.
- Beitragsgarantiegebühr wird nicht angenommen.

Gehen Sie von einer Rendite des Fonds von 7 Prozent aus und das der Versicherte später die Kapitalabfindung wählt.

a) Wie hoch ist das Vermögen nach 30 Jahren nach allen Kosten?

b) Wie hoch ist der erzielte Effektivzins?

 Berechnung 1

Sie werden vielleicht erschrecken, wie viele unterschiedliche Kostenfaktoren berücksichtigt werden müssen. Das ist jedoch kein Problem. Gehen Sie Schritt für Schritt vor. Jahr für Jahr. Berechnen Sie die effektive Sparrate, die zur Anlage kommt, für die unterschiedlichen Jahre. Berechnen Sie die effektive Rendite des Fonds, die in den jeweiligen Jahren erzielt wird.

Nehmen Sie sich nun ein Blatt Papier und versuchen Sie für die verschiedenen Jahre die effektive Sparrate und den effektiven Anlagezins zu ermitteln. Steigern Sie Ihren Lern- und Aha-Effekt. Wenn Sie Faktoren in Ihrer eigenen Berechnung vergessen, so werden Sie es besser in der Lösung sehen und beim nächsten Mal nicht mehr falsch machen. Übung macht den Meister. Gerade bei solchen Berechnungen ist es erst wichtig, zu verstehen, dann einen eigenen Versuch zu starten und danach die Lösungen vergleichen. So ist der Lerneffekt am größten.

— kurze Berechnungspause —

Haben Sie die Kosten der einzelnen Jahre ermittelt? Gut, dann folgt nun unsere Lösung:

Zunächst gehen Sie monetär vor. Berechnen Sie die einzelnen Kosten ohne Betrachtung der Zeiträume. Da die Prozentsätze der Abschluss- und Vertriebskosten sowie der Jahresgebühr auf den Beitrag nach Vertragsgebühr berechnet wird, ziehen wir die Vertragsgebühr von monatlich 4 Euro zuerst ab. Somit beträgt der Beitrag nach Vertragsgebühr 196 Euro.

Auf diesen Beitrag berechnen Sie nun Abschluss- und Vertriebskosten, sowie die Jahresgebühr:

– 53 Prozent von 196 Euro: 103,88 Euro monatlich Abschluss- und Vertriebskosten.
– 2 Prozent von 196 Euro: 3,92 Euro monatliche Jahresgebühr.

Die monatliche Vertragsverwaltungsgebühr wird von der Rendite abgezogen. Überschlägig wird diese wie die Verwaltungskosten des Fonds berechnet. Auf das Jahr gerechnet fallen 0,25 Prozent (= 0,0208333 Prozent x 12 Monate) an. Zusammen mit den jährlichen Verwaltungskosten von 1,5 Prozent in den ersten 5 Jahren 1,75 Prozent. Nach der bekannten Formel berechnen Sie dann die Rendite nach den Verwaltungskosten:

$$\text{Rendite}_{(\text{nach Verw.Kst})} = \text{Rendite} - \text{Verw.Kst} - \left(\text{Verw.Kst} \cdot \frac{\text{Rendite}}{100} \right)$$

$$\text{Rendite}_{(\text{nach Verw.Kst})} = 7 - 1,75 - \left(1,75 \cdot \frac{7}{100} \right)$$

$$\text{Rendite}_{(\text{nach Verw.Kst})} = 5,1275$$

Neue Produkte! Neue Gesetze! Neue Steuern!

Diese Rendite erzielt der Fonds nach Kosten in den ersten 5 Jahren. Danach betragen die Verwaltungskosten bis einschließlich zum 10. Jahr nur noch 0,75 Prozent. Zusammen mit der Vertragsverwaltungsgebühr 1 Prozent. Die Rendite entspricht dann wiederum:

$$\text{Rendite}_{\text{(nach Verw.Kst)}} = 7 - 1 - \left(1 \cdot \frac{7}{100}\right)$$

$$\text{Rendite}_{\text{(nach Verw.Kst)}} = 5,93$$

Ab dem 11. Jahr sinken die jährlichen Verwaltungskosten um 1 Prozent, somit auf 0,5 Prozent. Zusammen mit der Vertragsverwaltungsgebühr also 0,75 Prozent. Die Rendite des Fonds ergibt sich somit wiederum nach der obigen Formel:

$$\text{Rendite}_{\text{(nach Verw.Kst)}} = 7 - 0,75 - \left(0,75 \cdot \frac{7}{100}\right)$$

$$\text{Rendite}_{\text{(nach Verw.Kst)}} = 6,1975$$

Nun fällt für den garantierten Todesfallschutz eine Gebühr von 10 Euro monatlich an, die den Beitrag reduzieren.

Damit hätten Sie alle Kosten berücksichtigt, die es nun zeitlich zu ordnen gilt:

In den ersten 2 Jahren fallen folgende Kosten an:

Beitrag:	200,00 Euro
– Vertragsgebühr:	4,00 Euro
– Abschluss-/Vertriebskosten:	103,88 Euro
– Gebühr für Todesfallschutz:	10,00 Euro
= effektiver Beitrag 1.–2. Jahr:	82,12 Euro

Vom 3. bis zum 5. Jahr kommt noch die monatliche Jahresgebühr hinzu:

effektiver Beitrag 1.-2. Jahr:	82,12 Euro
– monatliche Jahresgebühr:	3,92 Euro
= effektiver Beitrag 3.–5. Jahr:	78,20 Euro

Ab dem 5. Jahr fallen dann keine Abschluss- und Vertriebskosten mehr an:

effektiver Beitrag 3.-5. Jahr:	78,20 Euro
+ Abschluss-/Vertriebskosten:	103,88 Euro
= effektiver Beitrag ab 5. Jahr:	182,08 Euro

Die Renditen wurden oben schon für die einzelnen Jahre berechnet. Nun die Aufstellung der einzelnen Jahre:

Zeitraum	effektiver Beitrag	effektive Rendite
1. – 2. Jahr	82,12 Euro	5,1275 %
3. – 5. Jahr	78,20 Euro	5,1275 %
6. – 10. Jahr	182,08 Euro	5,93 %
11. – 30. Jahr	182,08 Euro	6,1975 %

Hinweis: Ihnen ist die Berechnung zu kompliziert? Das Problem liegt bei den Versicherungsgesellschaften in ihren unterschiedlichen und oft sehr komplizierten Berechnungen. Es war leider abzusehen, dass es hier sehr kompliziert wird, wenn Sie diese Kosten offen legen müssen. Denn bei vielen Werten blicken die Kunden weniger durch, so unsere Einschätzung. Wir empfehlen Ihnen jedoch, die Vertragsbedingungen durchzuarbeiten, zumindest von Ihren favorisierten Gesellschaften. Sie sollten die Kosten kennen und daraus können Sie dann auch die Versicherungsgesellschaften vergleichen. Nehmen Sie die Herausforderung an! Auch später im Buch, bei der Analyse des eigenen Produktportfolios, werden wir auf die Kostenbetrachtung eingehen.

a) Der vorigen Tabelle können Sie nun alle Daten entnehmen und mit der **Berechnung des Endvermögens** loslegen.

1. bis 2. Jahr:

Eingabe	Display-anzeigen	Erklärung
12 P/YR	P/YR 12,00	Monatliche Zahlungsweise.
2 x P/YR	N 24,00	Betrachtung der ersten zwei Jahre.
5,1275 EFF%	I/YR NOM% 5,01	In den ersten beiden Jahren liegt die Rendite nach Kosten bei 5,1275 Prozent.

0 PV	PV 0,00	Keine Einmalanlage zu Beginn.
82,12 +/– PMT	PMT -82,12	Eingabe des effektiven Beitrags in den ersten zwei Jahren.
FV	FV 2.068,48	Berechnung des Kontostandes nach 2 Jahren.

 Löschen Sie die Eingaben nach den einzelnen Schritten nicht, sondern rechnen Sie damit weiter. Vom 3. Jahr an ändern sich lediglich der effektive Beitrag und die Laufzeit.

3. bis 5. Jahr:

Eingabe	Display-anzeigen	Erklärung
3 x P/YR	N 36,00	Änderung der Laufzeit auf 3 Jahre (3. – 5. Jahr).
RCL FV +/– PV	PV -2.068,48	Übertragen des Kontostandes nach 2 Jahren in das 3. Jahr.
78,2 +/– PMT	PMT -78,20	Änderung des effektiven Beitrags.
FV	FV 5.434,26	Berechnung des Guthabens nach 5 Jahren.

 Ab dem 6. Jahr ändern sich Beitrag (aufgrund des Wegfalls der Abschlusskosten sehr stark), die Laufzeit und die effektive Rendite.

6. bis 10. Jahr:

Eingabe	Display-anzeigen	Erklärung
5 x P/YR	N 60,00	Änderung der Laufzeit auf 5 Jahre (6. – 10. Jahr).
RCL FV +/– PV	PV -5.434,26	Übertragen des Guthabens nach 5 Jahren ins 6. Jahr.
5,93 EFF%	I/YR NOM% 5,77	Änderung der effektiven Rendite.
182,08 +/– PMT	PMT -182,08	Eingabe des effektiven Beitrags.
FV	FV 19.878,72	Berechnung des Guthabens nach 10 Jahren.

 Ab dem 11. Jahr ändern sich die effektive Rendite zu Gunsten des Sparers und die Laufzeit.

11. bis 30. Jahr:

Eingabe	Display-anzeigen	Erklärung
20 x P/YR	N 240,00	Die Laufzeit verändert sich auf 20 Jahre (11. – 30. Jahr).
RCL FV +/– PV	PV -19.878,72	Übertragung des Vermögens nach 10 Jahren in das 11. Jahr.
6,1975 EFF%	I/YR NOM% 6,03	Änderung der effektiven Rendite.
FV	FV 150.581,36	Berechnung des Endvermögens nach 30 Jahren.

![Stopp] Nach allen Kosten und Gebühren sollte in der fondsgebundenen Rentenversicherung ein Vermögen von 150.500 Euro vorhanden sein, wenn der Investmentfonds eine Rendite von 7 Prozent erzielt. Mit diesem Vermögen könnten Sie nun andere Rentenversicherungen mit gleichen Bedingungen vergleichen. Sie können jedoch die Rentenversicherung noch nicht bewerten bzw. mit anderen Produktarten vergleichen. Hierzu dient der Effektivzins.

b) Berechnung des Effektivzinses

Nach allen Gebühren und Kosten kam nur ein unterschiedlich hoher Beitrag in der Rentenversicherung zur Anlage. Zudem war die effektive Rendite unterschiedlich hoch. Sie sollten nun mit dem effektiv gezahlten Beitrag von 200 Euro den Effektivzins berechnen:

Eingabe	Display-anzeigen	Erklärung
30 x P/YR	N 360,00	Die Gesamtlaufzeit beträgt 30 Jahre.
0 PV	PV 0,00	Es wurde keine Einmalanlage getätigt.
200 +/- PMT	PMT -200,00	Monatlich wurde ein Beitrag von 200 Euro gezahlt.
I/YR	I/YR NOM% 4,45	Berechnung des nominalen Zinses.
EFF%	EFF% 4,54	Umrechnung in den effektiven Zins.

Es wurde ein Effektivzins von 4,54 Prozent erzielt, sollte der hinterlegte Investmentfonds eine Rendite von 7 Prozent erzielen und die Kapitalabfindung der Rentenversicherung gewählt werden. Der Abschlag auf die Rendite des Investmentfonds beträgt also rund 2,5 Prozent. Nun könnten Sie beispielsweise die Anlage mit einem Investmentfonds vergleichen. Sie sollten jedoch die Zusatzleistungen und auch Steuervorteile der Rentenversicherungen betrachten.

Die Botschaft lautet: Berechnen Sie die Rendite der Anlageprodukte, die Sie Kunden verkaufen. So sind Sie aufgrund der Gesetze und Richtlinien auf der sicheren Seite. Haben Sie Kosten, Vermögen und Effektivzinsen verschiedener Produkte ermittelt, so können Sie in einem Streitfall diese vorlegen und damit beweisen, warum für den Kunden das letztendlich ausgewählte Produkt von Vorteil war. Es ist in jedem Fall eine Verringerung des Haftungsrisikos. Für freie Vermittler ist es umso spannender, die Kosten der Gesellschaften zu vergleichen und somit das beste Produkt einer Anlageklasse zu ermitteln. Nutzen Sie also die neuen Gesetze und Verordnungen und die damit verbundene Verpflichtung, alle Kosten offen legen zu müssen. Wir empfehlen Ihnen, dass Sie sich einen Abend oder am Wochenende aller Versicherungsbedingungen der Produkte, die Sie anbieten, annehmen und hier einen Vergleich aufstellen. Es wird Zeit in Anspruch nehmen und wahrscheinlich wegen der komplizierten Vertragsbedingungen auch Nerven kosten. Das Ergebnis ist jedoch umso besser!

Übrigens: Im nächsten Kapitel gehen wir zudem beim Thema „Analyse des Produktportfolios" auf obige Punkte ein.

 ## BEISPIEL 2 – PROGNOSEBERECHNUNGEN

Sie haben Ihrem langjährigen Kunden vor 6 Jahren eine fondsgebundene Lebensversicherung vermittelt. Diese wurde vor 2005 abgeschlossen – die Auszahlung ist somit steuerfrei. Die Restlaufzeit beträgt 24 Jahre und der heutige Rückkaufswert (Fondsvermögen) wird mit 7.000 Euro angegeben. Der Kunde zahlt monatlich 200 Euro in das Produkt ein. Bei 6 Prozent Anlagezins prognostiziert die Versicherung eine Ablaufleistung von 132.000 Euro.

 ## Berechnung 2

Sie ermitteln vom heutigen Zeitpunkt an die effektive Sparrate, die nach Kosten zur Anlage kommt.

Eingabe	Display-anzeigen	Erklärung
12 P/YR	P/YR 12,00	Monatliche Zahlungsweise.
24 x P/YR	N 288,00	Die Restlaufzeit beträgt 24 Jahre.
6 EFF%	I/YR NOM% 5,84	Das prognostizierte Endvermögen wird mit einem Anlagezins von 6 Prozent angegeben.
7 000 +/– PV	PV -7.000,00	Das heutige Fondsvermögen beträgt 7.000 Euro.
132 000 FV	FV 132.000,00	Das prognostizierte Fondsvermögen beträgt 132.000 Euro.
PMT	PMT -165,49	Berechnung der effektiven Sparrate.

 Die Versicherung berechnet Kosten in der Restlaufzeit in Höhe von rund 35 Euro.

Gehen Sie nun in der Restlaufzeit davon aus, dass die hinterlegten Fonds eine Rendite von 7,5 Prozent erzielen, so können Sie dieses anhand obiger Zahlen ermitteln.

Eingabe	Display-anzeigen	Erklärung
7,5 EFF%	I/YR NOM% 7,25	Es wird ein Prognosezins von 7,5 Prozent angenommen.
FV	FV 167.635,43	Berechnung des prognostizierten Endvermögens bei 7,5 Prozent Rendite der Fonds.

Der Kunde erzielt also bei einem von Ihnen prognostizierten Zins von 7,5 Prozent ein Endvermögen von rund 168.000 Euro, welches Sie als Altersvorsorgevermögen annehmen könnten. Wichtig ist auch hierbei, dass Sie diese Fälle dokumentieren.

Die Botschaft lautet: Auch bei schon abgeschlossenen Lebens- und Rentenversicherungen können Sie für den Kunden mit den Prognoserechnungen den aktuellen Altersvorsorgestand ermitteln. Nutzen Sie das, um für bestehende Kunden zu ermitteln, ob diese im Plan sind. Es könnte möglich sein, dass nicht das von Ihnen ermittelte und notwendige Altersvorsorgevermögen durch die bestehenden Versicherungen erreicht wird. Damit könnten bei Bestandskunden Neuabschlüsse generiert werden.

Beachtung der Anlageziele, finanziellen Verhältnisse und Erfahrung der Kunden

Dass Sie Kunden nichts vermitteln, was er sich nicht leisten kann, sollte selbstverständlich sein. Dadurch würden Sie auch Ihre Stornoquote unnötig erhöhen. Zudem kommt bei den Produkten, gleich ob Investmentfonds, Aktien, Zertifikaten, etc. hinzu, dass Anlageziele und Erfahrung des Kunden berücksichtigt werden.

Hierzu sollten Sie den Kunden also befragen oder seine Anlagementalität kennen. Wir empfehlen Ihnen hier einen Fragebogen, den der Kunde ausfüllt. Damit kommen Sie auch gleichzeitig der Dokumentationspflicht nach.

Spricht ein Kunde von Sicherheit und sicheren Auszahlungen, so sollten Sie grundsätzlich vorsichtig bei der Vermittlung von aktienbasierten Produkten, geschlossenen Fonds oder auch Anleihen aus Schwellenländern sein. Eine direkte Anlage in Aktien oder Zertifikate (ausgeschlossen Garantieprodukte) fällt dann direkt aus Ihrem Angebot für diesen Kunden heraus.

Ist ein Kunde darauf eingestellt, Rendite zu erzielen, dafür aber auch zwischenzeitlich Verluste hinzunehmen, so sollte die Vermittlung von obigen Anlageprodukten kein Problem darstellen.

Nun kommt jedoch bei der Vermittlung die Erfahrung des Kunden hinzu. Er muss die angebotenen Produkte verstehen und die Risiken kennen. Hier wird von „anlage- und objektgerechter Anlageberatung" gesprochen. Hierzu einige Beispiele zu Gerichtsentscheidungen:

■ **Geringe Absicherung bei Entschädigungseinrichtung:** Anlageberater empfahl Kapitalanlage bei einer Bank. Er hatte jedoch nicht auf die geringe Absicherung von 20.000 Euro bei der Entschädigungseinrichtung deutscher Banken hingewiesen. Nach Insolvenz dieser

Bank wurde der Anlageberater auf Schadenersatz verklagt (LG Waldshut-Tiengen, Urt. v. 30.10.2007, Az.: 1 O 336/06).

☐ „Bond-Urteil": Anlageberater hat sich kein umfassendes Bild über die Motive des Anlegers gemacht. Anleger hatten bisher ausschließlich in Festgelder, Sparguthaben und Bundesschatzbriefe investiert. Als Geld frei wurde, empfahl der Anlageberater eine neue spekulative Anleihe und als diese der Insolvenz nahe war, erwähnte der Berater nichts und wurde zu Schadenersatz verurteilt (BGH vom 06.07.1993 Az. XI ZR 12/93).

☐ **Beratung älterer Kunden:** Einer 60-jährigen Unternehmerin wurde ein mittel- bis hochriskanter Aktienfonds vermittelt. Nach hohen Verlusten wurde die Bank wegen Falschberatung auf Schadenersatz verklagt (OLG Thüringen vom 17.05.2005 Az. 5 U 693/04).

☐ **Haftung bei Herausgabe von Prospekten:** Berater haften nicht, wenn sie nicht auf Risiken hinweisen, die in einem Kapitalanlage-/Produktprospekt zu finden sind. Der Prospekt muss jedoch rechtzeitig überreicht worden sein und nach Form und Inhalt geeignet sein, die nötigen Informationen wahrheitsgemäß und verständlich zu vermitteln (BGH vom 12.07.2007 AZ: III ZR 145/06). Berater haften jedoch, wenn sie die im Prospekt korrekt dargestellten Risiken in einem Beratungsgespräch verharmlosen (BGH vom 12.07.2007 Az: III ZR 83/06).

☐ **Kein Hinweis auf eingeschränkte Handelbarkeit von Wertpapieren:** Ein Anlagevermittler wurde zu Schadenersatz verurteilt, weil er bei der Vermittlung von Aktien nicht auf die eingeschränkte Handelbarkeit hinwies. Die Aktien wurden nicht an der Börse oder am Zweitmarkt gehandelt. Erhebliche Pflichtverletzung des Anlagevermittlungsvertrages (LG Darmstadt AZ 9 O 424/06).

Für Sie gilt: Achten Sie gerade bei der Vermittlung von Kapitalanlageprodukten auf das bisherige Anlageverhalten der Kunden. Klären Sie zudem über Risiken auf oder überreichen Sie rechtzeitig einen Prospekt, in dem die Risiken verständlich erläutert werden. Verharmlosen Sie Risiken nicht in einem Beratungsgespräch. Um auf der sicheren Seite zu stehen, besuchen Sie noch ein Seminar zum Thema Haftungsrisiken (s. Kapitel PAFR®). Das ist alles!

Risikoabsicherung: Risikolebensversicherung

Deutsche neigen dazu, viel abzusichern. So haben sie oft Versicherungen, die sie oftmals gar nicht benötigen. Anders sieht es jedoch bei den Versicherungen aus, die eigentlich wirklich benötigt werden. Diese werden oft vernachlässigt. Hierzu zählen Erwerbs-, Invaliditäts- und Hinterbliebenenschutz. Erstere werden später im Kapitel 5 berechnet – mit dem Hinterbliebenenschutz setzen wir uns in diesem Kapitel auseinander.

Risikolebensversicherungen eignen sich besonders für Familien, um die Hinterbliebenenvorsorge zu gestalten. Hier entscheiden die Höhe der Absicherung und genauso auch die steuerliche Gestaltung. Die steuerliche Gestaltung ist einfach. Der Beitrag zur Risikolebensversicherung kann als Sonderausgabenabzug geltend gemacht werden. Dadurch zahlt auch der Staat zur Hinterbliebenenvorsorge mit. Bei der Vertragsgestaltung sollte jedoch beachtet werden, dass keine Erbschaftsteuer ausgelöst wird. Versicherungsnehmer können eine eventuell spätere Auszahlung steuerfrei vereinnahmen. Somit sollte als Versicherungsnehmer die Person eingesetzt werden, die gegen einen Tod einer Person abgesichert werden soll. Beispiel: Eine Ehefrau soll bei Tod des Ehemannes einen Betrag ausgezahlt bekommen, also abgesichert werden. Hier muss die Ehefrau als Versicherungsnehmer eingesetzt werden und der Ehemann als versicherte Person.

Durch dieses Vertragswerk entgehen Ihre Kunden der Erbschaftsteuer. Gerade bei höheren Absicherungsbeträgen ist dieser Punkt sehr wichtig, da oft die Erbschaftsteuerfreibeträge nicht ausreichen.

Gehen wir weiter vor und betrachten die Höhe der Absicherungssumme. Diese Frage wird oft mit dem drei- bis fünffachen Jahreseinkommen beantwortet. Es sollte jedoch auch die persönliche Situation betrachtet werden. Steht beispielsweise ein Darlehen auf das Eigenheim offen, so ist das Darlehen in voller Höhe abzusichern. Zudem sind die Lebenshaltungskosten abzusichern. Hierzu zählen die normalen monatlichen Kosten sowie Urlaub, Auto, Haus und auch Kinder. Hier helfen oft die Kontoauszüge der letzten zwei Jahre. Betrachten Sie zudem die Inflationsrate für die Ausgaben sowie die Tatsache, dass die Kinder irgendwann erwachsen sind. Eine Hinterbliebenenvorsorge sollte etwa bis zum 50. bis 55. Lebensjahr vereinbart werden – so lange sollte also die Risikolebensversicherung bestehen. Grundsätzlich sollten Sie bei der Hinterbliebenenvorsorge davon ausgehen, dass die versicherte Person morgen verstirbt. Das bedeutet: Die heutigen Ausgaben und Schulden sollten ebenso beachtet werden.

 BEISPIEL

Eine vierköpfige Familie hat die Hinterbliebenenvorsorge mit einer Risikolebensversicherung über 150.000 Euro abgesichert. Der Ehemann, 35 Jahre, ist berufstätig und hat ein Nettoeinkommen von jährlich 30.000 Euro. Die Ehefrau ist Hausfrau. Zudem hat die junge Familie zwei Kinder, 5 Jahre und 2 Jahre. Die Familie fühlt sich über die bestehende Risikolebensversicherung ausreichend abgesichert und hat folgende jährliche Ausgaben:
– Auto: 3.000 Euro
– Versicherungen & Altersvorsorge: 5.000 Euro
– Urlaub: 1.500 Euro
– Haus: 5.000 Euro
– Lebenshaltungskosten: 10.000 Euro
– Kind (5 Jahre): 3.000 Euro / bis zum 20. Lebensjahr
– Kind (2 Jahre): 3.000 Euro / bis zum 20. Lebensjahr

Zudem hat die Familie ein Darlehen von 150.000 Euro auf das Eigenheim. Sie nehmen an, dass die Ehefrau gegen den Tod des Mannes bis zum 55. Lebensjahr abgesichert sein sollte. Zudem nehmen Sie Preissteigerungen von 2,5 Prozent an. Sollte der Mann versterben, so hat die Frau als einzige Einnahme das Kindergeld und die Witwenrente von rund 10.000 Euro. Ist die Familie genügend abgesichert?

 Berechnung

Wenn der Familienvater verstirbt, bricht das gesamte Einkommen weg. Somit müssen die Ausgaben auf den heutigen Zeitpunkt abgezinst werden. Nehmen Sie also an, die Frau müsste ab morgen von einem Kapital aus einer Risikolebensversicherung leben. Erfolgt die Auszahlung aus der Risikolebensversicherung, so wird dieser Betrag wiederangelegt. Nach Steuern könnte ein Zins von 3 Prozent effektiv angenommen werden.

Abzinsung der Kosten:

Zuerst berechnen Sie die Kosten, die im Gesamtzeitraum von 20 Jahren anfallen.

Auto:	3.000 Euro
+ Versicherungen & Altersvorsorge:	5.000 Euro
+ Urlaub:	1.500 Euro
+ Haus:	5.000 Euro
+ Lebenshaltungskosten:	10.000 Euro
insgesamt:	24.500 Euro
– Witwenrente + Kindergeld:	10.000 Euro
notwendige Hinterbliebenenrente:	14.500 Euro

Diese Kosten werden jährlich benötigt:

Eingabe	Display-anzeigen	Erklärung
1 P/YR	P/YR 1,00	Jährliche Kosten.
20 x P/YR	N 20,00	Die Kosten werden über den Gesamtzeitraum von 20 Jahren benötigt.
3 EFF%	I/YR NOM% 3,00	Der Wiederanlagezins beträgt nach Steuern 3 Prozent effektiv.
14 500 P/D	P/D 14.500,00	Die Kosten werden jährlich benötigt.
2,5 %D	%D 2,50	Die Preissteigerungsrate wird mit 2,5 Prozent angenommen.
1 SHIFT %D	xD 1,00	Die Preissteigerung erfolgt jährlich, also jede Periode.
0 FV	FV 0,00	Mit dem 55. Lebensjahr des Mannes soll keine Vorsorge mehr bestehen.
PV	PV -268.939,64	Berechnung des heutigen Barwerts.

Stopp

Würde der Mann morgen sterben, so bräuchte die Frau rund 270.000 Euro, um die Ausgaben zu begleichen. Hinzu kommen noch die Ausgaben der Kinder.

Kind (5 Jahre):

Bis zum 20. Lebensjahr, also noch 15 Jahre, sind jährlich 3.000 Euro fällig:

Eingabe	Display-anzeigen	Erklärung
15 x P/YR	N 15,00	Die Kosten für das 5-jährige Kind sind noch rund 15 Jahre anzunehmen.
3 000 P/D	P/D 3.000,00	Heute wird für das Kind rund 3.000 Euro berechnet.
PV	PV -42.235,51	Berechnung des Barwerts.

 Für das erste Kind sind noch rund 42.000 Euro anzusetzen.

Kind (2 Jahre):

Hier sind die Kosten noch für rund 18 Jahre zu tragen. Auch für dieses Kind sind 3.000 Euro anzusetzen, somit ist nur eine Angabe im BWK Business® zu ändern:

Eingabe	Display-anzeigen	Erklärung
18 x P/YR	N 18,00	Es sind 18 Jahre für das zweite Kind anzusetzen.
PV	PV -50.318,93	Berechnung des Barwerts.

Sie können der Familie also folgende Zahlen vorlegen:

Kosten der Lebenshaltung:	270.000 Euro
+ Kosten Kind 1:	42.000 Euro
+ Kosten Kind 2:	50.000 Euro
Gesamtkosten:	362.000 Euro

Hinzu würde noch das Darlehen für das Eigenheim kommen. Da jedoch schon eine Risikolebensversicherung über 150.000 Euro besteht, welches das Darlehen abdeckt, gleicht es sich aus.

Die Familie ist also 362.000 Euro unterversichert. Für die Ehefrau könnte es zu wirklichen finanziellen Schwierigkeiten kommen, wenn der Mann in den nächsten Jahren versterben sollte. Das sollten Sie der Familie klar machen und zu einem Abschluss einer Risikolebensversicherung empfehlen. Die Familie wird vielleicht hohe Kosten erwarten. Eine Risikolebensversicherung über 350.000 Euro wäre jedoch schon für einen monatlichen Beitrag von rund 35 Euro zu haben. Vielleicht kommt die Frage zu der Rentabilität der Risikolebensversicherung. Auch hier können Sie mittels des BWK Business® einen Verkaufsschritt weiter gehen. Zeigen Sie der Familie, wenn der Mann in beispielsweise 10 Jahren sterben sollte, ob sich der Abschluss gelohnt hätte:

Eingabe	Display-anzeigen	Erklärung
12 P/YR	P/YR 12,00	Monatliche Zahlungsweise.
10 x P/YR	N 120,00	Der Mann könnte in 10 Jahren sterben.
0 PV	PV 0,00	Keine Einmalzahlung in die Risikolebensversicherung.
35 +/– PMT	PMT -35,00	Monatlicher Beitrag von 35 Euro.
350 000 FV	FV 350.000,00	Stirbt der Mann, so erhält die Frau einen Betrag von 350.000 Euro.
I/YR	I/YR NOM% 64,58	Berechnung des nominalen Zinses.
EFF%	EFF% 87,57	Umrechnung in den effektiven Zins.

Diese Zahl können Sie nun der Familie erklären: „Wenn Sie heute monatlich 35 Euro sparen und in 10 Jahren 350.000 Euro erzielen möchten, müssten Sie einen sicheren Zins von jährlich 87 Prozent erzielen. Da kann jedoch auch die Risikolebensversicherung absichern und das schon ab morgen."

Die Botschaft lautet: Oft sind Familien in Sachen Hinterbliebenenvorsorge nicht ausreichend abgesichert. Prüfen Sie es. Oft reicht das Drei- bis Fünffache des Nettoeinkommens nicht aus. Zeigen Sie dem Kunden auf, was er benötigt, wenn der Hauptverdiener morgen stirbt. Lassen Sie den Kunden dann entscheiden. Dokumentieren Sie die Entscheidung, gerade auch wenn er ablehnt. Experte ist der Kunde!

AMORT-Modus

Die Abkürzung AMORT entstand aus dem Begriff Amortisation und bedeutet nichts anderes als die Darstellung von Zins und Tilgung für einen bestimmten Zeitraum. Die Amortisations-Darstellung wird meist bei Darlehen angenommen. Wie Sie wissen, nimmt bei Annuitätendarlehen mit gleich bleibenden Zahlungen im Laufe der Zeit der Zinsanteil ab und der Tilgungsanteil zu. Das kann im AMORT-Modus für verschiedene Zeiträume dargestellt werden.

Bei Kapitalanlagen ist es genau umgekehrt. Bei Zahlungen nimmt der Zinsanteil zu. Jedoch ist hier eigentlich nicht die Rede von Zinsanteilen, da Zinsen zusätzlich zu den Zahlungen gezahlt werden und nicht enthalten sind. Wie Sie das im BWK Business® berechnen, stellen wir in diesem Kapitel dar.

Der AMORT-Modus im BWK Business®

Im BWK Business® ist der AMORT-Modus sehr einfach aufgebaut. Haben Sie eine TVM-Berechnung eingegeben, also eine Darlehensberechnung oder Kapitalanlageberechnung, so drücken Sie auf die Taste AMORT. Damit haben Sie den Modus gestartet. Im Modus sind die anderen Funktionen ausgeschaltet und Sie gehen mit den vier grauen Steuerkreuztasten, die unter dem Display zu finden sind, weiter vor. Der Vorteil an einem Modus ist, dass eine Tabelle hinterlegt ist, die Sie sich lediglich merken müssen. Die Tabelle des AMORT-Modus ist wie folgt aufgebaut:

PER_BEGIN[1]	PER_N[1]		
PERIOD[2]	PRINCIPAL[2]	INTEREST[2]	BALANCE[2]
PERIOD[2]	PRINCIPAL[2]	INTEREST[2]	BALANCE[2]
...	...	...	...

1) Eingabefeld, in dem Sie eine Zahl vorgeben können.
2) Anzeigefeld, in dem nur ein berechneter Wert angezeigt wird.

Drücken Sie die Taste AMORT, so wird im Display der Hinweis „AMORT" angezeigt, der angibt, dass Sie gerade im AMORT-Modus sind. Kommt die Fehlermeldung „IMPOSSIBLE", so wurde eine Dynamikberechnung vorher durchgeführt, die nicht möglich ist. Es wird nach dem Starten des AMORT-Modus im Feld „PER_BEGIN" begonnen. Die Tabellenzeilen sind jeweils die Angaben für einen Zeitraum, die Spalten der jeweiligen Angaben. Die einzelnen Felder der oben dargestellten AMORT-Tabelle können Sie durch Drücken der jeweiligen Steuerkreuz-Taste wechseln:

▲ : Steuerkreuz oben
▼ : Steuerkreuz unten
▶ : Steuerkreuz rechts
◀ : Steuerkreuz links

PER_BEGIN und PER_N sind Eingabefelder. Eine Zahl wird hier gespeichert, wenn Sie das Feld mit einer der vier Steuerkreuztasten verlassen. Die Bedeutungen der einzelnen Felder sind folgende:

☐ PER_BEGIN: Der Periodenbeginn des Betrachtungszeitraums. Dieses Feld ist ein Eingabefeld, in dem Sie eine Zahl vorgeben. Als Standard ist hier eine 1 vorgegeben, als 1. Periode. Geben Sie hier bei monatlicher Zahlungsweise (12 P/YR) eine 13 ein, so wird der Betrachtungszeitraum im 13. Monat beginnen, also im 1. Monat des zweiten Jahres.

☐ PER_N: Der Periodenzeitraum ab Periodenbeginn. Auch dieses Feld ist ein Eingabefeld, in das Sie eine Zahl eingeben. Hier ist als Standard die Zahl von P/YR vorgegeben, also jährliche Betrachtung. Geben Sie hier bei monatlicher Zahlungsweise (12 P/YR) eine 36 vor, so wird die Betrachtung für 3 Jahre erfolgen.

Sie haben eine Darlehensberechnung bei monatlicher Zahlungsweise (12 P/YR) durchgeführt. Nun möchten Sie die Amortisation der ersten zwei Jahre genauer betrachten. Im AMORT-Modus geben Sie hierfür im Feld PER_BEGIN eine 1 vor und speichern diese Angabe durch Drücken von Steuerkreuz rechts. Danach geben Sie im Feld PER_N die Zahl 24 vor. Die Betrachtungsperiode umfasst nun den Zeitraum von der 1. bis zur 24. Periode, also die ersten zwei Jahre.

Drücken Sie nun die Steuerkreuztaste unten, so werden Sie zu den Anzeigefeldern gelangen, die folgende Bedeutungen haben:

☐ PERIOD: Anzeigefeld des Zeitraums, den Sie über PER_BEGIN und PER_N eingegeben haben. In diesem und den folgenden Feldern können Sie keine Eingaben tätigen. Haben Sie also wie oben im Beispiel die Zahlen vorgegeben, so wird in diesem Feld „1– 24" für die 1. bis zur 24. Periode angezeigt.

☐ PRINCIPAL: Anzeigefeld der Tilgungsleistung des jeweiligen Zeitraums. Wurde zum Beispiel innerhalb der zwei Jahre das Darlehen um 1.000 Euro getilgt, so wird hier „–1.000,00" erscheinen. Dieser Betrag ist negativ, da er bei Ihnen bzw. Ihrem Kunden aus der Tasche geflossen ist.

☐ INTEREST: Anzeigefeld der Zinszahlungen des jeweiligen Zeitraums. Wurden zum Beispiel innerhalb der zwei Jahre 9.000 Euro Zinsen gezahlt, so wird in diesem Feld „–9.000,00" angezeigt. Auch hier ist der Betrag negativ, da er gezahlt wurde und aus der Tasche geflossen ist.

☐ BALANCE: Anzeigefeld des (Darlehens-)Saldos am Ende eines jeweiligen Zeitraums. Wurden also von einem ursprünglichen Darlehen von 100.000 Euro innerhalb von zwei Jahren 1.000 Euro getilgt (PRINCIPAL), so erscheint in diesem Feld „–99.000,00" für eine Restschuld von 99.000 Euro. Auch dieser Betrag ist negativ, da die Restschuld der Bank noch geschuldet wird.

Drücken Sie nach der ersten Zeile noch einmal das Steuerkreuz unten, so gelangen Sie in den nächsten Betrachtungszeitraum. Für obiges Beispiel ist das vom 25. bis zum 48. Monat, also vom 3. bis zum 4. Jahr. Drücken Sie hier wiederum nacheinander das Steuerkreuz rechts, so werden die Zahlen der Anzeigefelder PRINCIPAL, INTEREST und BALANCE für diesen Betrachtungszeitraum berechnet. In welche Felder Sie mit dem Steuerkreuz wechseln können, wird Ihnen zudem im Display mit kleinen Pfeilen angezeigt.

Um den Modus wieder zu beenden, um also zurück in den allgemeinen Taschenrechner-Modus zu gelangen, drücken Sie nochmals die Modus-Taste AMORT.

Wichtiger Hinweis: Da der AMORT-Modus für die Berechnung von Darlehenszeiträumen geschaffen wurde, ist der Modus für Dynamikberechnungen nicht möglich. Bei Darlehensberechnungen folgt die Fehlermeldung „IMPOSSIBLE" (nicht möglich) im Display.

Um obige Felder sowie die Eingabe und Anzeige zu verdeutlichen, folgt nun ein einfaches Beispiel.

 EINFÜHRUNGSBEISPIEL

Es soll der Zins- und Tilgungszeitraum für ein Darlehen analysiert werden. Das Darlehen hat folgende Details:

- monatliche Zahlungsweise
- 10 Jahre Zinsfestschreibung
- 5 Prozent Nominalzins
- 100.000 Euro Darlehensbetrag
- 700 Euro monatliche Zahlung (Annuität)

a) Wie hoch ist die Restschuld nach dem Zinsfestschreibungszeitraum?

b) Wie hoch ist der jährliche Zins- und Tilgungsanteil?

c) Wie hoch sind Zins- und Tilgungsanteil für den Gesamtzeitraum von 10 Jahren?

Berechnung

a) Die Restschuld nach 10 Jahren können Sie wie schon bekannt mit den TVM-Tasten berechnen. Das sollten Sie allein durchführen können:

Eingabe	Display-anzeigen	Erklärung
12 P/YR	P/YR 12,00	Monatliche Zahlungsweise.
10 x P/YR	N 120,00	Zinsfestschreibung für 10 Jahre.
5 I/YR	I/YR NOM% 5,00	Der Nominalzins beträgt 5 Prozent.
100 000 PV	PV 100.000,00	Es wird ein Darlehen von 100.000 Euro aufgenommen.
700 +/– PMT	PMT –700,00	Die monatliche Zahlung (Annuität) beträgt 700 Euro.
FV	FV –56.003,35	Berechnung der Restschuld nach 10 Jahren.

Stopp Nach 10 Jahren beträgt die Restschuld rund 56.000 Euro.

b) Um nun den jährlichen Zins- und Tilgungsanteil zu berechnen, müssten Sie mit den bisher bekannten TVM-Tasten einige komplizierte Berechnungen durchführen. Das würde viel Zeit in Anspruch nehmen. Dafür nutzen wir nun den AMORT-Modus und drücken zunächst die Taste AMORT, um mit dem Modus zu starten. Die Eingaben erfolgen nun wie folgt:

Eingabe	Display-anzeigen	Erklärung
AMORT	AMORT PER_BEGIN 1	Starten des AMORT-Modus. Es wird mit Feld PER_BEGIN begonnen, in dem schon eine 1 als Standard vorgegeben ist. Da auch die Betrachtung in der ersten Periode erfolgen soll, bedarf es keiner Änderung.
▶	AMORT PER_N 12	Drücken von Steuerkreuz rechts, um in das Feld PER_N zu gelangen. Hier ist der Standard 12 P/YR vorgegeben, also jährliche Betrachtung. Auch hier bedarf es keiner Änderung.
▼	AMORT PERIOD 1–12	Drücken von Steuerkreuz unten, um in die Anzeigetabelle zu gelangen. Hier wird, wie in den ersten beiden Schritten vorgegeben, das erste Jahr, Periode 1 bis 12, vorgegeben.
▶	AMORT PRINCIPAL –3.479,01	Drücken von Steuerkreuz rechts, um für den Zeitraum 1 bis 12 die Tilgungszahlung anzuzeigen. Die Tilgungszahlung im 1. Jahr beträgt 3.479,01 Euro.
▶	AMORT INTEREST –4.920,99	Drücken von Steuerkreuz rechts, um für den Zeitraum 1 bis 12 die Zinszahlung anzuzeigen. Im ersten Jahr wurden somit 4.920,99 Euro gezahlt.
▶	AMORT BALANCE –96.520,99	Drücken von Steuerkreuz rechts, um den Darlehenssaldo nach dem 1. Jahr anzuzeigen. Dieser beträgt 96.520,99 Euro.

 Bleiben Sie weiterhin im AMORT-Modus und in der Anzeige „BALANCE".

Nun zu der Erläuterung obiger Zahlen. Im ersten Jahr wurden 3.479,01 Euro getilgt. Ziehen wird diesen Wert vom ursprünglichen Darlehensbetrag von 100.000 Euro ab, so kommen wir auf den Darlehenssaldo von 96.520,99 Euro (= 100.000,00 Euro – 3.479,01 Euro). Zusätzlich wurden im 1. Jahr Zinsen von 4.920,99 Euro gezahlt.

Teil 3:

Wir vergleichen für das bessere Verständnis:

Zinsen 1. Jahr:	4.920,99 Euro
+ Tilgung 1. Jahr:	3.479,01 Euro
= Gesamtzahlung 1. Jahr:	8.400,00 Euro
÷ Zahlungsanzahl 1. Jahr:	12,00 Monate
= Monatliche Zahlung (PMT):	700,00 Euro

Damit stimmt die Berechnung wieder überein, sodass 700 Euro monatlich insgesamt an Zins- und Tilgungszahlungen geleistet wurden. Nun möchten Sie die Zins und Tilgungszahlungen für das 2. Jahr erfahren und gehen weiter im BWK Business® vor. Sollte Ihr BWK Business® inzwischen automatisch ausgeschaltet sein und Sie ihn erneut anschalten, so gelangen Sie wiederum zum zuletzt angezeigten Wert – hier BALANCE im AMORT-Modus. Ihnen gehen also keine Werte verloren, weder müssen Sie erneute Modus-Eingaben vornehmen:

Eingabe	Display-anzeigen	Erklärung
Ausgangspunkt	AMORT BALANCE –96.520,99	Sie hatten zuvor als letztes BALANCE des 1. Jahres angezeigt gehabt. Auch nach automatischen Ausschalten und nachfolgendem Einschalten, wird dieser Wert im Modus angezeigt.
▼	AMORT PERIOD 13–24	Drücken von Steuerkreuz unten, um in das nächste/zweite Jahr zu gelangen. Hier wird zunächst der Zeitraum PERIOD angezeigt – in diesem Fall 13. bis 24. Monat = 2. Jahr.
▶	AMORT PRINCIPAL –3.657,00	Drücken von Steuerkreuz rechts, um in das erste Anzeigefeld der Tilgungszahlung im 2. Jahr zu gelangen.
▶	AMORT INTEREST –4.743,00	Drücken von Steuerkreuz rechts, um in das Anzeigefeld der Zinszahlung des zweiten Jahres zu gelangen.
▶	AMORT BALANCE –92.863,99	Drücken von Steuerkreuz rechts, um in das Anzeigefeld des Darlehenssaldos am Ende des zweiten Jahres zu gelangen.

Gegenüber dem 1. Jahr haben sich die Tilgungszahlungen erhöht und die Zinszahlungen haben sich aufgrund der verringerten Restschuld verringert. Das ist der normale Verlauf bei einem Annuitätendarlehen.

Auch hier vergleichen wir:

Jahr	Tilgungen	Zinsen	Darlehenssaldo
1. Jahr	3.479,01 Euro	4.920,99 Euro	96.520,99 Euro
2. Jahr	3.657,00 Euro	4.743,00 Euro	92.863,99 Euro
3. Jahr	...	...	...

Sie können diese Tabelle nun weiter fortführen und für jedes einzelne Jahr anschauen. Wir empfehlen Ihnen nun, einfach mit den Steuerkreuztasten durch die Tabelle zu „wandern", um diese kennen zu lernen.

c) Um nun den Zins- und Tilgungsanteil für den Gesamtzeitraum von 10 Jahren anzuzeigen, müssen Sie die Angaben in PER_BEGIN und PER_N ändern. Um in diese Felder zu gelangen, drücken Sie entweder so oft hintereinander Steuerkreuz oben, bis PER_N erscheint, oder Sie drücken zweimal die Taste AMORT. Hier beenden Sie den Modus und anschließend starten Sie den Modus erneut und PER_BEGIN wird angezeigt. Wir wählen hier die 2. Variante:

Eingabe	Display-anzeigen	Erklärung
AMORT	0,00	Der AMORT-Modus wird beendet.
AMORT	AMORT PER_BEGIN 1	Der AMORT-Modus wird eingeschaltet und PER_BEGIN wird angezeigt. Hier ist aus der ersten Berechnung noch die 1. Periode vorgegeben, die Sie nicht verändern müssen.
▶	AMORT PER_N 12	Durch Drücken von Steuerkreuz rechts gelangen Sie zu PER_N und der Laufzeit ab der 1. Periode. Aus der ersten Berechnung ist noch die Laufzeit eines Jahres (12 Monate/Perioden) gespeichert.

Teil 3:

120	AMORT PER_N 120	Sie überschreiben die Zahl 12 mit 120 Perioden, da Sie ab der 1. Periode 120 Perioden/Monate (= 10 Jahre) ansehen möchten.
▼	AMORT PERIOD 1–120	Durch Drücken des Steuerkreuzes unten wird die Zahl 120 gespeichert und es wird der Zeitraum angezeigt. Dieser ist wie vorgegeben vom 1.–120. Monat.
▶	AMORT PRINCIPAL –43.996,65	Durch Drücken von Steuerkreuz rechts, wird das erste Anzeigefeld der Tilgungszahlen des Zeitraums von 10 Jahren berechnet.
▶	AMORT INTEREST –40.003,35	Durch Drücken von Steuerkreuz rechts, wird das nächste Anzeigefeld der Zinszahlungen im 10-jährigen Betrachtungszeitraums berechnet.
▶	AMORT BALANCE –56.003,35	Durch Drücken von Steuerkreuz rechts, wird das letzte Anzeigefeld des Darlehenssaldos nach 10 Jahren angegeben.

Stopp Im Gesamtzeitraum der ersten 10 Jahre werden also 43.996,65 Euro getilgt, 40.003,35 Euro Zinsen gezahlt und die Restschuld beträgt 56.003,35 Euro. Die Restschuld beträgt in diesem Fall genau FV, da der Endwert nach 10 Jahren und auch der AMORT-Zeitraum 10 Jahre entsprechen.

Der AMORT-Modus ist nicht von der Laufzeit in den TVM-Tasten abhängig. Sie können also weitere Zeiträume anzeigen lassen. Mit dem Steuerkreuz unten den weiteren Zeitraum, der nächsten 10 Jahre anzeigen lassen, also von der 121. bis zur 240. Periode. Hier werden folgende Zahlen ausgegeben:

PERIOD:	121–240
PRINCIPAL / Tilgung:	–72.462,89 Euro
INTEREST / Zins:	–11.537,11 Euro
BALANCE / Darlehenssaldo:	16.459,54 Euro

Als Profi sollten Sie obige Zahlen direkt bewerten können. Fällt Ihnen etwas an den Zahlen auf? Wenn nicht, dann schauen Sie nochmals die Zahlen genauer an.

Hier müssen Sie auf das „Tasche-rein"- und „Tasche-raus"-Prinzip achten. Der Darlehenssaldo ist in diesem Fall positiv, was den Hinweis darauf gibt, dass sich schon ein Guthaben entwickelt hat. Ist Ihnen das aufgefallen? Wenn nicht, noch einmal der dringende Tipp: Achten Sie immer auf die Vorzeichen, ob ein Betrag abfließend oder zufließend ist. Warum das in diesem Fall bzw. gerade im AMORT-Modus so wichtig ist, möchten wir Ihnen nun erläutern.

Wird ein Darlehen überzahlt, so dreht sich die Sachlage ab dem Zeitpunkt der Überzahlung um 180 Grad. Hier nämlich wird aus einem Darlehen eine Kapitalanlage. Und in einer Kapitalanlage wird kein Zins vom Anleger gezahlt, sondern er erhält in der Regel einen Zins. Er generiert also im obigen Beispiel einen Zins von 5 Prozent ab dem Zeitpunkt, zu dem der Darlehenssaldo Null wird. Obige Zahlen können also nicht mehr bewertet werden, da sich der gezahlte Zins um den erhaltenen Zins verringert. Zudem erhöht sich die Tilgung um die Zinszahlung. Hierzu dann später mehr in diesem Kapitel. Achten Sie also dringend auf die Vorzeichen.

Unser Tipp:

Berechnen Sie, bevor Sie längere Zeiträume des AMORT-Modus als der Laufzeit der Taste N anzeigen, unbedingt vorher die Gesamtlaufzeit des Darlehens. Diese Gesamtlaufzeit können Sie dann im AMORT-Modus verwenden, um den Gesamtzeitraum eines Darlehens anzuzeigen.

Immobilien als Investition

Die Frage ist nun, wie man den AMORT-Modus sinnvoll einsetzen kann. Bei welchen Berechnungen wird der Zins- und Tilgungsanteil bei Darlehen benötigt? Hier sind Investitionen in Immobilien wohl an erster Stelle. Es ist jedoch bei Immobilieninvestitionen ein Unterschied festzustellen: Eigengenutzte und fremd vermietete Immobilien. Bei eigengenutzten Immobilien sind in den letzten Jahren fast alle Zulagen und Vergünstigungen gestrichen worden. Auch Zinsen können nicht abgesetzt werden. Nun jedoch kam die Entscheidung zu Wohn-Riester, die nun als Zulage gewährt wird. Ansonsten sind keine steuerlichen Vergünstigungen – gerade bei Zinsen von Darlehen – gegeben. Blicken wir jedoch auf fremd genutzte/vermietete Immobilien, so sind die hier gezahlten Zinsen für Darlehen steuermindernd.

Vermietete Immobilien sind wie ein Unternehmen. Es werden die Einnahmen und Kosten gegenübergestellt. Haupteinnahme sind die Mietzahlungen. Als Kosten sind Instandhaltungen, Abschreibungen und auch die Zinsen für Darlehen zu nennen.

Möchte ein Kunde in eine Immobilie investieren, so können Sie hier wunderbar einen Zahlungsplan erstellen. Geschätzte Einnahmen werden den Kosten gegenübergestellt. Soweit ein Darlehen für die Investition genutzt wurde, können die Zinsen ebenso als Kosten eingesetzt werden. Bei üblichen Annuitätendarlehen sinkt jedoch der Zins mit der Laufzeit, wo dann der AMORT-Modus gut zum Zuge kommen kann.

? BEISPIEL

Eine Immobilie wird vermietet. Das Darlehen, welches hierfür aufgenommen wurde, beläuft sich auf 250.000 Euro bei einem nominalen Zins von 5 Prozent und einer Zinsbindungsfrist von 10 Jahren. Die anfängliche Tilgung beträgt 2 Prozent und die Annuität wird monatlich gezahlt.

a) Der Kunde möchte nun die jährlichen Zinszahlungen bis zum 10. Jahr wissen, um aus steuerlicher Sicht die Immobilie zu bewerten.

b) Nehmen Sie weiter an, dass das Darlehen Anfang April eines Jahres aufgenommen wurde. Dadurch entsteht ein gebrochenes Jahr für die Berechnung der Zinsen.

+/– Berechnung

a) Sie geben zuerst die Darlehensdaten in den BWK Business® ein und berechnen eine der Variablen – in diesem Fall die Restschuld nach 10 Jahren Zinsbindungsfrist.

Eingabe	Display-anzeigen	Erklärung
12 P/YR	P/YR 12,00	Monatliche Zahlungsweise.
10 x P/YR	N 120,00	10 Jahre Zinsbindungsfrist.
5 I/YR	I/YR NOM% 5,00	Der Nominalzins des Darlehens beträgt 5 Prozent.
250 000 PV	PV 250.000,00	Das Darlehen wurde über 250.000 Euro aufgenommen.
2 SHIFT PMT	PMT -1.458,33	Der anfängliche Tilgungssatz beträgt 2 Prozent.
FV	FV -185.299,05	Berechnung der Restschuld nach 10 Jahren.

 Nun haben Sie die Grundeingaben gemacht und können nun mit dem AMORT-Modus weiterarbeiten. Die jährliche Ausgabe von Zins- und Tilgungsanteil ist im BWK Business® Standardeinstellung. Sie brauchen also keine Änderungen durchzuführen.

Eingabe	Display-anzeigen	Erklärung
AMORT	AMORT PER_BEGIN 1	Starten des AMORT-Modus. Die Periode, ab der begonnen wird, PER_BEGIN wird mit 1, also Start ab der 1. Periode, vorgegeben.
►	AMORT PER_N 12	Drücken von Steuerkreuz rechts. Die einzelnen Periodenabschnitte sollen 12 Perioden betragen – wie gewünscht: jährliche Anzeige. Dieser Schritt ist nicht unbedingt notwendig und soll der Information dienen.
▼	AMORT PERIOD 1–12	Drücken von Steuerkreuz unten. Das erste Jahr 1–12 wird angezeigt.
► ►	AMORT INTEREST -12.383,81	Zweimaliges Drücken von Steuerkreuz rechts, um zu der Zinszahlung im 1. Jahr zu gelangen.

Teil 3:

▼	**AMORT** **PERIOD** **13–24**	Drücken von Steuerkreuz unten, um in das 2. Jahr zu gelangen.
▶ ▶	**AMORT** **INTEREST** **–12.122,06**	Zweimaliges Drücken von Steuerkreuz rechts, um die Zinszahlung im 2. Jahr anzuzeigen.

 Führen Sie diese Schritte fort, so ergeben sich folgende Zinszahlungen in den ersten 10 Jahren:

Jahr	Perioden	Zinszahlung
1. Jahr:	1–12	12.383,81 Euro
2. Jahr:	13–24	12.122,06 Euro
3. Jahr:	25–36	11.846,91 Euro
4. Jahr:	37–48	11.557,69 Euro
5. Jahr:	49–60	11.253,67 Euro
6. Jahr:	61–72	10.934,09 Euro
7. Jahr:	73–84	10.598,17 Euro
8. Jahr:	85–96	10.245,06 Euro
9. Jahr:	97–108	9.873,88 Euro
10. Jahr:	109–120	9.483,72 Euro

Für die Investition kann ein Darlehen sehr sinnvoll sein. Es wird weniger Eigenkapital verwendet, welches in andere Anlageformen investiert werden kann. Für das Darlehen verringern die Zinsen die Einnahmen und damit die Steuerlast.

Nun kommt es jedoch häufig vor, dass eine Immobilie nicht zu Beginn eines Jahres erworben und ein Darlehen nicht zu Beginn des Jahres aufgenommen wird. Hier haben wir es mit einem „gebrochenen (Steuer-) Jahr" zu tun. Denn die Zinsen für ein Darlehen werden in der jährlichen Steuererklärung nur für ein bestimmtes Kalenderjahr berechnet. Im obigen Fall wurde das Darlehen Anfang April aufgenommen. Somit können für das erste Steuerjahr der Immobilie lediglich 9 Monate (April bis Dezember) Zinsen des Darlehens berücksichtigt werden.

Auch diesen Fall können Sie im AMORT-Modus einfach berücksichtigen. Hier nehmen Sie zunächst die ersten 9 Monate an:

Eingabe	Display-anzeigen	Erklärung
(Ausgangslage)	AMORT INTEREST −9.483,72	Sie befinden sich im AMORT-Modus.
AMORT	0,00	Beenden des AMORT-Modus durch Drücken der Taste AMORT.
AMORT	AMORT PER_BEGIN 1	Starten des AMORT-Modus. Der Periodenstart ist wieder mit 1, also ab der ersten Periode angegeben. Hier sind keine Veränderungen vorzunehmen.
▶	AMORT PER_N 12	Die Periodenanzahl gibt 12 Perioden vor. Das erste gebrochene Jahr hat jedoch nur 9 Monate.
9 ▼	AMORT PERIOD 1–9	Sie geben das gebrochene Jahr mit 9 Monaten vor und gehen mit dem Steuerkreuz unten in die Berechnungstabelle. Das erste Jahr wird richtig mit den Monaten 1–9 vorgegeben.
▶ ▶	AMORT INTEREST −9.311,89	Zweimaliges Drücken von Steuerkreuz rechts, um zu der Zinsangabe zu gelangen.
▼	AMORT PERIOD 10–18	Drücken von Steuerkreuz unten, um in den nächsten Zeitraum zu gelangen.

Stopp Im letzten Schritt sehen Sie, dass das nächste Jahr mit den Perioden 10 bis 18 angegeben ist. Das ist jedoch nicht richtig, da das 2. Jahr voll von Januar bis Dezember angerechnet wird. Es ist dann kein gebrochenes Jahr mehr. Das stellen Sie nun im AMORT-Modus um.

Eingabe	Display-anzeigen	Erklärung
(Ausgangslage)	AMORT PERIOD 10–18	Ausgangslage.
▲ ▲	AMORT PER_N 9	Zweimaliges Drücken von Steuerkreuz oben, um in die Einstellung der Anzeigeperioden zu gelangen. Hier die Laufzeit PER_N.
12 ◄	AMORT PER_BEGIN 1	Sie geben in PER_N 12 vor, da die Laufzeit jährlich betragen soll. Danach drücken Sie Steuerkreuz links, um zu der Angabe PER_BEGIN zu gelangen.
10 ▼	AMORT PERIOD 10–21	Eingabe von 10, da das zweite (Steuer-)Jahr im 10. Darlehensmonat beginnt. Das erste war vom 1.–9. angegeben. Danach Drücken von Steuerkreuz unten, um in die Berechnungstabelle zu gelangen.
► ►	AMORT INTEREST –12.188,72	Zweimaliges Drücken von Steuerkreuz rechts, um zu der Zinsangabe des zweiten Steuerjahres zu gelangen.
▼ ► ►	AMORT INEREST –11.916,99	Drücken von Steuerkreuz unten, um in das 3. Steuerjahr zu gelangen. Danach zweimaliges Drücken von Steuerkreuz rechts, um zu der Zinsangabe zu gelangen.

Stopp Führen Sie diese Schritte weiter durch, so erhalten Sie folgende Zahlen für die einzelnen Steuerjahre. Bitte beachten Sie jedoch, dass das letzte Steuerjahr bis zur Darlehensprolongation ebenso gebrochen ist. Hier sind lediglich 3 Monate vorhanden. Versuchen Sie dieses Ergebnis allein zu ermitteln und schauen dann auf der folgenden Seite auf das Ergebnis.

Nun könnten Sie zusammen mit dem Kunden eine Erfolgsrechnung aufstellen. Von den Einnahmen aus Vermietung könnten Sie nun erwartete Kosten und auch obige Zinsen für das Darlehen abziehen. Den sich daraus ergebenen Zahlungsstrom können Sie dann bewerten. Da es wahrscheinlich unterschiedlich hohe Zahlungen in den einzelnen Jahren sind, können Sie diese nicht mit dem TVM-Modus des BWK Business® berechnen. Hierzu ist der CASHFLOW-Modus notwendig, auf den wir später in diesem Buch eingehen.

Jahr	Perioden	Zinszahlung
1. Jahr:	1–9	9.311,89 Euro
2. Jahr:	10–21	12.188,72 Euro
3. Jahr:	22–33	11.916,99 Euro
4. Jahr:	34–45	11.631,35 Euro
5. Jahr:	46–57	11.331,10 Euro
6. Jahr:	58–69	11.015,49 Euro
7. Jahr:	70–81	10.683,73 Euro
8. Jahr:	82–93	10.334,99 Euro
9. Jahr:	94–105	9.968,42 Euro
10. Jahr:	106–117	9.583,09 Euro
11. Jahr:	118–120	2.333,28 Euro

Die Botschaft lautet: Sollten Zinsen bei Darlehen steuerlich zu bewerten oder anzurechnen sein, so bietet sich der AMORT-Modus an. Das können Darlehen bei Immobilien und ebenso auch bei Selbständigen sein. Hier können Sie für die unterschiedlichsten Zeiträume die Zinsen anzeigen lassen. Zeigen Sie dem Kunden, dass Sie auch bei solchen Anlageformen helfen können. Machen Sie sich zu einem Profi-Berater und akquirieren Sie dadurch mehr Kunden.

Investitionen in Anlageprodukte

Der AMORT-Modus kann ebenso bei der Berechnung von Wertentwicklungen und Zinsberechnungen genutzt werden. Im 1. Kapitel wurde bereits erläutert, dass auf Wertentwicklungen und Zinsen Steuern bei Auszahlung gezahlt werden müssen. Ab dem Jahr 2009 wird es die Abgeltungsteuer von 26,4 Prozent sein. Hier wurde der Ertrag folgendermaßen berechnet:

Endvermögen minus Einzahlungen = Ertrag/Wertentwicklung/Gewinn

Diese Berechnung kann mit dem AMORT-Modus in wenigen Schritten durchgeführt werden.

 BEISPIEL

Ein Kunde spart monatlich ab 2009 über 25 Jahre 150 Euro in ein Anlageprodukt, das eine voraussichtliche Rendite von 5 Prozent erzielt. Zu Beginn legt der Kunde 10.000 Euro an. Wie hoch ist der steuerliche Ertrag?

 Berechnung

Zuerst wird wiederum der Zahlungsstrom in den BWK Business® eingegeben:

Eingabe	Display-anzeigen	Erklärung
12 P/YR	P/YR 12,00	Monatliche Zahlungsweise.
25 x P/YR	N 300,00	Die Laufzeit beträgt 25 Jahre.
5 EFF%	I/YR NOM% 4,89	Es wird voraussichtlich eine Rendite von 5 Prozent erzielt.
10 000 +/– PV	PV –10.000,00	Zu Beginn wird eine Einmalanlage von 10.000 Euro getätigt.
150 +/– PMT	PMT –150,00	Monatlich werden zudem 150 Euro angelegt.
FV	FV 121.723,73	Berechnung des Endvermögens.

 Es wird also ein Endvermögen vor Steuern von 121.724 Euro erzielt. Wie hoch ist der Gewinn, der erzielt wurde? Hier gehen Sie mit dem AMORT-Modus vor:

Eingabe	Display-anzeigen	Erklärung
AMORT	AMORT PER_BEGIN 1	Starten des AMORT-Modus. Der Beginn des Betrachtungszeitraums ist mit 1 angegeben und stimmt somit.
▶ 300	AMORT PER_N 300	Drücken von Steuerkreuz rechts und Änderung der Laufzeit der Perioden auf 300.
▼	AMORT PERIOD 1–300	Drücken von Steuerkreuz unten, um in die Berechnungstabelle zu kommen. Die Periodenanzahl, der Gesamtlautzeit 1–300 wird angezeigt.
▶ ▶	AMORT INTEREST 66.723,73	Zweimaliges Drücken von Steuerkreuz rechts, um den Ertrag (Zins) anzuzeigen.

Der Ertrag dieses Anlageprodukts beträgt also rund 66.724 Euro. Auf diesen wird nun die Abgeltungsteuer von 26,4 Prozent fällig, somit 17.615 Euro.

Hinweis: Beachten Sie im AMORT-Modus weniger die Zahl im Feld „PRINCIPAL". Diese ergibt sich aus den Zahlungen plus den Zinsen abzüglich der Einmalanlage. Bei Kapitalanlagen kann diese also nur schwer interpretiert werden.

Die Botschaft lautet: Beim Ansparen in Kapitalanlagen kann mit dem AMORT-Modus einfacher die Wertentwicklung bzw. der Gewinn ermittelt werden. Kennen Sie den AMORT-Modus, so können Sie mit diesem schnell und einfach diese Werte ermitteln. Wählen Sie für sich selbst die einfachere Methode aus, mit der Sie schneller berechnen können.

Teil 3:

Auszahl-/Rentenpläne

Ein anderer Punkt sind Auszahl-/Rentenpläne. Wird keine Leibrente gezahlt, so werden die Renten bei Auszahlung mit dem persönlichen Steuersatz bzw. der Abgeltungsteuer versteuert. Je nach Anlageprodukt kann sich das noch unterscheiden. Meist wird hier auch lediglich die Wertsteigerung der Renten besteuert. Da bei Kapitalverzehr der Zinsanteil der Renten mit der Zeit abnimmt, ist es in einer manuellen Rechnung schwieriger zu betrachten. Hier bietet sich wiederum der AMORT-Modus im BWK Business® für die Berechnung an.

 BEISPIEL

Ihr Kunde möchte 400.000 Euro in einen konservativen Investmentfonds einzahlen, um daraus eine gleich bleibende, monatliche Rente mit Kapitalverzehr zu entnehmen. Er ist heute 65 Jahre alt und möchte die Rente bis zum 85. Lebensjahr entnehmen. Der Investmentfonds erzielt eine Rendite von 4,5 Prozent. Wie hoch sind die steuerlichen Erträge einer Rente im 1., 5., 10., 15. und 20. Jahr? Nehmen Sie die Abgeltungsteuer von 26,4 Prozent an.

 Berechnung

Auch hier geben Sie zuerst den Zahlungsstrom in den BWK Business® ein. Das sollten Sie schon können. Versuchen Sie also nun erst einmal allein den Lösungsweg zu finden und schauen erst dann auf folgende Lösung.

Eingabe	Display-anzeigen	Erklärung
12 P/YR	P/YR 12,00	Monatliche Auszahlung der Rente.
20 x P/YR	N 240,00	Die Rente soll über 20 Jahre ausgezahlt werden.
4,5 EFF%	I/YR NOM% 4,41	Eingabe der Rendite von 4,5 Prozent.

Eingabe	Displayanzeigen	Erklärung
400 000 +/– PV	PV –400.000,00	Es werden in den Investmentfonds 400.000 Euro eingezahlt.
0 FV	FV 0,00	Die Renten sollen mit Kapitalverzehr ausgezahlt werden. Nach 20 Jahren soll also kein Vermögen mehr vorhanden sein.
PMT	PMT 2.511,16	Berechnung der Rente.

Er kann also vor Steuern eine Rente von 2.511 Euro entnehmen. Nun ist die Frage, um die Rente nach Steuer zu berechnen, wie hoch der Ertrag in dieser Rente ist. Hierzu nutzen Sie den AMORT-Modus.

Eingabe	Displayanzeigen	Erklärung
AMORT	AMORT PER_BEGIN 1	Starten des AMORT-Modus. Da die erste Rente berechnet werden soll, kann hier eine 1 eingetragen bleiben.
▶ 1	AMORT PER_N 1	Drücken von Steuerkreuz rechts, um in die Periodenanzahl zu gelangen. Dort tragen Sie eine 1 ein, da jeweils eine Rente ermittelt werden soll.
▼	AMORT PERIOD 1–1	Drücken von Steuerkreuz unten, um in die Berechnungstabelle zu gelangen. Hier wird die Periode 1–1 angezeigt, also die erste Rente.
▶	AMORT PRINCIPAL 1.041,23	Drücken von Steuerkreuz rechts, um in die Anzeige der Tilgung zu gelangen.
▶	AMORT INTEREST 1.469,92	Drücken von Steuerkreuz rechts, um in die Anzeige des Zinses zu gelangen.
▶	AMORT BALANCE 398.958,77	Drücken von Steuerkreuz rechts, um in die Anzeige des Saldos zu gelangen.

Nun zur Erklärung der obigen Zahlen:

- PRINCIPAL: Die Tilgung ist in diesem Fall der Auszahlungsbetrag, der quasi aus dem verfügbaren Kapital gezahlt wird. Er wird nicht versteuert.
- INTEREST: Der Zins ist der Zinsanteil einer Rente. Dieser muss versteuert werden.
- BALANCE: Der Saldo ist noch das verfügbare Kapital nach Auszahlung der Rente – in diesem Fall lediglich der ersten Rente.

Ziehen Sie von den angelegten 400.000 Euro PRINCIPAL ab, so kommen Sie auf den Saldo von 398.958,77 (= 400.000 – 1.041,23).

Der Rentner muss nun den Zinsanteil der Rente, also rund 1.470 Euro versteuern. Ziehen Sie die Abgeltungssteuer von 26,4 Prozent (= 388 Euro) ab, so bleiben noch 1.082 Euro aus der Wertentwicklung. Zusammen mit PRINCIPAL werden 2.123 Euro zur Auszahlung kommen. In diesem Fall lohnt sich also alle Zahlen bei dem Kundengespräch zu notieren. Ebenso können Sie 388 Euro von der Rente vor Steuern von 2.511 Euro abziehen.

Zurück zum AMORT-Modus. Hier haben Sie nun die erste Rente berechnet. Sie könnten nun 60 Zeilen mit dem Steuerkreuz unten in die Periode 60 bis 60 (5. Rentenjahr) wandern, was jedoch wenig sinnvoll ist. Sinnvoller ist es, PER_BEGIN zu verändern:

Eingabe	Display-anzeigen	Erklärung
(Ausgangslage)	AMORT BALANCE 398.958,77	Ausgangslage.
▲ ◄	AMORT PER_BEGIN 1	Drücken von Steuerkreuz oben und danach links, um in die Eingabe PER_BEGIN zu gelangen.
60 ▼	AMORT PERIOD 60–60	Eingabe der 60. Periode und drücken von Steuerkreuz unten.
► ►	AMORT INTEREST 1.218,34	Zweimaliges Drücken von Steuerkreuz rechts, um den Zinsanteil der Rente in der 60. Periode anzuzeigen.

Stopp Der Zinsanteil im 5. Jahr beträgt also lediglich noch 1.218 Euro. Auf diesen Betrag werden wiederum 26,4 Prozent Abgeltungssteuer (= 321,50 Euro) fällig. Die Rente beträgt danach 2.190 Euro. Nach 5 Jahren hat sich die Rente durch weniger Steuerzahlung um 70 Euro erhöht.

Führen Sie nun obige Schritte für das 10., 15. und 20. Jahr durch. Denken Sie daran, dass dies ein Übungsbuch ist. Versuchen Sie es nun also erstmal allein und schauen dann auf untere Lösung. Üben Sie und erzielen dadurch Erfolg!

Jahr	Rente vor Steuer	Zinsanteil	Abgeltung- steuer 26,4 %	Rente nach Steuer
1.	2.511 Euro	1.470 Euro	388 Euro	2.123 Euro
5.	2.511 Euro	1.218 Euro	322 Euro	2.189 Euro
10.	2.511 Euro	900 Euro	238 Euro	2.273 Euro
15.	2.511 Euro	503 Euro	133 Euro	2.378 Euro
20.	2.511 Euro	9 Euro	2 Euro	2.509 Euro

Quelle: ©Bernd W. Klöckner, www.berndwkloeckner.com; Werner Dütting, www.duetting.com

Teil 3:

Anhand dessen sehen Sie, dass sich die Steuer verringert und die Rente somit ansteigt. Da die Renten in diesem Zeitraum ansteigen, könnte man nun feststellen, ob mit diesen Beträgen vielleicht auch die Inflation berücksichtigt werden kann. Wie hoch sind also die durchschnittlichen Steigerungsraten für den Gesamtzeitraum von 20 Jahren?

Eingabe	Display-anzeigen	Erklärung
1 P/YR	P/YR 1,00	Jährliche Steigerung.
20 x P/YR	N 20,00	Der Gesamtzeitraum beträgt 20 Jahre.
2 123 +/− PV	PV −2.123,00	Die anfängliche Rente nach Steuern beträgt 2.123 Euro.
0 PMT	PMT 0,00	Keine regelmäßigen Ein-/Auszahlungen bei Inflationsberechnungen.
2 509 FV	FV 2.509,00	Im letzten Jahr beträgt die Rentenauszahlung 2.509 Euro.
I/YR	I/YR NOM% 0,84	Berechnung der durchschnittlichen Steigerung.

Die durchschnittliche Steigerungsrate beträgt lediglich 0,84 Prozent. Einer Inflation kann somit nicht entgangen werden. Jedoch besteht eine geringe Steigerung der Rente nach Steuern.

Die Botschaft lautet: Zeigen Sie dem Kunden, wie sich die Abgeltungsteuer auf Renten auswirkt, die mit Kapitalverzehr ausgezahlt werden. Danach können Sie die Rente nach Steuern mit einer Leibrente nach Steuern vergleichen. Mit dem AMORT-Modus besitzen Sie ein einfaches Tool, um den Zinsanteil von Renten zu berechnen und damit die Steuerlast festzustellen.

BWK
INTERNATIONAL
EXPERTE IST DER KUNDE®

Bernd W. Klöckner®

Bernd W. Klöckner®
Master of Arts (Univ.), Dipl.–Betriebswirt, MBA

„Zum Glück gibt's Klöckner" – Süddeutsche Zeitung. Bernd W. Klöckner® zählt zu den international gefragten und bestbezahlten Referenten zu den Themen Rente und Altersvorsorge. Er studierte erfolgreich und mit Abschluss Systemisches Management, ferner Erwachsenenbildung an der Universität Kaiserslautern mit Abschluss „Master of Arts". Er ist Diplom-Betriebswirt und absolvierte seinen MBA. Bernd W. Klöckner® gilt als der Ausnahmetrainer und als High-Performance-Coach. Er bietet eine einzigartigen Kombination aus rund 23 Jahren aktiver Verkaufs- und Beratungspraxis, Wissenschaft und Forschung. Er leitet das KLÖCKNER-INSTITUT, ein internationales Institut für Verkaufs- und Kommunikations-Strategien und ist Herausgeber verschiedener Publikationen. Bernd W. Klöckner® erreichte bislang über 50 Mio. Zuschauer durch seine auf den Punkt kommenden, durchaus provozierenden TV-Auftritte in ARD, „Sabine Christiansen", „Anne Will", „Menschen bei Maischberger", ZDF „Frontal 21", BR „Münchner Runde", WDR „Hart aber fair", n.tv „Geld", ZDF „Johannes B. Kerner" und andere. Der vierfache Familienvater ist 42-facher Buchautor und schrieb 17 Bestseller. Seine Bücher wurden bislang in vier Sprachen verlegt und erscheinen unter anderem auch in China. Er ist unter anderem Autor des Bestseller „Die Rentenlüge". Hier bringt er auf den Punkt, wie Millionen von Menschen nicht vollständigen Angaben zu ihrer Rente vertrauen. Bernd W. Klöckner® begründete das in der Finanzbranche einzigartige Verkaufs-, Kommunikations- und Rechen-Training. Er ist Gründer und Urheber der Klöckner-Methode sowie der Verkaufstherapie®. Seine Methode garantiert spürbar und spürbar dauerhaft mehr Erfolg in Verkaufs- und Beratungsgesprächen. Referenzen und Details zu Bernd W. Klöckner® und seinem Team unter www.BWK-International.com. Bernd W. Klöckner® arbeitet zusammen mit Dr. Claus M. Kriebel, Entwickler und Urheber des Beratungsrechners, der Praxis-Software für qualifizierte Finanzberater.

www.BWK-International.com
Kontakt für Trainings: **mail@BWK-International.com**

Verkaufs- und Produktstrategien

In diesem Kapitel geht es darum, wie Sie Produkte miteinander vergleichen und optimal an den Kunden verkaufen. Werden Sie zu einem Profi, indem Sie Verkaufsstrategien anwenden und das Bestmögliche für den Kunden aus Produkten herausholen. Setzen Sie den BWK Business® im Beratungsgespräch ein und zeigen Sie dem Kunden die besten Wege zum Erfolg. Generieren Sie dadurch Umsatzsteigerungen, Mehrprovisionen und letztendlich Erfolg.

Wie zahlen Sie/Ihre Kunden die Versicherungsbeiträge?

Gerade bei Sachversicherungen kann die Zahlungsweise individuell ausgewählt werden. Meist ist die Zahlungsweise jährlich, halbjährlich, vierteljährlich oder monatlich auszuwählen. Werden die letzten 3 Optionen gewählt, so verlangt die Versicherungsgesellschaft einen Aufschlag auf den Beitrag. Dieser liegt häufig bei halbjährlicher Zahlungsweise bei 3 und bei vierteljährlicher bei bis zu 5 Prozent. Im Antrag oder den Versicherungsbedingungen wird der Vermerk angegeben. Doch was bedeutet ein Aufschlag von 5 Prozent? Liegt der Zins über das Jahr berechnet dann bei 5 Prozent, darunter oder darüber?

Vergleichbar können Sie es mit einem Überziehungskredit eines Girokontos machen. Wird die Prämie jährlich gezahlt, so ist kein Aufschlag zu zahlen, jedoch muss der Versicherungsnehmer in Vorleistung treten. Wird die Versicherungsleistung monatlich gezahlt, so stottert der Versicherungsnehmer die jährliche Versicherungsprämie monatlich ab und hat einen Aufschlag zu zahlen.

Die Lösung: Der Versicherungsnehmer könnte also auswählen, ob jährlich oder monatlich gezahlt wird. Zahlt er jährlich, so müsste er sein Girokonto überziehen, welches er dann monatlich mit den Versicherungsprämien mit Aufschlag wieder bis zum Jahresende tilgt. Der Zins, der hier berechnet wird, ist der maximale Überziehungszins bei einer Hausbank. Klingt kompliziert, ist jedoch einfach mit dem BWK Business® in einer Berechnung zu lösen.

 BEISPIEL

Ein Kunde schließt eine Kfz-Versicherung ab. Der jährliche Beitrag beträgt 600 Euro. Der Kunde möchte jedoch vierteljährlich zahlen, um sein Konto nicht allzu sehr zu belasten. Der monatliche Betrag liegt bei 150 Euro (= 600 ÷ 4 Raten). Sie finden jedoch in den Versicherungsbedingungen, dass er auf den monatlichen Beitrag einen Aufschlag von 5 Prozent zahlen müsste, somit also 7,50 Euro mehr pro Monat. Denken Sie daran, dass die meisten Sachversicherungen vorschüssig gezahlt werden! Berechnen Sie dem Kunden die beste Lösung!

 Berechnung

Sie haben alle Angaben, um die Berechnung des Effektivzinses durchzuführen, was wir nun im Folgenden angeben.

Eingabe	Display-anzeigen	Erklärung
SHIFT P/YR	BEGIN 0,00	Umstellen auf vorschüssige Zahlungsweise.
4 P/YR	BEGIN P/YR 4,00	Vierteljährliche Zahlungsweise des Beitrags.
1 x P/YR	BEGIN N 4,00	Die Prämie wird über einen Zeitraum von einem Jahr gezahlt.

600 PV	BEGIN PV 600,00	Er zahlt vierteljährlich und erhält somit einen Kredit über 600 Euro von der Versicherungsgesellschaft für ein Jahr.
157,5 +/- PMT	BEGIN PMT -157,50	Vierteljährlich zahlt er dann 150 Euro plus den Zuschlag von 7,50 Euro.
0 FV	BEGIN FV 0,00	Am Ende der Laufzeit steht das Versicherungskonto wieder bei Plus-Minus-Null.
I/YR	BEGIN I/YR NOM% 13,41	Berechnung des nominalen Zinses.
EFF%	BEGIN EFF% 14,10	Umrechnung in den effektiven Zins.

Wählt er die vierteljährliche Zahlungsweise, so hat er einen Effektivzins von 14,1 Prozent zu zahlen. Hätten Sie das vermutet? Nun gibt es zwei Optionen für den Kunden:

1. Der Überziehungszins seines Girokontos der Hausbank liegt unter 14,1 Prozent. Er sollte den jährlichen Beitrag wählen und eventuell sein Konto überziehen.

2. Der Überziehungszins seines Girokontos der Hausbank liegt über 14,1 Prozent. Er sollte den vierteljährlichen Beitrag der Versicherung wählen, da dieser günstiger ist.

Die Botschaft lautet: Zweifelt der Versicherungsnehmer bei der Zahlungsweise, so können Sie obige Berechnung mit ihm durchführen. Für Kunden ist es nicht ersichtlich, wie hoch der Aufschlag der Versicherung als Effektivzins ausgedrückt ist. Zeigen Sie es dem Kunden. Bei vielen Sachversicherungen können hier schon größere Ersparnisse über die Jahre erreicht werden.

Honorarberatung

Seit der Reform des Versicherungsvertragsgesetzes ist die Honorarberatung stärker ins Licht gerückt. Der Grund ist, dass es für Kunden in den Produktbedingungen ersichtlich ist, welche Abschlussprovision an den Verkäufer gelangt. In anderen Bereichen, wie bei Steuerberatern und Rechtsanwälten, ist die Honorarbasis normal. So könnte es auch bei Vermögens- und Versicherungsberatern hier zur Normalität werden. Einige Banken und auch schon einige Makler haben diese Form der Vergütung erkannt und nutzen diese.

☐ **Nachteil der Provisionsvergütung für Kunden**

Produktanbieter möchten Ihre Produkte so gut wie möglich verkaufen. Dadurch versuchen Sie andere Anbieter mit einer höheren Provision auszustechen. Ein Berater ist hier natürlich auch darauf aus, hohe Provisionen zu erzielen und könnte sich das Produkt mit den höchsten Provisionen auswählen. Der Kunde auf der anderen Seite hat dadurch jedoch höhere Kosten.

☐ **Nachteile der Provisionsvergütung für Berater**

Schließt ein Kunde kein Produkt ab, auch nach ausgiebiger Beratung, geht der Berater leer aus. Er hat eventuell viel Zeit investiert, bekommt dafür kein Geld.

☐ **Vorteile durch Honorarberatung**

Bei der Honorarberatung verzichtet der Berater auf Provisionen von Produktanbietern und nimmt dafür Geld für die Beratung. Auch wenn der Kunde nichts abschließt, bekommt der Berater sein Geld. Für den Kunden ist die Honorarberatung vorteilhaft, da der Berater die Unabhängigkeit unterstreicht. Er braucht somit nicht auf die Provisionen von Anbietern zu achten und könnte dadurch das günstigste Produkt für den Kunden anbieten.

Teil 4:

◻ Kombi-Modelle

Einige Berater nehmen für die Beratung ein Honorar und zudem erhalten Sie von dem Produktanbieter eine Provision. Das Honorar beschränkt sich hier zum Beispiel auf die Erstellung eines Vermögensplanes und die Darstellung sowie Optimierung der aktuellen Kundensituation. So zumindest die Theorie. In der Praxis können Honorarberater nicht immer das günstigste Produkt für den Kunden auswählen. Zudem beschränkt sich die Honorarberatung meist noch auf vermögende Kunden. Doch immer mehr Berater erkennen auch bei normalen Kunden diese Form und bieten sie an.

Gerade in manchen Bereichen könnte eine Honorarberatung für Sie als Makler interessant sein. Hier geht es vor allem in Richtung Investmentprodukte. Haben Sie schon mal einen Exchange Traded Funds verkauft? Dieser nimmt beispielsweise keinen Ausgabeaufschlag und schüttet somit auch wenig bis keine Provision an den Vermittler aus. Das Produkt könnte jedoch für viele Kunden interessant sein. Haben Sie schon mal Anlagezertifikate vermittelt? Auch hier ist es derselbe Fall. Deswegen werden diese Produkte von den meisten Beratern und Maklern noch nicht vermittelt.

Die Lösung: Sie könnten dem Kunden beispielsweise anbieten, für bestimmte Bereiche ein Honorar zu verlangen und ihn dann dort zu beraten. Die Honorarbasis könnte auf eine Gewinnbeteiligung, ein monatliches Entgelt oder auf Stundenbasis hinauslaufen. Machen Sie sich hierüber einmal Gedanken.

Viele Kunden sehen es jedoch noch nicht ein, für eine Beratung Geld zu bezahlen. Schließlich ist es bei der Hausbank kostenlos. Das ist ein Irrglaube, den viele Kunden haben. Denn wie Sie wissen, bekommen auch Banken Provision, was der Kunde jedoch nicht direkt erkennt. Bei der Vermittlung von Investmentfonds ist es zum Beispiel ein Teil des Ausgabeaufschlags. Das könnten Sie wunderbar als Verkaufsargument nutzen.

Bei einigen Anbietern von Fonds erhält der Kunde Rabatte auf Ausgabeaufschläge bei Investmentfonds. Diese gilt es auszuwählen. Zudem vielleicht ein Depot bei einer Direktbank, um auch ETF's und Zertifikate zu vermitteln. Bieten Sie ein Honorar auf Stundenbasis an. Wir zeigen Ihnen nun, wie Sie den BWK Business® dazu einsetzen, dem Kunden die Honorarbasis schmackhaft zu machen.

BEISPIEL

Ein Kunde spricht Sie auf die Anlage von 30.000 Euro an. Er möchte das Geld in Investmentfonds anlegen. Sie bieten dem Kunden ein Honorar von 500 Euro an, worüber er jedoch nicht glücklich ist. Bei der Hausbank würde er es umsonst bekommen, so sein Argument. Zeigen Sie dem Kunden, dass er bei der Hausbank einen Ausgabeaufschlag von 5 Prozent zahlen würde und bei Ihnen einen Rabatt auf den Ausgabeaufschlag von 100 Prozent bekommen würde. Die Rendite des Investmentfonds nehmen Sie mit 7 Prozent über 10 Jahre an.

Berechnung

Bei der Hausbank:

Eingabe	Display-anzeigen	Erklärung
1 P/YR	P/YR 1,00	Jährliche Betrachtungsweise.
10 x P/YR	N 10,00	Der Betrachtungszeitraum beträgt 10 Jahre.
7 I/YR	I/YR NOM% 7,00	Sie nehmen eine Rendite des Investmentfonds von 7 Prozent an.
30 000 ÷ 1,05 = +/– PV	PV –28.571,43	Berechnung des Anlagebetrags nach Ausgabeaufschlag und speichern als Einmalanlage.
0 PMT	PMT 0,00	Keine regelmäßigen Ein-/Auszahlungen.
FV	FV 56.204,32	Berechnung des Endvermögens.

 Bei der Hausbank erreicht er nach 10 Jahren ein Vermögen von rund 56.000 Euro.

Bei Ihnen als Honorarberater:

Eingabe	Display-anzeigen	Erklärung
29 500 +/– PV	PV -29.500,00	Speichern des Anlagebetrags abzüglich des Honorars von 500 Euro.
FV	FV 58.030,97	Berechnung des Endvermögens.

Legt der Kunde bei Ihnen an, kommt er auf ein rund 2.000 Euro höheres Vermögen.

Nun erläutern Sie ihm noch zusätzlich Vorteile:

☐ Bei Fondswechsel fällt lediglich das Honorar an und nicht noch ein weiterer Ausgabeaufschlag.

☐ Auch andere Produkte, wie ETF's und Anlagezertifkate, können angeboten werden.

☐ Banken bieten meist nur hausinterne Fonds einer verbundenen Fondsgesellschaft an. Sie können aus dem gesamten Markt wählen.

☐ Beratung nach günstigen Kostenaspekten.

Die Botschaft lautet: Bieten Sie auch Produkte des gesamten Finanzmarktes an. Lassen Sie sich hierbei durch ein Honorar vergüten. Ob es nun zudem für Sie interessant ist, Ihre Beratung voll auf Honorarbasis umzustellen, bleibt Ihnen überlassen. So würden Sie in jedem Fall Ihre Beratung vergüten lassen und verzichten auf Provision bei Produktverkauf. Dem Kunden zeigen Sie dadurch Unabhängigkeit. In den nächsten Jahren ist abzusehen, dass mehr Banken, Versicherungen, Makler und Berater auf Honorarbasis arbeiten. Hier könnten Sie einer der Ersten sein, die eine solche Beratung anbieten. Die Entscheidung liegt bei Ihnen!

Investmentfonds vs. fondsgebundene Versicherung

Seit der Einführung der Abgeltungsteuer im Jahre 2009 sind fondsgebundene Versicherungen attraktiver geworden. Unter dem Mantel der Versicherung können Investmentfonds abgeltungsteuerfrei hin- und hergewechselt werden, was bei einer Direktanlage nicht möglich ist. Zudem werden die Ausschüttungen und Thesaurierungen der Fonds unter dem Mantel der Versicherung abgeltungsteuerfrei wiederangelegt. Wird für die Altersvorsorge angespart, so haben fondsgebundene Versicherungen zusätzlich einen Steuervorteil. Hier wird lediglich die Hälfte der Erträge mit dem persönlichen Einkommensteuersatz versteuert. Dieser liegt somit selbst beim Spitzensteuersatz unter der 25-prozentigen Abgeltungsteuer. Experten sind jedoch der Meinung, dass die Kosten der Versicherungen diese Vorteile wieder „auffressen".

Im nächsten Berechnungsbeispiel gehen wir detailliert auf die Kosten und Steuern ein.

 BEISPIEL

Ein Kunde möchte monatlich 250 Euro für die Altersvorsorge ansparen. Er ist heute 35 Jahre und möchte bis zum 65. Lebensjahr sparen. In der Rentenzeit rechnen Sie mit einem Einkommensteuersatz von 25 Prozent. Vergleichen Sie 3 Angebote:

a) Aktienfonds: 9 Prozent Rendite, 2,5 Prozent Ausgabeaufschlag, 1 Prozent jährliche Verwaltungskosten, 25 Prozent Ausschüttungsanteil an Rendite, Fondswechsel alle 7,5 Jahre.

b) Dachfonds: 8 Prozent Rendite, 2,5 Prozent Ausgabeaufschlag, 1,5 Prozent jährliche Verwaltungskosten, 25 Prozent Ausschüttungsanteil an Rendite, kein Fondswechsel.

c) Fondsgebundene Lebensversicherung: Investitionen wie in a), Abschluss- und Vertriebskosten: 4 Prozent der Gesamtbeiträge auf die ersten 5 Jahre verteilt, jährliche Verwaltungskosten 1 Prozent des Fondsvermögens, Todesfallschutz angenommen in den ersten 15 Jahren 25 Euro.

 **Berechnung**

a) Aktienfonds:

Hier müssen Sie zunächst den Ausschüttungsanteil von der Rendite des Fonds abziehen:

Rendite:	9,00 %
Ausschüttungsanteil 25 %:	2,25 %
– Abgeltungsteuer 26,4 %:	0,59 %
Rendite nach Abgeltungsteuer:	8,41 %

Nun folgt wiederum von dieser Rendite der Abzug der Verwaltungskosten des Fonds:

$$\text{Rendite}_{(\text{nach Verw.Kst})} = \text{Rendite} - \text{Verw.Kst} - \left(\text{Verw.Kst} \cdot \frac{\text{Rendite}}{100} \right)$$

$$\text{Rendite}_{(\text{nach Verw.Kst})} = 8,41 - 1 - \left(1 \cdot \frac{8,41}{100} \right)$$

$$\text{Rendite}_{(\text{nach Verw.Kst})} = 7,33$$

Nun haben Sie die Rendite ermittelt und können die Angaben in den BWK Business® tätigen. Da nach jeweils 7,5 Jahren ein Fondswechsel stattfindet und auf das jeweilige Vermögen die Abgeltungsteuer anfällt, müssen Sie in Einzelschritten rechnen.

1. bis 7,5. Jahr:

Eingabe	Display-anzeigen	Erklärung
12 P/YR	P/YR 12,00	Monatliche Zahlungsweise.
7,5 x P/YR	N 90,00	Berechnung der ersten 7,5 Jahre.
7,33 EFF%	I/YR NOM% 7,09	Es wird oben berechnete Rendite erreicht.

0 PV	PV 0,00	Es wird keine Einmalanlage getätigt.
250 ÷ 1,025 = +/– PMT	PMT –243,90	Der Sparbetrag wird nach Abzug des Ausgabe- aufschlags als regelmäßige Zahlung gespei- chert.
FV	FV 28.871,12	Berechnung des Endvermögens nach 7,5 Jahren.

 Nach 7,5 Jahren steht ein Fondsvermögen von rund 28.900 Euro zur Verfügung. Wird dieses nun ausgezahlt oder umgeschichtet, so fällt die Abgeltungsteuer von 26,4 Prozent auf die Gewinne an.

Fondsvermögen:	28.870 Euro	
– Einzahlungen:	22.500 Euro	(= 250 x 90 Monate)
= Gewinn:	6.370 Euro	
– Abgeltungsteuer 26,4 %:	1.682 Euro	
Gewinn nach Steuern:	4.688 Euro	
+ Einzahlungen:	22.500 Euro	
Vermögen nach Steuern:	27.188 Euro	

In den Fonds für die nächsten 7,5 Jahre kann also 27.188 Euro einge-zahlt werden. Hierauf werden dann wiederum Ausgabeaufschläge be-zahlt.

7,5. bis 15. Jahr:

Eingabe	Display- anzeigen	Erklärung
27 188 ÷ 1,025 = +/– PV	PV –26.524,88	Das Vermögen nach Steuern wird nach Abzug des Ausgabeaufschlags als Anfangsvermögen für die nächsten 7,5 Jahre gespeichert.
FV	FV 73.959,21	Berechnung des Endvermögens nach 15 Jahren.

Auch bei der folgenden Umschichtung fällt zunächst die Abgeltungsteuer an:

Vermögen vor Steuern:	73.960 Euro
– Sparraten:	22.500 Euro
– Einmalanlage:	27.188 Euro
= Gewinn vor Steuern:	24.272 Euro
– Abgeltungsteuer 26,4 %:	6.408 Euro
Vermögen vor Steuern:	73.960 Euro
– Abgeltungsteuer:	6.408 Euro
Vermögen nach Steuern:	67.552 Euro

Auch dieses Vermögen wird nach Ausgabeaufschlag in die nächsten 7,5 Jahre übertragen.

15. bis 22,5. Jahr:

Eingabe	Display-anzeigen	Erklärung
67 552 ÷ 1,025 = +/– PV	PV –65.904,39	Das Vermögen nach Steuern wird nach Abzug des Ausgabeaufschlags als Anfangsvermögen für die nächsten 7,5 Jahre gespeichert.
FV	FV 140.898,15	Berechnung des Endvermögens nach 22,5 Jahren.

Vermögen vor Steuern:	140.900 Euro
– Sparraten:	22.500 Euro
– Einmalanlage:	67.552 Euro
= Gewinn vor Steuern:	50.848 Euro
– Abgeltungsteuer 26,4 %:	13.424 Euro
Vermögen vor Steuern:	140.900 Euro
– Abgeltungsteuer:	13.424 Euro
Vermögen nach Steuern:	127.476 Euro

22,5. bis 30. Jahr:

Eingabe	Display-anzeigen	Erklärung
127 476 ÷ 1,025 **= +/– PV**	**PV** **–124.366,83**	Das Vermögen nach Steuern wird nach Abzug des Ausgabeaufschlags als Anfangsvermögen für die nächsten 7,5 Jahre gespeichert.
FV	**FV** **240.275,04**	Berechnung des Endvermögens nach der Gesamtlaufzeit von 30 Jahren.

Das Vermögen sieht auf den ersten Blick hoch aus. Nun fällt jedoch vor Auszahlung die Abgeltungsteuer an:

Vermögen vor Steuern:	240.275 Euro
– Sparraten:	22.500 Euro
– Einmalanlage:	127.476 Euro
= Gewinn vor Steuern:	90.299 Euro
– Abgeltungsteuer 26,4 %:	23.839 Euro
Vermögen vor Steuern:	240.275 Euro
– Abgeltungsteuer:	23.839 Euro
Vermögen nach Steuern:	216.436 Euro

Legt Ihr Kunde in einen Aktienfonds an, so erzielt er ein Vermögen nach Steuern und Kosten von 216.436 Euro. Aufgrund der vielen Fondswechsel und der darauf zu zahlenden Abgeltungsteuer ist vielleicht ein Dachfonds interessanter, was wir im nächsten Fall berechnen.

b) Dachfonds

Dieser erzielt nur eine Rendite von 8 Prozent. Zudem sind die Verwaltungskosten höher. Zuerst berechnen wir jedoch, wie beim Aktienfonds auch, den Ausschüttungsanteil und die darauf entfallende Abgeltungsteuer auf die Rendite:

Rendite:	8,00 %
Ausschüttungsanteil 25 %:	2,00 %
– Abgeltungsteuer 26,4 %:	0,53 %
Rendite nach Abgeltungsteuer:	7,47 %

Nun folgt wiederum von dieser Rendite der Abzug der Verwaltungskosten des Fonds:

$$\text{Rendite}_{(\text{nach Verw.Kst})} = \text{Rendite} - \text{Verw.Kst} - \left(\text{Verw.Kst} \cdot \frac{\text{Rendite}}{100} \right)$$

$$\text{Rendite}_{(\text{nach Verw.Kst})} = 7,47 - 1,5 - \left(1,5 \cdot \frac{7,47}{100} \right)$$

$$\text{Rendite}_{(\text{nach Verw.Kst})} = 5,86$$

Nach Kosten erzielt der Dachfonds schon eine weitaus geringere Rendite als der Aktienfonds zuvor. Kann dieser jedoch die Rendite ausgleichen, da keine Abgeltungsteuer innerhalb der Laufzeit auf die Wertsteigerungen anfällt?

1. bis 30. Jahr:

Eingabe	Display-anzeigen	Erklärung
12 P/YR	P/YR 12,00	Monatliche Zahlungsweise.
30 x P/YR	N 360,00	In den Dachfonds wird durchgängig 30 Jahre gespart.
5,86 EFF%	I/YR NOM% 5,71	Nach Ausschüttungen, Abzug der Abgeltungsteuer und Verwaltungskosten erreicht der Fonds eine Rendite von 5,86 Prozent.
0 PV	PV 0,00	Keine Einmalanlage zu Beginn.
250 ÷ 1,025 = +/– PMT	PMT –243,90	Speichern der Sparrate nach Abzug des Ausgabeaufschlags.
FV	FV 231.767,98	Berechnung des Endvermögens nach 30 Jahren.

Der Kunde erreicht im Dachfonds ein Vermögen von rund 232.000 Euro. Hierauf wird jedoch noch die Abgeltungsteuer fällig.

Vermögen vor Steuern:	231.770 Euro	
– Sparraten:	90.000 Euro	(= 250 x 360 Monate)
= Gewinn vor Steuern:	141.770 Euro	
– Abgeltungsteuer 26,4 %:	37.427 Euro	
Vermögen vor Steuern:	231.770 Euro	
– Abgeltungsteuer:	37.427 Euro	
Vermögen nach Steuern:	194.343 Euro	

Der Dachfonds erzielt aufgrund von höheren Kosten und einprozentigem Abschlag auf die Rendite ein um 22.000 Euro geringeres Vermögen als der Aktienfonds. Der Aktienfonds wäre in diesem Fall vorzuziehen. Betrachtet man die Gesamtstatistik von BVI-Publikumsfonds Ende des Jahre 2007, sind die Verwaltungskosten von Dach- und internationalen Aktienfonds in etwa gleich. Leider kann nur die durchschnittliche Rendite von Dachfonds auf 5 Jahre zurückgeblickt werden, da hierfür noch keine langfristigen Daten vorliegen. Es sei jedoch soviel angemerkt, dass im 5-Jahres-Vergleich die Rendite beider Investmentfondsarten etwa gleich bei 11 Prozent liegt. Sie sollten also im Einzelfall zwischen Aktienfonds und Dachfonds entscheiden.

c) Fondsgebundene Lebensversicherung

Einen Vorteil könnte die fondsgebundene Lebensversicherung bringen. Hier sind einmal Umschichtungen steuerfrei. Zudem werden unter dem Mantel Ausschüttungen und Thesaurierungen steuerfrei wiederangelegt, was zudem einen Renditevorteil bringt. Jedoch sind zu Beginn die Abschlusskosten von 4 Prozent auf die Gesamtbeiträge zu zahlen:

Gesamtbeiträge:	90.000 Euro	(= 250 x 360 Monate)
x Abschlusskosten 4 %:	3.600 Euro	

Auf die ersten 5 Jahre verteilt werden also monatlich 60 Euro für Abschluss- und Vertriebskosten gezahlt. Zudem fallen in den ersten 15 Jahren für den Todesfallschutz 25 Euro an. Somit fließen folgende Zahlungen nach Kosten in den Jahren:

Zeitraum	Zahlung vor Kosten	Abschl. + Vertr.-Kosten	Todesfall-schutz	Zahlung nach Kosten
1.–5. Jahr	250 Euro	–60 Euro	–25 Euro	165 Euro
6.–15. Jahr	250 Euro		–25 Euro	225 Euro
16.–30. Jahr	250 Euro			250 Euro

Somit können Sie die Zahlungen für die einzelnen Jahre berücksichtigen. Es werden jedoch 1 Prozent Verwaltungskosten dem Fondsvermögen am Ende eines jeden Jahres entnommen. Das vermindert wiederum die Rendite, die genauso, wie beim Fall a) in demselben Fonds erreicht wird:

$$\text{Rendite}_{(\text{nach Verw.Kst})} = \text{Rendite} - \text{Verw.Kst} - \left(\text{Verw.Kst} \cdot \frac{\text{Rendite}}{100}\right)$$

$$\text{Rendite}_{(\text{nach Verw.Kst})} = 9 - 1 - \left(1 \cdot \frac{9}{100}\right)$$

$$\text{Rendite}_{(\text{nach Verw.Kst})} = 7,91$$

Nun können Sie die bekannten Größen der einzelne Jahre in den BWK Business® eingeben und das Endvermögen berechnen.

1. bis 5. Jahr:

Eingabe	Display-anzeigen	Erklärung
12 P/YR	P/YR 12,00	Monatliche Zahlungsweise.
5 x P/YR	N 60,00	Berechnung der ersten 5 Jahren.
7,91 EFF%	I/YR NOM% 7,64	Die Rendite nach Verwaltungskosten beträgt 7,91 Prozent.
0 PV	PV 0,00	Keine Einmalanlage zu Beginn.
165 +/– PMT	PMT –165,00	In den ersten 5 Jahren kommen 165 Euro zur Anlage.
FV	FV 12.009,63	Berechnung des Vermögens nach 5 Jahren.

Im nächsten Zeitraum verändert sich lediglich die regelmäßige Zahlung, da die Abschlusskosten wegfallen. Das können Sie schnell im BWK Business® ändern.

6. bis 15. Jahr:

Eingabe	Display-anzeigen	Erklärung
10 x P/YR	N 120,00	Der nächste Zeitraum beträgt 10 Jahre (6.–15. Jahr).
RCL FV +/– PV	PV –12.009,63	Das Endvermögen nach 5 Jahren wird als Vermögen zu Beginn der nächsten 10 Jahre gespeichert.
225 +/– PMT	PMT –225,00	Die effektive Sparrate erhöht sich auf 225 Euro aufgrund des Wegfalls der Abschlusskosten.
FV	FV 66.052,17	Berechnung des Vermögens nach 15 Jahren.

 Nach 15 Jahren kommt ein Vermögen von 66.000 Euro zustande. Für den Restzeitraum kommt nun der volle Sparbeitrag zur Anlage.

16. bis 30. Jahr:

Eingabe	Display-anzeigen	Erklärung
15 x P/YR	N 180,00	Der letzte Zeitraum beträgt 15 Jahre (= 16.–30. Jahr).
RCL FV +/– PV	PV –66.052,17	Das Endvermögen nach 15 Jahren wird als Vermögen zu Beginn des Restzeitraums gespeichert.
250 +/– PMT	PMT –250,00	Die effektive Sparrate beträgt für die letzten 15 Jahre 250 Euro.
FV	FV 290.705,01	Berechnung des Endvermögens.

Teil 4:

Das Fondsvermögen der Lebensversicherung beträgt nach 30 Jahren rund 290.000 Euro. Das ist jedoch nicht das Auszahlungsvermögen. Hier hält der Staat noch die Hand auf. Bei Lebensversicherungen gilt: Es werden 50 Prozent des Gewinns mit dem persönlichen Steuersatz versteuert. Es könnte genauso der persönliche Einkommensteuersatz durch 2 geteilt werden. Somit wird auf den Gewinn nur 12,5 Prozent fällig.

Fondsvermögen vor Steuern:	290.000 Euro
– Einzahlungen:	90.000 Euro
= Gewinn vor Steuern:	200.000 Euro
x hälftiger EkSt-Satz 12,5 %:	25.000 Euro
Fondsvermögen vor Steuern:	290.000 Euro
– Einkommensteuer:	25.000 Euro
= Fondsvermögen nach Steuern:	265.000 Euro

Der Kunde hat also nach Steuern aus der fondsgebundenen Lebensversicherung ein Vermögen von 265.000 Euro erreicht. Das Ergebnis übertrifft die Ergebnisse der Investmentfonds bei weitem. Zudem hat der Kunde in den ersten 15 Jahren zusätzlich einen Todesfallschutz. Für Sie gilt: Analysieren Sie die Kosten Ihrer Lebens- und Rentenversicherungen. Obiges Produkt ist in der Praxis zu finden.

Hier noch einmal zusammenfassend die Ergebnisse:

Produkt	Vermögen nach Steuern	gezahlte Steuern (exkl. Ausschüttungen)
Aktienfonds	216.500 Euro	45.500 Euro
Dachfonds	194.500 Euro	37.500 Euro
fondsgebundene Lebensversicherung	265.000 Euro	25.000 Euro

Lassen Sie nun den Kunden entscheiden, für welches Produkt er sich entscheidet. Für manche Kunden ist es interessanter, die Lebensversicherung abzuschließen, für manche ein Aktien- oder Dachfonds.

Die Botschaft lautet: Analysieren Sie Kosten/Rendite von Investmentfonds und Lebens-/Rentenversicherungen. Stellen Sie dann einen Vergleich an. Obige Berechnung umfasst fast alle Kosten und Steuern. Beachten Sie es als Idee, aus der Sie das Beste herausziehen. Wie im gesamten Buch: Nehmen Sie sich das heraus, was Ihnen gefällt. Grundsätzlich empfehlen wir Ihnen aufgrund von Dokumentationspflicht, eine vollständige Kosten- und möglichst genaue Steuerbetrachtung. Zeichnen Sie sich dadurch als Top-Berater aus. Manche Berechnungen werden in einem Kundengespräch zu umfangreich. Kürzen Sie diese ab, indem Sie beispielsweise nur einen Fondswechsel beim Aktienfonds vornehmen und die Kosten/Nach-Steuer-Rendite Ihrer favorisierten Lebensversicherung im Vorfeld berechnen. Das ist alles! Haben Sie dem Kunden die Vor- und Nachteile gezeigt sowie eine ausführliche Beispiel-Berechnung durchgeführt, so lassen Sie den Kunden entscheiden.

Strategie Abgeltungsteuer

Die Abgeltungsteuer, auch schon in einem vorigen Kapitel beschrieben, erfordert für Anleger mehr Strategie. Vor 2009 brauchten Sie sich über Anlagen weniger Gedanken machen, da nach einem Jahr der Gewinn steuerfrei vom Kunden vereinnahmt werden konnte. Nun ist die Sache jedoch noch komplizierter geworden. Zwei Fragen werden wohl wichtig zu beantworten sein:

- Sollen Investmentfonds, die vor 2009 gekauft wurden, aus Renditeaspekten gewechselt werden?

- Ist ein selbst durchgeführtes Ablaufmanagement noch interessant?

Im Folgenden gehen wir auf diese Fragen mit entsprechenden Berechnungen ein. Das sollten Sie auch individuell bei Kunden durchführen.

Verkauf eines steuerfreien Fonds

Sie werden es oft in Zukunft erleben, dass Kunden Fonds im Depot haben, die noch vor dem 01.01.2009 gekauft wurden und somit beim Verkauf steuerfrei sind. Nun stellt sich natürlich die Frage, ob ein Umschichten in andere Fonds sinnvoll ist, bei denen dann die spätere Auszahlung steuerpflichtig wird. So ein Umschichten ist meist nur sinnvoll, wenn ein Ereignis eintritt, das die Rendite des bisherigen Fonds senken könnte. Andere Fonds könnten dadurch interessanter sein. Hier einige Beispiele:

- ☐ **Themen-/Regionen-/Branchenfonds:** Ein bestimmter Trend wurde ausgenutzt, der jedoch nun nicht mehr attraktiv erscheint und in den Vorjahren genug Gewinne abgeworfen hat. Beispielsweise könnte ein China-Fonds nicht mehr interessant sein oder das Thema Infrastruktur oder Solar.

- ☐ **Fondsmanager:** Oft wird in Fonds der Fondsmanager gewechselt. Das könnte für Anleger ein Zeichen sein, den Fonds zu wechseln, sollte von einem „Top-Manager" in einen „No-Name-Manager" gewechselt werden.

 BEISPIEL

Ein Anleger investierte 100.000 Euro im Jahr 2005 in Asienfonds. Bisher, innerhalb von 5 Jahren, hat der Anleger ein Vermögen von 300.000 Euro aufbauen können, was einer Rendite von knapp 25 Prozent entspricht. Sie glauben, dass Asien in Zukunft nicht mehr interessant sein könnte und rechnen mit lediglich 5 Prozent Rendite in den nächsten Jahren. Sie raten dem Kunden, in den nächsten 5 Jahren in globale Aktienfonds zu investieren, die eine voraussichtliche Rendite von 7 Prozent erzielen könnten. Würde sich das Geschäft hinsichtlich der zu zahlenden Abgeltungsteuer lohnen?

 Berechnung

Sie stellen lediglich die beiden Wege gegenüber. Zunächst nehmen wir an, der Investor bleibt in dem Asienfonds investiert und erzielt eine Rendite von 5 Prozent.

Eingabe	Display-anzeigen	Erklärung
1 P/YR	P/YR 1,00	Einmalanlage.
5 x P/YR	N 5,00	Anlagedauer: 5 Jahre.
5 EFF%	I/YR NOM% 5,00	Es wird eine Rendite im Asienfonds von 5 Prozent erzielt.
300 000 +/– PV	PV –300.000,00	Das jetzige Vermögen von 300.000 Euro verbleibt im Asienfonds.
0 PMT	PMT 0,00	Keine regelmäßigen Zahlungen.
FV	FV 382.884,47	Berechnung des Endvermögens.

Der Anleger erzielt im Asienfonds ein Vermögen von rund 380.000 Euro. Dieses Vermögen kann er sich dann steuerfrei auszahlen lassen. Anders verhält es sich, wenn er das Vermögen vorher in globale Aktienfonds umschichtet. Hier würde er zwar eine höhere Rendite von 7 Prozent erzielen, jedoch wird der Gewinn beim Verkauf steuerpflichtig. Sie geben lediglich die Änderungen im BWK Business® ein:

Eingabe	Display-anzeigen	Erklärung
7 EFF%	I/YR NOM% 7,00	Im globalen Aktienfonds werden voraussichtlich 7 Prozent Rendite erzielt.
FV	FV 420.765,52	Berechnung des Endvermögens vor Steuern.

Im globalen Aktienfonds erzielt der Kunde ein Vermögen von rund 420.000 Euro. Der Gewinn von 120.000 Euro (= 420.000 – 300.000) ist jedoch steuerpflichtig. Werden davon 26,4 Prozent (= 31.680 Euro) abgezogen, so verbleiben noch 388.320 Euro nach Steuern. Dieses Vermögen ist um rund 6.000 Euro höher als das im Asienfonds.

Die Frage ist natürlich immer, welche Rendite für die Folgejahre angesetzt werden kann. Hier sollten Sie in jedem Fall vorsichtig vorgehen. Erstellen Sie eine Vergleichsrechnung für den Kunden und zeigen Sie ihm,
wie sich die Steuer im Verhältnis mit einer höheren Rendite auswirkt. Im
obigen Fall waren es zwei Prozent mehr Rendite und ein fast gleiches
Vermögen. Stellen Sie dem Kunden vielleicht eine Tabelle auf, in der verschiedene Zinssätze gegeben sind. Das ist schnell gemacht. Hier ein Beispiel:

Rendite	Asienfonds nach Steuer	globaler Aktienfonds vor Steuern	Abgeltung- steuer	globaler Aktienfonds nach Steuern
5	383.000	22.000	361.000	
6	401.000	27.000	374.000	
7	421.000	32.000	389.000	
8	441.000	37.000	404.000	
9	462.000	43.000	419.000	

Quelle: © Bernd W. Klöckner, www.berndwkloeckner.com; Werner Dütting, www.duetting.com

Die Tabelle stellen Sie wie folgt vor. Der globale Aktienfonds müsste eine
Rendite von 8 Prozent erzielen, um nach Steuern 404.000 Euro auszu-
zahlen. Der Asienfonds erzielt fast das gleiche Vermögen bei einer Rendite von 6 Prozent.

Die Botschaft lautet: Viele Deutsche achten auf Steuerersparnis. Machen
Sie es besser: Achten Sie zudem auf die Qualität von Fonds. Wenn bestimmte Fonds einfach nicht mehr die gewünschte Rendite erzielen, ein
Fondsmanagerwechsel stattgefunden hat, oder ein Themenfonds nicht
mehr der aktuellen Lage entspricht, so erstellen Sie für den Kunden eine
Vergleichsrechnung. Die Vergleichsrechnung ist in jedem Fall wichtig
und für die Dokumentation notwendig. Lassen Sie danach den Kunden
entscheiden!

Ablaufmanagement

Eine weitere Frage ist, ob ein Ablaufmanagement noch interessant ist.
Sie wissen: Haben Sie es mit jungen Sparern zu tun, so sollten diese mit

einem hohen Aktienanteil für das Alter vorsorgen. Doch kurz vor der Rente sollte zur Absicherung des Vermögens in sichere „Häfen" umgeschichtet werden (sogenanntes Ablaufmanagement).

Ist dieses Ablaufmanagement aufgrund der Abgeltungsteuer noch interessant? Bei fehlendem Ablaufmanagement sind folgende Szenarien denkbar:

1. Ein Aktienfonds entwickelt sich weiter sehr gut.

2. Ein Aktienfonds bricht ein.

Bricht ein Aktienfonds ein, kann es gerade am Ende der Laufzeit zu höheren Verlusten kommen, die dann in der kurzen verbleibenden Zeit nicht mehr kompensiert werden können. Hier hilft in der Regel ein „Umswitchen" in Rentenfonds. In fondsgebundenen Lebensversicherungen ist es kein Problem, da hier unter dem Mantel der Lebensversicherung steuerfrei gewechselt werden. Bei Direktanlage in Investmentfonds ist das jedoch nicht mehr steuerfrei möglich.

 BEISPIEL

Ein Sparer spart <u>seit</u> 2009 über 25 Jahre in Aktienfonds an. Sie raten, in den letzten 3 Jahren mit Rentenfonds ein Ablaufmanagement durchzuführen. Der Aktienfonds erzielt in den 22 Jahren eine sehr gute Rendite von 9 Prozent. Der Rentenfonds wird voraussichtlich eine Rendite von 4,5 Prozent erzielen. Der Sparer spart im Gesamtzeitraum monatlich 300 Euro.

a) Welches Vermögen erreicht er nach Steuern, wenn er kein Ablaufmanagement durchführt und der Aktienfonds in der Gesamtlaufzeit, auch in den letzten 3 Jahren, 9 Prozent erzielt?

b) Welches Vermögen erreicht er nach Steuern, wenn er kein Ablaufmanagement durchführt und in den letzten zwei Jahren der Aktienfonds mit 10 Prozent p. a. fällt?

c) Welches Vermögen erreicht er, wenn er das Ablaufmanagement in den letzten drei Jahren durchführt?

 **Berechnung**

a) Kein Ablaufmanagement – Optimalfall:

Eingabe	Display-anzeigen	Erklärung
12 P/YR	P/YR 12,00	Monatlicher Sparplan.
25 x P/YR	N 300,00	Gesamte Spardauer von 25 Jahren.
9 EFF%	I/YR NOM% 8,65	Im Aktienfonds wird eine Rendite von 9 Prozent erzielt.
0 PV	PV 0,00	Keine Einmalanlage.
300 +/– PMT	PMT –300,00	Monatliche Sparrate von 300 Euro.
FV	FV 317.305,62	Berechnung des Endvermögens.

Nach 25 Jahren erreicht er ein Vermögen von rund 317.000 Euro. Er hat Einzahlungen in Höhe von 90.000 Euro (= 300 Euro x 300 Monate) geleistet und somit einen Gewinn von 227.000 Euro (= 317.000 Euro – 90.000 Euro) erzielt, der nun abgeltungsteuerpflichtig ist.

Gewinn vor Steuern:	227.000 Euro
– Abgeltungsteuer 26,4 %:	60.000 Euro
= Gewinn nach Steuern:	167.000 Euro
+ Einzahlungen:	90.000 Euro
= Vermögen nach Steuern:	257.000 Euro

Im Optimalfall, ohne Ablaufmanagement, würde er nach Steuern über ein Vermögen von 257.000 Euro verfügen.

b) Kein Ablaufmanagement – Negativfall:

Eingabe	Display-anzeigen	Erklärung
23 x P/YR	N 276,00	Bis zum Kursverfall erzielt der Aktienfonds die Rendite von 9 Prozent.
FV	FV 260.479,83	Berechnung des Endvermögens nach 23 Jahren.
2 x P/YR	N 24,00	In den letzten beiden Jahren fällt der Aktienfonds.
10 +/– EFF%	I/YR NOM% –10,49	Der Aktienfonds fällt in den letzten beiden Jahren um 10 Prozent.
RCL FV +/– PV	PV –260.479,83	Das Vermögen nach 23 Jahren wird als Einmalanlage für die letzten zwei Jahre gespeichert.
FV	FV 217.509,20	Berechnung des Endvermögens nach 25 Jahren.

Nach insgesamt 25 Jahren hat der Fonds ein Vermögen von 217.500 Euro erzielt. Nach den Gesamteinzahlungen von 90.000 Euro hat er einen Gewinn von 127.500 Euro erzielt, der nun versteuert wird:

Gewinn vor Steuern:	127.500 Euro
– Abgeltungsteuer 26,4 %:	33.500 Euro
= Gewinn nach Steuern:	94.000 Euro
+ Einzahlungen:	90.000 Euro
= Vermögen nach Steuern:	184.000 Euro

Verliert der Aktienfonds in den letzten beiden Jahren, so kann der Sparer nur über ein Vermögen von rund 184.000 Euro verfügen. Gegenüber dem Optimalfall sind das nach Steuern rund 73.000 Euro weniger.

c) Ablaufmanagement in den letzten 3 Jahren:

Eingabe	Display-anzeigen	Erklärung
12 P/YR	P/YR 12,00	Monatliche Zahlungsweise.
22 x P/YR	N 264,00	Bis zum Ablaufmanagement spart der Sparer 22 Jahre in den Aktienfonds.
9 EFF%	I/YR NOM% 8,65	Der Aktienfonds erzielt 9 Prozent Rendite.
0 PV	PV 0,00	Keine Einmalanlage.
300 +/- PMT	PMT -300,00	Monatliche Zahlung von 300 Euro.
FV	FV 235.535,45	Berechnung des Endvermögens mit dem 22. Jahr.

Stopp Nach 22 Jahren hat er ein Vermögen von 235.500 Euro erzielt. Werden diese nun in den Rentenfonds umgeschichtet, fällt die Abgeltungsteuer an. Die Einzahlungen bis zu diesem Zeitpunkt summieren sich auf 79.200 Euro (= 300 Euro x 264 Monate). Somit wurde ein Gewinn von 156.300 Euro erzielt, der nun erstmal versteuert wird:

Gewinn vor Steuern:	156.300 Euro
– Abgeltungsteuer 26,4 %:	41.000 Euro
= Gewinn nach Steuern:	115.300 Euro
+ Einzahlungen:	79.200 Euro
= Vermögen nach Steuern:	194.500 Euro

Somit kann ein Vermögen von 194.500 Euro in den Rentenfonds für die letzten 3 Jahre umgeschichtet werden:

Eingabe	Display-anzeigen	Erklärung
3 x P/YR	N 36,00	Das Ablaufmanagement wird auf 3 Jahre durch-geführt.
4,5 EFF%	I/YR NOM% 4,41	Der Rentenfonds erzielt eine voraussichtliche Rendite von 4,5 Prozent.
194 500 +/- PV	PV -194.500,00	Einzahlung in den Rentenfonds von 194.500 Euro.
FV	FV 233.481,17	Berechnung des Endvermögens.

Im Rentenfonds sind nach weiteren 3 Jahren rund 233.500 Euro ange-wachsen. Es wurden insgesamt 10.800 Euro (= 300 Euro x 36 Monate) aus regelmäßigen Sparraten und 194.500 Euro aus der Einmalanlage eingezahlt. Dadurch ergibt sich ein Gewinn von 28.200 Euro (= 233.500 Euro – 10.800 Euro – 194.500 Euro) aus dem Rentenfonds, der nun wie-derum bei Auszahlung versteuert wird.

Gewinn vor Steuern:	28.200 Euro
– Abgeltungsteuer 26,4 %:	7.500 Euro
= Gewinn nach Steuern:	20.700 Euro
+ Einzahlungen:	205.300 Euro
= Vermögen nach Steuern:	226.000 Euro

Gegenüber dem Optimalfall liegt er rund 31.000 Euro unter dem Ver-mögen. Jedoch liegt er mit dem Ablaufmanagement rund 42.000 Euro über dem Vermögen beim Negativfall.

Sie können dem Sparer also folgende Ergebnisse nennen:

kein Ablaufmanagement – Optimalfall	257.000 Euro
kein Ablaufmanagement – Negativfall	184.000 Euro
Ablaufmanagement	226.000 Euro

Der Sparer kann sich nun einen der Wege aussuchen. Lassen Sie ihn wäh-len und dokumentieren Sie die Entscheidung.

☐ Szenario

Nehmen wir nun an, der obige Sparer hat <u>vor</u> 2009 die Sparraten bis zum Ablaufmanagement gezahlt und steht nun vor der Entscheidung des Ablaufmanagements. Auch hier betrachten wir obige 3 Szenarien. Hinzu kommt noch, dass beim Rentenfonds ein Ausgabeaufschlag von 5 Prozent anfällt.

a) Kein Ablaufmanagement – Optimalfall

Hier hat er nur auf die letzten 3 Jahre der Sparraten die Abgeltungsteuer zu zahlen. Nur auf den Gewinn der in diesen 3 Jahren erworbenen Anteile wird die Abgeltungsteuer fällig. Wenn Sie hier nachrechnen, kommen Sie auf einen Gewinn von rund 1.500 Euro. Lassen wir also in diesem Fall die Abgeltungsteuer außer Betracht, da es sich hier nur um einen geringen Betrag handelt.

Der Sparer erhält nach 25 Jahren 317.000 Euro steuerfrei ausgezahlt.

b) Kein Ablaufmanagement – Negativfall

In diesem Fall brauchen wir auch nicht die Abgeltungsteuer betrachten, da der Sparer durch die zwei verlustreichen Jahre am Ende keinen Gewinn innerhalb der letzten 3 Jahre erzielt.

Der Sparer erhält in diesem Fall 217.500 Euro steuerfrei ausgezahlt.

c) Ablaufmanagement

Hier wurde schon in den vorigen Schritten das Vermögen nach 22 Jahren berechnet. 235.500 Euro können nun steuerfrei in einen Rentenfonds umgeschichtet werden, der jedoch einen Ausgabeaufschlag von 5 Prozent berechnet.

Sie können also wiederum alle Schritte der letzten 3 Jahre in den BWK Business® eingeben:

Eingabe	Display-anzeigen	Erklärung
12 P/YR	P/YR 12,00	Monatliche Sparraten.
3 x P/YR	N 36,00	Das Ablaufmanagement wird über 3 Jahre durchgeführt.
4,5 EFF%	I/YR NOM% 4,41	Eingabe der Rendite des Rentenfonds.
235 500 ÷ 1,05 = +/– PV	PV –224.285,71	Berechnung des Umschichtungsvermögens nach Ausgabeaufschlag und speichern als Einmalanlage.
300 ÷ 1,05 = +/– PMT	PMT –285,71	Berechnung des Sparbeitrags nach Ausgabeaufschlag und speichern als regelmäßige Sparrate.
FV	FV 266.922,84	Berechnung des Endvermögens.

Im Rentenfonds liegt nun ein Vermögen von rund 267.000 Euro. In den letzten drei Jahren wurden 10.800 Euro an Sparraten und zudem 235.500 Euro als Einmalanlage, zusammen 246.300 Euro, gezahlt. Es sind somit 20.700 Euro (= 267.000 – 246.300) steuerpflichtig. Darauf wird die Abgeltungsteuer von 26,4 Prozent (= 5.500 Euro) berechnet und es verbleibt ein Auszahlungsvermögen von 261.500 Euro.

Nun können Sie die berechneten Vermögen wiederum darstellen:

Kein Ablaufmanagement – Optimalfall	317.000 Euro
Kein Ablaufmanagement – Negativfall	217.500 Euro
Ablaufmanagement	261.500 Euro

Hier erscheint das Vermögen im Optimalfall sehr hoch. Der Sparer sollte nun anhand dieser Zahlen entscheiden, ob er das Risiko eingeht, weiter in einen Aktienfonds einzahlt und kein Ablaufmanagement durchführt. Sie haben damit Ihre Pflicht erfüllt, indem Sie ihm die Zahlen geliefert haben. Im Beratungsprotokoll sollten Sie dann jedoch angeben und vom Kunden unterschreiben lassen, dass er sich gegen oder für ein Ablaufmanagement entschieden hat.

Die Botschaft lautet: Ablaufmanagements sind aufgrund der Abgeltungsteuer nicht uninteressanter geworden. Stellen Sie dem Anleger ein solches Modell in jedem Fall vor. Durch Aktienkrisen kann innerhalb von 2 Jahren schnell viel Geld „verbrannt" werden. Experte ist der Kunde. Lassen Sie ihn entscheiden, ob er das Risiko scheut oder eingeht und halten Sie es im Beratungsprotokoll fest. Das ist alles!

Inflation und Dynamik – ein großer Irrtum!

Viele Banken und andere Finanzdienstleister bieten Kunden Dynamiksparpläne an. Das ist auch gut so – so kann die Lohnsteigerung auch in einen Sparplan umgesetzt werden und die Sparquote kann dadurch gleich gehalten werden. Das wird jedoch in vielen Beratungsgesprächen nicht gesagt. Viel öfter ist es der Fall, dass die Inflation nicht berechnet wird und der Berater dem Kunden sagt, dass durch die Dynamik die Inflation umgangen werden kann. Das ist ein weit verbreitetes Gerücht unter Finanzdienstleistern. Ob es mittels der Dynamik möglich ist, ist fraglich und viele rechnen einfach nicht nach. Aus Unwissenheit. Im Folgenden zeigen wir Ihnen, ob dieses Gerücht stimmt und rechnen nach!

 BEISPIEL

Die junge Frau Ina Flation möchte 40 Jahre lang monatlich 150 Euro in einen Aktienfonds sparen. Dieser wird mit einer Rendite von 7 Prozent angenommen. Sie hat zwei Angebote:

a) Anlage bei der Bank: Der Bankberater rät ihr, eine Dynamik von 3 Prozent in den Vertrag einzubauen, um die angenommene Inflation von 3 Prozent zu berücksichtigen.

b) Anlage bei Ihnen.

Sie sollen der Kundin nun zeigen, warum der Bankberater falsch gerechnet hat und was Sie wirklich sparen müsste, um die Inflation einzukalkulieren.

 **Berechnung**

Zuerst berechnen Sie das Vermögen, welches Sie durch eine regelmäßige Sparrate von 150 Euro erreicht:

Eingabe	Display-anzeigen	Erklärung
12 P/YR	P/YR 12,00	Monatliche Sparrate.
40 x P/YR	N 480,00	Es wird über 40 Jahre gespart.
7 EFF%	I/YR NOM% 6,78	Die Rendite des Aktienfonds wird mit 7 Prozent angenommen.
0 PV	PV 0,00	Es wird keine Einmalanlage getätigt.
150 +/– PMT	PMT –150,00	Es werden monatlich 150 Euro gespart.
FV	FV 370.731,30	Berechnung des Endvermögens.

Nach 40 Jahren käme durch die Sparraten ein Vermögen von rund 370.000 Euro zusammen. Nun zum nächsten Schritt. Diese 370.000 Euro sollen den heutigen Wert wiedergeben. Der Bankberater hat dazu geraten, die regelmäßige Sparrate von 150 Euro jährlich um 3 Prozent zu erhöhen, um die Inflation zu berücksichtigen. Auch diesen Schritt berechnen wir:

Eingabe	Display-anzeigen	Erklärung
150 +/– P/D	P/D –150,00	Die Sparrate wird als Dynamik angenommen.
3 %D	%D 3,00	Die Sparrate soll sich jährlich um 3 Prozent steigern.
12 SHIFT %D	xD 12,00	Die Sparrate soll sich jährlich, also alle 12 Monate dynamisieren.
FV	FV 543.762,15	Berechnung des Endvermögens, wenn mit Dynamik gespart wird.

Nach Dynamik wird ein Vermögen von rund 545.000 Euro erreicht. Laut Bankberater soll dieses Vermögen einem heutigen Wert von 370.000 Euro entsprechen. Sie rechnen nach und berechnen das Vermögen nach Inflation auf den heutigen Zeitpunkt.

Eingabe	Displayanzeigen	Erklärung
1 P/YR	P/YR 1,00	Jährliche Inflation.
40 x P/YR	N 40,00	Es werden 40 Jahre gespart – 40 Inflationsjahre.
3 I/YR	I/YR NOM% 3,00	Jährliche Inflationsrate von 3 Prozent.
0 PMT	PMT 0,00	Keine regelmäßigen Ein-/Auszahlungen bei Dynamikberechnungen.
545 000 FV	FV 545.000,00	Nach 40 Jahren stehen im Dynamiksparplan 545.000 Euro zur Verfügung.
PV	PV –167.073,48	Berechnung des heutigen Werts.

 Nach Inflation hat das Vermögen nur noch einen heutigen Wert von 167.000 Euro. Der Bankberater hat sich mal eben um 200.000 Euro verrechnet, die dem Kunden in 40 Jahren wahrscheinlich teuer zu stehen kommen.

Als guter Berater berechnen Sie nun Frau Flation die wirkliche Sparrate, um ein Vermögen mit heutigem Wert von 370.000 Euro zu erreichen. Hier führen Sie zuerst die Inflationsberechnung durch:

Eingabe	Displayanzeigen	Erklärung
370 000 PV	PV 370.000,00	Es soll ein heutiger Wert von 370.000 Euro inflationsbereinigt berechnet werden.
FV	FV –1.206.953,98	Berechnung des Vermögens, welches später zur Verfügung stehen muss.

Es muss ein Vermögen von 1,2 Millionen Euro erreicht werden, um die Inflation zu berücksichtigen. Nun die Wege, wie sie das erreichen kann:

1. Dynamik von 3 Prozent – Berechnung der notwendigen Sparrate

Eingabe	Display-anzeigen	Erklärung
12 P/YR	P/YR 12,00	Monatliche Sparraten.
40 x P/YR	N 480,00	Es wird 40 Jahre gespart.
7 EFF%	I/YR NOM% 6,78	Der Aktienfonds erreicht eine Rendite von 7 Prozent.
0 PV	PV 0,00	Es wird keine Einmalanlage getätigt.
3 %D	%D 3,00	Es wird eine Dynamik von 3 Prozent angenommen.
12 SHIFT %D	xD 12,00	Die Dynamik erfolgt jährlich, alle 12 Monate.
1 200 000 FV	FV 1.200.000,00	Es soll ein Vermögen von 1,2 Mio. Euro erreicht werden.
P/D	P/D –331,03	Berechnung der notwendigen Dynamik-Sparrate.

In Wirklichkeit müssten 331 Euro monatlich gespart werden, um die Inflation zu berücksichtigen. Also mehr als das Doppelte von 150 Euro!

2. Sparrate von 150 Euro – Berechnung der notwendigen Dynamik

Eingabe	Display-anzeigen	Erklärung
150 +/– P/D	P/D –150,00	Eingabe der Wunsch-Sparrate der Kundin von 150 Euro.
%D	%D 7,77	Berechnung der notwendigen Dynamik. Diese Berechnung kann einen Moment in Anspruch nehmen.

Die Kundin hätte also eine Dynamik von 7,8 Prozent einbauen müssen, um die Inflation von 3 Prozent einzukalkulieren. Hätte der Bankberater also richtig gerechnet, so hätte er eine Dynamik von 7,77 Prozent annehmen müssen oder bei 3 Prozent Dynamik eine Sparrate von 331 Euro ermittelt. Seine Aussage, dass die Inflation mit Dynamik umgangen werden kann, ist also schlichtweg falsch!

Achtung: Hier wird ein Bankberater im Beispiel angenommen. Es soll jedoch keine Kollegenschelte gegen Bankberater sein. Es kann auch jeder andere Berater sein, vom Versicherungsmakler bis hin zum freien Finanzdienstleister. Das Gerücht, die Inflation mit der Dynamik gleichzusetzen, ist weit verbreitet.

Hinweis: In Auszahlplänen kann jedoch wunderbar mit der Dynamik eine Inflation umgangen werden. Hier muss sich die Rente nämlich Jahr für Jahr um die Inflation steigern, was die Dynamik wiedergibt. Hier gilt für Renten: Dynamik = Inflation.

Die Botschaft lautet: Machen wir es besser! Machen Sie es besser! Gehen Sie nicht von Gerüchten aus, sondern rechnen Sie nach. Eine Inflation kann nicht durch eine gleich hohe Dynamik umgangen werden. Berechnen Sie zukünftig immer die Inflation auf einem anderen Weg und sagen dem Kunden, dass er mit einer Dynamik lediglich Lohnsteigerungen in Sparraten umsetzen kann, um eine gleich hohe Sparquote seines Lohnes zu erreichen. Das ist alles!

Die Deutschen lieben Sicherheit!

Dass wir Deutschen sicherheitsbewusst sind, ist schon seit langem bekannt. Um Aktien und Aktienfonds wird meist ein großer Bogen gemacht, obwohl diese meist lukrativ sind. Es sollte jedoch auch erwähnt werden, dass festverzinsliche Produkte in ein gut diversifiziertes Produktportfolio gehören. Die Frage ist jedoch, in welche festverzinslichen Produkte investiert werden sollte. So lieben Deutsche ihre Sparbücher. Rund 580 Milliarden Euro liegen auf deutschen Sparbüchern – Fünfhundertachtzig Milliarden! Hier muss sicherlich auch beachtet werden, dass Mietkautionen meist auf Sparbüchern aufgehoben werden. Nichtsdestotrotz sollten Sie Kunden darauf hinweisen, dass sie Geld mit Sparbüchern real vernichten. Die Verzinsung ist gering, meist nur ein Prozent. Für Banken ist es daher ein lukratives Geschäft, für Sparbuchliebhaber dagegen ein sehr schlechtes.

Die Frage ist nur, warum nicht viele auf die starke Werbung der Banken für Tagesgeld reagieren. Hier werden im Durchschnitt 2,5 Prozent geboten. Bei Neukunden können hier sogar 6 Prozent vereinnahmt werden. Viele stört möglicherweise, dass es die guten Zinsen nur bei Direktbanken gibt. Auch Lebensmitteldiscounter haben Tagesgeld als Geschäft entdeckt. Vielleicht liegt es auch an der Unkenntnis, dass Tagesgeld genauso gesichert ist wie das Sparbuchvermögen. Zudem kann über Tagesgeld täglich verfügt werden, beim Sparbuch ist eine Kündigungsfrist gegeben.

 BEISPIEL

Ein Kunde hält als Rücklage ein Sparbuch mit 10.000 Euro. Dieses wird mit 1 Prozent verzinst. Sie könnten dem Kunden ein Tagesgeldkonto zu 3,5 Prozent Zins anbieten.

Nehmen Sie an, dass der Kunde die Rücklage über 1, 5, 10, 20 Jahre unangetastet lässt. Ziehen Sie auch die Inflation von 2,5 Prozent in die Berechnung mit ein.

 Berechnung

Berechnen Sie zuerst die Endvermögen, die aus den 10.000 Euro entstehen:

1 Jahr – Sparbuch:

Eingabe	Display-anzeigen	Erklärung
1 P/YR	P/YR 1,00	Jährliche Verzinsung.
1 x P/YR	N 1,00	Es wird ein Jahr betrachtet.

1 EFF%	I/YR NOM% 1,00	Es wird ein Zins von 1 Prozent beim Sparbuch gezahlt.
10 000 +/– PV	PV –10.000,00	Die Rücklage beträgt 10.000 Euro.
0 PMT	PMT 0,00	Es wird kein Betrag regelmäßig eingezahlt.
FV	FV 10.100,00	Berechnung des Endvermögens.

Stopp

5, 10, 20 Jahre – Sparbuch:

Eingabe	Display- anzeigen	Erklärung
5 x P/YR	N 5,00	Betrachtung über 5 Jahre.
FV	FV 10.510,10	Berechnung des Endvermögens.
10 x P/YR	N 10,00	Betrachtungszeitraum: 10 Jahre.
FV	FV 11.046,22	Berechnung des Endvermögens.
20 x P/YR	N 20,00	Betrachtungszeitraum: 20 Jahre.
FV	FV 12.201,90	Berechnung des Endvermögens.

Stopp Sie können dem Kunden also folgende Tabelle darstellen:

(in Euro)	1 Jahr	5 Jahre	10 Jahre	20 Jahre
Sparbuch	10.100	10.510	11.046	12.201
nach Inflation				
Tagesgeld				
nach Inflation				

Nun berechnen Sie erstmal das Vermögen des Tagesgeldes:

Eingabe	Display-anzeigen	Erklärung
1 x P/YR	N 1,00	Betrachtungszeitraum des Tagesgeldkontos: 1 Jahr.
3,5 EFF%	I/YR NOM% 3,50	Tagesgeldzins von 3,5 Prozent.
FV	FV 10.350,00	Berechnung des Endvermögens.
5 x P/YR	N 5,00	Betrachtungszeitraum: 5 Jahre.
FV	FV 11.876,86	Berechnung des Endvermögens.

 Führen Sie die Berechnung weiter fort, auch für den Betrachtungszeitraum von 10 und 20 Jahren. Sie sollten dann die Tabelle weiter ausfüllen:

(in Euro)	1 Jahr	5 Jahre	10 Jahre	20 Jahre
Sparbuch	10.100	10.510	11.046	12.201
nach Inflation				
Tagesgeld	10.350	11.875	14.100	19.900
nach Inflation				

Teil 4:

Nun gehen Sie weiter vor und berechnen die Vermögen nach Inflation:

Eingabe	Display-anzeigen	Erklärung
2,5 EFF%	I/YR NOM% 2,50	Die Inflation beträgt 2,5 Prozent.
PV	PV -12.143,10	Berechnung des heutigen Wertes des Tagesgeldkontenvermögens nach 20 Jahren.
12 201 FV	FV 12.201,00	Eingabe des Sparbuchvermögens nach 20 Jahren.
PV	PV -7.445,92	Berechnung des heutigen Wertes des Sparbuchvermögens nach 20 Jahren.

 Sollte der Kunde Sie nicht schon in diesem Fall stoppen, so füllen Sie die Tabelle weiter aus. Sie sieht dann wie folgt aus:

(in Euro)	1 Jahr	5 Jahre	10 Jahre	20 Jahre
Sparbuch	10.100	10.510	11.046	12.201
nach Inflation	9.850	9.290	8.630	7.445
Tagesgeld	10.350	11.875	14.100	19.900
nach Inflation	10.100	10.495	11.015	12.145

Fragen Sie den Kunden nun, ob er die 10.000 Euro wirklich als Rücklage gedacht hat. Wenn ja, dann sollte er es in Tagesgeld umschichten. Ansonsten kann er sich von der Rücklage Jahr für Jahr weniger leisten. Lassen Sie die Entscheidungsmacht jedoch ganz beim Kunden. Möchte er weiterhin das Sparbuch, so beginnen Sie keine ausführliche Diskussion, sondern respektieren die Entscheidung. Sie sind mit der Berechnung Ihrer Pflicht nachgegangen und haben den Kunden auf den Missstand hingewiesen.

Sie werden vielleicht sagen, dass obige Berechnung zu komplex ist. Stellen Sie es dann einfach nur für das 1. und 20. Jahr dar. Verkaufstechnisch empfehlen wir, es wie oben darzustellen. Kunden verstehen so besser das System von geringen Zinsen und höherer Inflation.

Die Botschaft lautet: Achten Sie auf die Anlage von Rücklagen oder sonstigen Vermögen. Weisen Sie Kunden auf gering verzinste Anlagen hin und zeigen Sie ihm Wege, mit gleicher Sicherheit einen höheren Zins zu erzielen. Darauf hat der Kunde das Recht. Lassen Sie dann den Kunden entscheiden und respektieren Sie auch diese Entscheidung.

Risikodiversifizierung mit spekulativen Anlagen – Venture Capital

Vollständig wiedergegeben lautet eine alte und wichtige Börsenweisheit „Never put all your eggs in one basket". Die Investition in Aktien und festverzinsliche Wertpapiere allein bietet keine ausgewogene, sogenannte „Risk-Return Struktur". Denn: Beide Anlageklassen sind – als Vorteil gesehen – sehr fungibel und unterliegen einer ständigen Bewertung auf einem standardisierten Marktplatz. Nachteil: Hinsichtlich ihrer Entwicklung sind sie eher gleich geschaltet und damit, wenn der Markt dreht, schwankungsanfällig. Die Lösung: Renditeorientierte Anleger sollten in jedem Fall auch Beteiligungen am Produktivkapital derart berücksichtigen, dass auch in Anlageklassen wie Venture Capital investiert wird. Die Grundregel lautet: Je niedriger die Renditeerwartung, desto höher sollte der Anteil der Investition in festverzinsliche und Immobilien(fonds) sein – hier in erster Linie deutsche Immobilienfonds. Je höher die Renditeerwartung, desto höher sollte der Anteil an beispielsweise Schiffsfonds, ausländischen Immobilienfonds und Venture Capital Beteiligungen sein.

▢ Renditevorteil durch Venture Capital

Im Folgenden ein Vergleich, wie sich eine Einmalanlage entwickeln könnte: a) bei Investition in eine Festzinsanlage und b) bei Investition in eine Venture Capital Anlage, beispielsweise einen gut gemanagten Mittelstandsfonds. Als Beispiel nenne ich hier die MIG Fonds der Alfred Wieder Gruppe in München. Hier bestätigen Stand April 2008 die bislang exzellenten Ergebnisse die Professionalität des MIG Fondsmanagements. Das spannende Ergebnis: Selbst dann, wenn bei der Venture Capital Anlage abzüglich Vertriebskosten von angenommen 15 Prozent (ausgewiesene und interne Vertriebskosten) nochmals 25 Prozent ein

Komplettverlust wäre (ein Viertel der ausgewählten Beteiligungen würde also in einem Totalverlust enden – das ist eine pessimistische Annahme und entspricht keineswegs den Ergebnissen eines guten Fondsmanagements), steht der Anleger am Ende – je nach Laufzeit – weitaus besser da, als wenn er ausschließlich in festverzinsliche Wertpapiere investiert. Voraussetzung: ein qualifiziertes Fondsmanagement bei der Venture Capital Variante. Dann sind zweistellige Renditen, hier gerechnet mit 14 Prozent, möglich.

 BEISPIEL

Anlagesumme:	50.000 Euro
Laufzeit:	10 Jahre
Abschluss-/Kaufgebühr:	
– festverzinsliche Anlage:	2 Prozent
– Venture Capital (VC):	15 Prozent
theoretisches Ausfallrisiko VC:	25 Prozent
Rendite:	
– festverzinsliche Anlage:	5 Prozent
– Venture Capital:	14 Prozent

 Berechnung

Zuerst gehen wir auf die festverzinsliche Anlage ein und berechnen das Endvermögen nach 10 Jahren. Der Anlagebetrag beträgt nach Abzug der Kaufgebühren von 2 Prozent 49.000 Euro (= 50.000 Euro – 2 Prozent).

Eingabe	Display-anzeigen	Erklärung
1 P/YR	P/YR 1,00	Einmalanlage mit jährlicher Verzinsung.
10 x P/YR	N 10,00	Die Laufzeit beträgt 10 Jahre.
5 EFF%	I/YR NOM% 5,00	Die Rendite beträgt 5 Prozent.
49 000 +/– PV	PV –49.000,00	Es kommen 49.000 Euro zur Anlage.
0 PMT	PMT 0,00	Keine regelmäßigen Einzahlungen.
FV	FV 79.815,84	Berechnung des Endvermögens.

 In der festverzinslichen Anlage wird ein Vermögen von knapp 80.000 Euro erreicht. Aufgrund der 2-prozentigen Abschlusskosten sollte jedoch noch der Effektivzins berechnet werden:

Eingabe	Display-anzeigen	Erklärung
50 000 +/– PV	PV –50.000,00	Der Anleger zahlte effektiv 50.000 Euro zu Beginn.
I/YR	I/YR NOM% 4,79	Berechnung des nominalen sowie effektiven Zins, da nur mit einer Periode im Jahr gerechnet wird.

Mit der festverzinslichen Anlage wird somit ein Effektivzins von 4,8 Prozent erreicht.

Nun gehen wir auf die Anlage in Venture Capital ein. Hier sollten wir jedoch, bevor wir auf die Berechnung mit dem BWK Business® eingehen, noch einige Zahlen berechnen. Es ist zunächst eine Kaufgebühr von 15 Prozent zu tragen. Zur Anlage kommen also lediglich 42.500 Euro (= 50.000 Euro – 15 Prozent). Des Weiteren besteht ein theoretisches Ausfallrisiko von 25 Prozent im Fonds.

Was bedeutet das? Unternehmen in Venture Capital melden Insolvenz an und diese können dann keine Rendite mehr erzielen. Selbst wenn vorher eine Rendite erzielt wird, ist diese dann später wertlos, wenn die Unternehmen innerhalb der nächsten 10 Jahre liquidiert werden. Von dem Anlagebetrag von 42.500 Euro werden also zusätzlich 25 Prozent abgezogen, die keine Verzinsung erzielen – das sind 10.625 Euro. Was also später im Fonds übrig bleibt, sind insgesamt 31.875 Euro, die sich dann noch mit den Unternehmensrenditen verzinsen. Hier nehmen wir eine Verzinsung von 14 Prozent an und greifen direkt zum BWK Business®:

Eingabe	Display-anzeigen	Erklärung
1 P/YR	P/YR 1,00	Einmalanlage mit jährlicher Verzinsung.
10 x P/YR	N 10,00	Laufzeit von 10 Jahren.
14 EFF%	I/YR NOM% 14,00	Die Verzinsung des VC-Fonds liegt bei 14 Prozent.
31 875 +/– PV	PV –31.875,00	Nach Gebühren und Ausfallrisiko bleiben noch 31.875 Euro im Fonds, die sich mit den Unternehmensrenditen verzinsen.
0 PMT	PMT 0,00	Keine regelmäßigen Einzahlungen.
FV	FV 118.167,68	Berechnung des Endvermögens.

Selbst nach höheren Gebühren und Ausfällen im Fonds wird noch ein Vermögen von knapp 118.000 Euro erzielt und liegt damit um 38.000 Euro höher, als die festverzinsliche Anlage. Die Frage ist noch, welchen Effektivzins der Anleger mit der Anlage in Venture Capital erzielt hat:

Eingabe	Display-anzeigen	Erklärung
50 000 +/– PV	PV –50.000,00	Die Einmalanlage, die der Anleger zahlte, beträgt 50.000 Euro.
I/YR	I/YR NOM% 8,98	Berechnung des nominalen Zinses – der auch gleichzeitig der Effektivzins ist, da nur eine Periode im Jahr angenommen wurde.

Damit wurde ein Effektivzins von 9 Prozent erzielt. Dieser liegt eindeutig höher als die Anlage in festverzinsliche Wertpapiere.

Die Zahlen dokumentieren: Trotz weitaus höherer Vertriebs- und Abschlusskosten und unter der Annahme, dass die Geldanlage bei der Venture Capital Variante für ein Viertel des tatsächlich zur Anlage kommenden Betrages mit einem Totalverlust endet, ist der Ertrag für den Anleger in diesem Fall weitaus höher als bei der vermeintlich sicheren Geldanlage. Zwei weitere Zahlen zu oben genanntem Beispiel: Damit die Venture Capital Beteiligung in unserem Beispiel zumindest auf die 79.816 Euro (Anlageergebnis der Festgeldanlage) kommt, müsste die erzielte Rendite pro Jahr bei 9,61 Prozent liegen. Oder: Von 14 Prozent über Venture Capital erzielbarer Rendite ausgehend würden selbst dann die 79.816 Euro der „sicheren" Anlage erreicht, wenn rund 50 Prozent der Venture Capital Beteiligung mit einem Totalverlust enden würde – was bei einem qualifizierten Management sehr unwahrscheinlich ist.

Die Botschaft lautet: Wer seine Rendite und den Anlageertrag optimieren und sich von reinen Aktienmärkten unabhängig machen will, muss in jedem Fall neben anderen Anlageklassen in ausgewählte „spekulative" Anlageformen wie Venture Capital oder andere Fondsvarianten investieren. Die Zahlen dokumentieren ebenso: Wer sich lediglich an Abschlusskosten orientiert, verzichtet im Zweifel auf ein gutes Geschäft. Er verzichtet auf Rendite.

Analyse des Produktportfolios – Der erste Schritt zum 7-Schritte-Verkaufsgespräch

Oft erhalten wir Nachfragen, was denn zu tun sei, wenn ein Rentner über sein Kapital am Ende der Ansparphase verfügen kann. Zudem stellt sich oft die Frage, welcher Zins in der Anspar- und Rentenzeit angenommen werden soll. Aus Kapitel 5 „Das etwas andere Verkaufsgespräch" des ersten Bands oder aus dem Seminar kennen Sie bereits die 7-Schritte-Verkaufsstrategie. Hier berechnen Sie aus der Wunschrente das zur Verfügung stehende Kapital. Wunschrente, Endalter und Rentenbeginn erfahren Sie vom Kunden. Den zu erreichenden Zins sollten sie jedoch vorgeben und vom Kunden bestätigen lassen. Steht das zu erreichende Kapital fest, geht es zur Ansparphase. Auch hier erhalten Sie vom Kunden die Informationen zur Spardauer und eventuell zum Anfangskapital – den Ansparzins sollten Sie jedoch vorgeben und wiederum vom Kunden bestätigen lassen. Es bleiben also 2 Fragen bestehen:

- ☐ Welcher Zins in der Rentenphase soll angenommen werden?
- ☐ Welcher Zins in der Ansparphase soll angenommen werden?

Um diese Fragen zu beantworten, sollten Sie die Gesetze, Verordnungen und Urteile beachten. Sie sind hier verpflichtet, die Anlagementalität des Kunden zu kennen. Dem Kunden dürfen Sie nur Aktienfonds oder aktienfondsgebundene Produkte verkaufen, wenn er risikobereit ist. Sollte er hingegen sicherheitsbewusst sein, so dürfen Sie obige Produkte nicht verkaufen und müssen eher auf festverzinsliche Produkte setzen.

Zwischenfazit: Kenne die Anlagementalität/Risikoeinstellung des Kunden!

Im nächsten Schritt sollten Sie Ihre Produkte kennen. Sicherlich verkaufen Sie Produkte die mehr Risiko/Chance haben und auch einige, die sicherer sind. Hier nun einige Beispiele mit einer Abgrenzung:

☐ **Sichere Produkte**
- festverzinsliche Produkte (zum Beispiel Festgeld, Sparbriefe, Anleihen, Bundesschatzbriefe)
- Kapitallebensversicherungen

- Kapital-Rentenversicherungen
- sichere Investmentfonds: Rentenfonds, Geldmarktfonds
- fondsgebundene Lebens-/Rentenversicherungen (in obige Fonds)

☐ **Risikoreiche Produkte**
- risikoreiche Investmentfonds: Aktienfonds, Immobilienfonds, Rohstofffonds, Dachfonds, etc.
- fondsgebundene Lebens-/Rentenversicherungen (in obige Fonds)
- geschlossene Fonds
- Hedge-Fonds, Private Equity, Venture Capital

Schreiben Sie nun die Produkte aus Ihrem Produktportfolio auf und unterteilen Sie nach Sicherheit und Risiko. Weisen Sie zudem darauf hin, ob das Produkt eher für den Ansparzeitraum, für die Rentenauszahlungsphase oder für beides geeignet ist.

sichere Produkte	Anspar-/Rentenprodukt
1.	
2.	
3.	
4.	
5.	

risikoreichere Produkte	Anspar-/Rentenprodukt
1.	
2.	
3.	
4.	
5.	

Nun haben Sie Ihre Produkte nach Risikogesichtspunkten geordnet, sowie für welchen Lebensabschnitt des Kunden das Produkt geeignet ist.

Zwischenfazit: Kenne Dein Produktportfolio nach Risikogesichtspunkten!

Sie kennen nun die Produkte, die Sie dem Kunden verkaufen können. Sie kennen jedoch den Leitsatz: „Verlierer verkaufen Produkte, Gewinner verkaufen Informationen." Sie sollen also weiterhin keine Produkte zu Beginn verkaufen, sondern erst die 7-Schritte-Verkaufsstrategie durchführen. Kennen Sie also nun die Anlagementalität des Kunden und können diesem nach obiger Liste die Produkte anbieten, so können Sie fast mit dieser loslegen. Wichtig: Der Kunde weiß noch nicht, welche Produkte Sie ihm anbieten. Obige zwei Punkte dienen nur Ihnen.

Um nun mit der Rentenberechnung zu beginnen, sollten Sie grundsätzlich Ihre obigen Produkte genau kennen. Vor- und Nachteile der jeweiligen Produkte kennen Sie (hoffentlich) aus Ihrer bisherigen Beraterpraxis. Jedoch sollten Sie insbesondere die zu erzielende Rendite der Produkte kennen. Das Versicherungsvertragsgesetz (VVG) und die Market in Financial Instruments Directive (MiFID) machen es Ihnen einfacher. Die Produktanbieter müssen nämlich die Kosten offen legen. Es lohnt sich also ein Blick in die Vertragsbedingungen. Hierzu einige Beispiele:

☐ **Investmentfonds**

Hier fallen Kosten, wie Depotgebühr und Total Expense Ratio (TER) oder die Verwaltungskosten an. Letztere sollten Sie in jedem Fall in der Rendite berücksichtigen.

Lösung: Nehmen Sie die Durchschnittsrendite der letzten 10 bis 20 Jahre vom Investmentfonds und ziehen Sie hiervon die Verwaltungskosten oder TER ab. Wichtig ist, dem Kunden gegenüber anzumerken, dass die Rendite in der Vergangenheit keine Garantie für die Zukunft ist. Ziehen Sie also von der vergangenen Rendite noch mal 1 bis 2 Prozent bei Aktienfonds und 0,5 bis 1 Prozent bei Rentenfonds als Sicherheitspuffer ab.

☐ **Lebens-/Rentenversicherungen**

Die größten Kosten werden die Abschluss-/Vertriebskosten sein. Zudem fallen jährliche Gebühren an sowie Kosten für den Todesfallschutz. Aus Ihrer Beraterpraxis wissen Sie wahrscheinlich in etwa, wie hoch die in den letzten Jahren erzielte Überschussbeteiligung war. Bei kapitalgebundenen Versicherungen können Sie hier schon die Rendite nach Kosten ermitteln. Bei fondsgebundenen Versicherungen müssen Sie die hinterlegten Fonds kennen und deren vergangene Rendite, Verwaltungskosten bzw. TER.

☐ **Festverzinsliche Anlagen**

Diese haben nur einen geringen Kostenanteil, vielleicht eine geringe Depotgebühr, der bei hohen Anlagegeldern nur wenig ins Gewicht fällt. Hier müssen Sie lediglich die aktuellen Zinskonditionen kennen bzw. für die Zukunft eine Annahme treffen können.

Wie Sie die Rendite nach Kosten und eventuell nach Steuern für obige Produkte ermitteln, haben Sie in vorigen Kapiteln schon kennen gelernt. *Zwischenfazit:* Kenne die Renditen Deiner Produkte!

Machen Sie sich nun eine Liste mit allen Produkten, die Sie anbieten können. Teilen Sie diese in Sicherheit und Risiko ein. Gehen Sie weiter vor und teilen die Liste nach Anspar- und Rentenprodukt. Als letzten Schritt schreiben Sie sich hinter die Produkte die Renditen. Das ist alles! Anhand dieser Liste können Sie nun mit der 7-Schritte-Verkaufsstrategie einen Kunden beraten und Renditen in der Anspar- und Rentenphase annehmen.

 BEISPIEL

Sie haben folgende Liste mit Ihren Produkten nach Kosten erstellt:

☐ Sichere Produkte:
  - Banksparplan (Ansparprodukt): 4,5 %
  - Bankauszahlplan (Rentenprodukt): 4,0 %
  - Rentenfonds (Anspar-/Rentenprodukt): 4,0 %
  - Kapitallebensversicherung (Ansparprodukt): 4,2 %

☐ Risikoreiche Produkte:
  - Fondsgebundene Lebens-/Rentenversicherung
    mit Aktienfonds (Ansparprodukt): 6,5 %
  - Aktienfonds (Ansparprodukt): 7,2 %

Der junge Kunde, heute 30 Jahre, möchte viel erreichen. Sie stellen ihm die 7 Fragen („Wann möchtest Du aufhören zu arbeiten?"; „Wie lange glaubst Du, dass Du lebst?"; ...) und erhalten folgende Informationen. Ab dem 65. Lebensjahr möchte er eine Rente von 2.000 Euro erhalten. Er glaubt, bis zum 90. Lebensjahr die Rente zu erhalten, möchte jedoch einen Puffer von 100.000 Euro am Ende haben. Er ist nicht abgeneigt, in Aktienfonds zu sparen.

Folgende Punkte sprechen Sie mit dem Kunden ab bzw. nehmen Sie an:

☐ Inflation von 2,5 Prozent

☐ Ansparprodukt: Aufgrund der besseren Auszahlmöglichkeit und Durchführen von Ablaufmanagement sowie Steuerersparnis (Abgeltungsteuerfrei) nehmen Sie eine fondsgebundene Rentenversicherung an.

☐ Rentenprodukt: Bankauszahlplan oder Rentenfonds

 Berechnung

In der Ansparzeit nehmen Sie die fondsgebundene Rentenversicherung mit einem Zins von 6,5 Prozent. Hier nehmen Sie an, dass er die Einmalauszahlung mit dem 65. Lebensjahr wählt und sich dann in einen Bankauszahlplan oder Rentenfonds die Rente auszahlen lässt. Diese Rente muss jedoch erst nach Inflation berücksichtigt werden.

Inflationsberechnung:

Eingabe	Display-anzeigen	Erklärung
1 P/YR	P/YR 1,00	Jährliche Inflation.
35 x P/YR	N 35,00	Inflationsberücksichtigung vom 30. – 65. Lebensjahr (35 Jahre).
2,5 I/YR	I/YR NOM% 2,50	Jährliche Inflationsrate von 2,5 Prozent.
2 000 PV	PV 2.000,00	Heutige Kaufkraft von 2.000 Euro.
0 PMT	PMT 0,00	Keine regelmäßigen Ein-/Auszahlungen bei Inflationsberechnungen.
FV	FV –4.746,41	Berechnung der notwendigen Rente mit dem 65. Lebensjahr.

Der Kunde muss mit dem 65. Lebensjahr eine Rente von 4.750 Euro erhalten, die 2.000 Euro heutiger Kaufkraft entsprechen. Im nächsten Schritt gehen Sie von der Rentenphase aus. Hier soll die Inflation weiter berücksichtigt werden. Obige Rente muss also jährlich um 2,5 Prozent (Inflationsrate) steigen. Zudem sollen 100.000 Euro am Ende übrig bleiben. Das müssen Sie ebenso mit dem Kunden absprechen, ob er diese nach heutiger oder späterer Kaufkraft meint. Grundsätzlich ist ein Puffer sinnvoll. In dieser Berechnung nehmen wir diesen Puffer mit späterer Kaufkraft an.

Rentenphase:

Eingabe	Display-anzeigen	Erklärung
12 P/YR	P/YR 12,00	Monatliche Rentenauszahlung.
25 x P/YR	N 300,00	Die Rente soll 25 Jahre ausgezahlt werden.
4 EFF%	I/YR NOM% 3,93	Im Auszahlungsprodukt wird ein Zins von 4 Prozent erzielt.
4 750 P/D	P/D 4.750,00	Die Rente mit dem 65. Lebensjahr muss 4.750 Euro entsprechen.
2,5 %D	%D 2,50	Die Dynamik (Inflationsrate) muss jährlich 2,5 Prozent betragen.
12 SHIFT %D	xD 12,00	Die Rente soll jährlich mit der Inflation steigen.
100 000 FV	FV 100.000,00	Mit dem 90. Lebensjahr soll noch ein Puffer von 100.000 Euro bestehen.
PV	PV –1.215.885,51	Berechnung des notwendigen Vermögens mit dem 65. Lebensjahr, um die Renten auszahlen zu lassen.

 Der Kunde benötigt also rund 1,2 Millionen Euro, um sich die Renten auszahlen zu lassen. Diese muss er nun sparen.

Sparphase:

Eingabe	Display-anzeigen	Erklärung
35 x P/YR	N 420,00	Der Kunde kann vom 30.–65. Lebensjahr sparen.
6,5 EFF%	I/YR NOM% 6,31	In der fondsgebundenen Rentenversicherung kann der Kunde 6,5 Prozent Rendite erzielen.
RCL PV +/– FV	FV 1.215.885,51	Das benötigte Kapital zum 65. Lebensjahr wird abgerufen und als zu erreichendes Endvermögen gespeichert.
0 PV	PV 0,00	Keine Einmalanlage zu Beginn.
PMT	PMT –793,53	Berechnung der notwendigen Sparrate.

Stopp Der Kunde müsste eine regelmäßige Sparrate von rund 800 Euro aufbringen, um seinen Plan zu verwirklichen. Hier wird wahrscheinlich der Kunde entgegenbringen, dass er diesen Betrag monatlich nicht aufwenden kann. Sie schlagen vor, mit einer Dynamik von 5 Prozent zu sparen. Nehmen Sie an, der Kunde nimmt diese jede zwei Jahre an:

Sparphase mit Dynamik:

Eingabe	Display-anzeigen	Erklärung
5 %D	%D 5,00	Es wird eine Dynamik von 5 Prozent vereinbart.
24 SHIFT %D	xD 24,00	Die Dynamikerhöhung erfolgt alle 2 Jahre (24 Monate).
P/D	P/D –597,86	Berechnung der notwendigen anfänglichen Sparrate mit Dynamik.

Auch diese Sparrate ist dem Kunden heute zuviel. Er sagt Ihnen, dass er maximal 350 Euro „entbehren" kann. Welche *jährliche* Steigerung müsste in den Vertrag eingebaut werden, um das Ziel zu erreichen?

Eingabe	Display-anzeigen	Erklärung
350 +/– P/D	P/D –350,00	Er kann heute maximal 350 Euro einzahlen.
12 SHIFT %D	xD 12,00	Die Dynamiksteigerung wird nun jährlich (alle 12 Monate) angenommen.
%D	%D 6,14	Berechnung der notwendigen Dynamik. Die Berechnung kann einige Sekunden in Anspruch nehmen.

Hinweis: Sollten Sie den BWK Business® Version 07.01 besitzen, so wird er nicht das obige Ergebnis, sondern –220,21 Prozent ausgeben. Sollte dieser Fall im Beratungsgespräch auftreten, so geben Sie eine Dynamik vor und berechnen beispielsweise PV. Erhöhen oder verringern Sie %D und berechnen Sie PV erneut. Wiederholen Sie diesen Vorgang solange, bis PV annähernd Null ist. Mehr Informationen dazu erhalten Sie im FAF-Forum unter www.FAF-Verlag.com. In der BWK Business® Version 07.02 ist dieser Fehler behoben. Die jeweilige Versionsnummer können Sie im SETUP-Menü erfahren. Schauen Sie hierzu im Handbuch des BWK Business® unter „SETUP-Modus".

Der Kunde müsste also eine jährliche Dynamik von 6 Prozent annehmen, um den Plan zu verwirklichen. Sprechen Sie mit dem Kunden ab, ob er diese Lohnsteigerungen erwarten kann. Geben Sie die Info, dass er auch ab und an die Dynamiksteigerung widerrufen kann.

■ **Variante 1:**

Als Finanzdienstleister sollten Sie jedoch noch „ein Ass im Ärmel haben". Nehmen Sie an, dass der Kunde mit Riester sparen könnte. Innerhalb der 35 Jahre könnte er die Grundzulage von 154 Euro p. a. einstreichen. Zudem ist er gerade Vater geworden und kann sich über die erhöhte Kinderzulage von 300 Euro p. a. über angenommene 18 Jahre freuen. Welches Vermögen erreicht er durch Zulagen zum 65. Lebensjahr?

Berechnung Variante 1:

Die Riester-Förderung unterteilt sich also in 2 Abschnitte. Folgende Zulagen kann er erwarten:

Jahr	1.–18. Jahr (18 Jahre)	19.–35. Jahr (17 Jahre)
Grundförderung	154 Euro	154 Euro
Kinderzulage	300 Euro	
Gesamt-Zulage	454 Euro	154 Euro

Lassen Sie in diesem Fall den Sonderausgabenabzug außer Betracht und berechnen Sie lediglich das Endvermögen mit dem 65. Lebensjahr.

1. bis 18. Zulagenjahr:

Eingabe	Display-anzeigen	Erklärung
1 P/YR	P/YR 1,00	Jährliche Zulage.
18 x P/YR	N 18,00	Der erste Zulagenabschnitt erstreckt sich über 18 Jahre.
6,5 EFF%	I/YR NOM% 6,50	In der Rentenversicherung erzielt er einen Zins von 6,5 Prozent.
0 PV	PV 0,00	Keine Einmalförderung zu Beginn.
454 +/– PMT	PMT –454,00	Jährliche Förderung von 454 Euro.
FV	FV 14.714,17	Berechnung des Vermögens aus Zulagen zum 48. Lebensjahr.

 Nach 18 Jahren erzielt er ein Vermögen von rund 15.000 Euro. Sie gehen weiter vor und berechnen den Zulagenabschnitt bis zum 65. Lebensjahr.

19. bis 35. Zulagenjahr:

Eingabe	Display-anzeigen	Erklärung
17 x P/YR	N 17,00	Der zweite Zulagenabschnitt erstreckt sich über 17 Jahre.
RCL FV +/– PV	PV –14.714,17	Das Vermögen nach 18 Zulagenjahren wird als Einmalanlage für weitere 17 Jahre gespeichert.
154 +/– PMT	PMT –154,00	Im zweiten Zulagenabschnitt erhält er jährlich 154 Euro.
FV	FV 47.463,84	Berechnung des Endvermögens aus Zulagen zum 65. Lebensjahr.

Aus Zulagen könnte er also rund 50.000 Euro zum 65. Lebensjahr generieren. Das könnten Sie vom notwendigen Vermögen zum 65. Lebensjahr abziehen. Er müsste also nur noch rund 1,15 Millionen Euro ansparen.

▢ **Variante 2:**

Nun haben Sie aus dem einen Ärmel das „Riester-Ass" gezogen. Aus dem anderen Ärmel könnten Sie nun ein weiteres Ass ziehen – die betriebliche Altersvorsorge. Der Kunde hat Ihnen berichtet, dass er 350 Euro maximal monatlich aufbringen kann. Wir gehen davon aus, dass er 150 Euro monatlich spart, um die volle Riester-Förderung zu erhalten. Es bleiben also noch 200 Euro, die in die bAV fließen könnten, sofern er hier noch kein Produkt hat. Berechnen Sie nun, wie viel monatlich in einen der bAV-Durchführungswege fließen könnten, um netto 200 Euro weniger zu haben. Hierzu nehmen Sie, wie im vorigen Kapitel dieses Buches beschrieben, ein Lohnsteuer- und Sozialversicherungsprogramm zu Hand. Wir nehmen an, dass er durch Steuer- und Sozialversicherungsersparnis 50 Prozent aus eigener Tasche zahlt.

Das Problem der maximalen Entgeltumwandlung in die bAV: Maximal kann er nur 212 Euro (Stand 2008) in die bAV einzahlen (Beitragsbemessungsgrenze beachten!). Durch 50 Prozent Lohnnebenkostenersparnis zahlt er lediglich 106 Euro.

Welches Vermögen erzielt er aus 212 Euro bis zum 65. Lebensjahr, wenn er die Rentenversicherung (Direktversicherung) als Durchführungsweg mit seinem Arbeitgeber vereinbaren kann und eine Rendite von 6,5 Prozent erzielt? Zusätzlich nehmen wir an, dass er die maximale Rate in die bAV einzahlt und die Beitragsbemessungsgrenze jährlich um 2 Prozent steigt und somit auch die Sparbeiträge.

Eingabe	Display-anzeigen	Erklärung
12 P/YR	P/YR 12,00	Monatliche Einzahlungen vom Lohn.
35 x P/YR	N 420,00	Es wird vom 30.–65. Lebensjahr (35 Jahre) in die bAV gespart.
6,5 EFF%	I/YR NOM% 6,31	Es wird in der Rentenversicherung 6,5 Prozent gespart.
0 PV	PV 0,00	Keine Einmalanlage zu Beginn.
212 +/– P/D	P/D –212,00	Heutige Einzahlungen von 212 Euro in die bAV.
2 %D	%D 2,00	Die Steigerung der Beitragsbemessungsgrenze und somit der maximalen Sparrate beträgt 2 Prozent.
12 SHIFT %D	xD 12,00	Die Beitragsbemessungsgrenze steigt jährlich.
FV	FV 411.018,41	Berechnung des Endvermögens aus der betrieblichen Altersvorsorge.

 Aus betrieblicher Altersvorsorge kann er also ein Vermögen von rund 400.000 Euro erwarten.

☐ Zusammenfassung Variante 1 + 2:

Die bisherigen Zahlen sehen wie folgt aus.

notwendiges Vermögen zum 65. Lebensjahr:	1.200.000 Euro
– Zulagen aus Riester:	50.000 Euro
– betriebliche Altersvorsorge:	400.000 Euro
Verbleibendes Vermögen zum 65. Lebensjahr:	750.000 Euro

Der Kunde muss also noch 750.000 Euro aus seinen Riester-Sparraten und dem privaten Sparen erzielen. 350 Euro kann er maximal sparen. 106 Euro werden in die bAV eingezahlt. Es verbleiben also noch 244 Euro, die er privat und in das Riester-Produkt sparen muss. Nehmen wir an, dass diese beiden Produkte denselben Zins von 6,5 Prozent erzielen, so können Sie nun wiederum berechnen, welche Dynamik er in den Vertrag einbauen müsste:

Eingabe	Display-anzeigen	Erklärung
12 P/YR	P/YR 12,00	Monatliche Sparraten.
35 x P/YR	N 420,00	Bis zum 65. Lebensjahr kann der Kunde noch 35 Jahre sparen.
6,5 EFF%	I/YR NOM% 6,31	In der fondsgebundenen Rentenversicherung erzielt der Kunde eine Rendite von 6,5 Prozent.
0 PV	PV 0,00	Keine Einmalanlage zu Beginn.
244 +/– P/D	P/D –244,00	Monatliche anfängliche Sparrate von 244 Euro.
12 SHIFT %D	xD 12,00	Die Dynamiksteigerungen erfolgen jährlich, also alle 12 Monate.
750 000 FV	FV 750.000,00	Bis zum 65. Lebensjahr müssen aus privaten Sparraten 750.000 Euro erreicht werden.
%D	%D 5,34	Berechnung der notwendigen Dynamik.

In den Riester-Sparvertrag und in den privaten Sparvertrag müsste eine Dynamik von rund 5,3 Prozent eingebaut werden. Durch die Optimierungen von Ihnen in Sachen betrieblicher Altersvorsorge und Riester-Sparen konnte die Dynamik um 0,8 Prozent gesenkt werden. Vereinbaren Sie mit dem Kunden die Dynamik von runden 5 Prozent und bauen Sie diesen in den Vertrag ein. Aus der Praxis wissen Sie, dass bei Sparverträgen meist mit 5 Prozent Dynamik gespart wird.

Die Botschaft lautet: Analysieren Sie Ihr Produktportfolio und sortieren Sie Ihre Produkte. Bereiten Sie sich eine Liste mit Ihren Produkten und deren Renditen vor. Danach haben Sie weniger Probleme, die Renditen in Anspar- und Rentenphase der 7-Schritte-Verkaufsstrategie festzulegen. Finden Sie nach den Ergebnissen mit Hilfe der 7-Schritte-Verkaufsstrategie die optimale Lösung für den Kunden. Beziehen Sie beispielsweise staatliche Zulagen und betriebliche Altersvorsorge mit ein. Der Kunde wird Ihnen danken und abschließen.

Auszahlung aus der privaten Rentenversicherung: Eine Wette mit der Versicherungsgesellschaft

Es gibt ein Produkt auf dem Versicherungsmarkt, mit dem Kunden bei ihrer Altersvorsorge eine Wette mit der Versicherungsgesellschaft eingehen: die private Rentenversicherung. Entweder bei Einmaleinzahlung zum Rentenbeginn und/oder durch Auswahl von Leibrenten geht der Versicherte mit dem Unternehmen eine Wette ein, wie lange er lebt. Doch wie funktioniert diese Wette und wie kann man sie vorteilhaft mit dem BWK Business® berechnen und eventuell mit anderen Produkten vergleichen?

Eine Möglichkeit wäre, dass der Versicherte einen Einmalbetrag in die Versicherung einzahlt. Dadurch erhält er die festgelegte Rente auf Lebzeiten. Meist steigt diese noch um einen Prozentsatz an. Hier zählen zum einen der Einzahlungsbetrag und zum anderen die Leibrente. Die Wette ist die Zeit, die der Versicherte lebt!

Die andere Möglichkeit ist die normale Führung einer privaten Rentenversicherung. Hier zahlt der Versicherte regelmäßig Beiträge in die Versicherung und kann zu einem festgelegten Zeitpunkt auswählen, ob er die Einmalauszahlung oder die Leibrente wählt. Hier zählen die Einmalauszahlung und die Leibrenten. Welche der beiden Möglichkeiten die bessere ist, darauf gehen wir gleich ein. Auch hier ist die Wette die Lebzeit des versicherten Rentners!

☐ Die Wette

Lebt er nicht so lange wie von der Versicherungsgesellschaft kalkuliert, gehen die Ansprüche des Versicherten verloren – sofern nicht mehr in der Rentengarantiezeit. Kurzum, der Versicherte hat die Wette verloren. Lebt der Versicherte länger, als von der Versicherungsgesellschaft kalkuliert, gewinnt der Versicherte die Wette.

Wie eine Gesellschaft kalkuliert, darüber werden Sie und der Versicherte nur wenige Auskünfte erhalten. Das ist reine Versicherungsmathematik und richtet sich auch nach der offiziellen Sterbetabelle, jedoch auch nach der Qualität der Gesellschaft. Sie können jedoch anhand der gegebenen Zahlen den besten Weg für den Kunden berechnen.

☐ Besteuerung

Wichtig ist auch die Besteuerung von Leibrenten. Je nach Rentenbeginn wird die Rente mit dem günstigen Ertragsanteil besteuert. Der Ertragsanteil beträgt laut § 55 EStDV bei Rentenbeginn mit dem 60. und 61. Lebensjahr 22 Prozent und nimmt danach jeweils jährlich um ein Prozent ab.

Eine Leibrente beginnend mit dem 65. Lebensjahr von 100 Euro ist also mit 18 Prozent Ertragsanteil mit dem persönlichen Steuersatz zu versteuern. Sprich, 18 Euro sind jährlich steuerpflichtig.

☐ Vergleich

Eine Leibrente aus einer privaten Rentenversicherung können Sie mit einer Rente mit Kapitalverzehr aus einem Bundesschatzbrief vergleichen. Fragen Sie den Kunden, wie lange er glaubt zu leben. Danach vergleichen Sie die Rendite der Rentenversicherung mit einem Bundesschatzbrief. Grundsätzlich sollten Sie die Betrachtung nach Steuern durchführen.

 BEISPIEL 1

Ein Kunde, 65 Jahre, tätigt eine Einmaleinzahlung in eine private Rentenversicherung von 200.000 Euro. Die Versicherung bietet ihm dafür eine monatliche Leibrente von 615 Euro. Diese Rente steigt jährlich um 2 Prozent an. Der persönliche Einkommensteuersatz des Rentners beträgt 25 Prozent.

 **Berechnung 1**

Sie berechnen den Zins nach Steuern aus der privaten Rentenversicherung. Zuerst berechnen Sie die Rente nach Steuern.

Leibrente:	615 Euro
Ertragsanteil 18 %:	111 Euro
– EK-Steuersatz 25 %:	28 Euro
Leibrente nach Steuern:	587 Euro

Mit dieser Rente nach Steuern können Sie den Effektivzins berechnen, wenn der Rentner beispielsweise bis zum 85., 90., 95., 100. Lebensjahr lebt.

85. Lebensjahr:

Eingabe	Display-anzeigen	Erklärung
12 P/YR	P/YR 12,00	Monatliche Rentenauszahlung.
20 x P/YR	N 240,00	Bis zum 85. Lebensjahr bekommt er 20 Jahre die Rente ausgezahlt.
200 000 +/– PV	PV –200.000,00	Er zahlt mit dem 65. Lebensjahr 200.000 Euro ein.
587 P/D	P/D 587,00	Die anfängliche Rente nach Steuern beträgt 587 Euro.
2 %D	%D 2,00	Die Rente steigt jährlich um 2 Prozent.
12 SHIFT %D	xD 12,00	Die Rente steigt jährlich, also alle 12 Monate, an.
0 FV	FV 0,00	Bei Tod des Versicherten erhält er keine weiteren Auszahlungen.
I/YR	I/YR NOM% –1,42	Berechnung des nominalen Zinses. Das kann aufgrund der Dynamik einige Sekunden in Anspruch nehmen.
EFF%	EFF% –1,41	Umrechnung in den effektiven Zins.

Lebt der Versicherte bis zum 85. Lebensjahr, so erzielt er mit der privaten Rentenversicherung eine Rendite von minus 1,41 Prozent. Sie gehen weiter vor und berechnen die Rendite, wenn er 5 Jahre länger lebt.

90. Lebensjahr:

Eingabe	Display-anzeigen	Erklärung
25 x P/YR	N 300,00	Der Versicherte lebt bis zum 90. Lebensjahr und erhält die Rente also über 25 Jahre.
I/YR	I/YR NOM% 0,90	Berechnung des nominalen Zinses. Das kann einige Sekunden in Anspruch nehmen.
EFF%	EFF% 0,91	Umrechnung in den effektiven Zins.

 Lebt der Versicherte bis zum 90. Lebensjahr, so erzielt er eine Rendite von 0,91 Prozent.

 Das ist ein Übungsbuch. Versuchen Sie nun allein die Ergebnisse für das Lebensende mit dem 95. und 100. Jahr zu ermitteln.

— kurze Berechnungspause —

Haben Sie die Ergebnisse ermittelt? Gut, dann hier die Lösungen:

Endalter	Rendite
85. Lebensjahr	–1,41 %
90. Lebensjahr	0,91 %
95. Lebensjahr	2,30 %
100. Lebensjahr	3,20 %

Gehen Sie diese Ergebnisse mit dem Kunden durch und fragen Sie ihn, wie lange er glaubt zu leben. Danach vergleichen Sie die Rendite mit einem Bundesschatzbrief. Sollte der Kunde glauben, dass er bis zum

95. Lebensjahr lebt, so muss die Vor-Steuer-Rendite eines Bundesschatzbriefes bei mind. 3,13 Prozent liegen. Diese ermitteln Sie mit einem einfachen Dreisatz.

```
2,3 =   0,736 (100 % – 26,4 % Abgeltungsteuer = Nach-Steuer-Rendite)
x   =   1   (Vor-Steuer-Rendite)
2,3 ÷ 0,736 x 1 = 3,13 %
```

Welche Nach-Steuer-Rente könnte er sich mit Kapitalverzehr bis zum 95. Lebensjahr auszahlen lassen, wenn Bundesschatzbriefe bei einem Zins von 4 Prozent ausgegeben werden?

Nach Steuern beträgt die Rendite 2,94 % (= 4,0 – 26,4 %).

Eingabe	Display-anzeigen	Erklärung
30 x P/YR	N 360,00	Bis zum 95. Lebensjahr könnte er sich 30 Jahre eine Rente auszahlen lassen.
2,94 EFF%	I/YR NOM% 2,90	Bundesschatzbriefe erzielen eine Nach-Steuer-Rendite von 2,94 Prozent.
P/D	P/D 642,58	Berechnung der Nach-Steuer-Rente.

Die Rente liegt damit um rund 55 Euro höher, wenn er sich die Rente über einen Bundesschatzbrief auszahlen lässt. Lassen Sie nun den Kunden entscheiden. Legt er Wert auf Sicherheit und eine lange Lebensdauer, so wird er die private Rentenversicherung wählen. Glaubt er eher an eine kurze Lebensdauer und Flexibilität, so wird er sich für die Rentenauszahlung über den Bundesschatzbrief entscheiden.

 BEISPIEL 2

Ihr Kunde sparte in eine Rentenversicherung und bekommt nun zu Rentenbeginn mit dem 62. Lebensjahr die Möglichkeit, sich 100.000 Euro einmalig steuerfrei auszahlen zu lassen oder eine Leibrente von 500 Euro monatlich zu beziehen. Von einer Rentenerhöhung (Dynamik der Renten) ist im Vertrag nicht die Rede. Der Kunde denkt, dass er bis zum 90. Lebensjahr leben wird. Für ihn gilt ein Einkommensteuersatz von 20 Prozent.

 **Berechnung 2**

Auch hier berechnen Sie die Leibrente zuerst nach Steuern. Der Ertragsanteil liegt beim Rentenbeginn mit dem 62. Lebensjahr bei 21 Prozent.

Leibrente:	500 Euro
Ertragsanteil 21 %:	105 Euro
– EK-Steuersatz 20 %:	21 Euro
Leibrente nach Steuern:	479 Euro

Nun berechnen Sie den Effektivzins, sollte der Kunde bis zum 90. Lebensjahr leben:

Eingabe	Display-anzeigen	Erklärung
12 P/YR	P/YR 12,00	Monatliche Rentenauszahlung.
28 x P/YR	N 336,00	Bis zum 90. Lebensjahr kann er sich die Rente noch 28 Jahre auszahlen lassen.
100 000 +/– PV	PV –100.000,00	Er könnte sich 100.000 Euro einmalig auszahlen lassen oder im Produkt belassen = Einzahlung: negatives Vorzeichen.
479 PMT	PMT 479,00	Nach Steuern erhält der Rentner eine Rente von 479 Euro.
0 FV	FV 0,00	Bei Ableben erhält er keine weiteren Zahlungen.
I/YR	I/YR NOM% 3,71	Berechnung des nominalen Zinses.
EFF%	EFF% 3,78	Umrechnung in den effektiven Zins.

In der privaten Rentenversicherung erhält er einen Effektivzins von 3,78 Prozent, sollte der Rentner bis zum 90. Lebensjahr leben.

Berechnen Sie wiederum mit Dreisatz die Mindestrendite des Vergleichsprodukts (Bundesschatzbrief).

```
3,78  =  0,736 (100 % – 26,4 % Abgeltungsteuer = Nach-Steuer-Rendite)
x     =  1    (Vor-Steuer-Rendite)
3,78 ÷ 0,736 x 1 = 5,14 %
```

Teil 4:

Der Bundeschatzbrief müsste also einen Zins von 5,14 Prozent erzielen, damit dieser bis zum 90. Lebensjahr vorteilhafter als die private Rentenversicherung ist.

Die Botschaft lautet: Berechnen Sie die Wette von privaten Rentenversicherungen. Zeigen Sie dem Kunden die Vor- und Nachteile sowie die Renditen bei verschiedenen Todes-Zeitpunkten. Lassen Sie danach nur den Kunden entscheiden. Experte ist der Kunde! In der Praxis erleben wir immer wieder, wie Kunden ihr Geld in der Rentenphase auf verschiedene Produkte verteilen. Völlig quer gedacht kann es auch sinnvoll sein, einen kleineren Teil des angesparten Vermögens über 10 bis 15 Jahre chancenorientiert anzulegen. Mit dem anderen Teil werden dann die ersten 10 bis 15 Jahre mit der gewünschten Entnahme „bedient", der kleinere nochmals angelegte Betrag hat dann Zeit zu wachsen und nach 10 bis 15 Jahren steht dann ein womöglich höheres Vermögen für die nächste Auszahlphase zur Verfügung. Wir wiederholen die BWK Maxime aus den Trainings zur Klöckner-Methode: Expertin ist die Kundin! Experte ist der Kunde! Das ist alles. Ihre Aufgabe lautet: Verkaufen Sie Information. Und fördern Sie so auf diese Weise die Entscheidung bei Ihren Kunden.

Private Rentenversicherungen: die Gesamtlaufzeit

Um eine private Rentenversicherung zu bewerten, sollte die Gesamtlaufzeit betrachtet werden. Diese kann in zwei Abschnitte unterteilt werden:

1. Sparphase und anschließende Einnahme der Einmalzahlung.
2. Sparphase und anschließende regelmäßige Einnahme der Leibrenten

Sparphase und Einnahme der Einmalzahlung

Ob eine Investition in eine private Rentenversicherung – kapitalgebunden oder fondsgebunden – lohnenswert ist, kann meist erst bei Auszahlung oder bei der ersten Prognoseberechnung der Versicherungsgesellschaft ermittelt werden. Das Versicherungsvertragsgesetz bringt hier jedoch auch Klarheit. In den Versicherungsbedingungen müssen die

Kosten von vornherein angegeben sein und von Ihnen in eine Berechnung einbezogen werden (s. Kapitel „Versicherungsvertragsgesetz, Versicherungsvermittlerordnung und Finanzmarktrichtlinie"). So könnten Sie schon vor dem Vertragsabschluss eine weitestgehend „saubere" Berechnung durchführen. Nach Vertragsabschluss bleibt nur noch die Prognoseberechnung. Doch hierdurch könnten Sie als Makler sehen, welche Rendite bei einzelnen Gesellschaften erzielt wird und welche Gesellschaft das bessere Produkt anbietet.

Grundsätzlich dienen die Prognoseberechnungen dem Kunden, um zu schauen, ob er hinsichtlich seiner Rentenplanung im Plan ist. Hinzu kommt, dass Sie ermitteln können, wie hoch eine Auszahlung wäre, wenn bei einer fondsgebundenen Rentenversicherung der hinterlegte Fonds eine höhere oder geringere Rendite erzielt als in der Prognoseberechnung angegeben.

 BEISPIEL

Ein Kunde bespart über eine Gesamtlaufzeit von 25 Jahren eine fondsgebundene Rentenversicherung mit 150 Euro monatlich. Die Prognoseberechnung der Versicherung bei einer Wertentwicklung der hinterlegten Fonds von 6 Prozent gibt eine Endkapitalleistung von 75.000 Euro aus. Wie hoch ist die Endkapitalleistung, wenn die hinterlegten Fonds 8 Prozent erzielen?

 Berechnung

Der erste Schritt ist die Berechnung der durchschnittlichen Sparrate, die effektiv in die hinterlegten Fonds zur Anlage kommt.

Eingabe	Display-anzeigen	Erklärung
12 P/YR	**P/YR** **12,00**	Monatliche Einzahlungen.
25 x P/YR	**N** **300,00**	Die Gesamtlaufzeit beträgt 25 Jahre.

6 EFF%	I/YR NOM% 5,84	Die Prognoseberechnung der Versicherung ist mit 6 Prozent angegeben.
0 PV	PV 0,00	Keine Einmalanlage zu Beginn.
75 000 FV	FV 75.000,00	Die Prognose der Versicherung gibt eine Endlei- stung von 75.000 Euro heraus.
PMT	PMT −110,90	Berechnung der effektiven Sparrate.

 Damit kommen lediglich im Durchschnitt 111 Euro monatlich in den Fonds zur Anlage. 39 Euro sind Kosten, die die Versicherungsgesellschaft einbehält. Mit dieser effektiven Sparrate können Sie nun weiter rechnen und das Endvermögen bei anderen Wertentwicklungen des Fonds ermitteln.

Eingabe	Display- anzeigen	Erklärung
8 EFF%	I/YR NOM% 7,72	Die Wertentwicklung der hinterlegten Fonds wird mit 8 Prozent angenommen.
FV	FV 100.806,50	Berechnung des Endvermögens.

Bei einer Wertentwicklung der Fonds von 8 Prozent erzielt der Kunde voraussichtlich ein Endvermögen von 100.000 Euro.

Steuerliche Betrachtung

Mit obigen Vermögen können Sie nun weiter rechnen. Wie schon bei Lebensversicherungen, so gilt auch bei Rentenversicherungen der Unterschied, ob die Versicherung vor 2005 oder nach 2005 abgeschlossen wurde. Wurde diese vor 2005 abgeschlossen und hat

– mindestens 12 Jahre Laufzeit,
– 5 Jahre Einzahlungsdauer und
– eine Auszahlung nach dem 60. Lebensjahr,

so ist die Auszahlung steuerfrei. Ist eine der obigen Voraussetzungen nicht gegeben, so ist der Unterschiedsbetrag zwischen Einzahlungen und Auszahlungen voll steuerpflichtig.

Wurde eine Rentenversicherung nach 2005 abgeschlossen und alle obigen Voraussetzungen erfüllt, so ist der Ertrag (Auszahlung minus alle Einzahlungen) zur Hälfte steuerpflichtig. Ist einer der Voraussetzungen nicht gegeben, so ist dieser Unterschiedsbetrag wiederum voll steuerpflichtig.

Sprich: Bei neu abgeschlossenen Rentenversicherungen können Sie davon ausgehen, dass die Auszahlung nach dem 60. Lebensjahr liegt und die Voraussetzungen gegeben sind. Damit wird der Unterschiedsbetrag zur Hälfte mit dem persönlichen Einkommensteuersatz steuerpflichtig.

Betrachten wir oben durchgeführtes Beispiel nach Steuern. Von der Auszahlung von rund 101.000 Euro muss der Unterschiedsbetrag zwischen Ein- und Auszahlungen versteuert werden. Nehmen wir hier einen Einkommensteuersatz von 30 Prozent an. Welche Rendite erzielt der Kunde mit der Rentenversicherung?

Auzahlungsbetrag:	101.000 Euro	
– Einzahlungen:	45.000 Euro	(= 150 x 300 Monate)
= Unterschiedsbetrag:	56.000 Euro	

Dieser Unterschiedsbetrag wird nun zur Hälfte besteuert. Sie können entweder den Betrag zur Hälfte nehmen oder den Steuersatz von 30 Prozent halbieren. Letzteres führen wir durch:

Unterschiedsbetrag:	56.000 Euro
x EK-Steuersatz 15 %:	8.400 Euro

Vom Auszahlungsbetrag von 101.000 Euro werden 8.400 Euro Steuern abgezogen. Es verbleibt ein Endvermögen von 92.600 Euro. Haben Sie noch alle Angaben im BWK Business® gespeichert, sind nur wenige Änderungen für die Berechnung des Effektivzinses nach Steuern notwendig:

Eingabe	Display- anzeigen	Erklärung
150 +/– PMT	PMT −150,00	Effektive Einzahlungen des Kunden.
92 600 FV	FV 92.600,00	Effektive Auszahlung nach Steuern an den Kunden.
I/YR	I/YR NOM% 5,24	Berechnung des nominalen Zinses.
EFF%	EFF% 5,37	Umrechnung in den effektiven Zins.

Erzielen die hinterlegten Fonds also eine Wertentwicklung von 8 Prozent, so verbleibt dem Kunden nach Steuern und Kosten noch eine effektive Wertentwicklung von 5,4 Prozent.

Die Botschaft lautet: Berechnen Sie für den Kunden die Kosten und eventuell Steuern einer Versicherung und zeigen Sie ihm die unterschiedlichen Ablaufleistungen bei unterschiedlichen Wertentwicklungen. Erweitern Sie also die Prognoseberechnung von Rentenversicherungen. Als Profi zeigen Sie dem Kunden die steuerliche Seite von Rentenversicherungen.

Sparphase und Einnahme der Leibrenten

Anders als bei der Einmalauszahlung von privaten Rentenversicherungen kann ein Kunde die Leibrenten über seine Lebzeiten vereinnahmen. Im vorigen Kapitel wurde schon beschrieben, dass hier eine Wette mit der Versicherungsgesellschaft eingegangen wird. In den vorigen zwei Themen wurde jedoch nur entweder die Rentenzeit oder nur die Ansparzeit betrachtet. Betrachtet man jedoch die Gesamtlaufzeit der Rentenversicherung, so stellt man fest, dass diese in den meisten Fällen aus einer Ansparzeit und einer Rentenzeit besteht. Wie können Sie diese bewerten?

Hier werfen wir zuerst einen Blick auf den Zahlungsstrom bei einer solchen Gegebenheit:

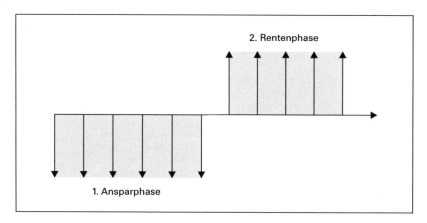

Hier sehen Sie die zwei Phasen:

1. Ansparphase
2. Rentenphase

Beispiel: Ein Kunde spart über 25 Jahre bis zum 65. Lebensjahr monatlich 150 Euro (Ansparphase) und erhält ab dem 65. Lebensjahr eine Leibrente von monatlich 500 Euro bis zu seinem Tod (Rentenphase). Beide haben mehrere regelmäßige Zahlungen. Diese würden Sie als regelmäßige Zahlung ohne Dynamik (PMT) oder mit Dynamik (P/D) annehmen. Es sind jedoch zwei Phasen, die unterschiedliche Vorzeichen und auch einen unterschiedlichen Betrag besitzen. Um nun den Zins dieses Zahlungsstroms zu ermitteln, kann nicht die normale TVM-Methode angewandt werden, da damit jeweils nur eine Phase betrachtet werden könnte, wie in den vorigen beiden Themen angenommen.

Um beide Phasen in einem Zahlungsstrom zu berücksichtigen, muss der CASHFLOW-Modus des BWK Business® benutzt werden. Dieser kann mehrere unterschiedliche Zahlungen (Cashflows) berücksichtigen. Der Modus wird im nächsten Kapitel genauer beschrieben.

Cashflow-Berechnungen

Hat ein Zahlungsstrom mehr als drei unterschiedliche Zahlungen, bzw. mehr als zwei unterschiedliche regelmäßige Zahlungen, so ist der CASHFLOW-Modus des BWK Business® anzuwenden. Dieser wird mit einigen Produktbeispielen in diesem Kapitel erläutert.

Der Begriff Cashflow stammt aus dem Englischen. Es sind meist unterschiedlich hohe Zahlungen, die in einer Zeit oder zu bestimmten Zeitpunkten anfallen.

Einleitung

Der CASHLOW-Modus ist im BWK Business® als Modus eingefügt. Wie auch beim AMORT-Modus wird dieser durch Druck der jeweiligen Funktionstaste gestartet und beendet – in diesem Fall die Taste „CF". Im Modus selbst sind übliche Funktionen und Berechnungen nur noch beschränkt ausführbar.

Der Modus ist notwendig, um einige Produkte zu berechnen, beispielsweise geschlossene Fondsprodukte, wie Schiffsfonds. Hier wird einmalig oder über bestimmte Zeitpunkte ein Betrag eingezahlt. Danach sollen Ausschüttungen erfolgen, die in der Regel nicht gleichmäßig anfallen. Entweder Sie fallen zu unterschiedlichen Zeitpunkten oder in unterschiedlicher Höhe aus. Ein typischer Cashflow-Zahlungsstrom sieht wie in folgenden Grafik dargestellt aus.

Hinweis: Achten Sie jedoch darauf, dass der Zahlungsstrom innerhalb der Laufzeit nicht mehr als einmal das Vorzeichen zwischen Ein- und Auszahlung wechselt. Wenn der interne Zinsfuß berechnet wird, ist wissenschaftlich bewiesen, dass bei mehreren Vorzeichenwechseln mehrere Zinssätze vorhanden sind.

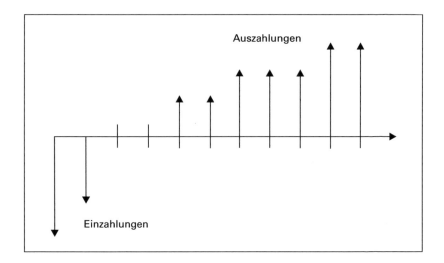

Sie sehen in obiger Abbildung, dass zu Beginn zwei unterschiedlich hohe Einzahlungen erfolgen. Danach erfolgen zwei Perioden keine Ein-/Auszahlungen. Dann folgt jeweils die Auszahlungsphase mit mehreren unterschiedlich hohen Auszahlungen. Hier könnte beispielsweise ein geschlossener Fonds mit folgenden Ausschüttungsmodalitäten abgebildet sein:

Jahr	Ein-/Auszahlung
2008	–60.000 Euro (Einzahlung)
2009	–40.000 Euro (Einzahlung)
2010 + 2011	0 Euro (keine Ein-/Auszahlungen)
2012 + 2013	20.000 Euro p. a. (Auszahlung)
2014 – 2016	30.000 Euro p. a. (Auszahlung)
2017 + 2018	50.000 Euro p. a. (Auszahlung)

Diesen Zahlungsstrom möchten Sie nun bewerten. Hierzu stehen Ihnen mit dem BWK Business® einige anerkannte Berechnungsverfahren/ Kennzahlen der Praxis zur Verfügung:

Teil 5:

1. CF%: Der (nominale) interne Zinsfuß eines Zahlungsstroms. Der Zins, bei dem der Nettobarwert Null ergibt.

2. NPV: Der Nettobarwert (Net Present Value) eines Zahlungsstroms. Der Barwert aller Zahlungen, abgezinst mit einem Kalkulationszins.

3. NFV: Der Nettoendwert (Net Future Value) eines Zahlungsstroms. Der Endwert aller Zahlungen, aufgezinst mit einem Kalkulationszins.

4. TIRR%: Der wahre interne Zinsfuß nach Wiederanlageprämisse (True Internal Rate of Return). Einzahlungen werden mit den Auszahlungen nach Berücksichtigung eines Wiederanlagezins RII% (Reinvestment Interest) verglichen und der Zins ermittelt.

Auf obige Kennzahlen gehen wir in diesem Kapitel noch genauer ein.

Starten Sie den Cashflow-Modus mit der Taste CF, so öffnet sich der Modus. Hier ist eine Tabelle hinterlegt, die Sie mit den Steuerkreuztasten, wie im AMORT-Modus (siehe Kapitel 3) bedienen. Folgende Tabelle ist hinterlegt, die Sie verinnerlichen sollten:

CF 00 (Startpunkt beim Starten)				
CF 01	CFN 01	%D 01	xD 01	CFE 01
CF 02	CFN 02	%D 02	xD 02	CFE 02
CF ...	CFN ...	%D ...	xD ...	CFE ...
CF 39	CFN 39	%D 39	xD 39	CFE 39
⇧	⇧	⇧	⇧	⇧
Rate / Cashflows	Laufzeit in Perioden	Dynamik des Cashflows (wie in TVM-Funktion)		Endcashflow nach allen Dynamiksteigerungen

Hier die Erklärungen der einzelnen Spalten:

- CF 00: Der einmalige Anfangscashflow. Vergleichbar mit PV im TVM-Modus.
- CF 01-39: Der einmalige oder regelmäßige Cashflow einer Zahlungsreihe/-zeile. Vergleichbar mit PMT im TVM-Modus.

- CFN: Die Laufzeit in Perioden (gerichtet nach P/YR) einer Zahlungsreihe/-zeile. Vergleichbar mit N im TVM-Modus.
- %D: Evtl. Dynamiksteigerung in Prozent einer Zahlungsreihe/-zeile.
- xD: Dynamiksteigerung nach X Perioden.
- CFE: Endzahlung/-cashflow nach allen Dynamiksteigerungen. Vergleichbar mit P/DE im TVM-Modus.

Sie werden sich vielleicht wundern, warum CF 00 keine Laufzeit CFN besitzt. CF 00 ist als Anfangsinvestition zu verstehen, wie PV in der TVM-Funktion.

Obige Tabelle ist die Eingabetabelle für die jeweiligen Cashflows. Zudem ist noch eine oberste Zeile zu finden (über CF00), die als Berechnungszeile zu verstehen ist und die schon angegebenen Kennzahlen beinhaltet:

CF%	NPV	NFV	RII%	TIRR%

In die Berechnungszeile kommen Sie entweder, wenn Sie so oft Steuerkreuz oben drücken, bis diese erscheint, oder wenn Sie eine der Tasten auf dem BWK Business (CF%, NPV, NFV, TIRR) drücken. Als Gesamtansicht ist die Tabelle folgendermaßen hinterlegt:

CF%	NPV	NFV	RII%	TIRR%
CF 00 (Startpunkt beim Starten)				
CF 01	CFN 01	%D 01	xD 01	CFE 01
CF 02	CFN 02	%D 02	xD 02	CFE 02
CF ...	CFN ...	%D ...	xD ...	CFE ...
CF 39	CFN 39	%D 39	xD 39	CFE 39

Starten Sie nun einmal den CASHFLOW-Modus mit der Taste „CF" und wandern Sie mit den Steuerkreuztasten einfach mal durch die Tabelle, um diese näher kennenzulernen. Sie werden feststellen, dass Sie nicht in die unteren Felder CF03 usw. kommen werden. Das liegt daran, dass noch keine Angaben in CF01, CF02 bzw. deren Laufzeit vorhanden sind. Sie müssen also mindestens CFN (die Laufzeit) mit einer Zahl füllen. Denn wie Sie wissen: Eine Laufzeit von 0 gibt es eigentlich nicht.

Nun zu einigen finanzmathematischen Besonderheiten des Cashflow-Modus:

- P/YR: Die Perioden pro Jahr (P/YR) müssen Sie vor dem Starten des Cashflow-Modus eingeben.
- CF 00: Die Anfangszahlung CF 00 fällt auf denselben Zeitpunkt wie der Nettobarwert NPV.
- BEGIN-Modus: Ist vorschüssige Zahlungsweise gegeben, so fällt zusätzlich noch die erste Zahlung von CF 01 auf die Zeitpunkte CF 00 und NPV.
- CFN: Sie können eine Periodenhäufigkeit der Zahlungen von bis zu 1.200 Perioden eingeben. Doch Achtung: Ist die Dynamik in einer Zahlungsreihe angegeben, so können nur maximal 88 Jahre angenommen werden, ansonsten erscheint die Fehlermeldung „OVER-FLOW" bei der Berechnung.
- %D, xD, CFE: Sie können eine Dynamik vorgeben, müssen es jedoch nicht. Möchten Sie keine Dynamik in einer Zeile vorgeben, so lassen Sie diese Felder einfach offen oder geben eine Null vor.

Obiges hört sich sehr kompliziert und komplex an. Nach einigen Berechnungen werden Sie die Tabelle jedoch verinnerlichen. Um die Eingabe im Cashflow-Modus zu üben, gehen wir nun auf das erste Beispiel in diesem Kapitel zurück. Hier hatten wir folgende Zahlungen gegeben:

Jahr	Ein-/Auszahlung
2008	–60.000 Euro (Einzahlung)
2009	–40.000 Euro (Einzahlung)
2010 + 2011	0 Euro (keine Ein-/Auszahlungen)
2012 + 2013	20.000 Euro p. a. (Auszahlung)
2014 – 2016	30.000 Euro p. a. (Auszahlung)
2017 + 2018	50.000 Euro p. a. (Auszahlung)

Achten Sie in jedem Fall auch im CASHFLOW-Modus auf das Prinzip „Tasche rein / Tasche raus". Wird ein Betrag gezahlt, so ist er mit negativem Vorzeichen zu versehen. Wird ein Betrag eingenommen, so ist er als positiver Betrag zu vermerken.

Schritt 1:

Der erste Schritt ist immer: Wie erfolgen die Zahlungen? Jährlich, halbjährlich, vierteljährlich, monatlich etc.? Bevor Sie den CF-Modus starten, geben Sie also die Anzahl der Perioden ein.

Sind Sie aktuell noch im Cashflow-Modus (Cashflow wird im Display angezeigt), so drücken Sie nochmals die Taste CF, um den Modus zu beenden und geben dann erst P/YR ein.

Im obigen Fall sehen Sie, dass die Zahlungen jährlich erfolgen. Somit geben Sie eine 1 in P/YR ein:

Eingabe	Display-anzeigen	Erklärung
1 P/YR	P/YR 1,00	Jährliche Zahlungsweise im CF-Modus.

2. Schritt:

Nun stellen Sie den Zahlungsstrom übersichtlich dar, was in obiger Tabelle schon geschehen ist. Sie können zusätzlich schon angeben, welche Zahlungen welchem Cashflow zuzuordnen sind, was wir nun tun:

Jahr	Ein-/Auszahlung	Cashflow
2008	–60.000 Euro (Einzahlung)	CF 00
2009	–40.000 Euro (Einzahlung)	CF 01
2010 + 2011	0 Euro (eine Ein-/Auszahlungen)	CF 02
2012 + 2013	20.000 Euro p. a. (Auszahlung)	CF 03
2014 – 2016	30.000 Euro p. a. (Auszahlung)	CF 04
2017 + 2018	50.000 Euro p. a. (Auszahlung)	CF 05

Danach geben Sie die bekannten Zahlen im CF-Modus ein. Sie starten also den CF-Modus mit der Taste „CF".

Eingabe	Display- anzeigen	Erklärung
CF	CASHFLOW CF 00 0,00	Starten des CASHFLOW-Modus.

Nach dem Starten gelangen Sie in die Anfangsinvestition CF 00. Hier geben Sie nun die Zahl von minus 60.000 ein.

Eingabe	Display- anzeigen	Erklärung
60 000 +/−	CASHFLOW CF 00 −60.000	Eingabe der Anfangsinvestition von 60.000 Euro.

Um diese Eingabe zu bestätigen, gehen Sie einfach mit dem Steuerkreuz in ein anderes Feld oder drücken eine andere Taste. Da wir direkt den nächsten Cashflow eingeben möchten, drücken wir direkt Steuerkreuz unten, um zum Cashflow CF 01 zu gelangen und dort den nächsten Cashflow eingeben.

Eingabe	Display- anzeigen	Erklärung
▼ 40 000 +/−	CASHFLOW CF 01 −40.000	Drücken von Steuerkreuz unten, um die letzte Eingabe zu bestätigen und in die nächste Zeile zu gelangen. Eingabe des nächsten Cashflows CF 01.

Diese Zahl bestätigen Sie wiederum mit einer Taste oder dem Steuerkreuz. Bei diesem Cashflow müssen Sie eine Laufzeit eingeben. Vorteilhaft ist es dann, zum Feld CFN zu gelangen, somit drücken Sie Steuerkreuz rechts. Dieser Cashflow erfolgt einmalig. Doch auch bei Einmaligkeit müssen Sie die Häufigkeit des Cashflows vorgeben – hier eine 1.

Eingabe	Display-anzeigen	Erklärung
▶ 1	CASHFLOW CFN 01 1	Drücken von Steuerkreuz rechts, um die letzte Eingabe zu bestätigen und in die nächste Spalte der Cashflow-Zeile CF 01 zu gelangen. Eingabe der Häufigkeit des Cashflows CF 01.

Nach diesem Schema geben Sie nun die weiteren Cashflows ein. Wichtig: Sollten Sie sich einmal vertippen, so können Sie bei Eingabe mit der Taste Backspace (Taste über der Divisionstaste) die letzte Eingabe rückgängig machen. Sollte eine Zahl schon eingegeben sein (das erkennen Sie daran, dass schon Nachkommastellen angegeben sind), so können Sie diese mit der richtigen Zahl überschreiben oder mit der Backspace-Taste löschen.

Wichtig ist auch anzumerken, dass Sie mit der Taste „C" die letzte Zeile einer Cashflow-Tabelle löschen können (es wird vorher die Sicherheits-frage gestellt, die Sie dann mit der Zahl 5 bestätigen). Oder Sie löschen die gesamte Cashflow-Tabelle mit SHIFT C (C ALL). Auch hier wird die Sicherheitsfrage gestellt, die Sie mit der Zahl 5 bestätigen.

Nun geben wir jedoch weiter die restlichen Cashflows in die Tabelle ein:

Eingabe	Display-anzeigen	Erklärung
▼	CASHFLOW CF 02 0,00	Drücken von Steuerkreuz unten, um die letzte Eingabe zu bestätigen und in die nächste Zeile CF 02 zu gelangen. Der nächste Cashflow ist Null und diese ist schon vorgegeben.
▶ 2	CASHFLOW CFN 02 2	Drücken von Steuerkreuz rechts, um zu der Peri-odenhäufigkeit des CF 02 zu gelangen. Dort ge-ben Sie 2 ein, da in 2010 und 2011 (2 Jahre/Peri-oden) keine Ein-/Auszahlung fließt.
▼ 20 000	CASHFLOW CF 03 20.000	Drücken von Steuerkreuz unten, um in die nächste Cashflowzeile CF 03 zu gelangen. Einga-be der Ausschüttung von jährlich 20.000 Euro.
▶ 2	CASHFLOW CFN 03 2	Drücken von Steuerkreuz rechts, um die Peri-odenhäufigkeit von CF 03 einzugeben. Eingabe von zwei Perioden (2012 + 2013 = 2 Jahre).

▼ 30 000	**CASHFLOW** **CF 04** **30.000**	Drücken von Steuerkreuz unten, um in die nächste Cashflowzeile CF 04 zu gelangen. Eingabe der nächsten Ausschüttungen von 30.000 Euro.
▶ 3	**CASHFLOW** **CFN 04** **3**	Drücken von Steuerkreuz rechts, um die Periodenhäufigkeit von CF 04 einzugeben. 30.000 Euro werden 3 mal gezahlt für die Jahre von 2014 bis 2016.
▼ 50 000	**CASHFLOW** **CF 05** **50.000**	Drücken von Steuerkreuz unten, um in die nächste Cashflowzeile CF 05 zu gelangen. Hier Eingabe der jährlichen Ausschüttung von 50.000 Euro.
▶ 2	**CASHFLOW** **CFN 05** **2**	Drücken von Steuerkreuz rechts, um in die Periodenhäufigkeit des Cashflows CF 05 einzugeben – hier zwei Jahre für 2017 und 2018.

Nun haben Sie die Cashflow-Tabelle mit den Zahlungsstromdaten gefüllt. Sie werden feststellen, dass Sie die Eingabe und die Tabelle schnell verinnerlichen und die Eingaben dann wesentlich schneller erfolgen.

Der Vorteil des Modus ist nun, dass Sie mit dem Steuerkreuz die Zahlen nochmals anschauen oder Zahlen korrigieren/überschreiben können.

3. Schritt:

Nun möchten Sie diesen geschlossenen Fonds bzw. den Zahlungsstrom, bewerten. Hierzu stehen die schon vorher erläuterten Kennzahlen zur Verfügung, auf die wir im Folgenden näher eingehen.

Interner Zinsfuß – CF%

Die meist genutzte Kennziffer ist hier der interne Zinsfuß – CF%. Dieser beschreibt den Zins eines Zahlungsstroms. Bei diesem müssen Sie jedoch darauf achten, dass im Zahlungsstrom nicht zu häufig das Vorzeichen wechselt. Hier ist nämlich wissenschaftlich bewiesen, dass dann mehrere Zinssätze ermittelt werden können.

Zurück zu obigem Beispiel: Sie können nun 6 mal Steuerkreuz oben drücken, um zu CF% zu gelangen oder Sie drücken die Taste „CF%".

Eingabe	Display-anzeigen	Erklärung
CF%	CASHFLOW CF% 0,00	Drücken von CF%, um in die Anzeige des internen Zinsfusses zu gelangen.

Um diesen Wert nun zu berechnen, drücken Sie die Taste „CALC". Diese finden Sie über der Taste „C".

Eingabe	Display-anzeigen	Erklärung
CALC	CASHFLOW CF% 12,57	Drücken von CALC, um die aktuelle Anzeige (CF%) zu berechnen. Das kann einige Sekunden in Anspruch nehmen.

 Dieser Zahlungsstrom entspricht einem internen Zinsfuß von 12,57 Prozent. Nehmen wir nun an, die letzten beiden Zahlungen von 50.000 fließen nicht in voller Höhe, sondern lediglich nur 15.000 Euro pro Jahr. Das können Sie schnell ändern:

Eingabe	Display-anzeigen	Erklärung
▼▼▼▼▼▼ 15 000	CASHFLOW CF 05 15.000	6-maliges Drücken von Steuerkreuz unten, um in das Feld der letzten Cashflow-Zahlungen CF 05 zu gelangen. Änderung/Überschreiben in 15.000 Euro.
CF%	CASHFLOW CF% 12,57	Wechseln zur Anzeige des internen Zinsfusses. Die vorige Zahl ist immer noch gegeben.
CALC	CASHFLOW CF% 7,70	Nochmaliges Berechnen des internen Zinsfußes.

Teil 5:

Wichtig ist anzumerken, dass der interne Zinsfuß lediglich der nominale Zinsfuß ist. Um den effektiven anzuzeigen, halten Sie die Taste „EFF%" gedrückt. Da wir jedoch mit einer Periode pro Jahr (1 P/YR) rechnen, sehen Sie hier keinen Unterschied. Nehmen wir also an, die Zahlungen erfolgen halbjährlich. Hierzu beenden Sie den CASH-FLOW-Modus (es bleiben alle Zahlen gespeichert) und ändern die Periodenanzahl P/YR und gehen wiederum zurück in den Cashflow-Modus.

Eingabe	Display-anzeigen	Erklärung
CF	0,00	Ausschalten des CF-Modus.
2 P/YR	P/YR 2,00	Eingabe von 2 Perioden pro Jahr – halbjährliche Zahlungsweise.
CF	CASHFLOW CF 00 –60.000,00	Einschalten des Cashflow-Modus. Die Startanzeige ist wiederum der Anfangscashflow CF 00.
▲	CASHFLOW CF% 7,70	Drücken von Steuerkreuz oben, um zu CF% zu gelangen.
CALC	CASHFLOW CF% 15,40	Erneutes Berechnen des nominalen internen Zinsfußes auf Basis von halbjährlicher Zahlungsweise.
EFF% (länger gedrückt halten)	CASHFLOW CF% 16,00	Längeres drücken von „EFF%", um den effektiven internen Zinsfuß anzuzeigen.

Der (effektive) interne Zinsfuß bei halbjährlicher Zahlungsweise beträgt 16 Prozent. Lassen Sie die Taste „EFF%" wieder los, so erscheint der nominale interne Zinsfuß von 15,40 Prozent.

Wichtig: In der Praxis sollte der interne Zinsfuß immer als Effektivzins ausgegeben werden. Wir sprechen im Folgenden vom nominalen internen Zinsfuß (Nominalzins) und internen Zinsfuß (Effektivzins).

Nettobarwert – NPV

Der Nettobarwert gibt den heutigen Wert eines Zahlungsstroms an. Es werden alle Cashflows auf den heutigen Zeitpunkt mit einem Kalkulationszins abgezinst. Der Kalkulationszinssatz ist beispielsweise bei einer Kreditfinanzierung der Kreditzins oder ein Vergleichszinssatz eines anderen Produkts. Dieser wird vor der Berechnung von NPV im Feld CF% eingegeben.

Weiterführung des Beispiels: Nehmen wir an, der Kunde könnte anstatt dieses geschlossenen Fonds auch in einen offenen Investmentfonds einzahlen und erhielte dort einen effektiven Zins von 7 Prozent. Wie hoch ist der Nettobarwert?

Eingabe	Display-anzeigen	Erklärung
(Ausgangslage)	CASHFLOW CF% 15,40	Ausgangslage.
7 EFF%	CASHFLOW CF% 6,88	Eingabe im Feld CF% den Kalkulationszinssatz von effektiv 7 Prozent. Dieser wird direkt in den nominalen Zins umgerechnet und angezeigt.
▶	CASHFLOW NPV 0,00	Drücken von Steuerkreuz rechts, um in die Anzeige des Nettobarwerts zu gelangen.
CALC	CASHFLOW NPV 28.494,73	Drücken der Taste „CALC", um den Nettobarwert zu berechnen.

Es wird ein heutiger Nettobarwert von 28.500 Euro erzielt. Die Interpretation des Nettobarwerts ist ganz einfach. Der Kunde ist heute um 28.500 Euro vermögender als bei der Anlage in den offenen Investmentfonds.

Doch Vorsicht: Achten Sie in jedem Fall auf das Vorzeichen. Ist ein positives Vorzeichen gegeben, so ist es positiv für den Kunden. Wären die 28.500 Euro mit negativem Vorzeichen, so bedeutet es, dass der Kunde heute um 28.500 Euro schlechter stehen würde.

In der Praxis wird unterschiedlich der Nettobarwert oder der interne Zinsfuß angewandt. Sollen beispielsweise Produkte unterschieden werden, gilt folgende Regel:

– bei gleicher Laufzeit: Anwendung des internen Zinsfußes
– bei unterschiedlicher Laufzeit: Anwendung des Nettobarwerts

Ein Kunde wird jedoch meist den internen Zinsfuß besser verstehen, da hier die meist genutzte und bekannte Entscheidungsgröße, nämlich der Zins, ermittelt wird.

Nettoendwert – NFV

Der Nettoendwert (NFV) ist der umgekehrte Fall des Nettobarwerts. Hier wird die Entscheidungsgröße nicht auf den heutigen Zeitpunkt, sondern auf den zukünftigen Zeitpunkt gelegt. Es werden mit dem Kalkulationszins alle Cashflows auf das Ende aufgezinst.

Weiterführung des Beispiels: Nehmen wir wiederum an, der Kunde möchte den zukünftigen Vorteil des geschlossenen Fonds gegenüber dem offenen Investmentfonds wissen.

Eingabe	Display-anzeigen	Erklärung
(Ausgangslage)	CASHFLOW NPV 28.494,73	Ausgangslage.
▶	CASHFLOW NFV 0,00	Drücken von Steuerkreuz rechts, um in das Berechnungsfeld NFV zu gelangen.
CALC	CASHFLOW NFV 39.965,33	Drücken der Taste CALC, um den Nettoendwert zu berechnen.

 Der Kunde erzielt mit dem geschlossenen Fonds einen zukünftigen Vorteil von rund 40.000 Euro. Achten Sie auch beim Nettoendwert auf das Vorzeichen der Zahl. Sollte es negativ sein, so ist es negativ für den Kunden.

Wahrer interner Zinsfuß – TIRR

Der wahre oder auch modifizierte interne Zinsfuß ist gerade bei geschlossenen Fondsprodukten eine wichtige Kennzahl. Denn der interne Zinsfuß geht davon aus, dass auch die Ausschüttungen zu diesem Zins wiederangelegt werden können. Das ist jedoch in der Praxis nicht der Fall. Wird im einen geschlossenen Fonds beispielsweise 10 Prozent erzielt, so sind 10 Prozent in der Praxis nicht sicher zu erreichen. Die Ausschüttungen werden also meist in geringer verzinste Produkte angelegt. Das beachtet der wahre interne Zinsfuß TIRR.

Um TIRR zu berechnen, muss der Wiederanlagezins RII%, zu dem die Ausschüttungen wiederangelegt werden, vorgegeben werden. Das sind Schritte eins und zwei.

Die Berechnung von TIRR erfolgt folgendermaßen: Die Einzahlungen werden auf den heutigen Wert NPV mit RII% abgezinst. Die Auszahlungen (Ausschüttungen) werden mit RII% auf den Endzeitpunkt aufgezinst. Aus beiden entstehenden Vermögen wird TIRR ermittelt. Das sieht folgendermaßen aus:

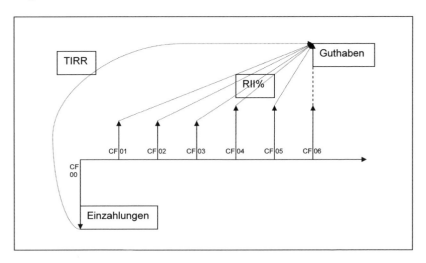

In der Praxis könnte der Fall also folgendermaßen aussehen: Ein Investor zeichnet einen geschlossenen Fonds und zahlt die Investitionssumme. Danach bekommt er jährliche Ausschüttungen aus dem Fonds. Diese gibt er nicht wieder aus, sondern legt sie auf einem Festgeldkonto an, das einen Zins von 4 Prozent zahlt (Wiederanlagezins RII%). Am Laufzeitende des geschlossenen Fonds schaut der Investor dann auf sein Festgeldkonto und sieht das Guthaben. Danach stellt er dieses Guthaben mit der Investitionssumme in den geschlossenen Fonds in Relation und erhält den wahren Zinsfuß nach Wiederanlageprämisse (TIRR%).

Wichtig: Der wahre Zinsfuß nach Wiederanlageprämisse macht nur bei geschlossenen Fondsprodukten Sinn, wo eine oder auch mehrere Einzahlung zu Beginn und danach nur Auszahlungen erfolgen. Darauf sollten Sie achten, wenn Sie diesen ermitteln.

Weiterführung des Beispiels: Der Kunde könnte die Ausschüttungen aus dem geschlossenen Fonds auf einem Festgeldkonto anlegen, welches einen effektiven Zins von 4 Prozent zahlt. Wie hoch ist der wahre erzielte Zins?

Eingabe	Display-anzeigen	Erklärung
(Ausgangslage)	CASHFLOW NFV 39.965,33	Ausgangslage.
▶	CASHFLOW RII% 0,00	Drücken von Steuerkreuz rechts, um in das Feld des Wiederanlagezinses RII% zu gelangen.
4 EFF%	CASHFLOW RII% 3,96	Eingabe des Wiederanlagezinses von effektiv 4 Prozent. Der BWK Business® rechnet direkt in den nominalen Zins um.
▶	CASHFLOW TIRR% 0,00	Drücken von Steuerkreuz rechts, um in das Feld TIRR% zu gelangen.
CALC	CASHFLOW TIRR% 11,10	Drücken der Taste CALC, um TIRR% zu berechnen. Auch dieser Zins ist als Nominalzins angegeben.
EFF% (gedrückt halten)	CASHFLOW TIRR% 11,41	Längeres Drücken der Taste EFF%, um den effektiven TIRR anzuzeigen.

Stopp Der Kunde erzielt also lediglich einen effektiven Zins von 11,41 Prozent. Der interne Zinsfuß wurde vorher mit 16 Prozent berechnet. Sie sehen also, dass der Gesamtzins durch einen geringeren Wiederanlagezins sinkt.

Nutzen Sie in Kundengesprächen beim Verkauf von geschlossenen Fonds den wahren Zinsfuß nach Wiederanlageprämisse. Hier können Sie Kunden den wahren Zins zeigen, den er durch eine Anlage erzielt.

Weitere Funktionen

In den vorigen Kapiteln haben Sie kennengelernt, dass Sie folgende Tasten berechnen können:

– CF%: Interner Zinsfuß.
– NPV: Nettobarwert.
– NFV: Nettoendwert.
– TIRR: Wahrer Zinsfuß nach Wiederanlageprämisse.

Der CASHFLOW-Modus bietet jedoch weitere Funktionen, die Sie bestens nutzen können. Diese unterscheiden den BWK Business® klar positiv von anderen finanzmathematischen Taschenrechnern.

☐ Dynamikfunktion:

Sie können einzelne Zeilen mit Dynamik belegen. Nehmen wir beispielsweise an, Sie möchten in obigem Beispiel den CF 04 mit Dynamik belegen. Der bestehende Betrag von 30.000 Euro soll pro Periode um 10 Prozent steigen.

Eingabe	Display-anzeigen	Erklärung
(Ausgangslage)	CASHFLOW TIRR% 11,10	Ausgangslage.
▼▼▼▼▼	CASHFLOW CF 04 30.000,00	5-maliges Drücken von Steuerkreuz unten, um in die Zeile CF 04 zu gelangen.

▶▶ 10	CASHFLOW %D 04 10	Drücken von Steuerkreuz rechts, um zu %D 04 zu gelangen. Eingabe von 10 Prozent Dynamik.
▶ 1	CASHFLOW xD 04 1	Drücken von Steuerkreuz rechts, um in die Dynamikhäufigkeit xD zu gelangen. Eingabe von 1, da jede Periode der Betrag steigen soll.
▶	CASHFLOW CFE 04 0,00	Drücken von Steuerkreuz rechts, um zur Zahlung nach allen Dynamiksteigerungen zu gelangen.
CALC	CASHFLOW CFE 04 36.300,00	Drücken der Taste CALC, um die Endzahlung zu berechnen.

 Sie haben nun die Zeile des Cashflows 04 mit Dynamik belegt und die Endrate CFE berechnet. Sie können ebenso in CFE einen Wert vorgeben, woraufhin die Anfangsrate CF berechnet wird.

Sie könnten nun fortfahren und wiederum Kennzahlen wie zum Beispiel den internen Zinsfuß berechnen. Hier sollten Sie wissen, dass die Berechnung länger andauern wird, da mit Dynamik gerechnet wird.

▢ **Berechnung von Zeilen:**

Sie können nicht nur Kennzahlen berechnen, sondern ebenso einzelne Cashflows CF oder deren Periodenanzahl CFN. Hierzu wird ein bestimmter Kalkulationszins CF% vorgegeben.

Es könnte beispielsweise im obigen Fall sein, dass der Kunde mindestens einen effektiven Zinsfuß von 12,5 Prozent erzielen möchte. Wie hoch müsste der letzte Cashflow CF05 sein?

Eingabe	Display- anzeigen	Erklärung
(Ausgangslage)	CASHFLOW CFE 04 36.300,00	Ausgangslage.
CF%	CASHFLOW CF% 6,88	Drücken von CF%, um in die Eingabe das Feld des Kalkulationszinssatzes zu gelangen.

12,5 EFF%	CASHFLOW CF% 12,13	Eingabe des Effektivzinses. Der BWK Business® rechnet direkt in den nominalen Zins um.
▼▼▼▼▼▼	CASHFLOW CF 05 15.000,00	6-maliges Drücken von Steuerkreuz unten, um den letzten Cashflow 05 anzuzeigen.
CALC	CASHFLOW CF 05 1.248,66	Drücken der Taste CALC, um den letzten Cashflow zu berechnen.

Um einen effektiven Zinsfuß von 12,5 Prozent zu erzielen, müsste der letzte Cashflow mindestens über 1.250 Euro lauten.

Ebenso könnten Sie die Häufigkeit der Perioden eines Cashflows berechnen. Das wird nach obigen Schritten durchgeführt und wird von uns hier nicht mehr angegeben.

Cashflow mit dem BWK Business®

Wie Sie oben sehen konnten, bietet der Modus einige Vorteile. Sie arbeiten anhand einer Tabelle und müssen sich weniger Tasteneingaben merken. Zudem können Sie die einzelnen Cashflows einfach anzeigen lassen, verändern oder auch berechnen.

Der BWK Business® hat zudem den Vorteil, mit Dynamik zu rechnen und auch einzelne Cashflows können ermittelt werden. Diese beiden Funktionen sind in sonstigen uns bekannten finanzmathematischen Taschenrechnern nicht vorhanden. Manche finanzmathematische Taschenrechner besitzen noch die Funktion des wahren oder modifizierten internen Zinsfußes.

Gerade die Cashflow-Funktion können Sie im Beratungsgespräch prima einsetzen. In den nächsten Themen geht es darum, Produkte und Verkaufsgespräche mit der Cashflow-Funktion des BWK Business® zu berechnen bzw. zu führen. Sie werden erkennen, dass der BWK Business® gegenüber anderen Taschenrechnermodellen klar im Vorteil ist.

Gesamtlaufzeit von privaten Rentenversicherungen

Wie vor der Beschreibung des Cashflow-Modus wurde im TVM-Modus festgestellt, dass eine private Rentenversicherung nur in der Ansparphase oder Rentenphase bewertet werden kann. Eine Gesamtbetrachtung beider Phasen war im TVM-Modus nicht möglich. Dieses Thema greifen wir nun wieder auf und können es im Cashflow-Modus bestens berechnen.

 BEISPIEL 1

Ein Kunde bespart über eine Laufzeit von 25 Jahren eine Rentenversicherung mit monatlich 350 Euro. Am Ende der Laufzeit zahlt die Versicherung entweder einmalig 180.000 Euro oder eine Leibrente von 750 Euro. Die Leibrente steigt um jährlich 1,5 Prozent. Nehmen Sie nun an, der Kunde erlebt 25, 30 oder 35 Jahre Rentenauszahlung. Ist die Einmalauszahlung oder die Leibrente für den Kunden interessanter?

 Berechnung 1

Berechnen wir zuerst die Einmalauszahlung im TVM-Modus:

Eingabe	Display-anzeigen	Erklärung
12 P/YR	P/YR 12,00	Monatliche Einzahlungen.
25 x P/YR	N 300,00	Es werden 25 Jahre gespart.
0 PV	PV 0,00	Es floss keine Einmalzahlung.
350 +/– PMT	PMT –350,00	Monatlich zahlt der Kunde 350 Euro.

180 000 FV	FV 180.000,00	Die Einmalauszahlung ergibt 180.000 Euro.
I/YR	I/YR NOM% 4,00	Berechnung des nominalen Zinses.
EFF%	EFF% 4,08	Umrechnen in den effektiven Zins.

Mit der Einmalauszahlung erreicht der Kunde einen Zins von 4,08 Prozent. Gehen wir nun auf die Leibrenten ein, wenn er sich diese über die verschiedenen Laufzeiten auszahlen lassen kann. Hierzu nehmen wir den Cashflow-Modus zur Hilfe.

25 Jahre Rentenauszahlungen:

Eingabe	Display- anzeigen	Erklärung
12 P/YR	P/YR 12,00	Eingabe der monatlichen Zahlungsweise der Ein- und Auszahlungen.
CF	CASHFLOW CF 00 0,00	Starten des Cashflow-Modus. *Hinweis:* Sollten noch Zahlen im Cashflow-Modus vorhanden sein, drücken Sie SHIFT C und bestätigen das gesamte Löschen mit 5.
▼ 350 +/−	CASHFLOW CF 01 −350	Drücken des Steuerkreuzes unten, um in CF01 zu gelangen. Eingabe von 350 Euro als Sparrate.
► 300	CASHFLOW CFN 01 300	Es werden 300 Raten eingezahlt (= 25 Jahre x 12 Monate).
▼ 750	CASHFLOW CF 02 750	Die Leibrente beträgt 750 Euro.
► 300	CASHFLOW CFN 02 300	Wird die Leibrente über 25 Jahre ausgezahlt, so entspricht dies 300 Rentenauszahlungen (= 25 Jahre x 12 Monate).
► 1,5	CASHFLOW %D 02 1,5	Die Rente steigt um 1,5 Prozent.

Teil 5:

▶ 12	CASHFLOW xD 02 12	Die Rente steigt jährlich, also alle 12 Perioden.
▶ CALC	CASHFLOW CFE 02 1.072,13	Berechnung der Rente im 25. Jahr. Die Rente im letzten Rentenjahr beträgt 1.072,13 Euro.
CF% CALC	CASHFLOW CF% 3,68	Sie springen in die Berechnungszeile zum internen Zinsfuß und berechnen diesen. Das kann aufgrund der Dynamik einen Moment in Anspruch nehmen.
EFF% (gedrückt halten)	CASHFLOW CF% 3,74	Sie rechnen in den effektiven Zins um.

Der Kunde erzielt also in der Gesamtlaufzeit einen Zins von 3,74 Prozent, wenn er die Leibrenten über eine Laufzeit von 25 Jahren erhält.

30 Jahre Rentenauszahlungen:

Eingabe	Displayanzeigen	Erklärung
(Ausgangslage)	CASHFLOW CF% 3,68	Ausgangslage.
▼▼▼ ▶	CASHFLOW CFN 02 300,00	Dreimaliges Drücken von Steuerkreuz unten, um in die Zeile CF 02 der Rentenauszahlungen zu gelangen. Danach drücken Sie Steuerkreuz rechts, um in die Laufzeit der Rentenauszahlungen zu springen.
360	CASHFLOW CFN 02 360	Überschreiben der 300 Perioden mit 360 Perioden, also 30-jähriger Auszahlungslaufzeit.
CF% CALC	CASHFLOW CF% 4,16	Springen in den internen Zinsfuß zu CF% und berechnen diesen Wert. Auch das kann einen Moment in Anspruch nehmen.
EFF% (gedrückt halten)	CASHFLOW CF% 4,24	Umrechnen in den effektiven Zins, durch längeres Drücken der Taste EFF%.

Der Kunde erzielt also bei einer Rentenlaufzeit von 30 Jahren einen Zins von 4,24 Prozent. Dieser liegt schon höher als der Zins der Einmalauszahlung von 4,08 Prozent.

Versuchen Sie nun einmal, den Zins bei einer Auszahlung der Leibrenten von 35 Jahren zu berechnen. Denken Sie daran, dass dieses ein Übungsbuch ist. Die Schritte sind gleich, wie oben angegeben.

— kurze Berechnungspause —

Haben Sie den Zins berechnet? Gut, dann folgt hier die Lösung mit den entsprechenden Eingabeschritten.

35 Jahre Rentenauszahlungen:

Eingabe	Display-anzeigen	Erklärung
(Ausgangslage)	CASHFLOW CF% 4,16	Ausgangslage.
▼▼▼ ▶	CASHFLOW CFN 02 360,00	Dreimaliges Drücken von Steuerkreuz unten, um in die Zeile CF 02 der Rentenauszahlungen zu gelangen. Danach drücken Sie Steuerkreuz rechts, um in die Laufzeit der Rentenauszahlungen zu springen.
420	CASHFLOW CFN 02 420	Überschreiben der 360 Perioden mit 420 Perioden (Monate), also 35-jähriger Auszahlungslaufzeit.
CF% CALC	CASHFLOW CF% 4,49	Springen in den internen Zinsfuß zu CF% und berechnen diesen Wert. Auch das kann einen Moment in Anspruch nehmen.
EFF% (gedrückt halten)	CASHFLOW CF% 4,59	Umrechnen in den effektiven Zins, durch längeres Drücken der Taste EFF%.

Erlebt der Kunde 35 Jahre Leibrentenauszahlung, so erzielt er einen Zins von 4,59 Prozent. Lassen Sie alle Angaben gespeichert, da wir in den folgenden Themen auf weitere Besonderheiten eingehen.

Der Kunde entscheidet sich für die Leibrentenauszahlung. „Diese ist sicher" und das möchte er erreichen, so seine Äußerung.

Mit Steuereinbezug

Wie Sie schon wissen, werden die Leibrenten mit dem Ertragsanteil besteuert. Nehmen wir an, die Rentenauszahlung erfolgt ab dem 60. Lebensjahr. Erinnern Sie sich noch an den Ertragsanteil bei der Rente ab dem 60. Lebensjahr?

Der Ertragsanteil der Rente ab dem 60. Lebensjahr beträgt 22 Prozent. Von 750 Euro sind also folgende Steuern zu zahlen, wenn der Rentner einen Einkommensteuersatz von angenommenen 20 Prozent hat:

Leibrente:	750 Euro
Ertragsanteil 22 %:	165 Euro
– EK-Steuersatz 20 %:	33 Euro
Leibrente nach Steuern:	717 Euro

Auch diese können Sie nun schnell im Cashflow-Modus berücksichtigen und die Rente von 750 Euro mit der Nach-Steuer-Rente von 717 Euro überschreiben. Nehmen Sie die Auszahlung der Leibrenten über 30 Jahre an.

Eingabe	Display- anzeigen	Erklärung
(Ausgangslage)	CASHFLOW CF% 4,49	Ausgangslage.
▼▼▼ 717	CASHFLOW CF 02 717	3-maliges Drücken von Steuerkreuz unten, um in die Zeile der Leibrenten zu gelangen. Dort wird die bestehende Rente von 750 Euro mit der Nach-Steuer-Rente von 717 Euro überschrieben.

▶ 360	CASHFLOW CFN 02 360	Drücken von Steuerkreuz rechts, um zur Laufzeit der Leibrente zu gelangen. Hier wird die 35-jährige Rentenauszahlung mit der 30-jährigen Rentenauszahlung mit 360 Perioden überschrieben.
CF% CALC	CASHFLOW CF% 4,00	Springen zum nominalen internen Zinsfuß und Berechnung.
EFF% (gedrückt halten)	CASHFLOW CF% 4,07	Umrechnung in den effektiven Zins.

 Der Zins senkt sich also um 0,17 Prozent und liegt dann etwa gleich dem Zins bei Einmalauszahlung aus der Rentenversicherung. Achtet ein Kunde auf den Zins, so ist Folgendes zu beachten:

– Einmalauszahlung aus der privaten Rentenversicherung bei Abschluss vor 2005: Auszahlung ist steuerfrei.
– Einmalauszahlung aus der privaten Rentenversicherung bei Abschluss nach 2005: Auszahlung ist nicht steuerfrei.

Die Einmalauszahlung müsste bei zweiter Variante besteuert werden, was die Leibrenten bevorteilen würden, da sich dann der Zins bei Einmalauszahlung verringert.

Mit Riester-Zulagen

Nehmen wir im obigen Beispiel an, der Kunde ist Arbeitnehmer und erhält die Riester-Förderung.

Jährliche Grund- und Kinderzulagen

Durch die jährlichen Zulagen werden sich die Leibrenten positiv ändern. Nehmen wir an, die Rente erhöht sich durch Zulagen um 50 Euro monatlich. Es kommen somit 800 Euro Rente zur Auszahlung. Auch hier berücksichtigen Sie die zu zahlenden Steuern. Da es sich jedoch um eine Riester-Rente handelt, wird nicht der günstige Ertragsanteil genommen, sondern die Rente wird voll besteuert.

Leibrente:	800 Euro
– EK-Steuersatz 20 %:	160 Euro
Leibrente nach Steuern:	640 Euro

Teil 5:

Durch die Riester-Zulagen verringert sich die Leibrente nach Steuern auf 640 Euro. Wird dadurch die private Rentenversicherung unattraktiv? Hierzu muss auch die Ansparzeit betrachtet werden, in der Sonderausgaben angesetzt werden können.

Sonderausgabenabzug

Zusätzlich kann der Kunde jährlich den Sonderausgabenabzug von bis zu 2.100 Euro in der Ansparphase geltend machen. Nehmen wir an, er kann hier jährlich zusätzlich 360 Euro Steuern sparen. Verteilen Sie es auf die monatlichen Sparraten, so zahlt er effektiv 30 Euro weniger, also nur noch 320 Euro monatlich, in die Rentenversicherung.

Diese Zahlen berücksichtigen Sie nun in der Cashflow-Berechnung und berechnen den effektiven Zins, sollte der Arbeitnehmer in der privaten Rentenversicherung „riestern":

Eingabe	Display-anzeigen	Erklärung
(Ausgangslage)	CASHFLOW CF% 4,00	Ausgangslage.
▼▼ 320 +/–	CASHFLOW CF 01 –320	Zweimaliges Drücken von Steuerkreuz unten, um in die Zeile der Ansparphase zu kommen. Effektiv zahlt der Kunde nicht mehr 350 Euro in die private Rentenversicherung, sondern lediglich noch 320 Euro.
▼ 640	CASHFLOW CF 02 640	Drücken von Steuerkreuz unten, um in die Zeile der Leibrentenauszahlung zu kommen. Durch die Riester-Zulage verringert sich die Nach-Steuer-Rente auf 640 Euro.
CF% CALC	CASHFLOW CF% 3,91	Drücken von CF%, um in das Berechnungsfeld des internen Zinsfußes zu gelangen und ihn zu berechnen.
EFF% (gedrückt halten)	CASHFLOW CF% 3,98	Umrechnung in den effektiven internen Zinsfuß.

Durch die Riester-Förderung und die höhere Steuerlast sinkt der interne Zinsfuß in diesem Fall um rund 0,1 auf 3,98 Prozent. Es ist jedoch grundsätzlich nicht zu sagen, dass die Riester-Förderung unattraktiv ist. Das muss im Einzelfall nachgerechnet werden.

Mit Rürup-Zulagen

Der obige Kunde könnte jedoch auch Selbständiger sein und somit nur für eine Rürup-Förderung in Frage kommen.

Bei Rürup-Verträgen ist nur eine lebenslange Leibrentenauszahlung möglich. Eine einmalige Kapitalauszahlung bei Rentenbeginn ist nicht möglich. Das Bonbon bei Rürup-Sparern ist der Sonderausgabenabzug. Hier können bis zu 20.000 Euro bei Ledigen und 40.000 Euro bei Verheirateten als Sonderausgaben angesetzt werden. Die volle Abzugsfähigkeit wird jedoch erst im Jahre 2025 erreicht. Im Jahr 2008 können 66 Prozent (13.200 / 26.400 Euro) angesetzt werden. Der Prozentsatz steigt jährlich um 2 Prozent.

Nehmen wir im obigen Beispiel an, dass der Selbständige rund 1.500 Euro Einkommensteuer durch die Rürup-Förderung pro Jahr sparen kann. Somit zahlt er monatlich effektiv 125 Euro weniger in die private Rentenversicherung und dadurch nur 225 Euro. Die spätere Rente wird dann jedoch, wie bei der Riester-Förderung, voll mit dem persönlichen Einkommensteuersatz versteuert. Hier hatten wir einen angenommenen Einkommensteuersatz von 20 Prozent in der Rentenphase angenommen:

Leibrente:	750 Euro
– EK-Steuersatz 20 %:	150 Euro
Leibrente nach Steuern:	600 Euro

Somit spart der Rürup-Sparer monatlich effektiv 225 Euro und erhält als Rente effektiv 600 Euro. Auch das wird wiederum in der Cashflow-Tabelle geändert.

Eingabe	Display-anzeigen	Erklärung
(Ausgangslage)	CASHFLOW CF% 3,91	Ausgangslage.
▼▼ 225 +/−	CASHFLOW CF 01 −225	Zweimaliges Drücken von Steuerkreuz unten, um in die Zeile der Ansparphase CF 01 zu kommen. Der Sparer spart effektiv 225 Euro.
▼ 600	CASHFLOW CF 02 600	Drücken von Steuerkreuz unten, um in die Zeile der Rentenauszahlungen zu gelangen. Änderung der Nach-Steuer-Rente auf 600 Euro.
CF% CALC	CASHFLOW CF% 4,96	Springen in das Berechnungsfeld des internen Zinsfußes und Berechnung.
EFF% (gedrückt halten)	CASHFLOW CF% 5,07	Umrechnung in den effektiven Zins.

Nimmt der Selbständige die Rürup-Förderung in Anspruch, so erzielt er einen internen Zinsfuß von 5,07 Prozent und erhöht damit den Zins um rund 1 Prozent gegenüber der Nicht-Förderung. Hier sollten Sie jedoch den Einzelfall berechnen.

Die Botschaft lautet: Betrachten Sie mit Hilfe des Cashflow-Modus die Gesamtlaufzeit von privaten Rentenversicherungen. Betrachten Sie überschlägig Riester und Rürup. Zudem sollten Sie die Nach-Steuer-Betrachtung wählen. Das ist alles. Lassen Sie dann den Kunden entscheiden.

Betriebliche Altersvorsorge mit Rentenauszahlungen

Schon im Kapitel 2 haben Sie die betriebliche Altersvorsorge kennen gelernt. Hier konnten wir jedoch nur die einmalige Auszahlung des Rentenkapitals annehmen. Im Cashflow-Modus können Sie nun eine vollständige Betrachtung mit Rentenzahlungen annehmen.

Die Ansparzeit bleibt wie schon im Kapitel 2 gleich. Es erfolgt lediglich keine Einmalauszahlung am Ende (die auch nur zu 30 Prozent möglich wäre), sondern eine lebenslange Rentenauszahlung. Diese erfolgt wie schon bei privaten Rentenversicherungen. Somit bestehen wiederum zwei Abschnitte:

1. Einzahlungsphase durch Entgeltumwandlung
2. Auszahlungsphase durch lebenslange Renten

Wie schon bei der Einmalauszahlung angenommen, werden die späteren Renten mit dem persönlichen Steuersatz versteuert und der Kranken- und Pflegeversicherungsbeitrag abgezogen. In der Ansparzeit nehmen wir auch wiederum an, dass die Entgeltumwandlungen steuer- und sozialversicherungsfrei durchgeführt werden können.

 BEISPIEL

Einem Arbeitnehmer und Ihrem Kunden wird ein Pensionsfonds vom Arbeitgeber angeboten. Er ist heute 25 Jahre und hat ein Brutto-Einkommen von 1.750 Euro. Zurzeit bekommt er unter dem Strich 1.190 Euro netto. Die Beitragszahldauer beträgt 39 Jahre und 6 Monate. Das Angebot von einem großen Pensionsfonds einer Gewerkschaft wird auf eine Entgeltumwandlung von monatlich 200 Euro mit einer Beispielrechnung unterbreitet:

Altersrente ab dem ...	Fondsentwicklung			
	garantiert	5 %	6,5 %	8 %
65. Lebensjahr	514 Euro	1.397 Euro	1.775 Euro	2.345 Euro
60. Lebensjahr	–	965 Euro	1.177 Euro	1.479 Euro

Hinterbliebenenrente bei Tod mit eingeschlossen.

Berechnen Sie den effektiven Zins, wenn der Kunde in der Rentenzeit einen angenommenen Einkommensteuersatz von 22 Prozent und einen Kranken- und Pflegeversicherungssatz von 16 Prozent hat. In der Ansparzeit würde der Arbeitnehmer nach Entgeltumwandlung von 200 Euro ein Nettoeinkommen von 1.090 Euro bekommen. Der Kunde fragt Sie, ob das Angebot sinnvoll ist.

 **Berechnung**

Zuerst sollten Sie die Zahlen bewerten. In der Ansparzeit zahlt der Kunde unterm Strich lediglich 100 Euro. Durch Entgeltumwandlung und die daraus entstehende Steuer- und Sozialversicherungsfreiheit hat er einen staatlichen Zuschuss von 100 Prozent.

Nun sollten Sie die Rentenauszahlungen bewerten, erst für die garantierte Rente:

Garantierte Rente vor Abgaben:	514 Euro
– Steuer 22 Prozent:	113 Euro
– KV+PflV 16 Prozent:	82 Euro
garantierte Rente nach Abgaben:	319 Euro

Nun schauen Sie sich die Rente mit dem 65. Lebensjahr und bei 5 Prozent Fondsentwicklung an:

Rente bei 5 % vor Abgaben:	1.397 Euro
– Steuer 22 Prozent:	307 Euro
– KV+PflV 16 Prozent:	224 Euro
garantierte Rente nach Abgaben:	866 Euro

Führen Sie diese Berechnung weiter für die einzelnen Renten durch und notieren Sie die Ergebnisse (Renten nach Abgaben). Versuchen Sie diese Schritte einmal allein durchzuführen. Stellen Sie sich das Kundengespräch vor und berechnen Sie „aus dem Kopf heraus". Üben Sie und werden Sie ein Profiberater.

Tipp: Nehmen Sie die Store-Tasten des BWK Business® zur Hilfe.

— kurze Berechnungspause —

Haben Sie die einzelnen Renten ermittelt, so sollten Sie auf folgende Renten nach Abgaben kommen:

	Fondsentwicklung			
Altersrente ab dem ...	garantiert	5 %	6,5 %	8 %
65. Lebensjahr	319 Euro	866 Euro	1.101 Euro	1.454 Euro
60. Lebensjahr	–	598 Euro	730 Euro	917 Euro

Den ersten Schritt haben Sie nun erledigt. Nun brauchen Sie lediglich die Zahlen in den BWK Business® einzugeben. Hierzu nutzen Sie den Cashflow-Modus.

Vorher sollten sie jedoch festlegen, wie lange die Renten gezahlt werden, also die Lebensdauer des Kunden. Gehen wir hier davon aus, dass der Kunde 90 Jahre alt wird und somit die Rente 25 Jahre (300 Monate) erhält.

Effektivzins bei garantierter Rente:

Eingabe	Display-anzeigen	Erklärung
12 P/YR	P/YR 12,00	Monatliche Entgeltumwandlung und Rentenauszahlung.
CF	CASHFLOW CF 00 0,00	Starten des Cashflow-Modus. Sollten hier noch Zahlen vorhanden sein, löschen Sie bitte alle Angaben mit SHIFT C.
▼ 100 +/–	CASHFLOW CF 01 –100	Dem Arbeitnehmer bleiben netto 100 Euro weniger durch Entgeltumwandlung von 200 Euro.
▶ 474	CASHFLOW CFN 01 474	Er zahlt über 39 Jahre und 6 Monate (474 Perioden) in den Pensionsfonds ein.
▼ 319	CASHFLOW CF 02 319	Die garantierte Rente nach Abgaben beträgt 319 Euro.
▶ 300	CASHFLOW CFN 02 300	Die Rentenauszahlung erfolgt über 300 Monate.
CF% CALC	CASHFLOW CF% 2,13	Springen in das Berechnungsfeld des Zinses CF% und berechnen des nominalen internen Zinsfußes. Das kann einige Sekunden in Anspruch nehmen.
EFF% (gedrückt halten)	CASHFLOW CF% 2,15	Umrechnung in den effektiven Zins (internen Zinsfuß).

Es wird ein garantierter Zins von 2,15 Prozent nach Abgaben erzielt, wenn der Kunde das 90. Lebensjahr erlebt. Sie gehen weiter vor und berechnen den effektiven Zins bei einer Rente mit dem 65. Lebensjahr und einer Fondsentwicklung von 5 Prozent:

Eingabe	Display-anzeigen	Erklärung
(Ausgangslage)	CASHFLOW CF% 2,13	Ausgangslage.
▼▼▼ 866	CASHFLOW CF 02 866	3-maliges Drücken von Steuerkreuz unten, um in die Zeile der Rentenauszahlung zu gelangen. Nach allen Abgaben und einer Fondsentwicklung von 5 Prozent wird eine Rente von 866 Euro prognostiziert.
CF% CALC	CASHFLOW CF% 5,00	Springen in das Berechnungsfeld CF% und Berechnung des nominalen internen Zinsfußes.
EFF% (gedrückt halten)	CASHFLOW CF% 5,11	Umrechnen in den effektiven Zins.

 Bei einer Fondsentwicklung von 5 Prozent erzielt der Kunde einen effektiven Zins von 5,11 Prozent und steigert dadurch den Zins um 0,11 Prozent nach allen Abgaben.

Berechnen Sie die restlichen Zahlen bei Rentenauszahlung ab dem 65. Lebensjahr und Fondsentwicklung von 6,5 und 8 Prozent. Gehen Sie nach obigen Schritten vor und notieren Sie die Zahlen. Sehen Sie auch das wieder als Übung an.

— kurze Berechnungspause —

Der Kunde könnte ebenfalls eine vorgezogene Rente mit dem 60. Lebensjahr beziehen. Hier sind die Renten geringer, jedoch zahlt der Kunde auch 5 Jahre weniger und erhält die Rente 5 Jahre länger bei einer Lebenserwartung von 90 Jahren. Versuchen Sie nun erst einmal, allein die Änderungen im Cashflow-Modus vorzunehmen und die jeweiligen Zinssätze bei vorgezogener Rente zu ermitteln.

— kurze Berechnungspause —

Effektivzins bei Rente mit dem 60. Lebensjahr und 5 Prozent Fondsentwicklung:

Eingabe	Display-anzeigen	Erklärung
(Ausgangslage)	CASHFLOW CF% 6,44	Ausgangslage.
▼▼▶ 414	CASHFLOW CFN 01 414	Springen in die Periodenlaufzeit der Einzahlungszeile CFN 01 und ändern der Dauer. Die Einzahlungsdauer wird um 60 Perioden (5 Jahre) verkürzt, somit nur noch 414 Perioden (= 474 − 60 Perioden).
▼ 598	CASHFLOW CF 02 598	Drücken von Steuerkreuz unten, um in die Rentenzeile CF 02 zu gelangen und ändern der Rente. Diese beträgt nach Abgaben 598 Euro.
▶ 360	CASHFLOW CFN 02 360	Drücken von Steuerkreuz rechts, um in die Periodenlaufzeit der Rentenzahlungen CFN 02 zu gelangen. Die Rentenlaufzeit verlängert sich um 60 Perioden (5 Jahre) und beträgt 360 Monate (= 300 + 60 Perioden).
CF% CALC	CASHFLOW CF% 5,03	Springen in das Berechnungsfeld des Zinses und Berechnung des nominalen internen Zinsfußes.
EFF% (gedrückt halten)	CASHFLOW CF% 5,15	Umrechnung in den internen Zinsfuß (effektiver Zins).

Bei der vorgezogenen Rente erhält er einen effektiven Zins von 5,15 Prozent und somit nach Abgaben um 0,15 Prozent höher, als die Fondsentwicklung.

Versuchen Sie nun auch die restlichen Effektivzinssätze für die Fondsentwicklung bei 6,5 Prozent und 8 Prozent Zins zu ermitteln. Hierzu ändern Sie lediglich die Rentenzahlung in der Rentenauszahlungszeile CF 02.

— *kurze Berechnungspause* —

Haben Sie alle Ergebnisse ermittelt, so sollten Sie die Tabelle mit folgenden effektiven Zinssätzen ergänzt haben:

	Fondsentwicklung			
Altersrente ab dem ...	garantiert	5 %	6,5 %	8 %
65. Lebensjahr	319 Euro (2,15 %)	866 Euro (5,11 %)	1.101 Euro (5,82 %)	1.454 Euro (6,63 %)
60. Lebensjahr	–	598 Euro (5,15 %)	730 Euro (5,78 %)	917 Euro (6,50 %)

Sie können also folgenden Schluss ziehen: Die garantierte Rente bringt dem Kunden einen Effektivzins von 2,15 Prozent. Bei einer Fondsentwicklung von 5 Prozent erzielt er einen geringen Mehrgewinn von rund 0,1 Prozent. Bei einer Fondsentwicklung von 6,5 und 8 Prozent liegt er mit seinem Effektivzins unter dem der Fonds. Grundsätzlich ist diese Anlageform nicht schlecht. Innerhalb der Laufzeit können sich jedoch viele Faktoren ändern. Beispielsweise könnte die Bundesregierung die Sozialversicherungsfreiheit bei Entgeltumwandlung kippen, was das Geschäft wiederum unattraktiver macht.

Um einen Vergleich zu treffen, sollte ein Angebot einer fondsgebundenen Rentenversicherung eingeholt werden, wenn der Kunde 100 Euro aus seinem Nettolohn in diese zahlt. Die Renten sollten dann nach Steuer (Ertragsanteilbesteuerung) berechnet und daraufhin der Effektivzins ermittelt werden. Zudem könnte selbständig in einen Aktienfonds gespart werden. Hier wäre dann die Abgeltungsteuer zu berücksichtigen. Auch diese Berechnungen führen Sie im Cashflow-Modus durch.

Die Botschaft lautet: Nutzen Sie den Cashflow-Modus auch für die betriebliche Altersvorsorge bei Rentenauszahlungen. Berechnen Sie Angebote oder zeigen Sie dem Kunden die Vorteile bei dieser Anlageform mit diesem Modus. Beachten Sie Steuern und Sozialversicherung. Sollte der Effektivzins der betrieblichen Altersvorsorge unter dem der Fondsentwicklung bei Pensionsfonds sein, so vergleichen Sie mit einem Vergleichsprodukt. Das ist alles. Lassen Sie dann den Kunden aufgrund der von Ihnen berechneten Zahlen entscheiden.

Zeitwertkonto mit Rentenauszahlungen

Auch bei Zeitwertkonten sind Rentenauszahlungen möglich. Diese haben gegenüber der betrieblichen Altersvorsorge mehr Flexibilität. Einzahlungen in ein Konto werden aus dem Bruttolohn gezahlt, was wiederum Steuer- und Sozialversicherungsersparnisse bedeutet. Die Auszahlungen werden dann jedoch wiederum mit Steuer und Sozialversicherung belastet.

Mit dem Cashflow-Modus haben Sie die Möglichkeit, das Gesamtkonzept bei Rentenauszahlungen zu bewerten und Kunden zu verkaufen.

 BEISPIEL

Ein junger Arbeitnehmer, 20 Jahre, möchte für eine Ruhezeit vorsorgen. In circa 10 Jahren möchte er eine zweijährige Weiterbildung beginnen. In dieser Zeit möchte er seinen jetzigen monatlichen Bruttolohn von 1.300 Euro weiterhin erhalten. Er fragt Sie nach Möglichkeiten. Sie schlagen ihm ein Zeitwertkontenmodell in einen Investmentfonds vor, der 6 Prozent Zins erzielt. Welchen Betrag muss er ab heute in ein Zeitwertkonto monatlich einzahlen, um diesen Plan zu verwirklichen. Nehmen Sie zudem eine jährliche Lohnsteigerung von zwei Prozent an, die auch in das Zeitwertkonto als Sparratenerhöhung eingebaut werden soll.

a) Welchen Betrag muss er monatlich sparen?

b) Wie hoch ist der Effektivzins des Gesamtkonzepts? Bei einem Bruttolohn von 1.300 Euro erhält der Arbeitnehmer einen Nettolohn von 970 Euro.

 Berechnung

a) Diese Fragestellung könnten Sie ebenso mit der TVM-Berechnungsmethode in zwei Schritten berechnen. Einfacher ist es jedoch in einem Schritt im Cashflow-Modus.

Eingabe	Display-anzeigen	Erklärung
12 P/YR	P/YR 12,00	Monatliche Einzahlungen und Rentenauszahlungen.
CF	CASHFLOW CF 00 0,00	Starten des Cashflow-Modus. Sollten noch Zahlen aus vorigen Berechnungen vorhanden sein, so drücken Sie SHIFT C, um die vorige Berechnung zu löschen.
▼	CASHFLOW CF 01 0,00	Diese Zahl möchten Sie später ermitteln und lassen das Feld erstmal offen.
▶ 120	CASHFLOW CFN 01 120	Er hat bis zur Weiterbildung rund 10 Jahre (120 Perioden) Zeit.
▶ 2	CASHFLOW %D 01 2	Innerhalb der 10 Jahren gehen Sie von einer Lohnsteigerung von zwei Prozent aus.
▶ 12	CASHFLOW xD 01 12	Die Lohnsteigerung soll jährlich, also alle 12 Perioden erfolgen.
▼ 1 300	CASHFLOW CF 02 1.300	Der Kunde möchte seinen jetzigen Bruttolohn als monatliche Rentenauszahlung erhalten.
▶ 24	CASHFLOW CFN 02 24	Die Rentenauszahlungen sollen in der zweijährigen Weiterbildung erfolgen, also über 24 Monate.
CF% 6 EFF%	CASHFLOW CF% 5,84	Sie springen in das Feld des Zinses CF% und geben dort den effektiven Zins im Investmentfonds von 6 Prozent vor.
▼▼ CALC	CASHFLOW CF 01 -166,71	2-maliges Drücken von Steuerkreuz unten, um in die Zeile der Ansparzeit zu gelangen. Dort drücken der Taste „CALC", um die Sparrate zu ermitteln.

Er müsste also monatlich über 10 Jahre anfänglich rund 167 Euro in das Zeitwertkonto einzahlen.

b) Um zu beantworten, ob das Konzept des Zeitwertkontos für den Kunden lohnenswert ist, müssen zuerst die Steuer- und Sozialversicherungseinsparungen durch die Einzahlungen in das Zeitwertkonto ermittelt werden. Bei einem Bruttolohn von 1.133 Euro (= 1.300 Euro – 167 Euro) erhält er einen Nettolohn von 870 Euro. Vergleichen Sie die Löhne bei brutto 1.300 Euro (netto: 970 Euro) und den Lohn bei brutto 1.133 Euro (netto: 870 Euro), so fällt auf, dass der Kunde lediglich 100 Euro weniger netto in der Tasche hat und diese effektiv zahlt. In der Rentenzeit erhält er jedoch lediglich 970 netto. Aus diesen Zahlen können Sie nun den Effektivzins ermitteln.

Sie überschreiben also lediglich die vorhandenen Zahlen mit folgenden:
– monatliche Einzahlungen: 100 Euro
– monatliche Auszahlungen: 970 Euro

Eingabe	Display-anzeigen	Erklärung
(Ausgangslage)	CASHFLOW CF 01 -166,71	Ausgangslage.
100 +/–	CASHFLOW CF 01 -100	Sie überschreiben die vorhandene Sparrate mit der effektiv gezahlten Sparrate von 100 Euro.
▼ 970	CASHFLOW CF 02 970	Drücken von Steuerkreuz unten, um in die Zeile der Rentenauszahlungen zu gelangen. Dort überschreiben Sie die Bruttoauszahlung von 1.300 Euro mit der Nettoauszahlung von 970 Euro.
CF% CALC	CASHFLOW CF% 9,25	Springen in das Berechnungsfeld des Zinses und Berechnung des nominalen internen Zinsfußes. Das kann aufgrund der Dynamik einige Sekunden in Anspruch nehmen.
EFF% (gedrückt halten)	CASHFLOW EFF% 9,66	Umrechnung in den internen Zinsfuß (effektiver Zins).

Stopp Der Kunde erzielt durch das Gesamtkonzept des Zeitwertkontos einen um 3,66 Prozent höheren Zins als der Investmentfonds mit 6 Prozent. Diese Anlage kann in diesem Fall nach Steuern definitiv nicht durch eine private Sparmaßnahme übertroffen werden, da hier die Steuern das Ergebnis des Investmentfonds von 6 Prozent noch negativ beeinflussen würden.

Die Botschaft lautet: Stellen Sie Kunden das Zeitwertkontenmodell vor, wenn diese eine Auszeit planen. Die Flexibilität und wie oben gesehen auch die Rentabilität des Zeitwertkontos ist enorm. Lassen Sie dann den Kunden entscheiden.

Geschlossene Fonds

Geschlossene Fonds werden heutzutage als gute Depotbeimischung genannt. Es gibt hier einige unterschiedliche Fondsarten. Auf Rang eins können wohl Schiffsfonds genannt werden. Weitere geschlossene Fondsarten sind Immobilienfonds, Medienfonds, Leasingfonds, Lebensversicherungsfonds, Infrastrukturfonds, Energie- und Ökofonds. In letzter Zeit haben nicht nur institutionelle und vermögende Anleger diese Fondsart entdeckt, sondern auch normale Kunden kaufen/zeichnen diese Fonds.

Der Cashflow-Modus ermöglicht Ihnen eine Bewertung der geschlossenen Fonds. Die Verkaufsprospekte sollen Ihnen die nötige Qualität bringen – der BWK Business® hilft Ihnen bei der quantitativen Bewertung. Wichtig ist anzumerken, dass im Verkaufsprospekt von geschlossenen Fonds nur der interne Zinsfuß ausgewiesen wird. Diesen sollten Sie jedoch mittels des BWK Business® prüfen. Des Weiteren werden die Prospekte von der BaFin (Bundesanstalt für Finanzdienstleistungsaufsicht) geprüft. Diese Prüfung ist jedoch keine qualitative oder quantitative Prüfung des Fonds, sondern lediglich eine formelle Prüfung des Prospekts. Man kann davon ausgehen, dass sich die Prüfung nur darauf beschränkt, ob alle wichtigen Bestandteile im Prospekt vorhanden sind. Mehr sagt der BaFin-Stempel auf dem Prospekt nicht aus.

In diesem Kapitel gehen wir auf die Bewertung von geschlossenen Fonds (Schiffsfonds und Immobilienfonds) mittels des Cashflow-Modus ein. Zudem wird die steuerliche Seite betrachtet.

Früher konnten noch Verlustzuweisungen geltend gemacht werden, was ab einer Gesetzesänderung ab dem 10.11.2005 nicht mehr möglich ist. Die Anteilseigner/Zeichner von geschlossenen Fonds werden Kommanditisten meist einer GmbH und Co. KG. Der Gesellschaftsvertrag sollte jedoch vor Unterzeichnung von Ihnen geprüft werden. Hier ist wichtig, dass der Kunde keine Nachschusspflicht hat. Das würde bedeuten, wenn der Fonds in finanzielle Schwierigkeiten gerät, dass der Kunde neben der Einlage zu Beginn noch Kapital nachschießen (nachzahlen) müsste. Bei den meisten Fonds ist die Nachschusspflicht jedoch ausgeschlossen.

Schiffsfonds

Schiffsfonds sind in den letzten Jahren zu Verkaufsschlagern geworden. Die Nachfrage nach diesen Modellen ist sehr groß. Gerade die günstige Tonnagebesteuerung und die Verringerung der Mindesteinlage machen es für Klein- und Großinvestoren interessant, in ein solches Modell zu investieren.

Die Tonnagebesteuerung ist eine pauschale Besteuerung der Gewinne. Grob gesagt, wird die Ladekapazität des Schiffes besteuert und damit ist der Gewinn abgegolten. Diese Steuer ist meist so gering, dass man fast von einer Steuerfreiheit sprechen kann. Gegenüber der Abgeltungssteuer ist die Tonnagesteuer klar im Vorteil.

 BEISPIEL

Vergleichen Sie zwei geschlossene Schiffsfondskonzepte. Hier werden zwei Konzepte genannt. Einmal das klassische Modell und noch ein dynamisches Modell, bei dem eine interne Finanzierung vorgenommen wird und die Auszahlungen in den ersten Jahren geringer sind, dafür aber in den letzten Jahren umso höher.

	klassisches Modell	dynamisches Modell
Einzahlung 2007	10.000 Euro zzgl. 5 % Agio	6.000 Euro zzgl. 5 % Agio
Ausschüttungen	bezogen auf den Kapitaleinsatz	bezogen auf den Kapitaleinsatz
2008	6,0 % p. a.	—-
2009 – 2012	7,0 % p. a.	—-
2013	7,5 % p. a.	—-
2014	8,5 % p. a.	—-
2015	8,5 % p. a.	6,8 % p. a.
2016 – 2019	8,5 % p. a.	14,1 % p. a.
2020 – 2021	9,5 % p. a.	15,8 % p. a.
2022	93,3 % p. a.	155,5 % p. a.

Bewerten Sie die Schiffsfondsmodelle, wenn bei obigen Ausschüttungen schon die Tonnagesteuer berücksichtigt wurde. Für welches Modell sollte sich der Kunde entscheiden? Zusätzlich nehmen Sie an, dass der Zins für Bundesschatzbriefe in den nächsten Jahren bei durchschnittlich effektiv 4,2 Prozent liegt.

 Berechnung

Um den Fonds zu bewerten, sollten Sie nun erstmal die monetäre Ausschüttungsliste erstellen:

	klassisches Modell	dynamisches Modell
Einzahlung 2007	10.000 Euro zzgl. 500 Euro Agio	6.000 Euro zzgl. 300 Euro Agio
Ausschüttungen	in Euro p. a.	in Euro p. a.
2008	600 Euro	—-
2009 – 2012	700 Euro	—-
2013	750 Euro	—-
2014	850 Euro	—-
2015	850 Euro	408 Euro
2016 – 2019	850 Euro	846 Euro
2020 – 2021	950 Euro	948 Euro
2022	9.330 Euro	9.330 Euro

Nun müssen Sie lediglich diese Zahlen in den BWK Business® eingeben und den internen Zinsfuß berechnen.

Klassisches Modell:

Eingabe	Display-anzeigen	Erklärung
1 P/YR	P/YR 1,00	Jährliche Ausschüttungen.
CF	CASHFLOW CF 00 0,00	Starten des Cashflow-Modus. Sollten noch Zahlen aus vorigen Berechnungen gespeichert sein, so löschen Sie diese mit SHIFT C.
10 500 +/–	CASHFLOW CF 00 -10.500	Die Einlage zu Beginn (2007) liegt bei 10.500 Euro und muss vom Investor gezahlt werden.
▼ 600	CASHFLOW CF 01 600	Die erste Ausschüttung im Jahr 2008 beträgt 600 Euro.
▶ 1	CASHFLOW CFN 01 1	Die Ausschüttung von 600 Euro wird einmal gezahlt.
▼ 700	CASHFLOW CFN 02 700	Die nächste Ausschüttung beträgt 700 Euro.
▶ 4	CASHFLOW CFN 02 4	Die Ausschüttung von 700 Euro wird von 2009 bis 2012 gezahlt, also 4 Jahre.
▼ 750	CASHFLOW CFN 03 750	Die nächste Ausschüttung beträgt 750 Euro.
▶ 1	CASHFLOW CFN 03 1	Die Ausschüttung von 750 Euro wird nur im Jahr 2013, also einmal, gezahlt.
▼ 850	CASHFLOW CFN 04 850	Die nächste Ausschüttung beträgt 850 Euro.

► 6	**CASHFLOW** CFN 04 6	Die Ausschüttung von 850 Euro wird 6 Jahre, von 2014 bis 2019, gezahlt.
▼ 950	**CASHFLOW** CFN 05 950	Die nächste Ausschüttung beträgt 950 Euro.
► 2	**CASHFLOW** CFN 05 2	Die Ausschüttung von 950 Euro wird im Jahr 2020 und 2021 gezahlt, also zwei Jahre.
▼ 9 330	**CASHFLOW** CF 06 9.330	Die Abschlussauszahlung (letzte Ausschüttung) beträgt 9.330 Euro.
► 1	**CASHFLOW** CFN 06 1	Die Abschlussauszahlung wird nur im Jahr 2022 gezahlt.
CF% CALC	**CASHFLOW** CF% 6,59	Drücken der Taste CF%, um zum Berechnungs-feld des internen Zinsfußes zu gelangen und Be-rechnung diesem. Das kann einige Sekunden in Anspruch nehmen.

 Der interne Zinsfuß beträgt 6,59 Prozent. Aufgrund der einjährigen Periodenanzahl ist hier Nominal- gleich Effektivzins.

Bevor Sie nun zum dynamischen Modell übergehen, berechnen Sie erst den wahren internen Zinsfuß TIRR%, da nun alle Angaben im BWK Business® zum klassischen Modell vorhanden sind. Der obige interne Zinsfuß ist dadurch verwässert, dass der Kunde zum Zins von 6,59 Prozent wiederanlegt. Das wird jedoch nicht in sichere Anlagen möglich sein. Sie gehen davon aus, dass in den nächsten Jahren eine Wiederanlage in Bundesschatzbriefe rund 4,2 Prozent erbringen. Das ist eine sichere Anlage, die Sie annehmen können.

Steuerlich hingegen sollten Sie dann noch die Abgeltungsteuer abziehen – also 26,4 Prozent.

$$4,2 - 26,4\,\% = 3,09$$

Nach Abgeltungsteuer kann der Kunde also lediglich zu 3,09 % wiederanlegen.

Eingabe	Display-anzeigen	Erklärung
(Ausgangslage)	CASHFLOW CF% 6,59	Ausgangslage.
▶▶▶ 3,09 EFF%	CASHFLOW RII% 3,09	Dreimaliges Drücken von Steuerkreuz rechts, um zum Wiederanlagezins RII% zu gelangen. Hier geben Sie den effektiven Zins von 3,09 Prozent ein, der wiederum auch gleich dem Nominalzins ist, da mit nur einer Periode pro Jahr gerechnet wird.
▶ CALC	CASHFLOW TIRR% 5,44	Drücken von Steuerkreuz rechts, um in der Berechnungszeile zum wahren Zinsfuß nach Wiederanlageprämisse TIRR% zu gelangen und diesen mit der Taste CALC zu berechnen.

Bekommt der Investor die Ausschüttungen ausgezahlt, wie im Prospekt des Schiffsfonds angegeben, so erzielt er einen internen Zinsfuß von 6,59 Prozent. Legt er diese jedoch wie in der Praxis üblich in einem anderen Produkt an, wie in diesem Fall in Bundesschatzbriefe zu 3,09 Prozent, so erzielt er einen wahren Zinsfuß von 5,44 Prozent.

Dynamisches Modell

Löschen Sie nun alle Angaben des Cashflow-Modus mit der Tastenkombination SHIFT C und geben danach wiederum alle Zahlen des dynamischen Modells ein.

Eingabe	Display-anzeigen	Erklärung
SHIFT C 5 ▶	CASHFLOW CF 00 0,00	Sie löschen die vorher eingegebene Cashflow-Tabelle und drücken eine beliebige Taste (hier Steuerkreuz rechts), um in der Cashflow-Tabelle Eingaben zu tätigen.
6 300 +/–	CASHFLOW CF 00 -6.300	Eingabe der Einlage inkl. Agio von 6.300 Euro als Anfangsinvestition.

Teil 5:

▼	**CASHFLOW** **CF 01** **0,00**	Als nächste Zahlung ist schon Null vorgegeben, die Sie belassen können, da in den nächsten Jahren keine Ausschüttungen erfolgen.
▶ 7	**CASHFLOW** **CFN 01** **7**	In den nächsten 7 Jahren, von 2008 bis 2014, erfolgen keine Ausschüttungen.
▼ 408	**CASHFLOW** **CF 02** **408**	Die erste Ausschüttung erfolgt im 8. Jahr in Höhe von 408 Euro.
▶ 1	**CASHFLOW** **CFN 02** **1**	Die Ausschüttung von 408 Euro wird einmalig im Jahr 2015 ausgezahlt.
▼ 846	**CASHFLOW** **CF 03** **846**	Die nächste Ausschüttung beträgt 846 Euro.
▶ 4	**CASHFLOW** **CFN 03** **4**	Die Ausschüttung von 846 Euro wird 4 Jahre, von 2016 bis 2019, ausgezahlt.
▼ 948	**CASHFLOW** **CF 04** **948**	Die nächste Ausschüttung beträgt 948 Euro.
▶ 2	**CASHFLOW** **CFN 04** **2**	Die Ausschüttung von 948 Euro wird in den Jahren 2020 und 2021 ausgezahlt, also zwei Perioden.
▼ 9.330	**CASHFLOW** **CF 05** **9.330**	Die letzte Ausschüttung beträgt 9.330 Euro.
▶ 1	**CASHFLOW** **CFN 05** **1**	Die Abschlussausschüttung wird einmalig im Jahr 2022 ausgezahlt.
CF% CALC	**CASHFLOW** **CF %** **6,67**	Drücken der Taste CF%, um in das Berechnungsfeld des internen Zinsfußes zu gelangen und durch Druck der Taste CALC Berechnung dieses Zinsfußes. Das kann einige Sekunden in Anspruch nehmen.

Im dynamischen Modell erreicht der Investor einen effektiven Zins von 6,67 Prozent. Dieser liegt geringfügig höher als beim klassischen Modell. Doch auch in diesem Fall wird dieser auch im Prospekt angegeben sein, für den Investor jedoch nicht sehr relevant, da die Ausschüttungen wiederangelegt werden. Auch hier gehen wir von einem Nachsteuerzins von 3,09 Prozent bei Bundesschatzbriefen aus.

Eingabe	Display-anzeigen	Erklärung
(Ausgangslage)	CASHFLOW CF% 6,67	Ausgangslage.
▶▶▶ 3,09	CASHFLOW RII% 3,09	Dreimaliges Drücken von Steuerkreuz rechts, um zum Wiederanlagezins RII% zu gelangen und Eingabe von 3,09 Prozent.
▶ CALC	CASHFLOW TIRR% 6,28	Drücken von Steuerkreuz rechts, um zum wahren Zinsfuß nach Wiederanlageprämisse zu gelangen. Danach Drücken der Taste CALC, um diesen zu berechnen.

Erfolgen beim dynamischen Modell die Ausschüttungen nach Plan, also wie im Prospekt angegeben, so erzielt er einen internen Zinsfuß von 6,67 Prozent. Legt er die Ausschüttungen in Bundesschatzbriefe an, so erzielt er einen Zins von 6,28 Prozent.

Hier noch einmal die Ergebnisse im Überblick:

	klassisches Modell	dynamisches Modell
interner Zinsfuß CF%	6,59 %	6,67 %
interner Zinsfuß nach Wiederanlageprämisse TIRR%	5,44 %	6,28 %

In diesem Fall sehen Sie den Unterschied zwischen dem internen Zinsfuß und dem wahren internen Zinsfuß nach Wiederanlageprämisse. Liegen die internen Zinsfüße beider Modelle noch nah beieinander, so liegt das dynamische Modell nach einer Wiederanlage der Ausschüttungen vorn.

Die Botschaft lautet: Bewerten Sie Schiffsfonds nicht nur nach dem internen Zinsfuß, der im Prospekt ohnehin schon angegeben ist. Dieser gibt meist einen verwässerten Eindruck, da er nicht der Praxis entspricht. Oft werden die Ausschüttungen vom Anteilsinhaber wiederangelegt und das zu einem geringeren Zins. Betrachten Sie den wahren internen Zinsfuß nach Wiederanlageprämisse als Entscheidungskriterium. Stellen Sie diesen Zins dem Kunden vor und lassen Sie ihn entscheiden. Zudem sollten Sie bei Schiffsfonds die Qualität betrachten. Sind lange Laufzeiten gegeben, so kann hier ein Risiko bestehen, da in den folgenden Jahren nicht gesagt werden kann, ob die Ausschüttungen eingehalten werden können. Hierauf sollten Sie den Investor hinweisen.

Geschlossene Immobilienfonds

In der Vergangenheit gehörten geschlossene Immobilienfonds hauptsächlich zu Steuersparmodellen, da hohe Anfangsverluste möglich waren. Doch wie es bei diesen Modellen oft der Fall ist, schiebt irgendwann die Regierung einen Riegel davor. So war es im Herbst 2005, als Immobilienfonds mehr zu Renditeobjekten wurden. Heute sind geschlossene Immobilienfonds nicht nur vermögenden Privatkunden mit hohen Steuersätzen vorbehalten, sondern auch Kleinanlegern. Auch die steuerliche Änderung ist insoweit interessant, dass nun Fondsanbieter mehr die Rendite in den Vordergrund stellen.

Auch die Steuer ist bei solchen Modellen sehr interessant. Regelmäßige Ausschüttungen sind Einkünfte aus Vermietung und Verpachtung. Liegen die Immobilienobjekte jedoch im Ausland, so sind sie auch im Ausland zu versteuern. Durch Doppelbesteuerungsabkommen ist damit die Steuer in Deutschland abgegolten. Hier sind jedoch noch einige Hinweise zu beachten, auf die wir in diesem Buch aufgrund der Komplexität nicht eingehen möchten. Auch bei der späteren Veräußerung der Immobilien bleibt vieles beim Alten. Erfolgt diese nach der Spekulationsfrist von 10 Jahren, so ist der Gewinn steuerfrei. Somit fällt auch keine Abgeltungsteuer an.

Als negativer Faktor ist jedoch das Risiko zu nennen. Die Subprime-Krise oder auch einige Immobilienfonds in Ostdeutschland haben gezeigt, dass auch Immobilienpreise stark sinken können. Auf das Risiko sollten Sie Ihren Kunden in jedem Fall hinweisen.

BEISPIEL

Ein Immobilienfonds erstellt einen Ausschüttungsplan für eine Anlage von 30.000 Euro zzgl. 1.500 Euro Agio. Zudem wird davon ausgegangen, dass der Anleger im Spitzensteuersatz liegt und folgende Ausschüttungen nach Steuern erfolgen:

Jahr	Ein-/Auszahlung nach Steuer p. a.
2007	−31.500 Euro
2008 – 2019	1.800 Euro
2020	15.854 Euro
2021 – 2025	700 Euro
2026 – 2037	900 Euro
2038	25.500 Euro

Wie hoch ist der interne Zinsfuß? Nehmen Sie zudem an, der Anleger kann bei einem Zins von 3,5 Prozent nach Steuern die Ausschüttungen wiederanlegen. Wie hoch ist der Zinsfuß nach Wiederanlageprämisse?

 Berechnung

Auch hier geben Sie obigen Zahlungsstrom in den BWK Business® ein:

Eingabe	Display-anzeigen	Erklärung
1 P/YR	P/YR 1,00	Jährliche Ausschüttungen.
CF	CASHFLOW CF 00 0,00	Starten des Cashflow-Modus. Sollten noch Zahlen aus vorigen Berechnungen vorhanden sein, löschen Sie diese mit SHIFT C.
31 500 +/−	CASHFLOW CF 00 -31.500	Die Anfangsinvestition beträgt 31.500 Euro.
▼ 1800	CASHFLOW CF 01 1.800	In den nächsten Jahren erfolgen Ausschüttungen von 1.800 Euro.

▶ 12	CASHFLOW CFN 01 12	Die Ausschüttungen von 1.800 Euro werden 12 Jahre, von 2008 bis 2019, gezahlt.
▼ 15 854	CASHFLOW CFN 02 15.854	Im 13. Jahr kann schon 50 Prozent Kapitalaus- zahlung = 15.854 Euro nach Steuern erfolgen.
▶ 1	CASHFLOW CFN 02 1	Die 50-prozentige Kapitalauszahlung erfolgt ein- malig.
▼ 700	CASHFLOW CFN 03 700	Die nächsten Ausschüttungen belaufen sich auf 700 Euro.
▶ 5	CASHFLOW CFN 03 5	Die Ausschüttungen von 700 Euro werden über 5 Jahre von 2021 bis 2025 gezahlt.
▼ 900	CASHFLOW CFN 04 900	Die nächsten Ausschüttungen belaufen sich auf 900 Euro.
▶ 12	CASHFLOW CFN 04 12	Die letzten Ausschüttungen von 900 Euro werden von 2026 bis 2037 gezahlt.
▼ 25 500	CASHFLOW CFN 05 25.500	Die Abschlusszahlung beläuft sich auf 25.500 Euro und wird nach der Spekulationsfrist von 10 Jahren steuerfrei ausgezahlt.
▶ 1	CASHFLOW CFN 05 1	Die Abschlussauszahlung wird einmalig im Jahr 2038 gezahlt.
CF% CALC	CASHFLOW CF% 5,80	Springen in das Berechnungsfeld und Berech- nung des internen Zinsfußes. Das kann einige Sekunden in Anspruch nehmen.
▶▶▶ 3,5	CASHFLOW RII% 3,5	Eingabe des Wiederanlagezinses von 3,5 Prozent.
▶ CALC	CASHFLOW TIRR% 4,55	Berechnung des wahren internen Zinsfußes nach Wiederanlageprämisse.

Cashflow-Berechnungen

Stopp Der interne Zinsfuß beträgt beim Immobilienfonds 5,80 Prozent. Nach Wiederanlageprämisse beträgt dieser lediglich 4,55 Prozent. Aufgrund des langen Anlagehorizonts ist dieser Immobilienfonds sicherlich sehr risikoreich.

Die Botschaft lautet: Mit dem BWK Business® können Sie den internen Zinsfuß von geschlossenen Immobilienfonds prüfen. Dieser sollte im Prospekt angegeben sein. Entscheidender ist der Zinsfuß nach Wiederanlageprämisse, den Sie dann in nur zwei weiteren Schritten ermitteln können. Beachten Sie bei geschlossenen Immobilienfonds das Risiko und weisen Sie Ihren Kunden darauf hin.

Andere geschlossene Fondsarten

Steuerlich wird sich ab dem 01.01.2009 durch Einführung der Abgeltungsteuer einiges ändern. Bei geschlossenen Fonds ändert sich jedoch nicht sehr viel, denn die Einkünfte aus geschlossenen Fondsmodellen zählen nicht zu den Kapitaleinkünften, sondern zu gewerblichen Einkünften oder Einnahmen aus Vermietung und Verpachtung. Darauf fällt die Abgeltungsteuer nicht an.

So bleibt bei den meisten Fondsarten, wie Energie-, Leasing-, Lebensversicherungs- und Medienfonds, alles beim Alten. Eine Fondsart wird jedoch unter der Abgeltungsteuer zu leiden haben – Private-Equity-Fonds. Diese Fondsart schüttet Dividenden an die Investoren aus, die dann unter die Abgeltungsteuer fallen. Vorher war es das günstigere Halbeinkünfteverfahren. Auch für Unternehmensbeteiligungen innerhalb des Fonds kommt auf die Vermögensverwalter einiges zu. Für Unternehmen, die nach 2009 erworben wurden und später mit Gewinn verkauft werden, fällt ebenso die Abgeltungsteuer an. Vorher waren die Gewinne nach einer Spekulationsfrist von einem Jahr steuerfrei. Das alles wird Private-Equity-Fonds weniger attraktiv machen.

Das gleiche Problem besteht bei den sogenannten REITs. Der Begriff REIT steht für Real Estate Investment Trust und ist nichts anderes als eine Aktiengesellschaft für Immobilien. Ein Investor kann sich hieran beteiligen und erhält eine Dividende. Zudem sind einige Steuervergünstigungen vorgesehen. Jedoch ist die Lage hier noch etwas anders. So konnte bis zum Ende 2008 auf die Dividende kein Halbeinkünfteverfahren angewendet werden. Die Abgeltungsteuer bringt hier also Vorteile. Der Nachteil der Abgeltungsteuer wird jedoch bemerkbar, wenn die Spekulationsfrist von einem Jahr wegfällt und der Gewinn aus REITs voll abgeltungsteuerpflichtig wird – vorher war dieser nach einem Jahr steuerfrei.

REITs bleiben jedoch weiterhin steuerlich interessant. Hier ist eine indirekte Immobilienanlage gegeben und als Kapitalanlage zu verstehen. Bei direkten Immobilienanlagen ist der Gewinn aus Vermietung und Verpachtung voll dem persönlichen Einkommensteuersatz zu unterwerfen. Bei REITs nur der Abgeltungsteuersatz.

Zweitmarkt für geschlossene Fonds

Der Zweitmarkt für geschlossene Fonds boomt geradezu. Doch hier muss ebenso zwischen den einzelnen Fondsarten unterschieden werden. In letzter Zeit sind Schiffsfonds sehr beliebt auf dem Zweitmarkt und können dort sehr gut verkauft werden. Bei Immobilienfonds ist es hingegeben schwieriger, da auch die Bewertung von Immobilien schwieriger ist.

So ist auch die Besteuerung unterschiedlich. Wird ein Schiffsfonds vorzeitig am Zweitmarkt veräußert, so ist der Gewinn steuerpflichtig. Hier greift also nicht die günstigere Tonnagebesteuerung. Bei geschlossenen Immobilienfonds ist der Gewinn nur steuerpflichtig, solange der Verkauf innerhalb der Spekulationsfrist von 10 Jahren liegt. Ansonsten ist der Verkauf steuerfrei. Vor einer Veräußerung am Zweitmarkt sollte mit einem Steuerberater geklärt werden, inwieweit welche Steuer bei einem Verkauf anfällt.

 BEISPIEL

Ein Inhaber eines geschlossenen Schiffsfonds (Zeichnungssumme 50.000 Euro zzgl. 5 Prozent Agio) hat in den ersten beiden Jahren Ausschüttungen von jährlich 4.000 Euro generieren können. In den nachfolgenden 3 Jahren konnte er 5.000 Euro jährlich einnehmen. Laut Prospekt sollte ein interner Zinsfuß von 7 Prozent erreicht werden. Die vergangenen Ausschüttungen lagen schon über den planmäßigen. Aufgrund eines Liquiditätsproblems muss Ihr Kunde den geschlossenen Fonds nun veräußern. Hierfür bietet sich der Zweitmarkt an. Welchen Verkaufspreis müsste der Anleger nun im 6. Jahr erzielen, um den internen Zinsfuß von 7 Prozent zu erzielen?

 Berechnung

Geben Sie zuerst den bisherigen Zahlungsstrom der ersten 5 Jahre in den BWK Business® ein.

Eingabe	Display-anzeigen	Erklärung
1 P/YR	P/YR 1,00	Jährliche Ausschüttungen.
CF	CASHFLOW CF 00 0,00	Starten des Cashflow-Modus. Sollten noch Zahlen aus vorigen Berechnungen vorhanden sein, so drücken Sie SHIFT C.
52 500 +/–	CASHFLOW CF 00 -52.500	Die Anfangsinvestition betrug 52.500 Euro.
▼ 4000	CASHFLOW CF 01 4.000	Die ersten zwei Ausschüttungen betrugen 4.000 Euro.
▶ 2	CASHFLOW CFN 01 2	Die Ausschüttungen über 4.000 Euro wurden über 2 Jahre ausgezahlt.
▼ 5 000	CASHFLOW CF 02 5.000	Die nächsten Ausschüttungen betrugen 5.000 Euro.
▶ 3	CASHFLOW CFN 02 3	Die Ausschüttungen von 5.000 Euro wurden über 3 Jahre ausgezahlt.
▼	CASHFLOW CFN 03 0,00	Diesen Wert lassen Sie erstmal offen, da Sie diesen berechnen möchten. Es ist der Verkaufspreis im 6. Jahr. Geben Sie zunächst die Laufzeit CFN vor.

▶ 1	CASHFLOW CFN 03 1	Der Verkaufspreis wird nur im 6. Jahr erzielt, also einmalig.
CF% 7	CASHFLOW CF% 7	Der interne Zinsfuß soll erzielt werden.
▼▼▼▼ CALC	CASHFLOW CF 03 50.735,24	Viermaliges Drücken von Steuerkreuz unten, um in die Berechnungszeile CF 03 zu gelangen. Danach berechnen Sie den notwendig zu erzielenden Verkaufspreis im 6. Jahr.

 Der Inhaber müsste also am Zweitmarkt einen Verkaufspreis von rund 50.750 Euro erzielen, um den Zins von 7 Prozent einzuhalten. Nehmen wir an, der Inhaber erzielt lediglich einen Verkaufspreis von 40.000 Euro. Wie hoch ist dann der interne Zinsfuß?

Eingabe	Display- anzeigen	Erklärung
(Ausgangslage)	CASHFLOW CF 03 50.735,24	Ausgangslage.
40 000	CASHFLOW CF 03 40.000	Der Inhaber erreicht einen Verkaufspreis von 40.000 Euro.
CF% CALC	CASHFLOW CF% 3,79	Springen in das Berechnungsfeld des internen Zinsfußes. Durch Drücken der Taste CALC wird dieser berechnet.

Erzielt der Inhaber nur einen Verkaufspreis von 40.000 Euro am Zweitmarkt, so hat er lediglich einen Zins von 3,8 Prozent erzielt.

Die Botschaft lautet: Der Zweitmarkt dient Inhabern von geschlossenen Fonds, um diese bei Geldnot zu veräußern. Zudem kann durch einen vorzeitigen Verkauf ein Gewinn erzielt werden. Es sollte jedoch die steuerliche Situation mit dem Kunden und seinem Steuerberater geklärt werden. Zudem sind Zweitmärkte sehr komplex und für Kleinanleger meist nur in Notsituationen geeignet.

Bausparverträge

Bausparverträge sind die Lieblinge der Deutschen. Fast jeder Dritte besitzt einen solchen Vertrag. Das ist auch nicht verwunderlich. Oft werden Kunden in Werbungen oder auch durch nahe Verwandte dazu bewegt einen solchen abzuschließen. Doch eines vergessen die Meisten: die Kosten. Wie schon genannt: Gerade hier sind Deutsche normalerweise Schnäppchenjäger. Egal ob Lebensmittel im Supermarkt oder Elektronikartikel. Hier versuchen die meisten Leute noch ein paar Euro zu sparen. Anders bei der Geldanlage. Hier wird weniger auf Kosten geachtet, was in manchen Fällen fatal ist. So auch bei Bausparverträgen. Hierzu muss zunächst die Funktionsweise erklärt werden.

Ein Bausparvertrag wird über eine bestimmte Summe, die so genannte Bausparsumme, abgeschlossen. Zudem wird eine Rate vereinbart, die der Kunde spart. Auf die Sparzahlungen bekommt der Kunde einen Guthabenzins. Hat der Kunde 40 bis 50 Prozent der Bausparsumme angespart, so kann er ein Bauspardarlehen aufnehmen, welches vom Zins oft günstiger ist als der Darlehenszins bei Banken.

Zudem kann ein Kunde unter bestimmten Einkommensverhältnissen eine Wohnungsbauprämie von 8,8 Prozent (auf maximal 512 Euro jährlichen Sparbeitrag) erhalten. Ein Bausparvertrag kann auch als Vermögenswirksame Leistungen geführt werden. Hier erhält der Sparer die Arbeitnehmersparzulage von 9 Prozent (auf maximal 480 Euro jährlichen Sparbeitrag). Hier gilt jedoch: entweder die Arbeitnehmersparzulage oder die Wohnungsbauprämie. Beide Prämien werden nicht auf denselben Sparbeitrag gezahlt.

Es gibt drei Wege, einen Bausparvertrag abzuschließen:

1. reine Geldanlage

2. Ansparen in einen Bausparvertrag und spätere Nutzung des Bauspardarlehens

3. direktes Darlehen mit Tilgungsaussetzung in einen Bausparvertrag

1. Reine Geldanlage

Der Kunde schließt einen Bausparvertrag ab und nutzt das spätere Bauspardarlehen nicht aus. Somit rechnet der Kunde lediglich mit dem Guthabenzins des Bausparvertrags. Der Nachteil hier jedoch: Dieser ist in den meisten Fällen gering. Werden jedoch staatliche Prämien ausgenutzt, kann es sich für einige Kunden rechnen. Schauen Sie hier bitte ins Kapitel der Vermögenswirksamen Leistungen.

2. Ansparen und spätere Nutzung eines Bauspardarlehens

Oft sparen junge Kunden in einen Bausparvertrag. Nach einigen Jahren ist dieser dann durch eigene Einzahlungen, Guthabenzinsen und staatliche Prämien gut gefüllt. Bei 40 bis 50 Prozent der Bausparsumme kann dann die Differenz zwischen Guthaben und Bausparsumme in ein Bauspardarlehen umgewandelt werden. In der Ansparphase wird also ein Guthabenzins erzielt und in der Darlehensphase ein günstiger Darlehenszins gezahlt. Diese zwei Phasen können Sie mit dem Cashflow-Modus berechnen.

3. Direktes Darlehen mit Tilgungsaussetzung in einen Bausparvertrag

Oft nehmen Kunden erst einen Bausparvertrag in Anspruch, wenn eine Immobilie gekauft wird. Hier wird dann ein Darlehen bei einer Bank aufgenommen, für das ein höherer Zins gezahlt wird. Dieses Darlehen wird nicht getilgt – es werden nur die Zinsen gezahlt. Als Tilgung wird ein Bausparvertrag bespart. Nach einer bestimmten Laufzeit kann dann das Bankdarlehen durch das Bausparguthaben getilgt und der Restbetrag durch das günstigere Bauspardarlehen abgelöst werden. Dieses wird danach wie ein normales Annuitätendarlehen getilgt.

Eines ist wichtig zu beachten: Bausparkassen haben den effektiven Zins anzugeben. Jedoch nur getrennt für die Ansparphase (effektiver Guthabenzins) und für die Darlehensphase (effektiver Darlehenszins). Einen Effektivzins für gleichzeitig beide Phasen geben nur wenige Gesellschaften heraus. Doch gerade dieser ist wichtig für den Kunden, da hier der Gesamtzeitraum betrachtet wird.

Zudem ist die Höhe der Bausparsumme zu beachten. Hierauf berechnet sich nämlich die Abschlussgebühr von meist 1 Prozent. Ist diese zu hoch gewählt, so hat der Kunde unnötige Gebühren zu zahlen. Als weitere Gebühren sind jährliche Kontogebühren und oft auch die Gebühr für die jährliche Kundenzeitschrift zu nennen.

Einen großen Vorteil haben jedoch Bauspardarlehen. Sie können im zweiten Rang genutzt werden. Bauspardarlehenszins und Darlehenszins bei Banken können oft nicht verglichen werden, da Banken den Zins für ein Darlehen im zweiten Rang oft nicht angeben.

 BEISPIEL

Ein Kunde hat folgendes Angebot für die Finanzierung von 50.000 Euro über ein Vorausdarlehen mit Bausparvertrag vorliegen. Hier würde er in den ersten 20 Jahren und 5 Monaten eine monatliche Zinsrate für das Vorausdarlehen von 193,75 Euro zahlen. Zudem spart er in diesem Zeitraum monatlich 60 Euro in einen Bausparvertrag. Nach diesem Zeitraum wird das Vorausdarlehen mit dem Bauspardarlehen abgelöst und der Kunde zahlt weitere 10 Jahre und 3 Monate eine monatliche Rate von 350 Euro. Der Effektivzins ist für das Vorausdarlehen mit 4,75 Prozent angegeben. Bewerten Sie dieses Angebot für den Kunden.

 Berechnung

Für die Eingabe in den BWK Business® liegen bereits alle Zahlen vor. Diese geben Sie einfach in den Cashflow-Modus ein:

Eingabe	Display-anzeigen	Erklärung
12 P/YR	P/YR 12,00	Monatliche Zahlungsweise.
CF	CASHFLOW CF 00 0,00	Starten des Cashflow-Modus. Sollten noch Zahlen im Modus vorhanden sein, drücken Sie für das Löschen SHIFT und C.
50 000	CASHFLOW CF 00 50.000	Der Kunde nimmt direkt ein Darlehen von 50.000 Euro auf, die ihm erstmal in die Tasche fließen.

▼ 253,75 +/–	CASHFLOW CF 01 -253,75	Im ersten Zeitraum zahlt der Kunde 193,75 für das Vorausdarlehen und 60 Euro in den Bausparvertrag, insgesamt also 253,75 Euro.
▶ 245	CASHFLOW CFN 01 245	Die Rate von 253,75 Euro wird über 245 Monate (20 Jahre und 5 Monate) gezahlt.
▼ 350 +/–	CASHFLOW CF 02 -350	Im nächsten Zeitraum zahlt der Kunde 350 Euro für das Bauspardarlehen.
▶ 123	CASHFLOW CFN 02 123	Die Rate von 350 Euro wird 123 Monate (10 Jahre und 3 Monate) gezahlt.
CF% CALC	CASHFLOW CF% 5,17	Springen in das Berechnungsfeld des internen Zinsfußes. Durch Drücken der Taste CALC wird dieser berechnet.
EFF% (gedrückt halten)	CASHFLOW CF% 5,29	Umrechnung in den internen Zinsfuß – Effektivzins.

Im Angebot steht ein Effektivzins von 4,75 Prozent lediglich für das Vorausdarlehen. In Wirklichkeit zahlt der Kunde jedoch einen Effektivzins von 5,29 Prozent über den Gesamtzeitraum. Wichtig ist bei diesem Angebot auch anzumerken, dass der Zins für das Vorausdarlehen nur über 10 Jahre gesichert ist. Für die weiteren 10 Jahre und 5 Monate ist noch kein Zins gegeben. Der obige Zins könnte nun mit einem normalen Bankdarlehen verglichen werden. Jedoch sollte beachtet werden, dass das spätere Bauspardarlehen in den zweiten Rang gestellt werden kann, was bei den normalen Bankdarlehen nicht möglich ist.

Die Botschaft lautet: Berechnen Sie Bausparverträge über die Gesamtlaufzeit. Gerade bei Vorausdarlehen ist das wichtig, da hier für Kunden nicht direkt ersichtlich ist, was Sie über die Gesamtlaufzeit zahlen. Meist sind hier nicht alle Effektivzinssätze gegeben. Der BWK Business® bietet hier mit dem Cashflow-Modus eine gute Hilfsmöglichkeit. Zeigen Sie danach den Zins dem Kunden und lassen ihn über die Finanzierung entscheiden.

Risikoabsicherung: Berufsunfähigkeitsversicherung

Risikoneigung hin oder her – das regelmäßige Einkommen muss gesichert werden. Dem werden auch die meisten Kunden zustimmen. Die Rente sollte zumindest so hoch gewählt werden, wie das jetzige Nettoeinkommen beträgt. Zudem sollte vielleicht die Steuer betrachtet werden, die auf eine Berufsunfähigkeitsrente gezahlt wird. Ist ein Kunde noch jung, so muss bei Berufsunfähigkeit mit einer höheren Steuerbelastung gerechnet werden. Warum ist das so?

Bei der Höhe der Steuer kommt es auf die Laufzeit der Rente an. Je nach Laufzeit wird ein hoher Ertragsanteil berechnet. Bei 40 Jahren Auszahlungslaufzeit beträgt dieser 39 Prozent und bei 10 Jahren lediglich 12 Prozent. Den Ertragsanteil kennen Sie bereits aus der Auszahlung von Leibrenten aus privaten Rentenversicherungen. Es ist der Anteil an der Rente, der mit dem persönlichen Einkommensteuersatz versteuert werden muss. In der Beitragsphase kann der Beitrag als Sonderausgabenabzug steuerlich geltend gemacht werden.

Eine Berufsunfähigkeitsversicherung können Sie sehr gut mit dem Cashflow-Modus des BWK Business® berechnen. Ein beispielhafter Berufsunfähigkeitsfall unterteilt sich in zwei Phasen, der Beitragszahlungs- und der Berufsunfähigkeitsrentenphase. Sie könnten hier einen Berufsunfähigkeitstermin annehmen und daraufhin die Rendite ermitteln.

 BEISPIEL

Sie schlagen einem 30-jährigen Kunden vor, sich gegen Berufsunfähigkeit bis zum 60. Lebensjahr abzusichern. Sein jetziges Nettoeinkommen beträgt 1.500 Euro, die auch abzusichern wären. Hierfür müsste er einen monatlichen Beitrag von 70 Euro zahlen. Ist das Produkt für den Kunden attraktiv, wenn er mit dem 55. Lebensjahr berufsunfähig werden würde?

 **Berechnung**

Sie berechnen also lediglich den Zins, wenn folgende zwei Phasen bestehen:

1. Beitragsphase: −70 Euro über 300 Monate
2. Rentenphase: 1.500 Euro über 60 Monate

Diese zwei Phasen geben Sie nun lediglich in den BWK Business® ein und berechnen den Zins:

Eingabe	Display-anzeigen	Erklärung
12 P/YR	P/YR 12,00	Monatliche Ein- und Auszahlung.
CF	CASHFLOW CF 00 0,00	Starten des Cashflow-Modus. Sollten noch Zahlen aus vorigen Berechnungen vorhanden sein, so drücken Sie SHIFT C.
▼ 70 +/−	CASHFLOW CF 01 -70	Der Zahlbeitrag beträgt 70 Euro monatlich.
▶ 300	CASHFLOW CFN 01 300	Es wird bis zum Berufsunfähigkeitstermin 300 Monate der Beitrag gezahlt.
▼ 1 500	CASHFLOW CF 02 1.500	Die monatliche Berufsunfähigkeitsrente beträgt 1.500 Euro.
▶ 60	CASHFLOW CFN 02 60	Die Rente wird über einen Zeitraum von 60 Monaten gezahlt.
CF% CALC	CASHFLOW CF% 8,56	Springen in das Berechnungsfeld des internen Zinsfußes und Berechnung des Nominalzinses durch Drücken der Taste CALC.
EFF% (gedrückt halten)	CASHFLOW CF% 8,91	Umrechnung in den effektiven Zins (interner Zinsfuß).

Selbst wenn der Kunde erst 5 Jahre vor Ende berufsunfähig wird, erzielt er einen effektiven Zins von 8,91 Prozent. Dieser ist mit einer guten Anlage in Investmentfonds zu vergleichen. Auch die Steuerzahlung wäre bei einer Berufsunfähigkeitsrente von nur 5 Jahren nicht hoch. Der Ertragsanteil liegt bei 5 Prozent. Es wären also 75 Euro (= 1.500 Euro x 5 Prozent) der Rente mit dem persönlichen Einkommensteuersatz zu versteuern. Liegt dieser bei 25 Prozent, so zahlt der Kunde monatlich 18,75 Euro (= 75 Euro x 25 Prozent) Steuern. Die Nettoberufsunfähigkeitsrente liegt dann bei 1.481,25 Euro.

Die Botschaft lautet: Sichern Sie den Kunden gegen die Berufsunfähigkeit ab. Zeigen Sie dem Kunden auf, wenn er in den letzten Jahren berufsunfähig werden würde, wie hoch die Rentabilität ist. So werden Sie den Kunden überzeugen. Lehnen Sie sich danach wiederum zurück und lassen Sie den Kunden entscheiden. Bei Ablehnung einer Berufsunfähigkeitsvorsorge dokumentieren Sie die Entscheidung und lassen den Kunden unterzeichnen. Das ist alles!

Beratungssituationen

In diesem Kapitel geht es um einige Kundensituationen aus den einzelnen Bereichen der Finanzdienstleistung. Es werden einige Kunden(-situationen) dargestellt und bestmöglich gelöst. Sehen Sie diese schon als Abschlusstest dieses Buches an. Wir empfehlen Ihnen, die Situation zu lesen und danach erst einmal allein auf ein Ergebnis zu kommen. Erst dann schauen Sie auf die Lösung. Hieraus erzielen Sie den besten Lerneffekt.

Grundsätzlich gilt: Unsere Lösung ist keine Musterlösung. Sie werden sicherlich bei der einen oder anderen Situation andere Wege zur Zufriedenstellung des Kunden finden. Das ist auch gut so. Wie schon zu Beginn dieses Buches gesagt: Ziehen Sie sich Ideen und Vorschläge zu Berechnungen aus dem Buch. Nehmen Sie sich das heraus, was Ihnen am Besten gefällt.

1. Darlehensangebot

Es liegt folgendes Darlehensangebot für den Kauf einer Eigentumswohnung (Gesamtkosten: 206.000 Euro) vor. Der Darlehensnehmer kann 6.000 Euro Eigenleistung aufbringen. Somit verbleiben 200.000 Euro Finanzierungsbedarf, welcher über vier Produkte gedeckt wird:

Art	Zins %	Tilgung / Art	Zinsfest- schreibung	Effektiv- zins %	Finanz- mittel
Bauspar- vertrag 1	4,90	BSV	bis Zuteilung	5,01	14.000 Euro
Darlehen Bank	4,95	1,0 %	10 Jahre	5,06	142.000 Euro
Bauspar- vertrag 2	2,95	BSV	bis Zuteilung	3,57	24.000 Euro
KfW-Darlehen	4,80	1,181 %	10 Jahre	4,89	20.000 Euro

Finanzierungsverlauf für die Gesamtlaufzeit von 441 Monaten:

Zeitraum	Monatliche Belastung	Zeitraum	Monatliche Belastung
1.: 9 Monate	995 Euro	7.: 12 Monate	1.094 Euro
2.: 48 Monate	1.020 Euro	8.: 180 Monate	905 Euro
3.: 12 Monate	1.072 Euro	9.: 12 Monate	825 Euro
4.: 48 Monate	1.102 Euro	10.: 36 Monate	805 Euro
5.: 12 Monate	1.133 Euro	11.: 12 Monate	730 Euro
6.: 48 Monate	1.143 Euro	12.: 12 Monate	239 Euro

Hinweise für den Finanzierungsverlauf:

– Für das Bankdarlehen wurde nach der Zinsfestschreibung mit einem geschätzten Zins von 4,95 Prozent weitergerechnet.
– Für das KfW-Darlehen wurde nach der Zinsfestschreibung mit einem geschätzten Zins von 4,80 Prozent weitergerechnet.
– Die Rate (Annuität) bleibt somit nach diesen Annahmen auch nach der Zinsfestschreibung gleich hoch.

Der Darlehensnehmer hat monatlich frei verfügbares Einkommen von rund 1.200 Euro.

Bewerten Sie das Angebot für die Finanzierung von 200.000 Euro und weisen Sie den Kunden auf eventuelle Risiken hin!

– kurze Berechnungspause –

Schauen Sie erst auf die Lösung, wenn Sie allein versucht haben, den Fall zu lösen. Stellen Sie sich vor, ein Kunde zeigt Ihnen obigen Finanzierungsvorschlag und Sie sollen diesen direkt bewerten.

1. Lösung

Im Finanzierungsverlauf haben Sie schon die wichtigen Zahlen des Zahlungsstroms, die Sie nun zu bewerten haben. Sie werden direkt erkennen, dass es ein Cashflow-Zahlungsstrom ist, da mehr als zwei Zahlungen über bestimmte Zeiträume unterschiedlich hoch sind. Somit geben Sie die Zahlungen, die der Kunde im Gesamtzeitraum tätigt, für das Darlehensmodell von 200.000 Euro im Cashflow-Modus ein.

Eingabe	Display-anzeigen	Erklärung
12 P/YR	P/YR 12,00	Monatliche Zahlungsweise.
CF	CASHFLOW CF 00 0,00	Starten des Cashflow-Modus. Sollten noch Zahlen vorhanden sein, drücken Sie zuerst SHIFT C, um alle Angaben zu löschen.
200 000	CASHFLOW CF 00 200 000	Eingabe des Darlehensbetrages, welches dem Darlehensnehmer zu Beginn zufließt.
▼ 995 +/–	CASHFLOW CF 01 -995	Eingabe der ersten Raten von 995 Euro, die der Kunde zahlt.
▶ 9	CASHFLOW CFN 01 9	Die Rate von 995 Euro fließt 9 Monate.
▼ 1020 +/–	CASHFLOW CF 02 -1.020	Die nächste Zahlung, die der Kunde leistet, beträgt 1.020 Euro.

▶ 48	CASHFLOW CFN 02 48	Diese Rate wird über den Zeitraum von 48 Monaten gezahlt.
▼ 1072 +/−	CASHFLOW CF 03 -1.072	Eingabe der nächsten Zahlung von 1.072 Euro.
▶ 12	CASHFLOW CFN 03 12	Diese Rate wird über den Zeitraum von 12 Monate gezahlt.
▼ 1102 +/−	CASHFLOW CFN 04 -1.102	Die 4. Zahlung beträgt 1.102 Euro.
▶ 48	CASHFLOW CFN 04 48	Auch die 4. Rate wird über 48 Monate gezahlt.
▼ 1133 +/−	CASHFLOW CF 05 -1.133	Die 5. Rate beträgt 1.133 Euro.
▶ 12	CASHFLOW CFN 05 12	Die 5. Rate wird nur ein Jahr (12 Monate) gezahlt.
▼ 1143 +/−	CASHFLOW CF 06 -1.143	Die 6. Zahlung beträgt 1.143 Euro.
▶ 48	CASHFLOW CFN 06 48	Diese Rate wird über 48 Monate gezahlt.

Versuchen Sie nun allein, die nachfolgenden Zahlen einzutragen. Im Folgenden geben wir nur noch eine abgekürzte Variante ein, um die Eingabetabelle nicht zu lang werden zu lassen.

Eingabe	Display-anzeigen	Erklärung
(Ausgangslage)	CASHFLOW CFN 06 48	Ausgangslage.
▼ 1 094 +/− ► 12	CASHFLOW CFN 07 12	Die 7. Zahlung beträgt 1.094 Euro und wird über 12 Monate gezahlt.
▼ 905 +/− ► 180	CASHFLOW CFN 08 180	Die 8. Zahlung von 905 Euro wird über 180 Monate gezahlt.
▼ 825 +/− ► 12	CASHFLOW CFN 09 12	Die 9. Zahlung über 825 Euro wird über 12 Monate gezahlt.
▼ 805 +/− ► 36	CASHFLOW CFN 10 36	Die 10. Zahlung beträgt 805 Euro und wird über 36 Monate gezahlt.
▼ 730 +/− ► 12	CASHFLOW CFN 11 12	Die 11. Zahlung beträgt 730 Euro und wird über 12 Monate gezahlt.
▼ 239 +/− ► 12	CASHFLOW CFN 12 12	Die 12. Zahlung über 239 Euro wird über 12 Monate gezahlt.

Stopp Nun haben Sie alle Zahlungsreihen eingegeben. Wir empfehlen Ihnen nun noch dringend, die einzelnen Zahlungen zu überprüfen und diese mit der Tabelle des Finanzierungsverlaufes zu vergleichen. Es kommt häufig vor, dass mal ein Minus-Zeichen vergessen wurde oder eine Laufzeit falsch eingegeben wurde. Prüfen Sie hier zu Ihrer Sicherheit.

Nun gilt zu überlegen, wie Sie nun den Zahlungsstrom bewerten. Das ist am besten mit dem internen Zinsfuß möglich, der die Gesamtzahlungen in einem Zins ausdrückt. Er drückt aus, welchen durchschnittlichen Darlehenszins der Kunde mit dem Gesamtkonzept zu tragen hat.

Eingabe	Display-anzeigen	Erklärung
CF% CALC	CASHFLOW CF% 5,09	Springen in das Feld des internen Zinsfußes und Berechnung des nominalen mit der Taste CALC. Aufgrund des großen Zahlungsstroms kann die Berechnung einige Sekunden in Anspruch nehmen.
EFF% (gedrückt halten)	CASHFLOW CF% 5,21	Umrechnung in den effektiven Zins (interner Zinsfuß).

 Mit dem Gesamtkonzept zahlt der Darlehensnehmer einen Zins von 5,21 Prozent, wenn die Zahlungen in dieser Höhe erfolgen.

Hinweis: Sollten obiger Zins bei Darlehenskonzepten höher ausfallen, so müssen Sie die einzelnen Darlehen nachrechnen. Es könnte dabei beispielsweise auffallen, dass ein Bauspardarlehen einen hohen Zins beinhaltet, der auf den ersten Blick nicht erkennbar ist.

Obiges Konzept ist annehmbar, jedoch nicht ohne Risiko. Haben Sie das Risiko im Finanzierungskonzept entdeckt? Schauen Sie sich ggf. noch einmal die Hinweise des Finanzierungsvorschlags an.

— kurze Denkpause —

Im Finanzierungsvorschlag gilt folgende Annahme, auf die Sie den Darlehensnehmer hinweisen sollten:

Die Zinssätze für die zwei Bankdarlehen wurden nach der Zinsfestschreibung gleich bleibend angenommen.

Es könnte jedoch nach der Zinsfestschreibung der Fall eintreten, dass die Zinsen für die Darlehen steigen und somit die Rate höher ausfällt, als im Konzept angenommen. Dadurch hat Ihr Kunde eine höhere Belastung, die er vielleicht nicht eingeplant hat. Hierauf sollten Sie einmal den Darlehensnehmer hinweisen. Zudem können Sie wiederum dem Darlehensnehmer mit dem BWK Business® darstellen, wie sich die Raten erhöhen könnten.

Teil 6:

Darlehen Bank

Das Bankdarlehen hat zu Beginn einen Darlehensstand von 142.000 Euro und die Zinsfestschreibung wurde über 10 Jahre gewählt. Hierbei fällt ein Zins von 4,95 Prozent an und eine anfängliche Tilgung wird mit ein Prozent angenommen. Sie beenden nun den Cashflow-Modus (sofern noch geöffnet) und berechnen im normalen TVM-Modus die Restschuld nach 10 Jahren:

Eingabe	Display-anzeigen	Erklärung
12 P/YR	P/YR 12,00	Monatliche Zahlungsweise.
10 x P/YR	N 120,00	Die Zinsfestschreibung beträgt 10 Jahre.
4,95 I/YR	I/YR NOM% 4,95	Der nominale Zins beträgt 4,95 Prozent.
142 000 PV	PV 142.000,00	Die Darlehenssumme beträgt zu Beginn 142.000 Euro.
1 SHIFT PMT	PMT -704,08	Der anfängliche Tilgungssatz beträgt 1 Prozent – die monatliche Darlehensrate wird direkt nach Eingabe ermittelt.
FV	FV -123.674,00	Berechnung der Restschuld nach 10 Jahren.

Stopp

Nach 10 Jahren besteht in diesem Darlehen noch eine Restschuld von rund 124.000 Euro, die es nun zu prolongieren gilt. Nach 10 Jahren könnten sich die Zinssätze geändert haben. Zeigen Sie dem Kunden also die Erhöhung der Raten im Finanzierungskonzept, sollten die Zinsen bei diesem Darlehen auf 6 oder 7 Prozent ansteigen. Zuerst müssen Sie jedoch ermitteln, wie hoch die Restschuld nach weiteren 10 Jahren ist, wenn die Annahmen im Konzept eintreten – also Zins von weiterhin 4,95 Prozent und gleich hohe Rate.

Eingabe	Display-anzeigen	Erklärung
RCL FV +/– PV	PV 123.674,00	Die erste Restschuld wird als neuer Darlehens-betrag im nächsten Zeitraum angenommen.
FV	FV -93.640,83	Berechnung der Restschuld nach weiteren 10 Jahren.

 Um das Gesamtkonzept weiter einzuhalten muss auch mit einem höheren Zins diese Restschuld erreicht werden. Nun ändern Sie den Zins und berechnen die notwendige Rate.

Eingabe	Display-anzeigen	Erklärung
6 I/YR	I/YR NOM% 6,00	Der Zins im Folgezeitraum des Darlehens könnte 6 Prozent betragen.
PMT	PMT -801,63	Berechnung der Rate bei dem Zins von 6 Prozent.
7 I/YR	I/YR NOM% 7,00	Der Zins im Folgezeitraum des Darlehens könnte 7 Prozent betragen.
PMT	PMT -894,95	Berechnung der Rate bei dem Zins von 7 Prozent.

Erhöht sich der Zins auf 6 Prozent nach der Prolongation, so hat der Darlehensnehmer eine rund 100 Euro höhere monatliche Belastung. Bei 7 Prozent ist die höhere Belastung rund 190 Euro. Auf diese Zahlen sollten Sie den Darlehensnehmer in jedem Fall hinweisen.

Wie im obigen Fall könnten Sie nun auch das KfW-Darlehen bewerten, wenn nach der Zinsfestschreibung ein höherer Zins zu zahlen wäre. Der Darlehensbetrag hat mit 20.000 Euro jedoch nur einen geringen Anteil am Gesamtkonzept. Es ist davon auszugehen, dass hier keine hohen Belastungen auf den Darlehensnehmer zukommen, wenn der Zins ansteigen würde.

Teil 6:

Grundsätzlich ist obiges Konzept gut. Es muss jedoch auf einen erhöhten Zins nach Prolongation hingewiesen werden. Tun Sie das nicht, so könnten auf den Darlehensnehmer nach der Zinsbindungsfrist hohe Belastungen zukommen. Übrigens: Viele Berater weisen weniger auf die Zinsbindungsfrist hin. Tun Sie es dann als unabhängiger Berater, so vertraut der Kunde eher Ihnen und Sie haben dadurch einen Vertrauensvorsprung. Der Kunde wird eher bei Ihnen weiter Produkte abschließen als bei der Bank – zum Beispiel für die Altersvorsorge.

Die Botschaft lautet: Auch Darlehenskonzepte, wie obiges Konzept aus der Praxis, sollten Sie bewerten können. Achten Sie auf die Zahlungen, die der Darlehensnehmer zu tragen hat. Berechnen Sie dem Darlehensnehmer daraufhin den effektiven Zins des Gesamtkonzepts. Sollte dieser unerwartet hoch liegen, so müssen Sie die einzelnen Darlehen bewerten. Im obigen Fall war der Gesamtzins annehmbar. Zudem müssen Sie den Kunden auf die Zinsfestschreibungen hinweisen. Sollte der Zins nach Prolongation steigen, so zeigen Sie dem Kunden, wie sich die monatliche Belastung ändert. Zeigen Sie dem Kunden verschiedene Szenarien und lassen Sie ihn dann entscheiden. Das ist alles!

2. Riester oder privat?

Ihr Kunde, 30 Jahre, möchte mit dem 65. Lebensjahr eine private Zusatzrente von 1.500 Euro erhalten. Diese Rente soll heutiger Kaufkraft entsprechen, wobei Sie mit einer Inflationsrate von 2,5 Prozent rechnen. Er bespart schon regelmäßig seit 5 Jahren einen Aktienfonds mit monatlich 100 Euro, indem zurzeit ein Vermögen von 8.000 Euro vorhanden ist. Gehen Sie von einer weiteren Rendite von 8 Prozent aus, wobei jährliche Verwaltungsgebühr im Fonds von 1,2 Prozent anfallen. Er möchte mit dem 65. Lebensjahr in einen Rentenfonds umschichten und sich daraus bei einer Rendite von 4,5 Prozent bis zum 90. Lebensjahr eine Rente auszahlen lassen.

Zurzeit könnte er noch weitere 150 Euro monatlich für die Altersvorsorge aufbringen.

Auf diese Sparrate unterbreiten Sie ihm zwei Angebote:

a) **Fondsgebundene Riester-Rentenversicherung:** Monatliche Rente ab dem 65. Lebensjahr bei 7 Prozent Wertentwicklung des Fonds von 900 Euro. Er spart durch Sonderausgabenabzug der Riestereinzahlungen im Jahr rund 540 Euro an Einkommensteuer.

b) **Fondsgebundene private Rentenversicherung:** Monatliche Rente ab dem 65. Lebensjahr bei 7 Prozent Wertentwicklung des Fonds von 1.100 Euro.

Den persönlichen Einkommensteuersatz des Kunden nehmen Sie mit dem 65. Lebensjahr mit 25 Prozent an. Der Ertragsanteil bei Leibrenten beträgt ab dem 65. Lebensjahr 18 Prozent.

Kann der Kunde durch die privaten Altersvorsorgeverträge sein Rentenziel erreichen?

2. Lösung

Dieser Fall ist schon ein wenig komplexer. Sie müssen in mehreren Schritten berechnen. Wir schlagen vor, zuerst die inflationsbereinigte Rente zu berechnen.

Eingabe	Display-anzeigen	Erklärung
1 P/YR	P/YR 1,00	Jährliche Inflationsberechnung.
35 x P/YR	N 35,00	Es werden 35 Jahre (vom 30. – 65. Lebensjahr) betrachtet.
2,5 I/YR	I/YR NOM% 2,50	Die Inflationsrate beträgt 2,5 Prozent.
1 500 PV	PV 1.500,00	Der heutige Rentenwert soll 1.500 Euro betragen.
0 PMT	PMT 0,00	Keine regelmäßigen Ein-/Auszahlungen.
FV	FV -3.559,81	Berechnung der inflationsbereinigten Rente mit dem 65. Lebensjahr.

Der Kunde benötigt also rund 3.500 Euro mit dem 65. Lebensjahr, um der Inflation zu entgehen. Jetzt gehen Sie darauf ein, ob die Riester- oder private Rentenversicherung für den Kunden nützlicher ist. Sie erkennen direkt, dass die Rente aus der Riester-Versicherung – trotz Zulagen – um 200 Euro geringer ausfällt als die private Rentenversicherung. Das liegt an der gesetzlichen Garantie der eingezahlten Beiträge und Zulagen im Riester-Vertrag. Diese kosten Geld – in diesem Fall 200 Euro Rente. Ein Vorteil bei Riester ist jedoch auch die Garantie. Möchte der Kunde Garantie, so wäre Riester optimal. Ein weiterer Vorteil beim Riester-Vertrag ist auch, dass der Kunde die Einzahlungen als Sonderausgaben in der Einkommensteuererklärung ansetzt und somit 540 Euro pro Jahr spart. Diese kann er nun jährlich anlegen, beispielsweise als zusätzliche Sparleistung im Investmentfondssparplan bei durchschnittlich 8 Prozent Zins. Die Rendite verringert sich jedoch noch durch die Verwaltungskosten des Fonds.

$$\text{Rendite}_{(\text{nach Verw.Kst})} = \text{Rendite} - \text{Verw.Kst} - \left(\text{Verw.Kst} \cdot \frac{\text{Rendite}}{100} \right)$$

$$\text{Rendite}_{(\text{nach Verw.Kst})} = 8 - 1{,}2 - \left(1{,}2 \cdot \frac{8}{100} \right)$$

$$\text{Rendite}_{(\text{nach Verw.Kst})} = 6{,}7$$

Nach Verwaltungskosten erzielt der Kunde 6,7 Prozent im geführten Fondssparplan. Berechnen wir nun das Endvermögen mit dem 65. Lebensjahr aus den jährlichen Einzahlungen der Einkommensteuerersparnis:

Eingabe	Display-anzeigen	Erklärung
1 P/YR	P/YR 1,00	Jährliche Einzahlungen.
35 x P/YR	N 35,00	Bis zum 65. Lebensjahr können die Einsparungen angelegt werden, also 35 Jahre.
6,7 EFF%	I/YR NOM% 6,70	Nach Verwaltungskosten erzielt der Anleger im Fonds 6,7 Prozent Rendite.
0 PV	PV 0,00	Keine Einmalanlage zu Beginn.
540 +/– PMT	PMT -540,00	Jährliche Einkommensteuerersparnis von 540 Euro und Anlage im Investmentfonds.
FV	FV 69.936,53	Berechnung des Endvermögens.

Der Kunde erzielt rund 70.000 Euro durch die Einkommensteuerersparnis, wenn er den Riester-Vertrag abschließt und die Einsparungen in dem Investmentfonds anlegt. Um nun zu entscheiden, ob der Kunde die private oder die Riester-Rentenversicherung abschließen sollte, berechnen wir die Rente, die er sich aus dem zusätzlichen Vermögen von 70.000 Euro bis zum 90. Lebensjahr auszahlen lassen könnte. Als Rentenauszahlprodukt wird der Rentenfonds mit 4,5 Prozent Rendite angenommen. Jedoch wird bei Umschichtung in den Rentenfonds die Abgeltungssteuer fällig:

Vermögen Aktienfonds:	70.000 Euro	
– eigene Einzahlungen:	18.900 Euro	(= 35 Jahre x 540 Euro)
= Gewinn Aktienfonds:	51.100 Euro	
– Abgeltungsteuer 26,4 %:	13.490 Euro	
+ eigene Einzahlungen:	18.900 Euro	
Vermögen nach Steuern:	56.510 Euro	

Nun können Sie mit diesem Vermögen die Rente berechnen:

Eingabe	Display-anzeigen	Erklärung
12 P/YR	P/YR 12,00	Monatliche Rentenauszahlung.
25 x P/YR	N 300,00	Die Renten werden über 25 Jahre (65. – 90. Lebensjahr) ausgezahlt.
4,5 EFF%	I/YR NOM% 4,41	Der Rentenfonds erzielt eine Rendite von 4,5 Prozent.
56 510 +/– PV	PV -56.510,00	In den Rentenfonds werden 56.510 Euro eingezahlt.
0 FV	FV 0,00	Die Renten werden mit Kapitalverzehr ausgezahlt.
PMT	PMT 311,21	Berechnung der Rentenauszahlung.

Die Rente, die sich aus der Steuerersparnis im Ansparzeitraum ergibt, liegt bei rund 310 Euro. Somit wird der Nachteil von 200 Euro des Riester-Sparvertrages gegenüber der privaten Rentenversicherung übertroffen. Überlegen Sie kurz, ob zusätzlich noch ein Nachteil beim Riester-Vertrag besteht.

— kurze Denkpause —

Haben Sie den Nachteil entdeckt? Hier nun die Auflösung: In der Ansparzeit können die Einzahlungen beim Riester-Vertrag als Sonderausgabenabzug angesetzt werden. In der Rentenzeit hingegen werden die Auszahlungen/Renten jedoch der vollen Besteuerung unterworfen. Anders bei der privaten Rentenversicherung. Hier wird lediglich der Ertragsanteil besteuert. Hier müssen Sie also die Renten nach Steuern gegenüberstellen:

	Riester-Rentenversicherung	private Rentenversicherung
monatliche Rente	900 Euro	1.100 Euro
Besteuerungsanteil	900 Euro (100 %)	198 Euro (18 % Ertragsanteil)
– Steuer (25 %)	225 Euro	50 Euro
= monatliche Rente nach Steuern	675 Euro	1.050 Euro
+ Vorteil aus Sonderausgabenabzug	310 Euro	0 Euro
= Gesamtrente	985 Euro	1.050 Euro

Nach allen Vor- und Nachteilen der Riester-Rentenversicherung steht sie in Sachen Rente hinter der privaten Rentenversicherung. Der Kunde kann also mit einer Rente von 1.050 Euro rechnen, wenn er die private Rentenversicherung abschließt.

Nun ist die Frage zu klären, ob er nun seine Rentenlücke schließen und eine inflationsbereinigte Rente von 3.500 Euro erzielen kann. Bisher konnten durch die private Rentenversicherung 1.050 Euro geschlossen werden. Es verbleiben noch 2.450 Euro, die er durch den privaten Aktienfondssparplan schließen könnte. Hier berechnen wir nun das Endvermögen (auch nach Steuern) und die Rente daraus:

Eingabe	Display-anzeigen	Erklärung
12 P/YR	P/YR 12,00	Monatliche Einzahlungen.
35 x P/YR	N 420,00	Bis zum 65. Lebensjahr bestehen noch 35 Einzahlungsjahre.
6,7 EFF%	I/YR NOM% 6,50	Die Rendite des Fonds abzüglich Verwaltungskosten.
8 000 +/– PV	PV -8.000,00	Heute hat er schon 8.000 Euro als Vermögen im Fonds.
100 +/– PMT	PMT -100,00	Monatliche Einzahlungen von 100 Euro.
FV	FV 237.549,65	Berechnung des Endvermögens mit dem 65. Lebensjahr.

Dieses Vermögen unterliegt zunächst der Abgeltungsteuer:

Vermögen Aktienfonds:	238.000 Euro	
– eigene Einzahlungen:	48.000 Euro	(= 480 Monate x 100 Euro)
= Gewinn Aktienfonds:	190.000 Euro	
– Abgeltungsteuer 26,4 %:	50.160 Euro	
+ eigene Einzahlungen:	48.000 Euro	
Vermögen nach Steuern:	187.840 Euro	

Dieses Vermögen kann nun in den Rentenfonds umgeschichtet und daraus eine Rente bis zum 90. Lebensjahr entnommen werden.

Eingabe	Display-anzeigen	Erklärung
12 P/YR	P/YR 12,00	Monatliche Rentenauszahlung.
25 x P/YR	N 300,00	Rentenauszahlungen vom 65. bis zum 90. Lebensjahr = 25 Jahre.
4,5 EFF%	I/YR NOM% 4,41	Der Rentenfonds erzielt einen effektiven Zins von 4,5 Prozent.

187 840 +/- PV	PV -187.840,00	Einzahlung in den Rentenfonds von 187.840 Euro.
0 FV	FV 0,00	Mit dem 90. Lebensjahr soll kein weiteres Vermögen bestehen.
PMT	PMT 1.034,48	Rente aus eigenem Fondssparen.

Aus eigenem Fondssparen kann sich der Kunde zusätzlich noch rund 1.000 Euro Rente auszahlen lassen. Damit besteht noch eine Rentenlücke von rund 1.450 Euro, die es zu schließen gilt. Der Kunde muss also noch weitere Sparmaßnahmen treffen.

Einige Hinweise zum Fall:

- Die Steuer wurde bei den Auszahlungen im Rentenfonds nicht berücksichtigt.
- Die Inflation wurde nicht in der Rentenzeit berücksichtigt.
- Beim Riester-Sparvertrag wurde lediglich mit Grundzulage gerechnet – es wurden keine Kinderzulagen angenommen.
- Private Rentenversicherung und Riester-Rentenversicherung stammen aus der Praxis eines gleichen Unternehmens.

Die Botschaft lautet: Zeigen Sie dem Kunden, wie sich Riester und Private Sparverträge unterscheiden. Erstellen Sie Angebote zu einem Riester-Sparvertrag und stellen Sie ihm einen gleichwertigen privaten Vertrag gegenüber. In den meisten Fällen macht die Garantie der eigenen Beiträge und gesetzlichen Zulagen die Rendite eines fondsgebundenen Produkts zunichte. Zeigen Sie das dem Kunden und ermitteln Sie die verbleibende Rentenlücke. Dokumentieren Sie! Das ist alles! Und denken Sie stets daran: Experte ist der Kunde! Es gibt Fälle, in denen ein geförderter Vertrag mit allen damit verbundenen Beschränkungen die bessere Wahl ist. Es gibt andere Fälle, da ist das freie Besparen eines Vertrages die bessere Variante. An dieser Stelle besteht ein wichtiger Unterschied zwischen einem Finanzratgeber und beispielsweise einem Gesundheitsratgeber. Ein Gesundheitsberater kann tausenden Menschen sagen „Hören Sie auf zu rauchen". Und dieser Gesundheitsberater sagt damit eine wichtige Botschaft. Ein Finanzberater dagegen kann nicht pauschal tausenden von Menschen sagen „Riestern Sie" oder „Riestern Sie nicht". Finanzplanung ist und bleibt Lebensplanung. Und damit ist und bleibt es eine individuelle Planung. Das ist alles.

3. Ein junger Kunde

Sie beraten einen 18-jährigen Auszubildenden, der noch nichts für seine Altersvorsorge getan hat. Er gibt an, dass er von seinem monatlichen Ausbildungsgehalt von 400 Euro nichts sparen kann. Er möchte erst in 2 Jahren nach voraussichtlichem Ausbildungsabschluss etwas sparen. Er bekommt von seinem Arbeitgeber vermögenswirksame Leistungen von 20 Euro. 14 Euro könnte er selbst noch hinzuzahlen, um die volle Arbeitnehmersparzulage von 18 Prozent bei Investmentfondssparen zu erhalten. Da der junge Azubi noch bei den Eltern wohnt, möchten Sie ihn dazu bewegen, zusätzlich zum VL-Sparen eine fondsgebundene Rentenversicherung über monatlich 50 Euro abzuschließen.

Grundsätzlich möchte er mit dem 65. Lebensjahr in Rente gehen und nach heutiger Kaufkraft monatlich 2.000 Euro erhalten. Er geht davon aus, dass er bis zum 95. Lebensjahr leben wird.

Folgende Annahmen treffen Sie:

- VL-Investmentfonds: 8 % Rendite, 1 % jährliche
                          Verwaltungskosten im Fonds
- VL-zulagenberechtigt: 14 Jahre
- fondsgebundene RV: 8 % Rendite des hinterlegten Fonds,
                          nach Kosten der Versicherung jedoch
                          nur 6,75 Prozent. Diese Rendite werden
                          Sie berechnet haben, wenn Sie ihr
                          Produktportfolio analysiert haben.
- Inflation: 2,5 %
- Zins in der Rentenphase: 3,25 %

Versuchen Sie, den jungen Kunden zu einem sinnvollen Abschluss zu bewegen!

---

3. Lösung

Hier haben wir einen Standard-Fall eines jungen Kunden, der noch in der Ausbildung ist. Oft besteht hier vom Kunden noch nicht der Wille zu einem Abschluss von privater Altersvorsorge. Vermögenswirksame Leistungen werden jedoch gerne angelegt. Zeigen Sie zunächst, welches Vermögen nach 14 Jahren aus den Vermögenswirksamen Leistungen entsteht, wenn er sie in einen Fondssparplan zahlt:

☐ Vermögenswirksame Leistungen

Hier zahlt er 34 Euro monatlich ein, um die Prämie von 18 Prozent jährlich zu erhalten, die jedoch erst nach jeweils 7 Jahren in den Sparplan vom Staat eingezahlt werden. Maximal werden 400 Euro jährlich prämienbegünstigt.

400 Euro x 18 % = 72 Euro p. a.

Im Investmentfonds wird eine voraussichtliche Rendite von 8 Prozent erzielt, die sich noch um die jährlichen Verwaltungskosten verringert:

$$\text{Rendite}_{(\text{nach Verw.Kst})} = \text{Rendite} - \text{Verw.Kst} - \left(\text{Verw.Kst} \cdot \frac{\text{Rendite}}{100} \right)$$

$$\text{Rendite}_{(\text{nach Verw.Kst})} = 8 - 1 - \left(1 \cdot \frac{8}{100} \right)$$

$$\text{Rendite}_{(\text{nach Verw.Kst})} = 6,92$$

Nun haben Sie für das VL-Sparen alle notwendigen Angaben.

1. bis 7. Jahr:

Eingabe	Display-anzeigen	Erklärung
12 P/YR	P/YR 12,00	Monatliche Zahlung der Vermögenswirksamen Leistungen.
7 x P/YR	N 84,00	Der erste Zulagenzeitraum beträgt 7 Jahre.
6,92 EFF%	I/YR NOM% 6,71	Nach Verwaltungskosten erzielt der Fonds 6,92 Prozent Rendite.
0 PV	PV 0,00	Es wird keine Einmalanlage getätigt.
34 +/– PMT	PMT -34,00	Monatlich werden 34 Euro eingezahlt, um die volle staatliche Arbeitnehmersparzulage zu erhalten.
FV	FV 3.632,58	Berechnung des Vermögens nach 7 Jahren.

Nach 7 Jahren ist ein Vermögen von rund 3.600 Euro zustande gekommen. Nun kommt noch die Arbeitnehmersparzulage vom Staat hinzu. 72 Euro p. a. über 7 Jahre ergeben 504 Euro staatliche Gesamtprämie.

8. bis 14. Jahr:

Eingabe	Display-anzeigen	Erklärung
RCL FV + 504 = +/– PV	PV -4.136,58	Auf das Vermögen nach 7 Jahren wird die staatliche Gesamtprämie von 504 Euro addiert und als Einmalanlage für die nächsten 7 Jahre gespeichert.
FV	FV 10.240,35	Berechnung des Endvermögens nach 14 Jahren.

Zu diesem Vermögen werden nun letztmalig 504 Euro addiert. Somit entsteht ein Gesamtvermögen von rund 10.750 Euro.

Möchten Sie nun noch auf die Steuer eingehen, so wird auf dieses Vermögen die Abgeltungsteuer fällig:

Gesamtvermögen:	10.750 Euro	
– eigene Beiträge:	5.712 Euro	(= 34 Euro x 12 Monate x 14 Jahre)
= steuerpflichtig:	5.038 Euro	
x Abgeltungsteuer 26,4 %	1.330 Euro	

Nach Steuern bleibt also ein Vermögen von 9.420 Euro.

Dem Kunden könnten Sie nun den Effektivzins berechnen, den er innerhalb von 14 Jahren erzielt. Nehmen wir an, durch 20 Euro Arbeitgeberanteil hat er 10 Euro höhere Lohnkosten. Insgesamt zahlt er also 24 Euro monatlich ein:

Eingabe	Display-anzeigen	Erklärung
14 x P/YR	N 168,00	Gesamtzeitraum von 14 Jahren.
0 PV	PV 0,00	Keine Einmalanlage zu Beginn.
24 +/− PMT	PMT -24,00	Effektive Einzahlungen von 24 Euro monatlich.
9 420 FV	FV 9.420,00	Nach 14 Jahren erhält der Kunde nach Steuern 9.420 Euro.
I/YR	I/YR NOM% 10,89	Berechnung des nominalen Zinses.
EFF%	EFF% 11,45	Umrechnung in den effektiven Zins.

Sollte der junge Kunde also noch nicht nach der Berechnung des Gesamt-vermögens abschließen wollen, so wird er spätestens bei dem Zins von 11,45 Prozent abschließen. Bei dieser Zahl sagen Sie ihm: „Sparst Du persönlich in einen Investmentfonds, so erzielst Du vor Steuern 6,9 Pro-zent Zins. Sparst Du jedoch über Vermögenswirksame Leistungen, so er-zielst Du einen Zins nach Steuern(!) von 11,5 Prozent. Welchen Zins würdest Du wählen?" Er wird Ihnen dann „11,5 Prozent" entgegnen, worauf Sie dann antworten: „Dann machen wir das doch, einverstan-den?!"

Viel wichtiger als Vermögenswirksame Leistungen wird der Abschluss der privaten Altersvorsorge sein. Hier erkennen junge Kunden oft nicht, welches Vermögen sie durch den Zinseszinseffekt verlieren, wenn sie mit dem Sparen erst später beginnen – in diesem Fall zwei Jahre später. Hier müssen Sie also nachhelfen. Doch erst gehen Sie auf die Fragen der 7-Schritte-Verkaufsstrategie ein. Zeigen Sie dem Kunden, was er ab heu-te sparen müsste, um sein Rentenziel zu erreichen.

Inflationsbereinigte Rente mit 65:

Eingabe	Display-anzeigen	Erklärung
1 P/YR	P/YR 1,00	Jährlicher Inflationsverlust.
47 x P/YR	N 47,00	Bis zum 65. Lebensjahr hat der Kunde noch 47 Jahre vor sich.
2,5 I/YR	I/YR NOM% 2,50	Jährliche Inflation von 2,5 Prozent.
2000 PV	PV 2.000,00	Die heutige Kaufkraft der Rente soll 2.000 Euro betragen.
0 PMT	PMT 0,00	Keine regelmäßigen Ein-/Auszahlungen bei Inflationsberechnungen.
FV	FV -6.383,39	Berechnung der Rente mit dem 65. Lebensjahr.

Damit benötigt der Kunde ab dem 65. Lebensjahr eine Rente von rund 6.400 Euro, um der Inflation zu entgehen. Sie berechnen weiter das notwendige Vermögen mit dem 65. Lebensjahr, um sich die Rente bis zum 95. Lebensjahr auszahlen zu lassen:

Notwendiges Vermögen mit 65:

Eingabe	Display-anzeigen	Erklärung
12 P/YR	P/YR 12,00	Monatliche Rentenauszahlungen.
30 x P/YR	N 360,00	Die Rente wird vom 65. bis zum 95. Lebensjahr ausgezahlt, also 30 Jahre.
3,25 EFF%	I/YR NOM% 3,20	In der Rentenphase wird ein Zins von 3,25 Prozent erzielt.
6 400 P/D	P/D 6.400,00	Mit dem 65. Lebensjahr sollen 6.400 Euro ausgezahlt werden.

2,5 %D	%D 2,50	Die Rente soll jährlich um 2,5 Prozent (= Inflationsrate) steigen.
12 SHIFT %D	xD 12,00	Die Rente soll jährlich, also alle 12 Monate steigen.
SHIFT P/D	P/DE 13.097,01	Berechnung der Rente mit dem 95. Lebensjahr.
0 FV	FV 0,00	Nach dem 95. Lebensjahr soll kein Vermögen mehr vorhanden sein.
PV	PV -2.041.416,17	Berechnung des anfänglich notwendigen Vermögens mit dem 65. Lebensjahr.

Der Kunde benötigt rund 2 Millionen Euro, um die Rentenpläne zu verwirklichen. Der junge Kunde wird Sie wahrscheinlich nun erstaunt fragen, wie er das nun schaffen soll. Erklären Sie ihm das Prinzip: „Viel Zeit mal wenig Geld oder wenig Zeit mal viel Geld!" Sagen Sie ihm, dass er noch viel Zeit hat und berechnen ihm nun im nächsten Schritt die notwendige regelmäßige Sparrate.

Eingabe	Display- anzeigen	Erklärung
47 x P/YR	N 564,00	Bis zum 65. Lebensjahr kann der Kunde noch 47 Jahre sparen.
6,75 EFF%	I/YR NOM% 6,55	In der Ansparphase könnte er beispielsweise in einer fondsgebundenen Rentenversicherung 6,75 Prozent Rendite nach Kosten erreichen.
RCL PV +/– FV	FV 2.041.416,17	Speicherung des notwendigen Vermögens mit dem 65. Lebensjahr als zu erreichendes Vermögen.
0 PV	PV 0,00	Keine Einmalanlage zu Beginn.
PMT	PMT -542,41	Berechnung der notwendigen Sparrate.

Stopp Um die Rentenpläne zu erfüllen, müsste der Auszubildende monatlich rund 540 Euro zur Seite legen. Zeigen Sie dem Kunden diese Zahl, so wird er wahrscheinlich die Notwendigkeit des sofortigen Sparens erkennen. Legen Sie jedoch noch einen drauf und berechnen Sie ihm die Sparrate, wenn er zwei Jahre später beginnt:

Eingabe	Display-anzeigen	Erklärung
45 x P/YR	N 540,00	Der Kunde beginnt 2 Jahre später und spart somit nur insgesamt 45 Jahre.
PMT	PMT -622,34	Berechnung der notwendigen Sparrate bei zwei Jahre späterem Sparen.

Stopp Erklären Sie nun dem jungen Sparer: „Wenn Du also zwei Jahre später mit dem Sparen beginnst, müsstest Du 80 Euro mehr zur Seite legen." Spätestens jetzt wird er Ihnen zustimmen, schon heute mit dem Sparen zu beginnen. Er wird jedoch immer noch überlegen, wie er 540 Euro sparen kann. Schließlich verdient er doch nur 400 Euro. Stellen Sie ihm einfach die Frage, ob er sich das gerade fragt.

Gerade in der Ausbildung haben Sie den Vorteil, dass Auszubildende in der Regel jedes Ausbildungsjahr mehr verdienen. Fragen Sie also: „Zurzeit verdienst Du ja 400 Euro monatlich im 2. Ausbildungsjahr. Im nächsten Ausbildungsjahr verdienst Du sicherlich mehr, richtig?"

Das wird er Ihnen bestätigen. „Somit könntest Du einen kleinen Prozentsatz der Gehaltssteigerung auch sparen, richtig?" Auch das wird er bestätigen. „Auch nach der Ausbildung gehst Du davon aus, dass Du jedes Jahr ein wenig mehr verdienen wirst, stimmt's?" Der Azubi wird auch das bestätigen. „Dann lass uns doch mit 5 Prozent jährlicher Lohn- und Sparratensteigerung rechnen, einverstanden?"

Zeigen Sie dem Kunden nun, was er monatlich anfänglich sparen muss, bei einer jährlichen Dynamik von 5 Prozent.

Eingabe	Display-anzeigen	Erklärung
47 x P/YR	N 564,00	Sie stellen wieder auf 47 Jahre sparen um, da der Kunde einsieht, schon heute mit dem Sparen zu beginnen.
5 %D	%D 5,00	Speichern der 5 Prozent Dynamik.
12 SHIFT %D	xD 12,00	Die Dynamik soll jährlich, also alle 12 Monate, erfolgen.
P/D	P/D -248,25	Berechnung der anfänglichen Sparrate.

Stopp Die Sparrate übertrifft immer noch die Vorstellung des Auszubildenden mit 50 Euro. Hierbei belassen Sie es jedoch. Gehen Sie nun mit dem Kunden darauf ein, wenn er nun 50 Euro zur Seite legt. Wie hoch ist das Endvermögen, also welches Vermögen kann schon von den zwei Millionen erreicht werden?

Eingabe	Display-anzeigen	Erklärung
50 +/- P/D	P/D -50,00	Er spart ab heute 50 Euro mit obiger Dynamik.
FV	FV 411.154,42	Berechnung des Endvermögens.

Stopp Beruhigen Sie den Kunden schon einmal. Erklären Sie ihm, dass er schon ein Fünftel seiner geplanten Rente durch die 50 Euro schafft. „Dann lass uns doch schon heute den Grundstein legen und ein Fünftel Deiner Pläne verwirklichen, einverstanden?" Schließen Sie das Geschäft ab.

Wichtig: Wenn ein Auszubildender wirklich nur ein geringes Gehalt hat und schon allein leben sollte, so sollten Sie weniger auf den Abschluss drängen. Der Kunde muss sich an die 50 Euro weniger in der Tasche gewöhnen können, sich dadurch jedoch nicht verschulden.

Um den Kunden nun nach dem Abschluss an sich zu binden, zeigen Sie ihm, wie viel er nach Ausbildungsabschluss sparen müsste.

Eingabe	Display-anzeigen	Erklärung
45 x P/YR	N 540,00	Nach Ausbildungsabschluss verbleiben noch 45 Jahre.
1 600 000 FV	FV 1.600.000,00	Er benötigt zum 65. Lebensjahr nur noch 1,6 Mio. Euro, da er durch den vorigen Vertrag schon 400.000 Euro erreicht.
P/D	P/D -228,26	Berechnung der anfänglichen Sparrate.

Als Abschlusssatz fügen Sie hinzu: „Danach könntest Du noch weitere 228 Euro sparen und dann bist Du auf der sicheren Seite mit Deinen Plänen. In zwei Jahren zeige ich Dir dann, wie Du vielleicht nur 114 Euro sparen musst und trotzdem Dein Ziel erreichst, einverstanden?" Hiermit könnten Sie auf die betriebliche Altersvorsorge eingehen.

Die Botschaft lautet: Zeigen Sie auch jungen Kunden schon in der Ausbildung, was sie sparen müssten und wie es sich auswirkt, wenn sie später beginnen zu sparen. Auch kleine Raten helfen dem Kunden und er wird später mehr bei Ihnen abschließen. Vergessen Sie bei jungen Kunden nicht die Berufsunfähigkeitsversicherung. Gewinnen Sie junge Kunden für sich. Denn: Kein Finanzberater wird pleite gehen, der die Kinder seiner Kunden kennt.

4. Absicherung und Altersvorsorge

Ihr Kunde, eine vierköpfige Familie, hat ein monatliches Einkommen von 2.500 Euro. 2.000 Euro verdient der Mann, 500 Euro verdient die Frau. Die Familie wohnt zur Miete und hat insgesamt rund 2.000 Euro monatliche Ausgaben. Mit dem 65. Lebensjahr möchte der heute 35-jährige Mann in Rente gehen. Hierzu hat die Familie schon folgende Verträge abgeschlossen:

- **Fondsgebundene Rentenversicherung:** prognostizierte Rente: 900 Euro ab dem 65. Lebensjahr

- **Kapitallebensversicherung:** prognostizierte Ablaufleistung: 90.000 Euro mit dem 65. Lebensjahr

■ **Eigener Fondssparplan** über monatlich 50 Euro: voraussichtliche Rendite 7,5 Prozent. Heutiges Guthaben: 10.000 Euro

Aus der 7-Schritte-Verkaufsstrategie erfahren Sie, dass der Kunde eine Rente von 1.750 Euro (heutige Kaufkraft) bis zum 85. Lebensjahr erhalten möchte. Zusätzlich soll ein Puffer von 100.000 Euro zum 85. Lebensjahr zur Verfügung stehen.

Zudem ersehen Sie folgende weitere Versicherungen:

■ Berufsunfähigkeitsversicherung über 1.250 Euro monatliche Rente

■ Risikolebensversicherung von 100.000 Euro auf den Tod des Mannes

Ist die Familie hinsichtlich der Risiko- und der Altersvorsorge hinreichend abgesichert?

In Ihrem Produktportfolio rechnen Sie mit folgenden Angaben:

– Zins in der Ansparphase: 6,5 Prozent
– Zins in der Auszahlphase: 3,5 Prozent
– sicherer Zins in der Gesamtlaufzeit: 4,0 Prozent
– Inflation: 2,5 Prozent

4. Lösung

Gehen wir zunächst auf die Risikovorsorge ein. Hier hat sich der Kunde schon gegen Berufsunfähigkeit und Tod abgesichert. Die Berufsunfähigkeitsversicherung ist jedoch nicht ausreichend, da eine Lücke von 750 Euro entstehen könnte, wenn der Mann ab morgen berufsunfähig würde. Die Ausgaben wären nicht mehr gedeckt. Es ist also anzuraten, eine weitere Versicherung über diesen Betrag abzuschließen. Für die Frau könnte zusätzlich über 500 Euro eine solche abgeschlossen werden, jedoch ist das nicht dringend notwendig.

Die Frage ist nun, ob die Risikolebensversicherung von 100.000 Euro ausreicht. Verstirbt der Mann morgen, so würde die Frau nur mit einem Einkommen von 500 Euro auskommen müssen. Die weiteren geschätzten Ausgaben von 1.500 Euro könnte sie dann nicht mehr begleichen. Es ist also fraglich, ob die Frau bis zum 65. Lebensjahr – also 30 Jahre – mit

100.000 Euro auskommt. Hierzu nehmen Sie den BWK Business® und berechnen den Barwert aller Ausgaben von 1.500 Euro, wenn diese auch weiter um die Inflation steigen:

Eingabe	Display-anzeigen	Erklärung
12 P/YR	P/YR 12,00	Monatliche Betrachtung der Ausgaben.
30 x P/YR	N 360,00	Die Frau hat bis zum 65. Lebensjahr die Ausgaben – danach folgt die Altersrente.
4 EFF%	I/YR NOM% 3,93	Der sichere Zins in der Gesamtlaufzeit beträgt 4 Prozent.
1 500 P/D	P/D 1.500,00	Die monatlichen Ausgaben, nach Abzug des Gehalts der Frau, betragen heute (anfänglich) 1.500 Euro.
2,5 %D	%D 2,50	Die Ausgaben steigen jährlich um 2,5 Prozent (Inflation).
12 SHIFT %D	xD 12,00	Die Ausgaben steigen jährlich, also alle 12 Monate.
0 FV	FV 0,00	Zum 65. Lebensjahr soll keine Risikovorsorge mehr vorhanden sein.
PV	PV -431.654,05	Berechnung des Barwerts.

Sollte der Mann als Hauptverdiener morgen versterben, so braucht die Frau rund 430.000 Euro, um weiterhin die Ausgaben zu begleichen. Die jetzige Risikovorsorge von 100.000 Euro reicht hierfür nicht aus.

Dem Kunden machen Sie nun ein Angebot über eine weitere Risikolebensversicherung von 300.000 Euro – oft ist diese nicht allzu teuer. Danach nennen Sie den Kunden die Zahlen und überlassen diesen die Entscheidung. Möchten die Kunden keine oder nur eine geringere Vorsorge, so dokumentieren Sie das und lassen es den Kunden unterschreiben. Damit sind Sie dann auf der sicheren Seite.

Weiter machen Sie mit der 7-Schritte-Verkaufsstrategie. Das sollte für Sie kein Problem mehr darstellen.

Rente nach Inflation zum 65. Lebensjahr:

Eingabe	Display-anzeigen	Erklärung
1 P/YR	P/YR 1,00	Jährliche Inflationssteigerung.
30 x P/YR	N 30,00	Bis zum 65. Lebensjahr vergehen noch 30 Inflationsjahre.
2,5 I/YR	I/YR NOM% 2,50	Die Inflationsrate wird mit 2,5 Prozent angenommen.
1 750 PV	PV 1.750,00	Die heutige Kaufkraft der Rente soll 1.750 Euro betragen.
0 PMT	PMT 0,00	Keine regelmäßigen Ein-/Auszahlungen.
FV	FV 3.670,74	Berechnung der inflationsbereinigten Rente zum 65. Lebensjahr.

Der Kunde benötigt also mit dem 65. Lebensjahr eine Rente von rund 3.700 Euro. Von diesem Betrag können Sie nun schon die prognostizierte Rente der privaten Rentenversicherung abziehen. Damit gehen Sie jedoch davon aus, dass auch in der Rentenzeit die Rente der Rentenversicherung um 2,5 Prozent (Inflation) gesteigert wird. Es bleiben somit noch 2.800 Euro als notwendige Rente übrig.

Notwendiges Vermögen mit 65:

Eingabe	Display-anzeigen	Erklärung
12 P/YR	P/YR 12,00	Monatliche Rentenauszahlung.
20 x P/YR	N 240,00	Der Kunde möchte die Rente vom 65. bis zum 85. Lebensjahr ausgezahlt bekommen.
3,5 EFF%	I/YR NOM% 3,45	Der Zins in der Rentenphase beträgt 3,5 Prozent.

2 800 P/D	P/D 2.800,00	Die anfängliche Rente mit dem 65. Lebensjahr soll 2.800 Euro betragen.
2,5 %D	%D 2,50	Die Rente soll um die Inflation von 2,5 Prozent steigen.
12 SHIFT %D	xD 12,00	Jährliche Steigerung, also alle 12 Monate.
100 000 FV	FV 100.000,00	Mit dem 85. Lebensjahr soll noch ein Puffer von 100.000 Euro vorhanden sein.
PV	PV -652.707,43	Berechnung des notwendigen Vermögens.

Damit benötigt der Kunde rund 650.000 Euro, um seine Rentenpläne zu verwirklichen. Von diesem Betrag kann nun die prognostizierte Ablaufleistung von 90.000 Euro der Kapitallebensversicherung abgezogen werden. Es verbleiben somit noch 560.000 Euro. Die Frage ist nun, ob der Kunde diesen Betrag durch den privaten Fondssparplan ausgleichen kann.

Ablaufleistung des Fondssparplans:

Eingabe	Display- anzeigen	Erklärung
12 P/YR	P/YR 12,00	Monatliche Einzahlungen.
30 x P/YR	N 360,00	Regelmäßige Einzahlungen über weitere 30 Jahre.
7,5 EFF%	I/YR NOM% 7,25	Es wird eine voraussichtliche Rendite von 7,5 Prozent angenommen.
10 000 +/– PV	PV -10.000,00	Das heutige Guthaben beträgt 10.000 Euro.
50 +/– PMT	PMT -50,00	Monatlich werden 50 Euro eingezahlt.
FV	FV 151.693,96	Berechnung des Endvermögens mit dem 65. Lebensjahr.

Aus dem Investmentfondssparplan kommt zusätzlich noch ein voraussichtliches Vermögen von 150.000 Euro zustande. Damit verbleiben dem Kunden noch 410.000 Euro, die er noch ansparen müsste. Wie hoch ist die notwendige Sparrate?

Notwendige Sparrate bis zum 65. Lebensjahr:

Eingabe	Display-anzeigen	Erklärung
6,5 EFF%	I/YR NOM% 6,31	Der Zins in der Ansparphase Ihrer Produkte beträgt 6,5 Prozent.
0 PV	PV 0,00	Heute würde keine weitere Einmalanlage fließen.
410 000 FV	FV 410.000,00	Mit dem 65. Lebensjahr müssen noch 410.000 Euro angespart werden.
PMT	PMT -384,25	Berechnung der regelmäßigen Sparrate.

Dieser Betrag wird der Familie zu hoch sein. Rechnen Sie mit 5 Prozent Dynamik:

Eingabe	Display-anzeigen	Erklärung
5 %D	%D 5,00	Eingabe von 5 Prozent Dynamik.
12 SHIFT %D	xD 12,00	Die Dynamik soll jährlich erfolgen, also alle 12 Monate.
P/D	P/D -217,17	Berechnung der anfänglichen Sparrate.

Nun können Sie mit dem Kunden die Produktberatung durchführen und den besten Weg finden. Beispielsweise über betriebliche Altersvorsorge und einen Abschluss einer Riester-Rente. Achten Sie jedoch auf das noch frei verfügbare Einkommen der Familie. Durch den Abschluss von Berufsunfähigkeitsversicherung, Risikolebensversicherung und die vorigen Altersvorsorgeprodukte könnte es schon angespannt sein. Erstellen Sie mit dem Kunden einen Vermögensplan und zeigen Sie die besten Wege, um die Ziele zu erreichen. Lassen Sie dann den Kunden entscheiden. Die Botschaft lautet: Beachten Sie gerade bei Familien die Risikovorsorge. Oft wird diese unterschätzt und im Todesfall des Hauptverdieners sind Ausgaben höher als Einnahmen. Zeigen Sie das dem Kunden auf. Beachten Sie trotzdem die Altersvorsorge und erstellen Sie zusammen mit dem Kunden einen Vermögensplan, wie die Ziele am komfortabelsten erreicht werden. Risiko- und Altersvorsorge: Schritte eins und zwei!

5. Komplexer Fall: Ein älterer Kunde

Sie beraten einen 52-jährigen Kunden und setzen den Beratungsschwerpunkt auf die Altersvorsorge. Er hat ein monatliches Nettoeinkommen von 3.000 Euro und wird zum 65. Lebensjahr in Rente gehen. Im 7-Schritte-Verkaufsgespräch nennt er Ihnen zusätzlich folgende Zahlen. Vom 65. bis zum 85. Lebensjahr möchte er eine Rente von 2.500 Euro (heutige Kaufkraft) beziehen und am Ende der Rentenzeit noch einen Puffer von 50.000 Euro zur Verfügung haben.

Folgende Produkte entnehmen Sie seinen Unterlagen:

▦ **Fondsgebundene Rentenversicherung:** Heutige monatliche Rate: 242 Euro, 5 Prozent jährliche Dynamik. Jetziges Guthaben von rund 115.000 Euro. Prognostizierte Auszahlung bei 7 Prozent weiterer Wertsteigerung mit dem 65. Lebensjahr von 250.000 Euro oder Leibrente von 1.300 Euro.

▦ **Kapitallebensversicherung:** Monatliche Rate: 75 Euro. Prognostiziertes Guthaben mit dem 65. Lebensjahr: 56.000 Euro. Heutiger Rückkaufswert: 30.000 Euro.

▦ **DRV-Renteninformation:** Bei 0 Prozent Rentensteigerung 1.300 Euro Rente.

Sie rechnen mit einer Inflation von drei Prozent. Der Kunde ist sicherheitsorientiert, aber Investmentfonds nicht abgeneigt.

Ihr Produktportfolio gibt folgende Produkte her:

- bAV über fondsgebundene Direktversicherung: Zins bei sicheren Fonds, ca. 4 Prozent nach Kosten
- sichere Investmentfonds in der Ansparzeit: 5,5 Prozent Rendite, 2,5 Prozent Ausgabeaufschlag, 1,25 Prozent jährliche Verwaltungskosten
- fondsgebundene Rentenversicherung: Zins bei sicheren Fonds, ca. 4 Prozent nach Kosten
- flexibler Rentenauszahlungsplan: nach Steuern 3,75 Prozent Zins

Kann der Kunde sein Ziel, eine Rente mit heutiger Kaufkraft von 2.500 Euro ausgezahlt bekommen, erreichen? Wenn nein, wie viel müsste er zusätzlich sparen?

---

5. Lösung

Zunächst steht die Frage im Raum, mit welcher Berechnung Sie beginnen. Hier schlagen wir vor, zuerst die schon bestehenden Produkte zu bewerten.

☐ DRV-Renteninformation

Hier ist eine prognostizierte Rente bei 0-Prozent-Rentensteigerungen angegeben. Fragen Sie den Kunden, ob er noch von weiteren Rentensteigerungen ausgeht. Das wird in den meisten Fällen, aufgrund der jetzigen Rentenreformen, verneint. Berechnen Sie ihm also die gesetzliche Rente nach Inflation, die zu Rentenbeginn voraussichtlich ausgezahlt wird:

Eingabe	Display- anzeigen	Erklärung
1 P/YR	P/YR 1,00	Jährliche Inflationsberechnung.
13 x P/YR	N 13,00	Bis zum Rentenbeginn mit dem 65. Lebensjahr vergehen noch 13 Jahre.
3 I/YR	I/YR NOM% 3,00	Die Inflation wird mit 3 Prozent angenommen.

0 PMT	PMT 0,00	Keine Ein-/Auszahlungen bei Inflationsberechnungen.
1 300 FV	FV 1.300,00	Mit dem 65. Lebensjahr beträgt die gesetzliche Rente 1.300 Euro.
PV	PV -885,24	Berechnung der gesetzlichen Rente nach heutiger Kaufkraft.

Stopp Somit liegt die gesetzliche Rentenerwartung nach heutiger Kaufkraft bei 885 Euro. Fragen Sie jedoch Ihren Kunden, ob er in der Rentenzeit von Rentensteigerungen ausgeht. Verneint er es, so ist in der Rentenzeit zudem mit einem Inflationsverlust auf die regelmäßige Rente von 1.300 Euro zu rechnen. Hier können Sie ihm die heutige Kaufkraft der Rente mit dem 85. Lebensjahr direkt mit berechnen:

Eingabe	Display- anzeigen	Erklärung
33 x P/YR	N 33,00	Bis zum 85. Lebensjahr bestehen noch 33 Inflationsjahre.
PV	PV -490,13	Berechnung der inflationsbereinigten Rente mit dem 85. Lebensjahr.

Mit dem 85. Lebensjahr kann also mit einer inflationsbereinigten Rente von 500 Euro ausgegangen werden. Schlagen Sie dem Kunden nun Folgendes vor: „Da auch in der Rentenzeit mit Inflationsverlusten und keinen Rentensteigerungen auszugehen ist, gehen wir von durchschnittlich 600 Euro gesetzlicher Rente aus, einverstanden?"

Ist er damit einverstanden, ziehen Sie 600 Euro von der gewünschten Rente (2.500 Euro) ab. Es verbleiben dann noch 1.900 Euro Rente, die er erreichen muss.

◻ Fondsgebundene Rentenversicherung

Bei der Rentenversicherung zeigen Sie dem Kunden, wenn er wirklich nur bis zum 85. Lebensjahr leben sollte, welchen Zins er mit dem Produkt bei Wahl der Leibrenten erzielt.

Eingabe	Display-anzeigen	Erklärung
12 P/YR	P/YR 12,00	Monatliche Leibrentenauszahlung.
20 x P/YR	N 240,00	Der Rentner würde die Leibrenten über 20 Jahre, vom 65. bis zum 85. Lebensjahr, erhalten.
250 000 +/– PV	PV -250.000,00	Er zahlt die prognostizierte Ablaufleistung weiter in die Rentenversicherung zu Beginn ein.
1 300 PMT	PMT 1.300,00	Monatliche Leibrente von 1.300 Euro.
0 FV	FV 0,00	Bei Tod mit dem 85. Lebensjahr verfällt das Restguthaben.
I/YR	I/YR NOM% 2,30	Berechnung des nominalen Zinses.
EFF%	EFF% 2,32	Umrechnung in den effektiven Zins.

 Der Kunde erzielt somit bei Leibrentenauszahlung – Steuern außer Acht gelassen – einen Effektivzins von 2,32 Prozent, sofern er bis zum 85. Lebensjahr leben sollte.

Stellen Sie ihm ggf. den Fall vor, dass er bis zum 95. Lebensjahr leben sollte und die Renten um 2 Prozent jährlich steigen. Informieren Sie sich hier bei der jeweiligen Versicherungsgesellschaft, wie hoch eine jährliche Steigerung bei den meisten Renten ist.

Eingabe	Display-anzeigen	Erklärung
30 x P/YR	N 360,00	Auszahlung über 30 Jahre, vom 65. Lebensjahr bis zum 95. Lebensjahr.
1 300 P/D	P/D 1.300,00	Die Leibrente beträgt zu Beginn 1.300 Euro.
2 %D	%D 2,00	Jährlich steigt die Rente um 2 Prozent.
12 SHIFT %D	xD 12,00	Die Rente steigt jährlich.
I/YR	I/YR NOM% 6,62	Berechnung des nominalen Zinses. Das kann aufgrund der Dynamik einige Sekunden in Anspruch nehmen.
EFF%	EFF% 6,83	Umrechnung in den effektiven Zins.

Stellen Sie dem Kunden nun die Zahlen vor und lassen Sie ihn entscheiden. Möchte er eine sichere Rente und geht eventuell davon aus, dass er länger leben könnte, so wird er die Leibrenten wählen. Da der Kunde sicherheitsorientiert ist, wird er voraussichtlich die Leibrenten wählen.

Nun berechnen Sie, wie auch bei der gesetzlichen Rente, den Kaufkraftverlust zum Rentenbeginn. Da die prognostizierte Rente der Rentenversicherung gleich hoch ist wie die der gesetzlichen Rente, können Sie hier die Zahlen übernehmen. Wichtig ist jedoch, dass die Renten voraussichtlich noch in der Rentenlaufzeit steigen werden und dadurch ein Kaufkraftverlust entgegengewirkt werden kann. Somit können Sie die anfängliche Rente mit dem 65. Lebensjahr über 885 Euro annehmen. Vereinbaren Sie mit dem Kunden runde 900 Euro, die Sie vom noch ausstehenden Rentenbedarf von 1.900 Euro abziehen. Damit verbleibt noch eine Rentenlücke von 1.000 Euro, die es zu schließen gilt. Diese 1.000 Euro entsprechen jedoch noch heutiger Kaufkraft und müssen zum 65. Lebensjahr inflationsbereinigt berechnet werden:

Eingabe	Display-anzeigen	Erklärung
1 P/YR	P/YR 1,00	Jährliche Inflationsberechnung.
13 x P/YR	N 13,00	Bis zum 65. Lebensjahr vergehen noch 13 Jahre.
3 I/YR	I/YR NOM% 3,00	Die jährliche Inflationsrate wird mit 3 Prozent angenommen.
1 000 PV	PV 1.000,00	Die Rentenlücke entspricht einer heutigen Kaufkraft von 1.000 Euro.
0 PMT	PMT 0,00	Keine regelmäßigen Zahlungen bei Inflationsberechnungen.
FV	FV -1.468,53	Berechnung der notwendigen Rente nach Inflation.

Sie haben nun die Rentenlücke nach Inflation berechnet, die Sie nun für die Berechnung des notwendigen Kapitals zum 65. Lebensjahr heranziehen. Hier beachten Sie die Kundenwünsche: Rente vom 65. bis zum 85. Lebensjahr und 50.000 Euro Puffer zum Ende. Zudem nehmen Sie Ihr Rentenauszahlungsprodukt an, welches nach Steuern 3,75 Prozent Zins erzielt.

Eingabe	Display-anzeigen	Erklärung
12 P/YR	P/YR 12,00	Monatliche Rentenauszahlung.
20 x P/YR	N 240,00	Die Rentenauszahlung soll 20 Jahre erfolgen.
3,75 EFF%	I/YR NOM% 3,69	Das Rentenauszahlungsprodukt erzielt 3,75 Prozent.
1 470 P/D	P/D 1.470,00	Die Rentenauszahlung mit dem 65. Lebensjahr soll 1.470 Euro betragen.
3 %D	%D 3,00	Die jährliche Inflationsrate und damit notwendige Steigerung der Rente beträgt 3 Prozent.

12 SHIFT %D	xD 12,00	Die Rente soll jährlich steigen.
50 000 FV	FV 50.000,00	Mit dem 85. Lebensjahr soll noch ein Puffer von 50.000 Euro vorhanden sein.
PV	PV -347.046,38	Berechnung des notwendigen Anfangsvermögens.

Damit muss mit dem 65. Lebensjahr ein Vermögen von rund 350.000 Euro zur Verfügung stehen, um den Rentenplan zu verwirklichen. Schauen Sie nun in die bestehenden Produkte des Kunden, so erkennen Sie, dass dort eine Kapitallebensversicherung über eine Ablaufleistung von 56.000 Euro besteht. Diese können Sie nun vom notwendigen Vermögen abziehen. Würden Sie es auch so machen? Überlegen Sie kurz!

— kurze Denkpause —

Um dem Kunden eine vollständige Finanzplanung zu erstellen, sollten Sie diese Kapitallebensversicherung erst bewerten. Vielleicht wäre es ratsam, diese zu kündigen oder sogar besser, zu verkaufen. Rechnen wir also gemeinsam nach, was die Kapitallebensversicherung noch in der Restlaufzeit bringt:

Eingabe	Display- anzeigen	Erklärung
12 P/YR	P/YR 12,00	Monatliche Einzahlungen.
13 x P/YR	N 156,00	Bis zur Auszahlung werden noch 13 Jahre eingezahlt.
30 000 +/– PV	PV -30.000,00	Der heutige Rückkaufswert beträgt 30.000 Euro.
75 +/– PMT	PMT -75,00	Monatlich werden 75 Euro eingezahlt.
56 000 FV	FV -56.000,00	Die prognostizierte Ablaufleistung wird mit 56.000 Euro angegeben.
I/YR	I/YR NOM% 2,61	Berechnung des nominalen Zinses.
EFF%	EFF% 2,64	Umrechnung in den effektiven Zins.

In der restlichen Laufzeit würde die Kapitallebensversicherung nur noch einen effektiven Zins von rund 2,6 Prozent erzielen. Werfen Sie einen Blick in Ihr Produktportfolio, so stellen Sie fest, dass die Zinsen Ihrer Anlagen weitaus höher liegen. Selbst festverzinsliche Anlagen liegen mit dem Zins höher. Auch der Steuernachteil bei neuer Umschichtung wird diesen Nachteil nicht mehr ändern. Zudem besteht nun noch die Möglichkeit, eine Versicherung über 12 Jahre zu besparen, um den Steuervorteil der hälftigen Besteuerung bei Auszahlung zu nutzen.

Schlagen Sie dem Kunden vor, die Versicherung zu verkaufen oder zu kündigen. Lassen Sie ihn jedoch entscheiden!

Kündigen oder verkaufen Sie die Versicherung, so steht der Rückkaufswert/Verkaufspreis zur Wiederanlage für die Restlaufzeit zur Verfügung, zudem auch die Sparrate von 75 Euro.

Gehen Sie nun mit dem Kunden Vor- und Nachteile der Ansparprodukte durch – hier einige Vorschläge:

- Flexibilität bei Investmentfondssparen
- Abgeltungsteuerproblem bei Investmentfondssparen, auch bei Umschichtungen
- Steuervorteile bei Versicherungen
- Unflexibilität bei Versicherungen

Lassen Sie danach den Kunden entscheiden. Da er auch vorher in Versicherungen gespart hat, ist davon auszugehen, dass er sich auch hier für Versicherungen entscheiden wird. Nehmen Sie also einen Ansparzins von 4 Prozent an:

Eingabe	Display-anzeigen	Erklärung
12 P/YR	P/YR 12,00	Monatliches Sparen.
13 x P/YR	N 156,00	Es wird über einen Zeitraum von 13 Jahren gespart.
4 EFF%	EFF% 3,93	Sie nehmen einen Ansparzins von 4 Prozent an.
30 000 +/– PV	PV -30.000,00	Wird die Kapitallebensversicherung gekündigt, so stehen zu Beginn 30.000 Euro für die Anlage zur Verfügung.
350 000 FV	FV 350.000,00	Es muss ein Vermögen von 350.000 Euro zum 65. Lebensjahr erreicht werden.
PMT	PMT -1.476,95	Berechnung der monatlichen Sparrate.

Stopp Somit müsste der Kunde monatlich rund 1.475 Euro sparen, um sein Ziel zu erreichen. Von dieser Sparrate ziehen Sie noch die 75 Euro Sparrate der Kapitallebensversicherung ab, sodass noch 1.400 Euro verbleiben. Für den Kunden wird diese Sparrate zu hoch sein, da es fast seinem halben Nettolohn entspricht. Aufgrund der geringen Laufzeit zeigt auch eine dynamische Sparrate kaum Wirkung.

Somit muss der Kunde in den sauren Apfel beißen und soviel Sparen, wie er kann. Das könnte beispielsweise mit der betrieblichen Altersvorsorge gut gelöst werden. 200 Euro Entgeltumwandlung und effektiv gehen dem Kunden lediglich rund 100 Euro vom Nettolohn verloren. Nehmen wir an, der Kunde schließt noch einen Sparvertrag über monatlich 400 Euro ab. Insgesamt spart er also effektiv 675 Euro mit betrieblicher Altersvorsorge (200 Euro), gekündigter Kapitallebensversicherung (75 Euro) und privater/fondsgebundener Rentenversicherung (400 Euro). Hiermit können Sie ihm wiederum den Rentenanspruch aus privater Vorsorge berechnen:

Eingabe	Display- anzeigen	Erklärung
675 +/– PMT	PMT -675,00	Monatliche Sparrate von 675 Euro.
FV	FV 187.081,19	Berechnung des Endvermögens.

Aufgrund der Gesamtsparrate, die rund die Hälfte des notwendigen Sparbetrags betrug, war schon ersichtlich, dass er rund die Hälfte des eigentlich notwendigen Vermögens erzielt. Somit verringert sich ebenso die Rente von 1.470 Euro auf etwa 740 Euro.

Nun den Abschlusssatz: „Lieber Kunde, dann setzen wir diesen Plan doch nun in die Praxis um, einverstanden?!"

Das Ziel des Kunden, eine Rente über 2.500 Euro, wird er dadurch nicht erreichen, jedoch immerhin noch eine Gesamtrente von rund 1.850 Euro. Auch damit wird sich der Kunde zufrieden geben (müssen).

Die Botschaft lautet: Überprüfen Sie bei Neukunden, ob jung oder alt, die Rentenziele. Gerade bei älteren Kunden wird die Beratung ein wenig mehr Zeit in Anspruch nehmen, da schon Produkte bestehen. Die bestehenden Produkte sollten Sie dann zudem noch bewerten. Lassen Sie den Kunden entscheiden, ob er bestimmte, unrentable Produkte kündigen möchte oder nicht. Danach erstellen Sie mit Hilfe der 7-Schritte-Verkaufsmethode einen Finanzplan mit dem Kunden. Gerade bei älteren Kunden sollten Sie hier auch die gesetzliche Rente laut DRV-Renteninformation einbeziehen, jedoch nach Inflation. Das ist alles!

Übungsaufgaben

Wie schon in Band 1 dient dieses Kapital mit Übungsaufgaben quasi als Abschlussprüfung. Wir empfehlen Ihnen grundsätzlich immer die Aufgabenstellung zu lesen, die Aufgabe allein zu lösen und danach Ihre Lösung mit dem Lösungsweg zu vergleichen.

1. Aufgabe

Es wurde bei einer Gesellschaft eine private fondsgebundene Rente und eine fondsgebundene Riester-Rente berechnet. Die monatliche Einzahlung eines verheirateten 25-Jährigen mit 2 Kindern beträgt 150 Euro. Der Rentenbeginn wurde auf das 65. Lebensjahr festgelegt und die Angebote ergaben folgende Werte:

a) **private fondsgebundene Rentenversicherung**

einmalige Kapitalauszahlung:	840.232 Euro
monatliche Rente ohne Steigerung:	4.216 Euro
monatliche Rente mit Steigerung p. a. von 2,15 %:	3.204 Euro

b) **fondsgebundene Riester-Rentenversicherung**

monatliche Rente ohne Steigerung:	3.210 Euro
monatliche Rente mit Steigerung p. a. von 2,15 %:	2.400 Euro

Es wurde im Angebot eine Wertentwicklung des Fonds von 10,33 Prozent unterstellt. Diese entspricht der Wertsteigerung in den letzten 40 Jahren des Fonds. Für welches Angebot sollte sich der Kunde entscheiden, wenn er annimmt, bis zum 100. Lebensjahr zu leben?

2. Aufgabe

Es wurde vor 5 Jahren ein Darlehen von 96.000 Euro zu einem Nominalzins von 4,75 Prozent aufgenommen. Die monatliche Annuität wurde auf 460 Euro festgelegt.

a) Wie hoch ist die Restschuld bei heutiger Umschuldung?

b) Das Zinsniveau liegt heute bei einem Nominalzins von 5,75 Prozent. Wenn der Darlehensnehmer die Rate von 460 Euro gleich belässt: Wie hoch ist die anfängliche Tilgung in Prozent des neuen Darlehens und die Restschuld nach weiteren 10 Jahren?

c) Aufbauend auf b): Wie hoch ist der Zins- und Tilgungsbetrag im Gesamtzeitraum von 10 Jahren, wenn 10-jährige Zinsfestschreibung gewählt wird?

3. Aufgabe

Ein 25-jähriger Kunde bespart schon seit dem Jahr 2004 eine fondsgebundene Lebensversicherung. Die Laufzeit ist auf das 65. Lebensjahr festgelegt. Sein monatlicher Beitrag beträgt zurzeit 67,50 Euro und im Vertrag ist eine jährliche Dynamik von 10 Prozent angegeben. Zurzeit ist ein Guthaben im Vertrag von 500 Euro angegeben.

a) Wie hoch ist das Endvermögen in der fondsgebundenen Lebensversicherung bei einer angenommenen Wertsteigerung von 8 Prozent (nach Kosten), wenn er die Dynamik über die Gesamtlaufzeit jedes Jahr durchhält?

b) Wie hoch ist die Sparquote im letzten Sparjahr des Kunden, ausgehend von a), wenn sein jetziges Einkommen von netto 1.500 Euro jährlich um 3 Prozent steigt?

c) Wie hoch ist das Endvermögen, wenn er die Dynamik nur jedes zweite Jahr in Anspruch nimmt?

d) Wie hoch ist das Endvermögen aus c) nach heutiger Kaufkraft, wenn eine Inflation von 3 Prozent angenommen wird?

e) Welche monatliche gleich bleibende Rente könnte er sich über 30 Jahre aus dem realen Endvermögen auszahlen lassen, wenn ein Zins in der Rentenphase von 4 Prozent erreicht wird?

4. Aufgabe

Berechnen Sie folgenden Fondssparplan:

einmalige Einzahlung zu Beginn:	10.000 Euro
monatliche Einzahlung:	100 Euro
Dynamik p. a.:	5 Prozent
Laufzeit:	20 Jahre
Verwaltungskosten p. a. des Fonds:	1,3 Prozent
reduzierter Ausgabeaufschlag:	2,5 Prozent
Wertentwicklung der letzten 20 Jahren:	8,76 Prozent

a) Wie hoch ist das Endvermögen, wenn die Wertentwicklung der letzten 20 Jahre auch für die nächsten 20 Jahre gilt?

b) Wie hoch ist der Effektivzins nach Kosten und Abgeltungsteuer (26,4 Prozent)?

5. Aufgabe

Ein 45-jähriger Arbeitnehmer hat schon sehr viele fondsgebundene Altersvorsorge-Produkte. Er erwähnt im Gespräch, dass er deswegen eine konservative Geldanlage für den Rentenbeginn ab dem 65. Lebensjahr wählen möchte. Sie haben zwei Angebote für ihn (bei 200 Euro monatlicher Einzahlung):

a) Betriebliche Altersvorsorge in eine Direktversicherung: Durch Entgeltumwandlung bleiben ihm unterm Strich nur 100 Euro weniger Nettolohn übrig. Sie wählen eine klassische Rentenversicherung, bei der er eine voraussichtliche Leibrente von 384 Euro erhält.

b) Private klassische Rentenversicherung: voraussichtliche Leibrente von 420 Euro.

Gehen Sie davon aus, dass der Kunde einen Steuersatz von 25 Prozent im Rentenalter hat. Der Ertragsanteil bei Rentenbeginn ab dem 65. Lebensjahr beträgt 18 Prozent. Kranken- und Pflegeversicherung sind im Rentenalter mit 16 Prozent anzunehmen. Gehen Sie davon aus, dass der Kunde bis zum 90. Lebensjahr leben wird. Welche Anlage empfehlen Sie dem Kunden? Rechnen Sie nach!

6. Aufgabe

Sollte folgende Kapitallebensversicherung unter Renditeaspekten gekündigt oder verkauft werden?

heutiger Rückkaufswert:	30.000 Euro
möglicher Verkaufspreis am Zweitmarkt:	35.000 Euro
prognostizierte Ablaufleistung:	80.000 Euro
Restlaufzeit:	10 Jahre
monatlicher Beitrag:	150 Euro

Die Versicherung wurde vor 15 Jahren (noch vor dem Jahr 2005) abgeschlossen. Nehmen Sie eine Vergleichsanlage mit einer Rendite von 4,5 Prozent für die Restlaufzeit an.

7. Aufgabe

Ein Kunde möchte einen Fondssparplan mit 5-prozentiger Dynamik abschließen. Monatlich möchte er 75 Euro investieren über einen Gesamtzeitraum von 25 Jahren. Der Fonds hat einen Ausgabeaufschlag von 3 Prozent und nimmt jährliche Verwaltungskosten von 1,5 Prozent. Nehmen Sie eine Rendite des Fonds von 9 Prozent an.

a) Welches Fondsvermögen hat er nach 25 Jahren, auch nach Abzug der Abgeltungsteuer (26,4 Prozent)?

b) Welchen Wert hat das Vermögen aus a) nach einer Inflation von 3 Prozent?

c) Welchen Effektivzins erreicht der Anleger nach Kosten, Steuern und Inflation?

8. Aufgabe

Einem Rentner stehen nun 150.000 Euro für einen privaten Rentenplan zur Verfügung. Diese möchte er in einen Bundesschatzbrief, 4 Prozent Effektivzins, anlegen und sich daraus eine monatliche Rente über 25 Jahre mit Kapitalverzehr auszahlen lassen.

a) Wie hoch ist die Rente?

b) Wie hoch ist der Besteuerungsbetrag der Rente im 1. und 10. Jahr?

c) Er könnte genauso einen Einmalbetrag in eine private Rentenversicherung zahlen und würde dort eine Leibrente von 855 Euro erhalten. Sollte er, anstatt in einen Bundesschatzbrief anzulegen, in dieses Produkt einzahlen?

9. Aufgabe

Bewerten Sie einen geschlossenen Schiffsfonds mit folgendem prognostizierten Ergebnisplan:

Jahr	Investition/ Ausschüttung	Steuer	Cashflow nach Steuern
2008	-105.000 Euro		
2009	4.000 Euro	-177 Euro	3.823 Euro
2010 – 2015	8.000 Euro	-177 Euro	7.823 Euro
2016 – 2017	9.000 Euro	-177 Euro	8.823 Euro
2018	12.000 Euro	-177 Euro	11.823 Euro
2019 – 2021	20.000 Euro	-177 Euro	19.823 Euro
Verkauf (ca. 2022)	83.000 Euro	-177 Euro	82.823 Euro

a) Wie hoch ist das Vor-Steuer-Ergebnis?

b) Wie hoch ist das Nach-Steuer-Ergebnis?

c) Der Investor kann eine Wiederanlage sicher zu effektiv 4 Prozent bekommen. Wie hoch ist der Gesamtzins, den der Anleger erzielt?

d) Der Verkaufserlös des Schiffes fällt um 30 Prozent geringer aus. Wie hoch ist das Nach-Steuer-Ergebnis dann?

10. Aufgabe

Herzlichen Glückwunsch! Sie haben in dieses Buch und den finanzmathematischen Taschenrechner BWK Business® investiert. Gesamtinvestition: circa 150 Euro.

a) Wie hoch müssen Ihre zusätzlichen monatlichen Provisionszahlungen sein, um dieses Investment innerhalb eines Jahres zu amortisieren, wenn Sie einen Unternehmerzins von 15 Prozent annehmen?

b) Sie buchen zusätzlich noch Seminare (zum Beispiel das Verkaufs- und Rechentraining), welche die Gesamtinvestition auf circa 1.000 Euro steigen lässt. Um wie viel muss Ihre zusätzliche Provision ansteigen?

c) Sie verkaufen wesentlich mehr Produkte und erzielen Zusatzprovisionen von monatlich 500 Euro. Wie hoch ist der Effektivzins?

Lösungen der Übungsaufgaben

1. Lösung

a) Zuerst nehmen Sie die Einmalauszahlung der privaten Rentenversicherung unter die Lupe und berechnen dem Kunden den Effektivzins sowie die effektive Einzahlung:

Eingabe	Display-anzeigen	Erklärung
12 P/YR	P/YR 12,00	Monatliche Einzahlungen.
40 x P/YR	N 480,00	Der Kunde zahlt vom 25. bis zum 65. Lebensjahr, also 40 Jahre ein.
0 PV	PV 0,00	Keine Einmalanlage zu Beginn.
150 +/– PMT	PMT -150,00	Monatliche Einzahlungen von 150 Euro.
840 232 FV	FV 840.232,00	Eingabe der prognostizierten Auszahlung.
I/YR	I/YR NOM% 9,60	Berechnung des nominalen Zinses.
EFF%	EFF% 10,03	Umrechnung in den effektiven Zins.

Der Kunde würde also in der Gesamtlaufzeit nur einen geringen Kostenabschlag von 0,3 Prozent der Rendite hinnehmen müssen. Berechnen Sie nun noch den effektiven Beitrag, der in den Fonds zur Anlage kommt:

Eingabe	Display-anzeigen	Erklärung
10,33 EFF%	I/YR NOM% 9,87	Eingabe der effektiven Wertsteigerung des Fonds von 10,33 Prozent.
PMT	PMT -138,17	Berechnung des effektiven Beitrags.

Somit werden von der Versicherung rund 12 Euro Kosten einbehalten.

Jetzt gehen Sie auf den Effektivzins über die Gesamtlaufzeit bei Rentenzahlungen ein. Hier hatte der Kunde geäußert, dass er annimmt, bis zum 100. Lebensjahr zu leben. Er erhält somit die Rentenzahlungen über einen Zeitraum von 35 Jahren. Da sich der Gesamtzeitraum auf Einzahlungs- und Rentenzeitraum aufteilt, muss der Cashflow-Modus genutzt werden:

Eingabe	Display-anzeigen	Erklärung
CF	CASHFLOW CF 00 0,00	Starten des Cashflow-Modus. Löschen Sie ggf. mit SHIFT C alle vorigen Angaben des Cashflow-Modus.
▼ 150 +/–	CASHFLOW CF 01 -150	Der erste Cashflow beträgt in der Einzahlungszeit 150 Euro.
▶ 480	CASHFLOW CFN 01 480	Die Einzahlungsdauer beträgt 40 Jahre, bzw. 480 Monate/Perioden.
▼ 4 216	CASHFLOW CF 02 4.216	Der zweite Cashflow ist die Rentenzeit, in der eine regelmäßige Rente von 4.216 Euro gezahlt wird.

► 420	CASHFLOW CFN 02 420	Die Rentenauszahlungszeit beträgt 35 Jahre, bzw. 420 Perioden/Monate.
CF% CALC	CASHFLOW CF% 8,32	Springen in das Feld des internen Zinsfußes und berechnen des Nominalzinses. Das kann einen Moment in Anspruch nehmen.
EFF% (gedrückt halten)	CASHFLOW CF% 8,64	Umrechnung in den Effektivzins.

Stopp Wählt der Kunde die Rente ohne Steigerung und lebt wirklich bis zum 100. Lebensjahr, so erzielt er mit dem Angebot einen Effektivzins von 8,64 Prozent. Für eine Rentenversicherung mit Rentenauszahlung ist dieser Prozentsatz sehr lukrativ. Schauen wir nun auf das Ergebnis bei Auszahlung der Renten mit Steigerung.

Eingabe	Display- anzeigen	Erklärung
▼▼▼ 3 204	CASHFLOW CF 02 3.204	Dreimaliges Drücken von Steuerkreuz unten, um in den Rentencashflow zu gelangen.
►► 2,15	CASHFLOW %D 02 2,15	Zweimaliges Drücken von Steuerkreuz rechts, um zum Dynamikfaktor der Rentenzahlungen zu gelangen und dortige Eingabe von 2,15 Prozent.
► 12	CASHFLOW xD 02 12	Drücken von Steuerkreuz rechts, um zur Dynamiksteigerung nach jeweils x Perioden zu gelangen und Eingabe von 12 für jährliche Steigerung.
CF% CALC	CASHFLOW CF% 8,19	Springen ins Feld des internen Zinsfußes und Berechnung dieses Zinsfußes. Aufgrund der Dynamik kann diese Berechnung eine längere Zeit in Anspruch nehmen.
EFF% (gedrückt halten)	CASHFLOW CF% 8,50	Umrechnung in den effektiven Zins.

Wählt er die Rentenauszahlung mit jährlicher Steigerung von 2,15 Prozent, so erzielt er einen Effektivzins über die Gesamtlaufzeit von 8,5 Prozent. Hier wäre das Wählen der gleichmäßigen Renten geringfügig besser. Das kann jedoch auch erst vor Rentenauszahlung entschieden werden. Nun schauen wir noch auf das Produkt der Riester-Rentenversicherung.

b) Sind noch alle Angaben aus der vorigen Berechnung gespeichert, so brauchen Sie nur die Höhe der Rente zu ändern und können danach den Effektivzins für die Auszahlung der Rente mit Dynamik berechnen:

Eingabe	Display-anzeigen	Erklärung
CF%	CASHLFOW CF% 8,19	Ausgangssituation.
▼▼▼ 2 400	CASHLFOW CF 02 2.400	Dreimaliges Drücken von Steuerkreuz unten, um in den Rentencashflow zu gelangen und Eingabe der Rente bei jährlicher Steigerung von 2,15 % im Riester-Produkt.
CF% CALC	CASHLFOW CF% 7,48	Drücken von CF%, um in die Zeile des internen Zinsfußes zu gelangen und Berechnung des Nominalzinses. Auch hier kann die Berechnung aufgrund der Dynamik einige Zeit in Anspruch nehmen.
EFF% (gedrückt halten)	CASHLFOW CF% 7,74	Umrechnung in den Effektivzins.

Bei jährlicher Steigerung der Renten erzielt der Versicherungsnehmer im Riester-Produkt also einen Effektivzins von 7,75 Prozent. Nun erfolgt noch die Berechnung bei Renten ohne jährliche Steigerung.

Eingabe	Display-anzeigen	Erklärung
▼▼▼ 3 210	CASHFLOW CF 02 3.210	Dreimaliges Drücken von Steuerkreuz unten, um in die Rentencashflow-Zeile zu gelangen. Dortige Eingabe der Rente ohne Steigerung von 3.210 Euro.
▶▶ 0	CASHFLOW %D 02 0	Zweimaliges Drücken von Steuerkreuz rechts, um den Dynamikfaktor des Rentencashflows auszuschalten.
▶ 0	CASHFLOW xD 02 0	Nochmaliges Drücken von Steuerkreuz rechts, um auch den zweiten Dynamikwert auf 0 zu setzen.
CF% CALC	CASHFLOW CF% 7,62	Drücken von CF%, um in das Berechnungsfeld des internen Zinsfußes zu gelangen und Berechnung des Nominalzinses.
EFF% (gedrückt halten)	CASHFLOW CF% 7,90	Umrechnung in den Effektivzins.

Auch in diesem Fall liegt die regelmäßige Zahlung der Rente im Effektivzins höher als bei Dynamiksteigerung.

Hier nun die Ergebnistabelle, die Sie dem Kunden als Hilfe zur Entscheidung vorlegen:

Effektivzins	bei Kapital-auswahl	regelmäßige Rente ohne Steigerung	Rente mit jährlicher Steigerung
Private Renten-versicherung	10,03 %	8,64 %	8,50 %
Riester Renten-versicherung	–	7,90 %	7,74 %

Die private Rentenversicherung liegt mit der Rendite also vorn. Das liegt, wie schon beschrieben, an der garantierten Auszahlung von Eigenbeitrag und Zulagen beim Riester-Vertrag, welche den Effektivzins mindert. Lassen Sie nun den Kunden entscheiden, ob er Garantie oder Rendite wählt. Weisen Sie den Kunden auch auf die Besteuerung der Renten hin. In der privaten Rentenversicherung wird die Rente lediglich mit dem günstigen Ertragsanteil besteuert. Hier werden ab dem 65. Lebensjahr lediglich 18 Prozent der Renten mit dem persönlichen Steuersatz einkommensteuerpflichtig. Bei der Riester-Rente wird 100 Prozent der Rente einkommensteuerpflichtig. Der Nachteil bei der Riester-Rente wird den Unterschied des Effektivzinses zwischen Riester- und Privatvorsorge weiter vergrößern.

Somit liegt in diesem Fall die private Rentenversicherung vorn. Selbst Riester-Zulagen, sogar für zwei Kinder, konnten keinen Vorteil bringen.

---

2. Lösung

a) Berechnung der Restschuld

Eingabe	Display-anzeigen	Erklärung
12 P/YR	P/YR 12,00	Monatliche Zahlungsweise.
5 x P/YR	N 60,00	Die vorige Laufzeit bis heute betrug 5 Jahre.
4,75 I/YR	I/YR NOM% 4,75	Der Nominalzins des Darlehens beträgt 4,75 Prozent.
96 000 PV	PV 96.000,00	Das Darlehen betrug vor 5 Jahren 96.000 Euro.
460 +/– PMT	PMT -460,00	Die monatliche Annuität beträgt 460 Euro.
FV	FV -90.594,08	Berechnung der Restschuld.

 Die heutige Restschuld beträgt rund 90.600 Euro und muss nun in ein neues Darlehen prolongiert werden.

b) Berechnung der anfänglichen Tilgung in Prozent und der Restschuld nach weiteren 10 Jahren:

Eingabe	Display-anzeigen	Erklärung
RCL FV +/– PV	PV 90.594,08	Abrufen der heutigen Restschuld und speichern als neuen prolongierten Darlehensbetrag zu Beginn.
5,75 I/YR	I/YR NOM% 5,75	Eingabe des neuen Nominalzinses für den neuen Darlehenszeitraum.
10 x P/YR	N 120,00	Eingabe der neuen Zinsfestschreibung von 10 Jahren.
SHIFT PMT	PCL% 0,34	Berechnung der anfänglichen Tilgung, wenn die regelmäßige Annuität bei monatlich 460 Euro gleich bleibt.
FV	FV -86.406,15	Berechnung der Restschuld nach weiteren 10 Jahren.

Der anfängliche Tilgungssatz für das prolongierte Darlehen auf Zahlung von weiteren monatlichen 460 Euro beträgt 0,34 Prozent und die Restschuld hat sich nur um rund 4.000 Euro verringert und liegt nach weiteren 10 Jahren bei rund 86.400 Euro.

c) Berechnung des gesamten Zins-, sowie Tilgungszahlungen in 10 Jahren

Hierzu ist der AMORT-Modus des BWK Business notwendig:

Eingabe	Display-anzeigen	Erklärung
AMORT	AMORT PER_BEGIN 1	Starten des AMORT-Modus. Der Anfangszeitraum wird angezeigt, ab wann die Betrachtung erfolgen soll. Da im ersten Monat begonnen werden soll, kann diese Zahl weiter gespeichert bleiben.
▶ 120	AMORT PER_N 120	Drücken von Steuerkreuz rechts, um die Betrachtungsperioden des weiteren Zeitraums in 10 Jahre (120 Perioden) zu ändern.
▼	AMORT PERIOD 1 – 120	Drücken von Steuerkreuz unten, um in die Anzeigezeilen zu gelangen. Hier wird auch der richtige Betrachtungszeitraum von der 1. bis zur 120. Periode angezeigt.
▶	AMORT PRINCIPAL -4.187,93	Anzeige der Tilgung im 10-jährigen Zeitraum, durch Drücken von Steuerkreuz rechts.
▶	AMORT INTEREST -51.012,07	Weiteres Drücken von Steuerkreuz rechts, um die Zinszahlungen im 10-jährigen Zeitraum anzuzeigen.
▶	AMORT BALANCE -86.406,15	Weiteres Drücken von Steuerkreuz rechts, um die Restschuld nach 10 Jahren anzuzeigen.
AMORT	0,00	Beenden des AMORT-Modus.

Stopp Zur Erklärung der obigen angezeigten Zahlen: Die Tilgung von 4.188 Euro entspricht genau der Differenz zwischen der heutigen Restschuld von 90.594 Euro und der zukünftigen Restschuld von 86.406 Euro, welche auch als BALANCE im AMORT-Modus angezeigt wird. Der gezahlte Zins im 10-jährigen Zeitraum entspricht rund 51.000 Euro. Sie sollten dem Kunden empfehlen, die monatliche Annuität zu erhöhen. Gegebenenfalls wird die Bank eine anfängliche Tilgung von mindestens 1 Prozent verlangen.

3. Lösung

a) Endvermögen bei jährlicher Dynamik:

Eingabe	Display- anzeigen	Erklärung
12 P/YR	P/YR 12,00	Monatliche Sparrate.
40 x P/YR	N 480,00	Die Gesamtlaufzeit beträgt 40 Jahre.
8 EFF%	I/YR NOM% 7,72	Die angenommene Wertsteigerung beträgt 8 Prozent.
500 +/– PV	PV -500,00	Das heutige Guthaben im Vertrag beträgt 500 Euro.
67,5 +/– P/D	P/D -67,50	Die heutige anfängliche Dynamiksparrate be- trägt 67,50 Euro.
10 %D	%D 10,00	Die Dynamikrate beträgt 10 Prozent.
12 SHIFT %D	xD 12,00	Die Dynamiksteigerung soll jährlich, also alle 12 Monate/Perioden, erfolgen.
SHIFT P/D	P/DE -2.777,27	Berechnung der Sparrate nach allen Dynamik- steigerungen im letzten Jahr
FV	FV 998.482,48	Berechnung des Endguthabens.

Somit wird ein Endguthaben von rund einer Million Euro mit dem 65. Lebensjahr erreicht.

b) Berechnung der Sparquote im letzten Jahr

Die Sparrate beträgt im letzten Sparjahr, wie oben berechnet, 2.777 Euro. Um nun das Einkommen nach 40 Jahren hochzurechnen, können Sie eine neue Berechnung durchführen oder Sie benutzen einen einfachen Trick, aufbauend auf der Berechnung in a), welcher die Berechnung verkürzt. Hierzu benutzen Sie lediglich die Dynamiktasten:

Eingabe	Display-anzeigen	Erklärung
1 500 P/D	P/D 1.500,00	Der heutige Nettolohn beträgt 1.500 Euro.
3 %D	%D 3,00	Die Lohnsteigerung soll jährlich 3 Prozent betragen.
SHIFT P/D	P/DE 4.750,54	Berechnung des Nettolohns im letzten Sparjahr.

 Der Nettolohn beträgt somit im letzten Jahr 4.750 Euro. Nun benutzen Sie eine einfache Dreisatzberechnung, um die Sparquote zu ermitteln:

4.750 Euro = 100 %
2.777 Euro = x %
100 x 2.777 ÷ 4.750 = 58,46 %

Die Sparquote liegt somit über der Hälfte des Nettolohns und wäre damit wohl zu hoch für den Sparer. Er wird also nicht jedes Jahr die Dynamiksteigerung in Anspruch nehmen können.

c) Berechnung des Endvermögens bei zweijähriger Dynamik:

Eingabe	Display-anzeigen	Erklärung
67,5 +/– P/D	P/D -67,50	Erneute Eingabe der heutigen Sparrate von 67,50 Euro.
10 %D	%D 10,00	Die Dynamiksteigerung beträgt 10 Prozent.
24 SHIFT %D	xD 24,00	Die Dynamiksteigerung soll jedes zweite Jahr, also alle 24 Perioden/Monate, erfolgen.
SHIFT P/D	P/DE -412,82	Berechnung der Sparrate im letzten Jahr nach allen Dynamiksteigerungen.
FV	FV 405.147,88	Berechnung des Endvermögens.

 Wird die Dynamik nur alle zwei Jahre in Anspruch genommen, so verringert sich das Endvermögen auf 405.000 Euro.

d) Berechnung des realen (inflationsbereinigten) Endvermögens:

Eingabe	Display-anzeigen	Erklärung
1 P/YR	P/YR 1,00	Jährliche Inflationssteigerung.
40 x P/YR	N 40,00	Der Betrachtungszeitraum beträgt 40 Jahre.
3 I/YR	I/YR NOM% 3,00	Die Inflationsrate wird mit 3 Prozent angenommen.
0 P/D	P/D 0,00	Keine regelmäßige Zahlung bei Inflationsberechnungen.
PV	PV -124.200,86	Berechnung des heutigen Werts des Endvermögens.

Stopp Die heutige Kaufkraft beträgt somit lediglich 124.000 Euro.

e) Gleich bleibende Rente über 30 Jahre

Hier nehmen Sie das oben berechnete reale Endvermögen als Rentenkapital an:

Eingabe	Display-anzeigen	Erklärung
12 P/YR	P/YR 12,00	Monatliche Rentenauszahlung.
30 x P/YR	N 360,00	Rentenauszahlung über 30 Jahre.
4 EFF%	I/YR NOM% 3,93	Der Rentenauszahlungszins wird mit 4 Prozent angenommen.
0 FV	FV 0,00	Nach 30 Jahren soll kein Vermögen mehr vorhanden sein – Kapitalverzehr.
PMT	PMT 587,84	Gleich bleibende inflationsbereinigte Rente über 30 Jahre.

Somit kann er sich eine inflationsbereinigte Rente von rund 590 Euro über 30 Jahre auszahlen lassen. Die Inflation ist jedoch nur auf das erste Jahr beschränkt. Danach nimmt der Wert auch dieser Rente Jahr für Jahr ab.

---

4. Lösung

a) Endvermögen nach 20 Jahren

Zuerst sollte die Wertentwicklung von 8,76 Prozent nach Verwaltungskosten berechnet werden.

$$\text{Rendite}_{\text{nach Verw.Kst}} = \text{Rendite} - \text{Verw.Kst} - \left(\text{Verw.Kst} \cdot \frac{\text{Rendite}}{100}\right)$$

$$\text{Rendite}_{\text{nach Verw.Kst}} = 8,76 - 1,3 - \left(1,3 \cdot \frac{8,76}{100}\right)$$

$$\text{Rendite}_{\text{nach Verw.Kst}} = 7,35$$

Nach Verwaltungskosten kann also ein Effektivzins von 7,35 Prozent als Wertentwicklung angenommen werden.

Eingabe	Display-anzeigen	Erklärung
12 P/YR	P/YR 12,00	Monatliche Zahlungsweise.
20 x P/YR	N 240,00	Laufzeit: 20 Jahre.
7,35 EFF%	I/YR NOM% 7,11	Es wird eine Rendite von 7,35 Prozent nach Verwaltungskosten erzielt.
10 000 ÷ 1,025 = +/– PV	PV -9.756,10	Von der Einmalanlage wird der Ausgabeaufschlag abgezogen und als Anfangskapital gespeichert.
100 ÷ 1,025 = +/– P/D	P/D -97,56	Von der Sparrate wird der Ausgabeaufschlag abgezogen und als anfängliche Dynamiksparrate gespeichert.
5 %D	%D 5,00	Der Sparplan wird mit 5 Prozent Dynamik geführt.

12 SHIFT %D	xD 12,00	Die Dynamiksteigerungen sollen jährlich, also alle 12 Perioden/Monate erfolgen.
FV	FV 116.359,09	Berechnung des Endvermögens.

 Nach 20 Jahren steht somit ein Vermögen von rund 116.350 Euro zur Verfügung.

b) Berechnung des Effektivzinses

Um den Effektivzins nach Kosten und Steuern zu berechnen, muss erst der Gewinn ermittelt werden, von dem die Abgeltungsteuer abgezogen wird.

Eingabe	Display- anzeigen	Erklärung
0 I/YR	I/YR NOM% 0,00	Um die Gesamteinzahlungen zu ermitteln, wird der Zins auf 0 gesetzt.
10 000 +/– PV	PV -10.000,00	Zu Beginn werden vor Kosten 10.000 Euro gezahlt.
100 +/– P/D	P/D -100,00	Monatlich werden vor Kosten 100 Euro gezahlt.
FV	FV 49.679,14	Berechnung der Gesamteinzahlungen.

 Die Gesamteinzahlungen betragen 49.679,14 Euro.

Endvermögen:	116.350 Euro
– Gesamtsparraten:	49.680 Euro
= Gewinn	66.670 Euro
– Abgeltungsteuer 26,4 %:	17.600 Euro
Gewinn nach Steuern:	49.070 Euro
+ Einzahlungen:	49.680 Euro
= Vermögen nach Steuern:	98.750 Euro

Teil 7:

Mit diesem Vermögen kann nun der Effektivzins ermittelt werden:

Eingabe	Display-anzeigen	Erklärung
98 750 FV	FV 98.750,00	Das Vermögen nach Kosten und Steuern beträgt 98.750 Euro.
I/YR	I/YR NOM% 5,72	Berechnung des nominalen Zinses.
EFF%	EFF% 5,87	Umrechnung in den effektiven Zins.

Der Effektivzins des Fonds beträgt 5,87 Prozent. Gegenüber der Wertentwicklung von 8,76 Prozent liegt der Kosten- und Steuerabschlag also bei rund 2,9 Prozent.

5. Lösung

Um eine Lösung für diesen Fall zu finden, sollte der Effektivzins der Gesamtanlage herangezogen werden. Aufgrund von zwei Zeiträumen – Ansparphase und Rentenphase – muss der Cashflow-Modus genutzt werden.

a) Effektivzins betriebliche Altersvorsorge

Vor den Eingaben in den Cashflow-Modus sollte berechnet werden, wie hoch die Rentenzahlung nach Steuern ist. Wie Sie bereits wissen, wird die Rente aus der bAV zu 100 Prozent besteuert. Bei einem Steuersatz von 25 Prozent sind also 96 Euro Steuer und bei 16 Prozent Kranken- und Pflegeversicherungssatz weitere 61 Euro fällig. Somit beträgt die Netto-Rente lediglich 227 Euro. Nun können Sie die Zahlen in den BWK Business® eingeben, um den Effektivzins zu berechnen.

Eingabe	Display-anzeigen	Erklärung
12 P/YR	P/YR 12,00	Monatliche Ein-/Auszahlungen.
CF	CASHFLOW CF 00 0,00	Starten des Cashflow-Modus. Drücken Sie ggf. SHIFT C, um alle Angaben zu löschen.
▼ 100 +/−	CASHFLOW CF 01 -100	Im Einzahlungszeitraum zahlt der Kunde effektiv 100 Euro.
▶ 240	CASHFLOW CFN 01 240	Es wird vom 45. bis zum 65. Lebensjahr in die Direktversicherung eingezahlt.
▼ 227	CASHFLOW CF 02 227	Die Netto-Rente ab dem 65. Lebensjahr beträgt 227 Euro.
▶ 300	CASHFLOW CFN 02 300	Die Rente wird voraussichtlich vom 65. bis zum 90. Lebensjahr gezahlt.
CF% CALC	CASHFLOW CF% 4,74	Berechnung des nominalen internen Zinsfußes.
EFF% (gedrückt halten)	CASHFLOW CF% 4,84	Umrechnen in den effektiven Zins.

 Lebt der Kunde bis zum 90. Lebensjahr, so erzielt er eine effektive Rendite von 4,84 Prozent.

b) Private Rentenversicherung

Auch hier muss erst ermittelt werden, wie hoch die Netto-Rente ist. Von der Brutto-Rente über 420 Euro werden lediglich 18 Prozent steuerpflichtiger Anteil, somit 75,60 Euro. Hiervon werden 25 Prozent Einkommensteuer berechnet, wonach rund 19 Euro Steuern fällig werden. Es fließt also eine Netto-Rente von 401 Euro an den Rentner.

Eingabe	Display-anzeigen	Erklärung
(Ausgangslage)	CASHFLOW CF% 4,74	Ausgangslage.
▼▼ 200 +/–	CASHFLOW CF 01 -200	Es werden effektiv 200 Euro vom Kunden in die private Rentenversicherung eingezahlt.
▼ 401	CASHFLOW CF 02 401	Danach erhält er eine Netto-Rente von 401 Euro.
CF% CALC	CASHFLOW CF% 4,16	Berechnung des nominalen internen Zinsfußes.
EFF% (gedrückt halten)	CASHFLOW CF% 4,24	Umrechnung in den effektiven internen Zinsfuß.

Somit steht fest, dass die betriebliche Altersvorsorge in diesem Fall – nach heutiger Gesetzeslage (Sozialversicherungsabzug) – im Effektivzins um 0,6 Prozent überlegen ist.

6. Lösung

Um dem Kunden ein Entscheidungskriterium zu bieten, könnten Sie die Rendite der vorigen 15 Jahre, über die kommenden 10 Jahre und den Gesamtzeitraum ermitteln. Der Kunde wird sich jedoch weniger dafür interessieren, was in der Vergangenheit passiert ist – denn das kann er nun auch nicht mehr ändern. Vielmehr interessiert ihn die Zukunft, also die kommenden 10 Jahre. Ihn wird interessieren, welche Rendite er mit der weiteren Einzahlung in das Produkt erzielt. Berechnen Sie also die kommende Rendite der Kapitallebensversicherung.

Rendite bei Einnahme des Rückkaufswertes:

Eingabe	Display-anzeigen	Erklärung
12 P/YR	P/YR 12,00	Monatliche Einzahlungen.
10 x P/YR	N 120,00	Die Restlaufzeit der Kapitallebensversicherung beträgt 10 Jahre.
30 000 +/– PV	PV -30.000,00	Der heutige Rückkaufswert beträgt 30.000 Euro.
150 +/– PMT	PMT -150,00	Die monatliche Zahlung beträgt 150 Euro.
80 000 FV	FV 80.000,00	Die Versicherungsgesellschaft prognostiziert eine Ablaufleistung von 80.000 Euro.
I/YR	I/YR NOM% 6,12	Berechnung des nominalen Zinses.
EFF%	EFF% 6,30	Umrechnung in den effektiven Zins.

Stopp Diese Zahlen sprechen für sich. Aufgrund dessen wird der Zweitmarkt auch gern diese Versicherung kaufen und damit über die Restlaufzeit eine gute Rendite erzielen. Der Kaufpreis dafür liegt also um 5.000 Euro höher als der Rückkaufswert. Der Versicherungsnehmer könnte nun auch diesen Verkaufspreis vereinnahmen und in eine andere Anlage investieren. Doch welche Rendite müsste er dann mit dieser Anlage erreichen, um mindestens 80.000 Euro – die Ablaufleistung der Versicherung – zu erzielen? Zudem hätte er weiterhin den Todesfallschutz.

Verkauf über den Zweitmarkt:

Eingabe	Display-anzeigen	Erklärung
35 000 +/– PV	PV -35.000,00	Der Verkaufspreis der Versicherung wird in eine Vergleichsanlage umgeschichtet.
I/YR	I/YR NOM% 4,86	Berechnung des nominalen Zinses.
EFF%	EFF% 4,97	Umrechnung in den effektiven Zins.

Damit müsste die Vergleichsanlage rund 5 Prozent Rendite erzielen, damit der Versicherungsnehmer das gleiche Ergebnis erzielt wie mit der Versicherung. Es kann jedoch nur 4,5 Prozent erzielt werden. Zudem fällt dadurch die Steuerfreiheit weg. Die Auszahlung der Versicherung wäre in 10 Jahren steuerfrei, die der Vergleichsanlage wahrscheinlich nicht. Es sollte also von der Kündigung oder vom Verkauf der Lebensversicherung abgeraten werden – es sei denn, der Versicherungsnehmer hat finanzielle Schwierigkeiten. Lassen Sie grundsätzlich den Kunden entscheiden ob er kündigen möchte oder nicht.

7. Lösung

a) Berechnung des Fondsvermögens vor Steuern

$$\text{Rendite}_{(\text{nach Verw.Kst})} = \text{Rendite} - \text{Verw.Kst} - \left(\text{Verw.Kst} \cdot \frac{\text{Rendite}}{100} \right)$$

$$\text{Rendite}_{(\text{nach Verw.Kst})} = 9 - 1{,}5 - \left(1{,}5 \cdot \frac{9}{100} \right)$$

$$\text{Rendite}_{(\text{nach Verw.Kst})} = 7{,}37$$

Nach Verwaltungskosten bleibt dem Anleger lediglich eine Rendite von 7,37 Prozent. Nun zur Berechnung des Endvermögens:

Eingabe	Display-anzeigen	Erklärung
12 P/YR	P/YR 12,00	Monatliche Einzahlungen.
25 x P/YR	N 300,00	Laufzeit von 25 Jahren.
7,37 EFF%	I/YR NOM% 7,13	Die effektive Rendite nach Verwaltungskosten beträgt 7,37 Prozent.
0 PV	PV 0,00	Keine Einmalanlage zu Beginn.
75 ÷ 1,03 = +/– P/D	P/D -72,82	Die monatliche Einzahlung nach Abzug des Ausgabeaufschlags wird als anfängliche Dynamikzahlung gespeichert.
5 %D	%D 5,00	Die Dynamik soll 5 Prozent betragen.
12 SHIFT %D	xD 12,00	Die Dynamiksteigerungen sollen jährlich erfolgen.
FV	FV 96.398,19	Berechnung des Endvermögens.

 Dieses Vermögen ist nun die Größe vor Steuern. Nun fällt noch die Abgeltungsteuer an. Es muss also erst ermittelt werden, wie hoch die Gesamteinzahlungen waren:

Eingabe	Display-anzeigen	Erklärung
0 I/YR	I/YR NOM% 0,00	Um die Gesamteinzahlungen zu ermitteln, wird der Zins auf 0 Prozent geändert.
75 +/– P/D	P/D -75,00	Der Kunde zahlte zu Beginn vor Kostenabzug 75 Euro.
FV	FV 42.954,39	Berechnung der Gesamteinzahlungen.

Nun kann die Steuerberechnung anhand oben berechneter Zahlen durchgeführt werden:

Vermögen vor Steuern:	96.400 Euro
– Gesamteinzahlungen:	42.950 Euro
= Gewinn aus Fondssparen:	53.450 Euro
– Abgeltungsteuer (26,4 %):	14.110 Euro
+ Gesamteinzahlungen:	42.950 Euro
= Vermögen nach Steuern:	82.290 Euro

b) Berechnung des heutigen Werts des Vermögens nach Steuern

Eingabe	Display-anzeigen	Erklärung
1 P/YR	P/YR 1,00	Jährliche Inflation.
25 x P/YR	N 25,00	Es wird über den Gesamtzeitraum von 25 Jahren gespart.
3 I/YR	I/YR NOM% 3,00	Inflationsannahme von 3 Prozent.
0 PMT	PMT 0,00	Keine Ein-/Auszahlungen bei Inflationsberechnungen.
82 290 FV	FV 82.290,00	Das Vermögen entspricht in 25 Jahren 82.290 Euro.
PV	PV -39.302,16	Berechnung des heutigen Werts.

Das Vermögen entspricht lediglich einem heutigen Wert von rund 39.500 Euro.

c) Berechnung des Effektivzinses nach Kosten, Steuern und Inflation

Eingabe	Display-anzeigen	Erklärung
12 P/YR	P/YR 12,00	Monatliche Einzahlungen.
25 x P/YR	N 300,00	Laufzeit 25 Jahre.
0 PV	PV 0,00	Keine Einmalanlage zu Beginn.
75 +/− P/D	P/D -75,00	Effektiv zahlt der Kunde 75 Euro in den Fondssparplan anfänglich ein.
5 %D	%D 5,00	Es wird eine Dynamiksteigerung von 5 Prozent angenommen.
12 SHIFT %D	xD 12,00	Die Dynamiksteigerung erfolgt jährlich.
39 500 FV	FV 39.500,00	Es wird nach Kosten, Steuern und Inflation ein Vermögen von 39.500 Euro erreicht.
I/YR	I/YR NOM% -0,86	Berechnung des nominalen Zinses. Aufgrund der Dynamik kann diese Berechnung einige Sekunden in Anspruch nehmen.
EFF%	EFF% -0,85	Umrechnung in den effektiven Zins.

Nach Kosten, Steuern und Inflation erreicht der Kunde nur ein negatives Ergebnis von knapp 1 Prozent.

a) Berechnung der Rente

Eingabe	Display-anzeigen	Erklärung
12 P/YR	P/YR 12,00	Monatliche Rentenauszahlung.
25 x P/YR	N 300,00	Die Rente soll 25 Jahre mit Kapitalverzehr ausgezahlt werden.
4 EFF%	I/YR NOM% 3,93	Die Rendite des Bundesschatzbrief liegt bei 4 Prozent.
150 000 +/− PV	PV -150.000,00	Es erfolgt eine Einmalzahlung in den Bundesschatzbrief von 150.000 Euro.
0 FV	FV 0,00	Nach 25 Jahren soll kein Vermögen mehr vorhanden sein – Kapitalverzehr.
PMT	PMT 785,84	Berechnung der monatlichen Rente.

 Es kann also monatlich eine regelmäßige Rente von 785 Euro entnommen werden.

b) Berechnung des steuerpflichtigen Anteils der Rente

Hierzu muss der Zins einer Rente ermittelt werden, der in den jeweiligen Renten erzielt wird. Hierzu dient der AMORT-Modus.

Eingabe	Display-anzeigen	Erklärung
AMORT	AMORT PER_BEGIN 1	Starten des AMORT-Modus. Da die Rente des 1. Zeitraumes im 1. Jahr ermittelt werden soll, kann die erste Periode hier belassen werden.
▶ 1	AMORT PER_N 1	Es soll lediglich die erste Rente ermittelt werden, somit nur eine Periode nach dem Startzeitpunkt.
▼	AMORT PERIOD 1-1	Es wird die erste Rentenzahlung betrachtet, somit Periode 1-1.
▶▶	AMORT INTEREST 491,06	Zweimaliges Drücken von Steuerkreuz rechts, um den Zinsanteil der Rente zu ermitteln.
▲◀ 120	AMORT PER_BEGIN 120	Um die Rente im 10. Jahr zu ermitteln, gehen Sie in den Start des Betrachtungszeitraums PER_BEGIN, um dort den Start bei der 120. Periode festzulegen.
▼ ▶▶	AMORT INTEREST 350,92	Drücken von Steuerkreuz unten, um wiederum in die Anzeigewerte zu gelangen und zweimaliges Drücken von Steuerkreuz rechts, um den Zinsanteil der Rente im 10. Jahr anzuzeigen.

Der Zinsanteil der ersten Rente liegt damit bei 491 Euro, der nun mit der Abgeltungsteuer zu versteuern ist. Unterm Strich müssen von der ersten Rente rund 125 Euro Steuern bezahlt werden. Im 10. Jahr ist nur noch ein Zinsanteil von 351 Euro vorhanden, wovon die Abgeltungsteuer, rund 93 Euro, von der Rente abgezogen werden muss.

c) Berechnung des Effektivzinses bei Leibrentenauszahlung

Eingabe	Display-anzeigen	Erklärung
12 P/YR	P/YR 12,00	Monatliche Leibrentenauszahlung.
25 x P/YR	N 300,00	Es wird mit einer Lebenserwartung von 25 Jahren gerechnet.
150 000 +/– PV	PV -150.000,00	Es werden 150.000 Euro in die private Rentenversicherung eingezahlt.
855 PMT	PMT 855,00	Die Rente beträgt 855 Euro.
0 FV	FV 0,00	Nach Tod erhält der Versicherungsnehmer keine Zahlungen mehr.
I/YR	I/YR NOM% 4,75	Berechnung des nominalen Zinses.
EFF%	EFF% 4,85	Umrechnung in den effektiven Zins.

Mit der privaten Rentenversicherung wird ein Effektivzins von 4,85 Prozent erzielt, sofern der Versicherte noch 25 Jahre lebt. Er liegt damit höher als bei Bundesschatzbriefen. Zudem wird die Besteuerung geringer sein, da nur mit Ertragsanteilbesteuerung gerechnet wird. Der Kunde sollte sich in diesem Fall also für die private Rentenversicherung entscheiden.

9. Lösung

a) Ermittlung des Vor-Steuer-Ergebnisses

Eingabe	Display-anzeigen	Erklärung
1 P/YR	P/YR 1,00	Jährliche Ausschüttungen.
CF 105 000 +/–	CASHFLOW CF 00 -105.000	Starten des Cashflow-Modus und Eingabe der Anfangsinvestition in CF 00.
▼ 4 000	CASHFLOW CF 01 4.000	Eingabe der ersten Ausschüttung von 4.000 Euro.
▶ 1	CASHFLOW CFN 01 1	Die Ausschüttung erfolgt nur in 2009.
▼ 8 000	CASHFLOW CF 02 8.000	Die folgenden Ausschüttungen betragen 8.000 Euro.
▶ 6	CASHFLOW CFN 02 6	Die Ausschüttungen von 8.000 Euro erfolgen von 2010 bis 2015, also 6 Jahre.
▼ 9 000	CASHFLOW CF 03 9.000	Die nächste Ausschüttung beträgt 9.000 Euro.
▶ 2	CASHFLOW CFN 03 2	Die Ausschüttung von 9.000 Euro wird 2 Jahre gezahlt, in den Jahren 2016 und 2017.
▼ 12 000	CASHFLOW CF 04 12 000	Die nächste Ausschüttung beträgt 12.000 Euro.
▶ 1	CASHFLOW CFN 04 1	Diese Ausschüttung wird nur im Jahr 2018 gezahlt.

▼ 20 000	CASHFLOW CF 05 20.000	Die nächste Ausschüttung beträgt 20.000 Euro.
▶ 3	CASHFLOW CFN 05 3	Die Ausschüttung wird von 2019 bis 2021 gezahlt, also 3 Jahre.
▼ 83 000	CASHFLOW CF 06 83.000	Beim Verkauf des Schiffes werden 83.000 Euro ausgeschüttet.
▶ 1	CASHFLOW CFN 06 1	Die Ausschüttung wird nur einmalig gezahlt.
CF% CALC	CASHFLOW CF% 8,00	Berechnung des internen Zinsfußes. Es kann einen Moment in Anspruch nehmen. Aufgrund der einjährigen Zahlungsperioden ist hier der nominale gleich dem effektiven Zins.

 Damit beträgt das Vor-Steuer-Ergebnis 8 Prozent.

b) Berechnung des Nach-Steuer-Ergebnisses

Eingabe	Display- anzeigen	Erklärung
(Ausgangslage)	CASHFLOW CF% 8,00	Ausgangslage.
▼▼ 3 823	CASHFLOW CF 01 3.823	Die erste Ausschüttung verringert sich aufgrund der Tonnagesteuer auf 3.823 Euro.
▼ 7 823	CASHFLOW CF 02 7.823	Der zweite Cashflow verringert sich aufgrund der Steuer auf 7.823 Euro.

▼ 8 823	CASHFLOW CF 03 8.823	Der dritte Cashflow verringert sich auf 8.823 Euro.
▼ 11 823	CASHFLOW CF 04 11.823	Der vierte Cashflow verringert sich auf 11.823 Euro.
▼ 19 823	CASHFLOW CF 05 19.823	Der fünfte Cashflow verringert sich auf 19.823 Euro.
▼ 82 823	CASHFLOW CF 06 82.823	Der letzte Cashflow verringert sich auf 82.823 Euro.
CF%	CASHFLOW CF% 7,84	Berechnung des internen Zinsfußes.

 Durch die Steuer verringert sich das Ergebnis lediglich um 0,16 Prozent. Die Tonnagebesteuerung fällt also kaum ins Gewicht.

c) Berechnung des wahren internen Zinsfußes

Da der interne Zinsfuß davon ausgeht, dass die Wiederanlage zu dem Zins von 7,84 Prozent ausgeht, sollte noch der wahre Zinsfuß nach Wiederanlageprämisse berechnet werden, mit einem realistischen Wiederanlagezins.

Eingabe	Display- anzeigen	Erklärung
(Ausgangslage)	CASHFLOW CF% 7,84	Ausgangslage.
►►► 4	CASHFLOW RII% 4	Dreimaliges Drücken von Steuerkreuz rechts, um in das Eingabefeld des Wiederanlagezinses RII% zu gelangen und dortige Eingabe von 4 Prozent. Auch hier gilt: Nominal- ist gleich Effektivzins.
► CALC	CASHFLOW TIRR% 6,62	Drücken von Steuerkreuz rechts, um zu dem wahren Zinsfuß zu gelangen und drücken von CALC zur Berechnung.

d) Verkaufspreisverringerung um 30 Prozent und Berechnung des Ergebnisses

Fällt der Verkaufspreis von 83.000 Euro um 30 Prozent (24.900 Euro) geringer aus, so werden lediglich 58.100 Euro ausgeschüttet. Zudem fällt noch die Tonnagesteuer an, wonach der Anleger lediglich 57.923 Euro ausgeschüttet bekommt.

Hinweis: Einige Experten rechnen bereits damit, dass Schiffsfonds in den nächsten Jahren nicht mehr den Aufwärtstrend beibehalten können wie in den letzten Jahren. Um das Ergebnis auch im Negativszenario zu bewerten, können Sie Abschläge annehmen.

Eingabe	Display-anzeigen	Erklärung
(Ausgangslage)	CASHFLOW TIRR% 6,62	Ausgangslage.
▼▼▼▼▼▼▼ 57 923	CASHFLOW CF 06 57.923	Siebenmaliges Drücken von Steuerkreuz unten, um in den Cashflow mit dem Verkaufserlös zu gelangen.
CF% CALC	CASHFLOW CF% 6,80	Springen in das Feld und Berechnung des internen Zinsfußes.
◄ CALC	CASHFLOW TIRR% 5,85	Drücken von Steuerkreuz links, um zum wahren Zinsfuß nach Wiederanlageprämisse zu gelangen und Berechnung dieses.
CF	0,00	Beenden des Cashflow-Modus.

Durch einen 30 Prozent geringeren Verkaufspreis des Schiffes verringert sich der interne Zinsfuß auf 6,8 Prozent, sowie der wahre Zinsfuß nach Wiederanlageprämisse auf 5,85 Prozent.

10. Lösung

a) Berechnung der zusätzlichen Provisionszahlungen bei Investition von 150 Euro

Eingabe	Display-anzeigen	Erklärung
12 P/YR	P/YR 12,00	Monatliche Amortisation des Investments.
1 x P/YR	N 12,00	Die Amortisation soll innerhalb eines Jahres erfolgen.
15 EFF%	I/YR NOM% 14,06	Der Unternehmerzins wird mit 15 Prozent angenommen.
150 +/– PV	PV -150,00	Das Investment beträgt 150 Euro.
0 FV	FV 0,00	Das Investment soll sich vollständig amortisieren.
PMT	PMT 13,47	Berechnung der notwendigen Zusatz-Provision.

Durch die Investition in Taschenrechner und Buch müssten Sie monatliche Zusatzeinnahmen von 13,50 Euro haben, um die Investition zu amortisieren.

b) Zusätzliche Investition in Seminare

Eingabe	Display-anzeigen	Erklärung
1 000 +/– PV	PV -1.000,00	Die Investition beträgt 1.000 Euro.
PMT	PMT 89,81	Berechnung der notwendigen monatlichen Zusatzprovisionen.

Werden zusätzliche Investitionen, wie zum Beispiel Seminare für insgesamt 1.000 Euro gebucht, so steigt die notwendige monatliche Zusatz-Provision auf rund 90 Euro. Auch diese zusätzliche Provision sollte bei Anwendung der Strategien und Berechnungen möglich sein.

c) Provisionssteigerung um 500 Euro durch die Investments

Immer wieder berichten Seminarteilnehmer und Leser dieser Buchreihe, dass Sie sehr gute Ergebnisse durch Anwendung erzielt haben. Wie hoch sind die Renditen?

Eingabe	Display-anzeigen	Erklärung
500 PMT	**PMT** 500,00	Die monatliche Zusatz-Provision steigt auf 500 Euro.
I/YR	**I/YR NOM%** 595,23	Berechnung des nominalen Zinses.
EFF%	**EFF%** 12.467,65	Umrechnung in den effektiven Zins.

Diese Zahl erscheint im ersten Moment utopisch, wird jedoch von vielen Teilnehmern der Verkaufs- und Rechentrainings berichtet. In den Fällen war der Erfolg nach ständiger Anwendung des BWK Business® möglich. Wir empfehlen Ihnen auf diesem Weg: Wenden Sie den BWK Business® tagtäglich beim Kunden an. Rechnen Sie jeden Tag ein paar Aufgaben und bleiben Sie am Ball. Achten Sie dann auf Ihre Verkaufssteigerungen. Gern hören wir von Ihren Erfolgen durch Investments in Seminare oder durch die Anwendung des BWK Business® und des Buches.

mail@berndwkloeckner.com

werner@duetting.com

Teil 8

Schluss

Wir gratulieren Ihnen! Sie haben gut 400 Seiten bearbeitet. Sie haben gelesen. Gerechnet. Sie haben gezeigt: Sie wollen heute besser sein als gestern. Sie wollen morgen besser sein als heute. Das ist die Einstellung der Sieger! Das ist die Einstellung der Gewinner und der Spitzenverkäufer wie der Spitzenberater. Nun gilt: Wenden Sie den BWK Business® und die Berechnungen in diesem Buch an – am Besten täglich! Der BWK Business® und die beiden Bücher „Rechentraining für Finanzdienstleister Band 1 und 2" sind wertvolle und unverzichtbare Kompetenztools auch für Freunde und Bekannte. – Zeigen Sie Kunden Vor- und Nachteile von Produkten. Zeigen Sie dem Kunden, warum gerade Ihr Produkt von der Rendite sehr gut ist. Dokumentieren Sie, wann immer Sie es brauchen, dass Sie Finanzberater sind. Finanzberater statt FinanzRater®. Das ist alles. Das zu beweisen ist Ihre Aufgabe. – Beachten Sie aktuelle Gesetze und die Abgeltungsteuer. Zeigen Sie Ihren Kunden, warum er welches Produkt abschließen sollte. Berechnen Sie Rentenlücken, für junge und ältere Kunden. Zeigen Sie den Kunden dann, wie hoch die notwendige Sparrate ist. Beachten Sie, falls nötig, die steuerlichen Auswirkungen. Wobei Sie in vielen Fällen zum ersten Check auch ohne Steuer rechnen können.

Sie werden dieses Buch als Nachschlagewerk bei bestimmten Fragestellungen nutzen. Sollte ein Fall einmal beim Kunden zu kompliziert sein oder Sie gerade nicht weiter wissen, notieren Sie den Fall und zeigen dem Kunden die Lösung beim nächsten Besuch. Wie auch immer: Dieser Band 2 zu „Rechentraining für Finanzdienstleister" ist eine wertvolle und wichtige Hilfe für gelebte, gezeigte finanzmathematische Kompetenz.

Aufgrund der EU-Dokumentationspflicht empfehlen wir Ihnen, Berechnungen mit dem YOERS®-Modus zu speichern und die BWK Business Desktop Software des FAF Verlags zu nutzen. Grundsätzlich empfehlen wir Ihnen: Registrieren Sie sich und Ihren BWK Business® auf www.FAF-Verlag.com. Sie haben dadurch nur Vorteile: Kostenlose Nutzung des FAF-Forums zum Austausch bei Berechnungsproblemen mit anderen Usern, regelmäßiger FAF-Newsletter mit spannenden Rechenaufgaben und vieles mehr. Die Botschaft lautet: Nutzen Sie diesen kostenlosen Service.

Gern hören wir von Ihren Erfolgen mit dem BWK Business® oder Anwendung der Strategien dieses Buches. Auch bei Problemen können Sie uns entweder eine E-Mail schreiben oder noch besser: Nutzen Sie das FAF-Forum dazu. Und denken Sie daran: Sie tun Freunden und Bekannten aus der Finanz- und Beratungsbranche einen Gefallen, wenn Sie vom BWK Business®, dem einzigartigen Kompetenztool, wie von diesen Büchern zum BWK Business® weitererzählen.

Wir wünschen Ihnen den bestmöglichen Erfolg!

Viel Erfolg! Vielen Dank!

Bernd W. Klöckner® *Werner Dütting*

www.berndwkloeckner.com www.duetting.com
mail@berndwkloeckner.com werner@duetting.com

Dankeschön

Ein Buch schreiben, ein Buch gestalten, ein Buch erfolgreich beenden hat viele Mütter und Väter des Erfolges. Ausdrücklich bedanken wir uns daher bei allen, die uns nun seit Jahren in unserer Arbeit unterstützen. Auch wenn wir nicht alle namentlich nennen können.

Unser Dank gilt ausdrücklich und vor allem allen Nutzern des BWK Business® und Seminarteilnehmer der Bernd W. Klöckner® Verkauf- und Rechentrainings, der Klöckner-Methode wie der Verkaufstherapie® nach Bernd W. Klöckner®. Sie sind es, liebe BWK Business® Freunde und Fans, die den großen und großartigen, heute internationalen Erfolg der Klöckner-Methode und des BWK Business® möglich machten. Sie sind es, die als Käufer des Buches „Rechentraining für Finanzdienstleister" aus diesem Buch und den weiteren Büchern zum Rechner Bestseller machten.

Wir bedanken uns bei allen aktiven Trainern zur Klöckner-Methode. Markus Schellenberg in der Schweiz. Andreas Novotny in Österreich. Patrick Harmuth in Frankreich. In Deutschland: Ruth Watty, Grischa Schulz, Wilfried Stubenrauch, Thomas Vincon. Alle Genannten verbindet Transparenz, Vertrauen und eine Vision: Sprachliche und rechnerische Souveränität und Kompetenz bei Finanzdienstleistern. Ein besonderer Dank geht an Dich, Ruth. Du bist eine wundervolle Trainerin. Du bist heute die wohl beste und bestbezahlte Trainerin in der Verkaufs- und Finanzbranche. Du warst und bist ein wichtiger, menschlicher wie beruflicher Sparringspartner für die Weiterentwicklung der Klöckner-Methode. Du bist ein Kracher im Verkauf. Du bist eine hervorragende Coaching-Partnerin. Und Du bist derzeit zweifelsohne die erfolgreichste Partnerin für den FAF Verlag. Für den BWK Business®. Mehr davon! Noch viele, viele Jahre und Jahrzehnte.

Wir danken zudem dem Gabler-Verlag. Dieses Buch entstand nach einigen Jahren der Veränderung wieder gemeinsam mit Guido Notthoff. Nennen wollen wir ausdrücklich Bernhard Rudolf vom Gabler Verlag. Viele kennen ihn, unter anderem als Chefredakteur des Versicherungsmagazin. Bis heute gilt: Sie waren es, der vor vielen Jahren an die Vision dieses „Rechentraining nach Bernd W. Klöckner®" glaubten. Aus dem ersten Gespräch wurde eine wahre Erfolgswelle. Heute gilt die Klöckner-Methode, basierend auf dem BWK Business® als legendär. Dieser Erfolg begann mit Ihrer Zusage von damals im Sinne „Das machen wir". Danke, Herr Rudolf!

Zudem danken wir dem gesamten FAF-Verlag. Ohne den BWK Business® wäre dieses Buch nicht entstanden. Die Einfachheit der Eingaben und die Berechnungsfunktionen im BWK Business® sind einmalig, sind einzigartig am Markt. Der BWK Business® ist bereits heute legendär. Über zehntausend zufriedene, begeisterte Nutzer sind die Erfolgsbilanz nach einem Jahr. Wir danken für die ständige Weiterentwicklung, das FAF-Forum, die FAF-Chats und natürlich auch der BWK Business® Desktop-Software. Hier sind insbesondere Dirk K. Runzheimer und Edgar Holzke zu nennen, die die Väter des Erfolges und Mit-Erfinder beziehungsweise Mit-Entwickler des BWK Business® sind. Gemeinsam mit den beiden Autoren dieses Buches.

Nun noch ein besonderes Danke an einen besonderen Menschen: Professor Heinrich Bockholt. Viele Jahrzehnte an der Fachhochschule Koblenz tätig, ist er einer der wohl besten und anerkanntesten Profis für Finanzmathematik und Investition. Seit nun 1988 stehen wir in zunehmend enger Verbindung. Es sind damit über 20 Jahre des vertrauten, verlässlichen, jederzeit fairen und immer korrekten Miteinander. Neidlos. Unterstützend. Lieber Professor Bockholt: Sie haben sowohl Werner Dütting, Dirk K. Runzheimer wie Bernd W. Klöckner® als Studenten erlebt. Sie haben uns und unseren Lebensweg geprägt. Sie haben insbesondere Werner Dütting und Bernd W. Klöckner®, den beiden Autoren dieses Buches, die Freude an praxisorientierter Finanzmathematik geschenkt. Wir alle danken Ihnen, verehrter Professor Bockholt. Und wir wünschen uns mindestens 20 weitere derart aktive und erfolgreiche wie gemeinsame Jahre. Sie haben, Professor Bockholt, großen, sehr großen Anteil an der Qualität des BWK Business®. Jederzeit standen und stehen Sie als fachlicher Mentor zur Verfügung. Im Hintergrund und auch ganz vorn, wenn wir Sie brauchen. Nehmen Sie diese Zeilen als Ausdruck unserer Wertschätzung Ihnen gegenüber. Bekannterweise haben erfolgreiche Menschen stets erfolgreiche Lehrer und Mentoren gehabt. Sie waren und sind uns ein wertvoller, wichtiger, beruflich wie menschlich geschätzter Mentor und Lehrer. Viel Erfolg! Vielen Dank!

Bernd W. Klöckner®
www.berndwkloeckner.com
mail@berndwkloeckner.com

Werner Dütting
www.duetting.com
werner@duetting.com

Anhang

Kursverlauf DAX vom Februar 2000 bis Mai 2007

Monat	Endkurse des Monats	Gekaufte Anteile
Feb 00	7.645	
Mrz 00	7.599	
Apr 00	7.415	
Mai 00	7.110	
Jun 00	6.882	
Jul 00	7.190	
Aug 00	7.245	
Sep 00	6.798	
Okt 00	7.077	
Nov 00	6.372	
Dez 00	6.434	
Jan 01	6.795	
Feb 01	6.208	
Mrz 01	5.830	
Apr 01	6.265	
Mai 01	6.123	
Jun 01	6.058	
Jul 01	5.861	
Aug 01	5.188	
Sep 01	4.308	
Okt 01	4.559	
Nov 01	4.990	
Dez 01	5.160	
Jan 02	5.108	

Feb 02	5.039	
Mrz 02	5.397	
Apr 02	5.041	
Mai 02	4.818	
Jun 02	4.383	
Jul 02	3.700	
Aug 02	3.713	
Sep 02	2.769	
Okt 02	3.153	
Nov 02	3.320	
Dez 02	2.893	
Jan 03	2.748	
Feb 03	2.547	
Mrz 03	2.424	
Apr 03	2.942	
Mai 03	2.983	
Jun 03	3.221	
Jul 03	3.488	
Aug 03	3.485	
Sep 03	3.257	
Okt 03	3.656	
Nov 03	3.746	
Dez 03	3.965	
Jan 04	4.059	
Feb 04	4.018	
Mrz 04	3.857	
Apr 04	3.985	
Mai 04	3.921	
Jun 04	4.053	
Jul 04	3.896	
Aug 04	3.785	
Sep 04	3.893	
Okt 04	3.960	
Nov 04	4.126	

Anhang

Dez 04	4.256	
Jan 05	4.255	
Feb 05	4.350	
Mrz 05	4.349	
Apr 05	4.185	
Mai 05	4.461	
Jun 05	4.586	
Jul 05	4.887	
Aug 05	4.830	
Sep 05	5.044	
Okt 05	4.929	
Nov 05	5.193	
Dez 05	5.408	
Jan 06	5.674	
Feb 06	5.796	
Mrz 06	5.970	
Apr 06	6.010	
Mai 06	5.693	
Jun 06	5.683	
Jul 06	5.682	
Aug 06	5.860	
Sep 06	6.004	
Okt 06	6.269	
Nov 06	6.309	
Dez 06	6.597	
Jan 07	6.789	
Feb 07	6.715	
Mrz 07	6.917	
Apr 07	7.409	
Mai 07	7.883	
	Summe:	

Quelle: © Bernd W. Klöckner, www.berndwkloeckner.com; Werner Dütting, www.duetting.com

Stichwortverzeichnis

A

Abgeltungsteuer 40 f., 57, 63, 87, 98, 103 f., 107, 114 ff., 122, 124, 128, 218 ff., 228, 237 f., 309, 314, 317
Ablaufleistung 74
Ablaufmanagement 125, 232 ff., 257
Abschlusskosten 169
Aktienfonds 116, 118, 122, 125, 219, 222, 232
Alterseinkünftegesetz 98
Amortisation 187
AMORT-Modus 187 ff., 200 ff.
Anlagementalität 179, 253
Annuität 152
Arbeitnehmersparzulage 57 ff., 352
Ausbildung 356
Ausgabeaufschlag 22, 29, 112 ff.
Auszahl-/Rentenpläne 205
Auszubildende 356

B

BaFin (Bundesanstalt für Finanzdienstleistungsaufsicht) 75, 313
Bankdarlehen 341
Bankenkrise 143
Bausparverträge 56 ff., 328 ff.
Beitragsbemessungsgrenze 64, 76 f.

Beratungsgespräch 160
Beratungsprotokoll 238
Berufsunfähigkeitsversicherung 332, 359, 363
Berufsunfähigkeitszusatzversicherung 103
betriebliche Altersvorsorge 64, 79 ff., 88, 262 f., 303, 310, 363, 377
Bonuszertifikate 137
Bundesanleihe 130 ff.
Bundesschatzbriefe 269, 317

C

Cap 138 ff.
Cashflow 294
Cashflow-Modus 277, 279, 281, 309 f., 313
Collateralised Debt Obligabtions, CDO 148
Cost-Average-Effekt 48, 143 ff.
– negativer 144

D

Dachfonds 115, 116, 222 ff.
Darlehen 376
Darlehensangebot 335
DAX 132, 141 f.
Depotgebühren 20 ff., 48
Direktbanken 19, 23, 244

Direktversicherung 64 ff., 70 f.
Direktzusage 65
Discountzertifikate 141
Dokumentationspflicht 160 f., 179
Doppelbesteuerungsabkommen 321
DRV-Renteninformation 88 ff., 364
Durchführungswege 65 f., 81
Dynamik 112, 114, 167, 239, 241,
    243, 259, 276, 376
Dynamik-Sparpläne 122

E
Einkommensteuer 40, 49, 85 f.
Entgeltumwandlung 64, 66 f., 76 f.,
    80, 262, 304 f., 372
Entschädigungseinrichtung 179
Ertragsanteil 266, 299
Ertragsanteilbesteuerung 309
EU-Dokumentationspflicht 14
EU-Dokumentationsrichtlinie 94
Exchange Traded Funds (ETF's)
    133 ff.
Expresszertifikate 138

F
Federal Reserve (Fed) 147
FinanzRater® 2, 6
Fonds-Discounter 19
fondsgebundene Lebensversicherung
    115, 122, 227, 376
fondsgebundene Rentenversicherung
    272, 364, 367
Fondssparplan 377 f.
Fünftelungsregelung 85 f.

G
Garantiefonds 52, 129 ff.
Garantieverzinsung 67
Garantiezertifikate 137

geschlossene Fonds 111, 313, 325
geschlossene Immobilienfonds 321
Grundzulage 31, 48

H
Hinterbliebenenvorsorge 181 f.
Honorarberatung 214 f.
Hypotheken 148, 156

I
Immobilien 152 ff., 196 ff.
Immobilienfinanzierung 4
Immobilienfonds 248
Indexzertifikat 130, 132, 136
Inflation 42 f., 92 f., 154, 239,
    241 ff., 258
Investmentfonds 5, 19, 57 f., 63,
    115 f., 215 ff., 255
Investmentfondssparplan 116

K
Kapitalgarantieprodukte 129
Kapitallebensversicherung 362,
    364, 370 ff., 378
Kinderzulage 31
Kostentransparenz 169

L
Lebensversicherungen 4, 67 f.,
    96 ff., 109, 111
– Kündigung von 111
– Verkauf von 98, 103
Lebenszyklusfonds 124, 127 f.
Leibrenten 265 f., 275, 295 ff., 368

M
Market in Financial Instruments
    Directive (MiFID) 160, 255
Monopoly 156

N

Nettobarwert 288
Nettoendwert 289
Nullrunden 91

P

PAFR® 11, 13, 14
Pensionsfonds 64, 75 f., 79, 304, 309
Pensionskasse 64 f., 72, 73
Pensions-Sicherungs-Verein (PSV) 65
Pensionszusage/Direktzusage 65
private Rentenversicherung 265, 269, 270 f., 295
Prognoseberechnungen 169, 272
Prospekt 180
Provisionen 168
Provisionsvergütung 214

R

Rating 143
Rente 5
Rentenfonds 125, 232
Renteninformationen 88 ff.
Rentenkürzungen 92
Rentensteigerungen 88, 94 f.
Rentenversicherung 32
Rentenziele 373
Reverse Mortgage 155 ff.
Riester-Banksparplan 32
Riester-Fondssparplan 45, 46, 49 ff.
Riester-Produkte, fondsgebundene 51
Riester-Rente 30, 65, 363, 375
Riester-Rentenversicherung 347
Riester-Sparpläne 31
Riester-Zulagen 49, 300 f.

Risikodiversifizierung 248
Risikolebensversicherung 181, 359 f., 363
Rolling-Discountzertifikate 138
Rückkaufswert 97
Rürup-Zulagen 302

S

Sachversicherungen 212
Schiffsfonds 313, 379
Seitwärtsrendite 138 ff.
Seminare 14 f.
Sicherheit 243
7-Schritte-Verkaufsstrategie 253, 360
Sonderausgabenabzug 46, 49, 181, 302, 332
Sozialversicherung 86
Sozialversicherungsbeiträge 64
Sparbücher 243
Spekulationsfrist 88, 321, 325
staatliche Zulagen 30, 53, 63
Steuererklärung 61
Subprime-Krise 136, 143, 146 ff.

T

Tagesgeld 244, 246 f.
Target Funds 124
Todesfallschutz 172
Tonnagebesteuerung 314
Total Expense Ratio (TER) 24 ff., 118, 255

U

Umschuldung 376
Unfallzusatzversicherung 103
Unterstützungskasse 65

V

Venture Capital 248 ff.
Verkaufsprospekt 313
Verkehrswert 156
Verlustbegrenzung 138
Verlustzuweisung 314
Vermögenswirksame Leistungen
    56 ff., 61, 63, 80, 350 f., 353
Versicherungsprämie 211
Versicherungsvermittlerverordnung
    160
Versicherungsvertragsgesetz (VVG)
    24, 160, 168, 255
Vertragskündigungen 99
Vertragsverwaltungsgebühr
    172
Verwaltungskosten 24, 26, 46,
    112 f., 171 f.
Vorausdarlehen 330, 331

W

Wohnungsbauprämie 57

Y

YOERS®-Funktion 161

Z

Zahlungsstrom 16
Zahlungsweise
– nachschüssige 18
– vorschüssige 16, 18
Zeitwertkonten 81 ff., 88, 310
Zerobond 131 f.
Zertifikate 137 f.
Zertifikatefonds 137
Zielsparfonds 124
Zinsbindungsfrist 148 f., 343
Zinseszinseffekt 353
Zinsfestschreibungen 150, 342 f.
Zinsfuß
– interner 28 ff.
– wahrer interner 290
Zweitmarkt 325 ff.
Zweitmarkt für Versicherungen
    96, 99

Die Autoren

Bernd W. Klöckner®

Bernd W. Klöckner® studierte mit Abschluss Master of Arts an der Universität Kaiserslautern. Er ist Diplom-Betriebswirt (FH), absolvierte erfolgreich mit Abschluss ein universitäres Studium mit Schwerpunkt Systemisches Management und machte zudem seinen MBA in Ludwigshafen. Bernd W. Klöckner ver-fügt über Weiterbildungen in den Bereichen Gesprächs- und Hypnotherapie. Allein diese Kombination aus Wissen und 23 Jahren erfolgreicher Verkaufspraxis macht ihn zu einem unbezahlbarem Trainer, Coach und Spitzen-Referent.

Er entwickelte die Klöckner-Methode, das wohl erfolgreichste und bereits heute legendäre mehrtägige Intervall-Training. Für sprachliche und rechnerische Souveränität und Kompetenz. Er ist Begründer der Verkaufstherapie®, einer markenrechtlich eingetragenen Bezeichnung. Und er entwickelte das wohl erfolgreichste und beste Kompetenztool für Finanzdienstleister, Studenten der Wirtschaftswissenschaften und für alle Anderen, die in Geldgeschäften beraten oder Entscheidungen treffen. Das Kompetenztool ist der finanzmathematische Taschenrechner BWK Business®. – Auf das einzigartige Intervalltrainings nach der Klöckner-Methode und der Verkaufstherapie® setzen nahezu alle namhaften Unternehmen der Finanzbranche. Mittlerweile ist die Klöckner-Methode in neun Ländern erfolgreich etabliert.

Bernd W. Klöckner gilt als der Ausnahme-Trainer der Finanz- und Verkaufsbranche. Er gilt als der High Performance Coach. Er ist 42-facher Buchator, darunter Bestseller wie „Die Rentenlüge" und andere. Er bietet eine in der Trainerbranche einzigartige Mischung aus über 23 Jahren höchst erfolgreicher Verkaufspraxis, kombiniert mit Theorie und Wissenschaft. Die Süddeutsche Zeitung titelte über ihn und sein Training „Zum Glück gibt's Klöckner". Bernd W. Klöckner® ist gefragter und regelmäßiger TV Studiogast in Sendungen wie ARD Sabine Christiansen, Anne Will, Menschen bei Maischberger, ZDF Frontal 21, Maybrit Illner, BR Münchner Runde, WDR Hart aber fair, SWR Nachtcafe und andere mehr. Niemals zuvor war ein Trainer der Verkaufs- und Finanzbranche derart präsent und aufgrund seiner Qualifikation derart gefragt.

Bernd W. Klöckner gilt als einer der besten wie bestbezahlten Trainer, Referenten, Kongressredner und Speaker für motivierende und einzigartige Kick Off Veranstaltungen. Er spricht authentisch, provoziert, kommt auf den Punkt. Er ist zudem Inhaber von BWKLive, der wohl einzigartigen Audio-Welt mit den besonderen Audiobotschaften für Verkäufer und Berater. Teilnehmer/innen seiner mehrtägigen Intervall-Trainings erhalten in Zusammenarbeit mit www.BWKlive.com eine in der Trainerbranche einmalige Folgebetreuung mittels spezieller Audiobotschaften.

Auf den Punkt gebracht: Bernd W. Klöckner® steht für eine in der Trainer-Branche bislang einzigartige Erfolgsstory. Er lebt, was er sagt. Er handelt, wie er spricht. Sofern Sie noch nicht dabei waren: Organisieren Sie jetzt mit Menschen Ihrer Organisation, Ihrer Unternehmung ein mehrtägiges Bernd W. Klöckner® Training zur Klöckner-Methode wie zur Verkaufstherapie®. Und: Empfehlen Sie dieses Buch und alle weiteren Bernd W. Klöckner® an Freunde und Bekannte. Sie tun Freunden und Gefallen damit einen Gefallen.

Zum privaten Detail: Bernd W. Klöckner® ist verheiratet, Vater von vier Kindern und lebt und arbeitet mit seiner Familie in Berlin.

Kontakt / Information: www.BWK-International.com

Werner Dütting

Werner Dütting ist Diplom-Betriebswirt (FH) und als wissenschaftlicher Mitarbeiter im FAF Verlag tätig. Er ist ausgewiesener Kenner der Finanzprodukte am Markt. Werner ist Buchautor mehrerer Bücher, darunter auch der Bestseller „Rechentraining für Finanzdienstleister", Band 1. Als freier Finanzjournalist publiziert er regelmäßig in Fachzeitschriften und Newslettern. Im Studium arbeitete er nebenberuflich als Finanzdienstleister und kennt daher den Markt.

Werner, Jahrgang 1982, beschäftigt sich schon seit dem 16. Lebensjahr mit Finanzen und Börse und wendet seither die Kunst der praxisorientierten Finanzmathematik an. Er lebt zurzeit in Shenzhen/China und konnte durch ein Auslandssemester in Schottland auch den britischen Finanzdienstleistungsmarkt kennen lernen.

www.duetting.com
werner@duetting.com